普通高等教育“十一五”国家级规划教材

农村金融学

何广文　主编

中国农业大学出版社
· 北京 ·

图书在版编目(CIP)数据

农村金融学/何广文主编. —2版. —北京：中国农业大学出版社，2011. 6
ISBN 978-7-5655-0331-3

Ⅰ. ①农…　Ⅱ. ①何…　Ⅲ. ①农村金融　Ⅳ. ①F830. 6

中国版本图书馆 CIP 数据核字(2011)第 114480 号

书　　名　农村金融学
作　　者　何广文　主编

策划编辑　魏秀云　　**责任编辑**　冯凌云
封面设计　郑　川　　**责任校对**　王晓凤　陈　莹
出版发行　中国农业大学出版社
社　　址　北京市海淀区圆明园西路 2 号　　**邮政编码**　100193
电　　话　发行部 010-62731190，2620　　读者服务部 010-62732336
编辑部 010-62732617，2618　　出　版　部 010-62733440
网　　址　http：//www.cau.edu.cn/caup　　**e-mail** cbsszs @ cau.edu.cn
经　　销　新华书店
印　　刷　北京鑫丰华彩印有限公司
版　　次　2011 年 6 月第 1 版　2011 年 6 月第 1 次印刷
规　　格　787×980　16 开本　27.5 印张　502 千字
印　　数　1～3 000
定　　价　39.80 元

编 委 会

主　编　何广文

副主编　郭　沛　李莉莉　张正平

参　编　翟留栓　唐建华　杨　菁　杨虎锋

　　　　　李雅宁　武翔宇　冯继芳

前 言

农户、中小企业和微型企业借款难的问题，是一个世界性难题，在中国，这个问题更加突出。因此，构建普惠制、包容性农村金融服务体制，是中国农村金融改革的最终目标。为了化解农户、中小企业和微型企业借款难的问题，就需要研究农村组织机构的创新和业务制度的创新，需要研究农村经济活动的风险转移和分摊。因此，本版《农村金融学》教材主要包括以下八个方面的内容：第一，回顾了农村金融理论发展脉络；第二，归纳了农村金融体系的特征及中国农村金融体系的构成与演变；第三，从理论角度阐释了农村金融创新的制度特征和中国农村金融市场准入政策及其界定的小型金融机构的制度安排；第四，分析了非正规金融产生的原因及其存在形式和非正规金融与正规金融的关系；第五，论及了小额信贷的基本原理及其主要特征、中国小额信贷的发展及小额信贷机构和其影响的评估，小额信贷社会绩效的管理；第六，从经济学角度在论述了农业保险的原理之后，讨论了农业天气指数保险、小额保险所具有的特征和主要模式；第七，从需求的角度解析了农户行为特征及金融需求特点、中小企业融资缺口和融资难的原因及对策；第八，从理论角度阐述了政府干预农村金融市场的必要性之后，探讨了政府在农村金融市场的作用及中国政府的农村金融政策。

本教材在编写的过程中参阅了大量的学术论文、专著、教材，在此对引用文献的作者一并表示感谢！教材编写由何广文主持。各章参与编写者分别为：何广文、张正平、李雅宁编写第 1 章，杨菁编写第 2 章，何广文编写第 3 章，何广文、李莉莉、张正平、杨虎锋编写第 5 章，郭沛编写第 4 章（武翔宇参与第 4 章第三节），翟留栓编写第 6 章，郭沛和冯继芳编写第 7 章，李莉莉编写第 8 章，张正平编写第 9 章，唐建华编写第 10 章。

本书可作为财经类各专业各层次本专科生和研究生选用教材，也适合于金融实务工作者自学之用。中国农村金融制度在不断创新，理论也在不断深化，限于篇幅、时间和水平，本书一定还存在不少的问题，敬请读者批评指正。

编　者

2011 年仲夏

目　录

第1章　农村金融理论基础 …… 1
1.1　农村金融概述 …… 1
1.2　农村金融理论 …… 9
1.3　农村金融发展的范式转变 …… 33
1.4　可持续性、覆盖面与福利影响 …… 38
第2章　中国农村金融体系 …… 57
2.1　农村金融体系相关研究综述 …… 57
2.2　农村金融体系构成与特征 …… 59
2.3　国外农村金融体系的特征 …… 69
第3章　农村金融创新与市场准入政策 …… 74
3.1　农村金融创新形式及路径特征 …… 74
3.2　农村金融市场准入政策 …… 84
3.3　准入政策界定的三类小型金融机构 …… 88
第4章　非正规金融 …… 110
4.1　非正规金融概论 …… 110
4.2　非正规金融的形式 …… 120
4.3　正规金融与非正规金融的相互关系 …… 131
4.4　农村非正规金融的绩效分析及政策选择 …… 138
第5章　小额信贷 …… 142
5.1　小额信贷的特征及成功要素 …… 142
5.2　小额信贷供给的支持体系 …… 152
5.3　小额信贷的绩效评价体系及其机构的可持续性 …… 167
5.4　小额信贷机构及其影响评估 …… 175
5.5　小额信贷社会绩效管理 …… 216
5.6　中国小额信贷发展及其主要类型 …… 245
第6章　农业保险 …… 253
6.1　农业风险及风险管理 …… 253
6.2　农业保险市场失灵 …… 262

6.3 农业保险的种类及作用 …… 273
6.4 天气指数保险 …… 278
6.5 中国农业保险的发展情况 …… 282
第7章 小额保险 …… 298
7.1 小额保险概述 …… 298
7.2 国外小额保险经营模式 …… 308
第8章 农户行为特征及金融需求特点 …… 329
8.1 农户经济行为特征分析 …… 329
8.2 农户金融需求特点 …… 337
第9章 中小企业融资分析 …… 345
9.1 中小企业的界定 …… 345
9.2 中小企业融资现状 …… 353
9.3 中小企业融资缺口分析 …… 363
9.4 中小企业融资难的原因 …… 369
9.5 中小企业融资难的对策 …… 383
第10章 政府与农村金融市场 …… 396
10.1 农村金融中的市场失灵 …… 396
10.2 市场失灵与政府作用 …… 398
10.3 政策性金融机构 …… 403
10.4 农村金融政策 …… 408
参考文献 …… 425

第 1 章 农村金融理论基础

1.1 农村金融概述

1.1.1 农村金融的含义与特点

1.1.1.1 农村金融的含义

金融就是资金融通的意思。农村金融就是农村中以农业为主,包括农村中小企业等其他非农生产经营活动在内的领域,组织和调剂资金的活动。农村金融即农村货币资金的融通,指以信用手段筹集、分配和管理农村货币资金的活动,农村金融的含义主要有以下几点:

(1)金融活动是在农村这个特定的环境、条件下进行的。它活动的领域是农村,虽然商业金融是在城市,但其发放的贷款却是针对农业生产或是其他农村经济活动,如果它所涉及的业务是针对工、商业的,那么便不应纳入农村金融体系之内。

(2)采用的手段是信用。货币在不同主体之间的让渡是以偿还并增值为条件的,表现为融通资金余缺的借贷活动。

(3)作用的实体是资金。包括在循环周转中处于职能形态的资金,也包括处于闲置待用中潜在形态的资金,农村金融活动是围绕着资金这个实体而进行的。

(4)表现的形态是货币。即所融通的资金是货币形态存在的资金,而不是以实物形态存在的资金,正像前面所说的狭义的农业信贷资金那样,不包括生产所用的实物资本。

1.1.1.2 农村金融的特点

农村金融有其他金融活动的共同点,但由于它主要活动于农村经济领域,为农村经济服务,决定了它有自身的特点(表 1-1)。

表 1-1 农村金融区别于一般金融活动的特点

特点	说明
关联风险	农村金融具有较强的关联风险，即农村金融活动更容易受到某些共同因素的影响而相互关联，呈现出共同的变化特征
户均贷款/储蓄规模均很小	户均贷款和储蓄规模均很小，这与农村地区人口密度低、农户收入水平低、农户活动特征有很大的关系
缺乏传统的抵押物品	农户融资往往缺乏传统的抵押物品(lack of traditional collateral)，受农户生产经营活动的制约，农户融资难以提供满足现代金融所需要的抵押物品
分散、分割的市场	农村金融市场是一个高度分散、分割的市场(fragmented markets)
较强的季节性	农村金融活动具有较强的季节性(seasonality)，受农户收入变化的冲击(income shocks)影响严重
补贴性的信贷支持	农村金融市场往往存在补贴性的信贷支持(Subsidized credit offered)，这与农村市场天生的脆弱性有关
基础设施很差	农村金融的基础设施很差(poor infrastructure)，且往往享受的是与城市不同的政策待遇(urban bias policies)

1. 涉及面广

农村金融在农村经济生活中处于中枢地位，农村货币资金运动和信用关系必然涉及农村各个领域，农村金融不仅涉及农业，同时也涉及农村经济生活中的工、商业，不仅涉及农村，也涉及城市。农村经济的发展，扩大了农村资金供求规模，开阔了资金活动的领域，强化了农村金融对农村经济的影响力。

2. 风险较高

农村金融的这一特点，主要表现在以下几个方面：首先，农业生产易受各种自然灾害的影响，使农业生产出现波动性和不稳定性，农业生产的这个特点，必然影响农村金融的稳定性，使农村金融机构开展业务的风险加大。其次，农村货币资金周转慢和流通时间长。广大发展中国家和地区农村生产经营管理的水平较低，加之农村经济活动多受自然条件限制、农作物生产周期长，都给资金的周转速度带来一定的影响。

3. 政策性与商业性共存

无论是哪一个国家，农业都是国民经济的基础，国家为了支持农业生产的发展也为了提高农民的生活水平，都会在政策以及资金扶持上向农业倾斜。农村金融必须紧紧围绕国家农业发展政策及其目标而开展。但是，这部分农村金融活动也必须遵循一定的商业和市场原则，要做到财务上的可持续性。

4. 管理较难

农村地域辽阔,地理、气候差别很大,各地区、各生产经营单位之间物质生产条件不一,劳动生产率高低有较大差异,这一点在发展中国家和地区表现得尤为明显。综合反映在农业生产与农村经济活动上,具有不稳定性和资金需求的不平衡性,给农村金融管理带来困难。

1.1.1.3 农村金融的构成

"农村金融"概念,常被与"农业金融"混淆。农村金融,主要是指向农村地区各收入层次的人群、经济活动主体提供的金融服务,或被农村地区各收入层次的人群、经济活动主体所利用的金融服务,包括存款、贷款、结算、理财等,因为贷款服务满足难度最大,因此,很多情况下,农村金融活动仅被视为融资活动。首先需要明确,农村金融是整个社会金融服务的一部分,它包括农业金融、小额信贷和政策金融3个部分(图1-1)。农业金融主要是指为与农业活动相关的各种活动提供的金融服务活动,如向购买化肥、市场化生产的农户提供贷款,或以满足农户和农业工人特定需要的保险;小额信贷存在于城乡,主要是为城乡贫困群体和低收入人群、微型企业提供包括信贷在内的金融服务,也有专门的农村小额信贷,主要为农业和农村领域的中低收入群体提供融资服务;政策金融是政府为了实现一定的宏观经济政策目标而对一些商业金融机构不愿意进入的领域提供的金融服务。小额信贷、农业金融、农村金融活动的提供者,共同向以农村和农业为基础的家庭和中小、微型企业提供金融服务。

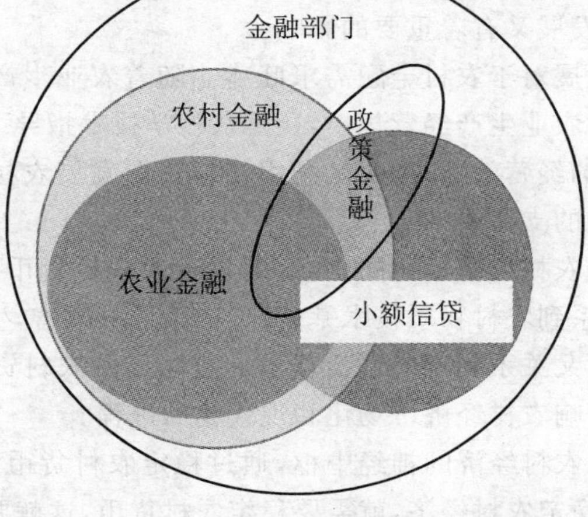

图 1-1 农村地区金融服务的构成

1.1.2 农村金融与农村经济的关系

1.1.2.1 农村经济决定农村金融

金融是现代社会经济发展的核心,其诞生的根本目的就是为实体经济服务,是在市场经济的发展过程中不断发展深化的。

(1)农村生产力发展水平与农村商品经济的发育程度决定农村金融活动的规模与发展程度。在美国、欧盟等发达国家和地区,由于经济发展水平较高,农业一般采取大规模的农场经营,科技含量较高,即使是日本,虽然土地经营规模不大,但由于现代生物技术的采用,因此一般农业发展所需的资金较多,靠政策金融提供的资金显然无法满足需求。

(2)农业与农村经济效益的提高从根本上决定着农村金融效益的提高。随着传统农业向现代化农业的逐步转变,农业生产经营活动的经济效益也逐步提高。在发达国家,由于农业生产的劳动效率较高,现代化科学技术的广泛采用以及农业保险产品的强制性推出,加之国家给予了农业大量补贴,因此,农业的经营效益同工、商业比起来,相差无几。

(3)农村金融的业务内容与发展速度取决于农村经济发展对资金的需求状况。农村居民对农业生产进行投资的资金缺口直接决定了农村金融提供资金的规模以及提供什么样的金融产品来满足农业生产经营者的需求。

1.1.2.2 农村金融反作用于农村经济

农村金融并不是农村经济的消极产物,农村金融作为农村再生产的中间环节,对农村市场经济的发展又有着重要的影响。

(1)农村经济发展对于农村金融需求旺盛。随着农业生产以及农村经济的不断发展,无论是扩大农业生产经营规模,还是在科学技术指导下提高农业生产的效率以提高农业生产的经营效益,抑或是利用当地资源发展农村其他产业的经营活动,都需要大量资金的支持。

(2)农村金融是农村经济运行的中心,通过融通农村货币资金,优化配置农村社会资源。它既关系到农村物质技术基础、生产条件的改善,生产要素投入的增加及其组合利用程度,又关系到现代科学技术的应用以及农村资源开发利用和农业生产结构的调整,影响农村经济市场化和现代化的进程。

(3)农村金融是农村经济的神经中枢,通过稳定农村货币流通,保证农村商品流通的正常进行。稳定农村经济,就需要稳定农村货币,这就要求流通中的货币量与商品量相适应,购买力总额与商品供应总额相适应。

1.1.3 农村金融的系统性

1.1.3.1 作为一个系统的农村金融

所谓系统，就是按一定目的、条件和环境，按一定的关系组成的互相作用的若干要素的有机整体。系统论认为，宇宙中包括人类社会宏观和微观方面，都是若干大小系统。基于系统论基本原理，宏观经济可以看做一个系统，农村经济可以看做是宏观经济系统中的一个子系统，而农村金融可以看做是农村经济系统的一个子系统（宏观经济系统的二级子系统）。

1. 农村金融是经济系统中的一个子系统

对于庞大的宏观经济系统而言，其包含了众多的组成要素。首先，基于农村的二元经济结构特征，农村经济系统和城市经济系统是宏观经济系统的两个基本的子系统，而在农村经济系统中，农村金融又是其重要的子系统。同时，国家整个金融体系是宏观经济系统的一部分（即部门子系统之一），这里，经济的二元特征所带来的金融二元性导致了农村金融与城市金融的分割，农村金融成为整个金融系统的子系统，同样处于宏观经济系统二级子系统的层次之上。由此可以认为，在宏观经济系统中，农村金融处于农村经济子系统与金融子系统的交集之中（图1-2）。

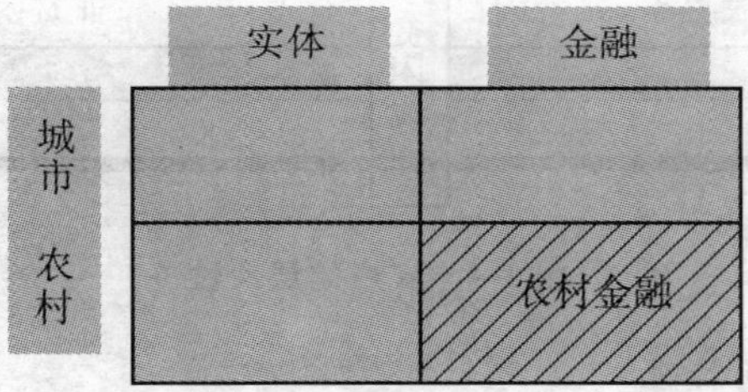

图1-2 农村金融是农村经济系统和金融系统的交集

2. 农村金融本身是一个独立的系统

农村金融作为一个独立的系统，它也是由若干要素所组成的有机体。按照不同的层次划分，包括宏观层次的金融监管系统、中观层次的金融机构系统以及微观层次的金融需求主体系统，其中，宏观层次的金融监管系统和中观层次的金融机构系统构成农村金融的供给系统，金融机构系统是农村金融系统的主体，在整个农村金融系统中起着关键的作用（图1-3）。

同时，金融需求者是分层次的。例如，农户可以分为赤贫户、相当贫困的农户、较贫困户、脆弱的已脱贫农户、非贫困户和富裕户（图1-4），他们的金融需求肯定是不一致的。

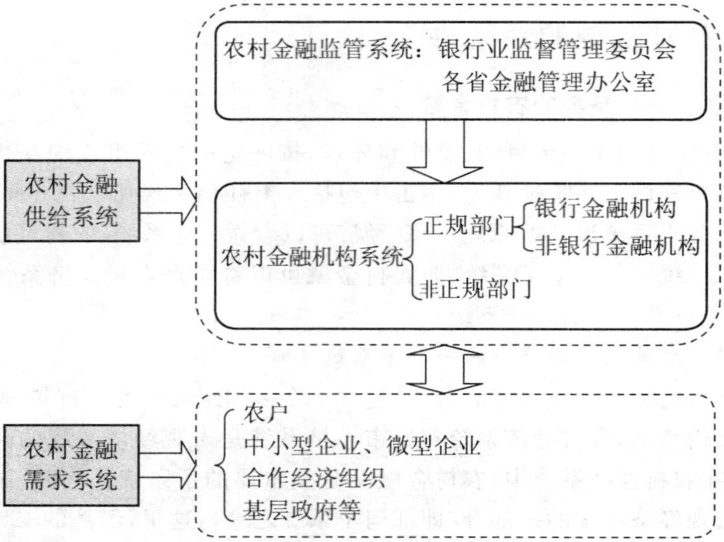

图 1-3　中国农村金融系统图示

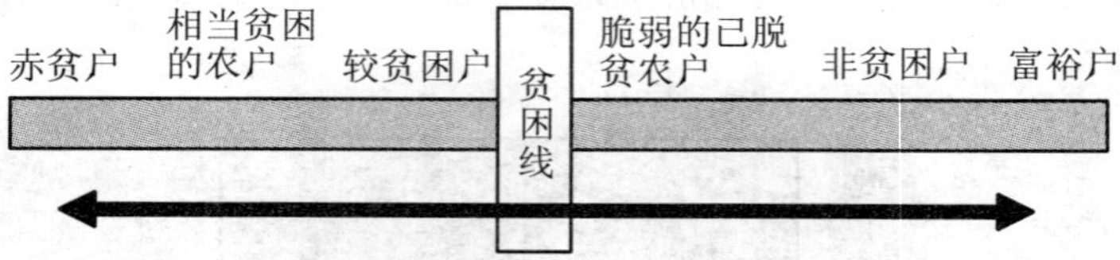

图 1-4　农户的层次性

3. 农村金融系统的特性

从系统论的角度出发分析，农村金融系统应具有整体性与相关性、环境适应性与动态性、农村金融产业发展与农村发展的关联性等特征。

(1)农村金融系统的整体性与相关性。整体性是农村金融系统的首要特征。如前所述，系统是由相互依赖的若干部分组成，各部分之间存在着有机的联系，构成一个综合的整体，以实现一定的功能。因此，农村金融系统各部分也不是简单的组合，而要有统一性和整体性，要充分注意农村金融系统各组成部分或各层次的协调和连接，提高农村金融系统的有序性和整体的运行效果。同时，农村金融系统中相互关联的各部分或部件形成"部件集"，"部件集"中的各部分的特性和行为相互制约和相互影响、相互作用和相互依赖，即具有相关性。农村金融系统中相互关联的各部分，有的相互关系较为强烈，有的相互关系较为软弱；有的相互关系是线性的，有的相互关系则是非线性的；有的相互关系是长久的，有的关系则是暂时的。这种相关性确定了农村金融系统的性质和形态。

（2）农村金融系统的环境适应性与动态性。农村金融系统和包围农村金融系统的环境之间通常有物质、能量和信息的交换，各种环境要素的变化，如政府职能转换和经济工作重心的转移、宏观经济景气状态的变化、宏观调控的收与放、银根的松与紧、农村经济增长的快慢、农村市场开放度的增减、农村金融体系内部的相互竞争与合作态势的变化、区域投资环境的改善与恶化、社会信用状况的波动等，与农村金融系统之间均有互动作用，都会引起农村金融系统特性的改变，相应地引起农村金融系统内各部分相互关系和功能的变化。为了保持和恢复农村金融系统原有特性，农村金融系统必须具有对环境的适应能力。为此，作为一种制度安排的农村金融系统，它在形成以后，虽然在一定时期内具有一定的稳定性，但它也具有一定的生命周期特性，随着环境的变化，农村金融系统本身也需要发展，需要在变化了的新的环境下找到新的均衡，具有动态性。

（3）农村金融产业发展与农村发展的关联性。农村金融产业具有较强的扩散效应（图 1-5），并通过其前瞻效应、旁侧效应和回顾效应对农村经济各构成要素的发展产生直接的影响，进而由此形成了农村金融产业发展与农村发展的关联性。良性运作的与农村金融需求相适应的农村金融系统，无疑能够促进农村经济各要素的合理配置，协调发展。

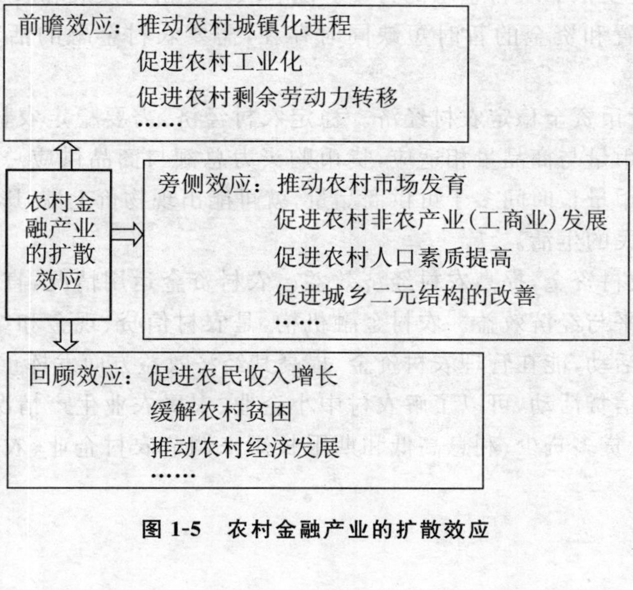

图 1-5　农村金融产业的扩散效应

1.1.4 农村金融的地位和作用

1.1.4.1 农村金融的地位

(1)农村金融在农村再生产过程中处于中介地位。农业生产各种物质资料的购买、农产品的销售以及农村其他非农生产经营活动都是通过货币的形式进行的。农村金融作为专门从事农村社会货币资金的再分配的信用中介,通过再分配闲置货币资金而实现对生产资料的分配,同时也通过动员这些闲置货币资金而影响消费资料的分配。

(2)农村金融是农村资金的总枢纽。农村中各种类型的生产经营活动所需要的资金与农村金融活动密不可分。将农村闲置货币资金集中起来,代表着社会货币资金集中于农村金融机构;贷款的发放和存款的提取,代表着农村金融机构对货币资金的再分配;国家对农业的无偿拨款和通过信用方式对农业的补贴支援,也都是通过农村金融机构的支付和贷放而完成的。

1.1.4.2 农村金融的作用

农村金融的上述地位决定了它在农村经济中发挥着重要作用:

(1)筹集和分配农村资金,支持农村经济建设和农业生产发展。农村经济建设需要大量资金,除农村经济单位、农户自筹之外,可以得到国家财政支持,但数额有限,因此还是主要依靠农村金融的力量。随着农村经济的发展和农民收入的增加,资金的暂时闲置和资金的暂时短缺同时存在,需要农村金融的活动组织和分配资金。

(2)调节货币资金稳定农村经济。稳定农村经济,需要稳定农村货币,这既要求流通中的货币量与商品量相适应,货币购买力总额与商品供应总额相适应。如果流通中的货币量长时间多于可供商品量,就可能出现物价上涨,影响农村经济的稳定和城乡居民的生活。

(3)管理农村资金,提高农村经济效益。农村资金运用情况,直接反映着农村经济的经营水平与经济效益。农村金融机构,是农村信贷、现金和结算的中心,通过自己的业务活动,能在管理农村资金、提高其经济效益方面发挥重要作用。农村金融机构通过信贷活动,可以了解农村中小企业、农民农业生产情况,通过发放贷款时贷与不贷、贷多贷少、利息高低和期限长短来调节农村企业、农民的生产经营活动。

1.2 农村金融理论

一般认为,传统农村金融理论的演变主要经历了农业信贷补贴论、农村金融市场论和不完全竞争市场理论三个阶段:

20世纪80年代以前,农业信贷补贴论是处于主导地位的农村金融理论,该理论是借鉴麦金农和肖的金融抑制理论分析发展中国家的农村金融问题基础上形成的。

进入20世纪80年代以来,在世界经济全面向市场经济体制转轨的环境下,农业融资论的主流地位被反其道而为之的农村金融市场论所取代。农村金融市场论是建立在金融深化理论基础上的,它反对政府干预,重视自由市场。

20世纪90年代后,东南亚等实行金融自由化的国家发生了金融危机,危机表明市场机制并不是万能的,合理的政府干预非常重要。农村金融市场不是一个完全竞争的市场,尤其是信息不对称,无法完全依靠市场机制培育出一个农村需要的金融市场。为了补救市场的失效部分,有必要采用诸如政府适当介入金融市场以及借款人的组织化等非市场要素(Stiglitz 和 Weiss,1981;Stiglitz,1989)。一些学者将 Stiglitz 等提出的金融约束理论运用到农村金融领域,由此形成了农村金融的不完全竞争市场理论。

进入21世纪以后,农村金融理论有了新的发展:在不完全竞争市场理论的基础上,以尤努斯创立的孟加拉国乡村银行为典型代表的微型金融理论框架逐步形成,成为备受关注的新型农村金融理论;并且,围绕双重目标的冲突与治理问题,微型金融理论取得了较好的进展。

1.2.1 农业信贷补贴论

农业信贷补贴论(Subsidized Credit Paradigm)也称农业融资论,是农村金融发展的一种旧的理论范式。在20世纪80年代以前,农业信贷补贴论是处于主导地位的农村金融理论。例如,在1960—1970年的亚洲,政策制定者和农业经济学家并不相信农户的自我融资投资(self-finance investment)能力将会导致社会自由的增长率,他们认为,如果农户不能以合理的利率获得灵活的资金供给而不是依靠非正规融资,绿色革命(green revolution)的潜力就不可能被实现。这些观点为定向补贴农业信贷项目提供了依据(Meyer Richard L. 和 Geetha Nagarajan,2000)。

受到农业生产及农村中小企业自身缺陷及二元经济的影响,在20世纪80年代以前，金融服务在农村远远不够完善，即使是一般性的融资服务也很难得到满足。专栏 1-1 的分析表明，农村金融发展过程中经常要面对多种因素的制约，这些因素的存在致使商业金融服务面对农户的需求出现市场失灵的局面，因此该理论认为政府有必要通过适当的方式干预农村金融市场，最常见的方法就是实施定向信贷补贴，这正是农业信贷补贴理论产生的背景。

专栏 1-1　农村金融的挑战

- 分散化的需求；
- 较高的信息和交易成本；
- 脆弱的制度能力(institutional capacity)；
- 由于补贴和定向(directed)信贷导致的挤出效应；
- 季节性；农业种植风险；
- 缺乏可用的抵押物。

Source：CGAP Donor Information Resource Center，2004 (www. cgap. org).

1.2.1.1　理论前提及主要结论

1. 理论前提

农业信贷补贴理论的产生以及在这种理论指导下的政府对农村金融市场的干预并不是偶然的。一方面，农村信贷市场的失灵为政府干预提供了理论前提。农村地区的贫困，人口密度低，分割的信贷市场，收入的波动性，较高的交易成本以及信贷抵押的缺失和农民有限的风险分散能力使得农村信贷市场与城市市场大相径庭，农村市场的这些特性阻碍了商业金融进入农村金融市场为农民服务。另一方面，许多发展中国家的农村信贷政策总是与政府的农业和农村发展战略分不开的，农村信贷政策常常被政府作为实现诸如社会、政治、公平等政府发展目标的工具，金融扶贫也成了政府农村信贷政策的重中之重。

如果农村信贷市场是完全竞争的，那么它就会像城市信贷市场一样能有效地运作，在这种情况下，资金像其他任何一种商品一样，将会在供给和需求双方力量的共同作用下决定均衡的数量和价格，即信贷额和利率。然而不幸的是，由于受多种条件的约束，农村信贷市场距离完全竞争市场还相当遥远。

与古典经济学家假设相反的是，农村信贷市场总是分割的(fragmented)。通常，在一个地区或村庄只存在一个资金实力有限放贷者资金供给不足，处于卖方市场，或者某个放贷者只为一个地区的特定群体服务，一些学者把农村信贷市场的这种现象称之为“信用岛”(credit island)。由于市场是分割的,进而垄断便不可避免,利率也常常高到惊人的程度,而且变动较大。即便是在同一个地区,不同“信用岛”中贷款的利率也各不相同。

因此,在早期的发展经济学家看来,农村信贷市场的分割垄断性与农村地区的地理位置和基础设施密切相关。他们认为,地理位置的偏僻和薄弱的基础设施以及分散的小额交易导致了农村金融交易的成本非常高昂,因此,正规金融机构总是无力覆盖那些落后的地区,它们的缺失直接导致了农村金融市场的分离和割据,这便是老一代经济学家眼中的“市场失灵”,现代经济学家称之为“老市场失灵”(old market failure)。

农业信贷补贴理论的理论前提在于,传统农业信贷市场存在严重的市场失灵。通常认为,该理论是借鉴麦金农和肖的金融抑制理论分析发展中国家的农村金融问题基础上形成的[1]。该理论认为,农村居民,特别是贫困阶层没有储蓄能力,农村面临的是资金不足问题,因此,主张信贷供给先行(supply-leading)的农村金融战略;而且,由于农业的产业特性(收入的不确定性、投资的长期性、低收益性等),它也不可能成为以利润为目标的商业银行的融资对象。正如 Meier(2000)所言:“在早期的许多发展经济学家眼中,欠发达经济到处充斥着市场失灵,为了修正和避免市场失灵,他们提倡中央协调的资源配置机制;与此同时,新兴发展的福利经济学也为政府修正市场失灵提供了充足的理论依据。”

事实上,对于农村金融市场上的高利率,尤其是对小农和中低收入群体的贷款,许多国家都持否定态度,认为高利贷无异于是对小农经济剥削,因此大多数发展中国家在压制非正规金融的同时,都试图通过正规金融机构向农村地区提供利率较低的贷款,并通过法律来限定利率的最高限。对此,E. Shaw(1973)指出:“旨在控制利率增长‘过高’的法令、习惯和道德法等广泛地应用于落后经济中,也应用在其他经济中……动机是保护穷人,防止对消费者、农场主或小企业贷款条件过于苛刻,并限制贷款者的垄断权力。高利率被视为是剥削,如同对其他社会病一样,予以禁止是明显的对策。”

---

〔1〕 戈德史密斯提出了金融工具与制度随着经济发展而发展的观点,并证实了金融部门的发展和完善,与不同层次的经济发展水平有明显的正相关关系;格利和肖最早从金融角度探讨了金融在经济发展中的作用,并在1960年指出一国经济能否最有效地配置和利用资源取决于其金融制度的效率等;帕特里克研究了金融发展对国民财富的构成及使用的影响,并在此基础上提出了落后国家应采取金融优先发展的货币供给带动政策;麦金农强调了金融部分发展对储蓄、投资的影响,进而强化金融深化对发展中国家经济增长的决定性作用。

2. 主要结论与政策主张

基于农村信贷市场失灵的理论前提下，农业信贷补贴理论的主要结论和主张如下：

(1)为增加农业生产和缓解农村贫困，有必要加强对农村经济活动的政府干预力度，从农村外部注入政策性资金、并建立非营利性的专门金融机构来进行资金分配，从农村外部注入政策性资金，增加向农村部门的融资。

(2)为缩小农业与其他产业之间的结构性收入差距，对农业的融资利率必须较其他产业要低。考虑到地主和商人发放的高利贷及一般以高利率为特征的非正规金融，使得农户更加穷困和阻碍了农业生产的发展，为促使其消亡，通过银行的农村支行和农业信用合作组织，将大量低息的政策性资金注入农村。

(3)大力发展以贫困阶层为目标的专项贷款。从本质上看，农业信贷补贴理论承认处于贫困陷阱中的农业不具有自我储蓄、自我发展的能力，因此，需要外部的力量(尤其是政府的干预)来支持其发展。农业信贷补贴论认为，必须靠政府通过建立非营利性的专门金融机构从农村外部注入政策性资金，制定较低的农业贷款利率，降低农业的融资成本，以增加农业生产投入，缓解农村贫困。另外，需要通过银行设在农村基层分支机构和信用合作组织，为农村注入大量贴息或无息的政策性资金，以此防止由于民间借贷率普遍偏高所导致的农户贫困和农业生产发展缓慢。

在农业信贷补贴论的指导下，各国尤其是发展中国家纷纷提升政府对农村金融的干预力度，期望以此来促进农村经济的发展。无论在发达国家(例如德国和法国，见表 1-2 和表 1-3)，还是在发展中国家，政府干预农村金融最常用的方法是向农村部门注入大量的补贴性贷款[1]。

表 1-2　20 世纪 60 年代德国农业信贷补贴情况

补贴范围	包括农村中小型企业的增资扩股、内陆水域治理、互助组织、牛奶加工作坊、土地规整、新企业诞生、新农民的培育等
补贴方式	①限制农村贷款特别是农村种养业贷款的最高利率上限；②降低贷款利率；③由政策性金融机构(如德国复兴信贷开发银行，简称 KFW；德国均衡银行，简称 DTA；德国农业地产抵押银行)直接安排低息贷款

〔1〕 通常，根据信贷补贴目的的不同，信贷补贴政策可分为两种：支持农业产业与农村经济发展的信贷补贴政策和扶贫信贷补贴政策。

续表 1-2

补贴期限	承受补贴的贷款项目，其期限原则上不短于 8 年，短于 4 年的项目一般不予补贴
资金来源	根据项目来源或性质而定，分别来自联邦政府财政和州政府财政，或是联邦政府和州政府根据项目运作情况承担相应信贷补贴的比例

资料来源：何广文，《德国金融制度研究》，中国劳动社会保障出版社，2000 年 9 月。

表 1-3　20 世纪 70 年代法国农业信贷补贴情况

补贴范围	在放款用途上，主要用于生产开支和生产设备投资，在行业上主要是对各种农业合作组织、农村市镇小手工业等放款及住房放款
发放方式	贴息放款的用途、期限和数量均由农业部按信贷原则确定，具体放款办法则由银行根据农业部制定的基本原则和该行放款章程确定。每年的放款指标由总行逐级分配给省行及基层行，至于贷给谁、贷多少、贷款期限长短、贴息期限长短、贴息幅度大小，则由经办行自主确定
补贴期限	只限于中、长期贷款
资金来源	贴息资金，一直固定由农业部从政府年度预算中统一支付给农业信贷互助银行

资料来源：阎永夫等，"财政金融政策扶持三农的中外对比研究"，《金融理论与实践》，2003 年第 1 期。

1.2.1.2　农业信贷补贴论下政府干预农村金融的途径

通常，政府可以通过如下 3 个途径来实现低息贷款向农业部门或者农民进行转移：①农业政策性银行，即农业发展银行（agricultural development bank）；②农业银行或者其他商业性银行；③农村信用合作社（rural credit cooperative）。

1. 农业发展银行

作为国家重要的政策性银行之一，农业发展银行总是由各国政府建立并所有，用来发挥促进农村发展和反贫困的重要作用。它们在政府政策指令的驱使下，将稀缺的政府财政资金和接受的捐赠资金以低于市场水平的利率输入到农村部门。在许多发展中国家，农业发展银行都居绝对主导地位，例如，印度尼西亚的 BRI（Bank Rakyat Indonesia）通过其下属的乡村信贷部覆盖了整个国家，处于垄断地位的尼泊尔农业发展银行是农村信贷领域唯一的金融机构，只从事农村经济业务活动，泰国的农业和农村合作银行（BAAC）也是泰国农业信贷的主导银行。

农业发展银行的这种地位主要通过三种平行的业务来实现：①补贴性贷款。作为发展银行，它们主要为农村地区的发展提供优惠信贷。②目标贷款。从 20 世纪 70 年代开始，许多发展银行开始开展"小额信贷"业务（例如 BRI，BACC），直接向农村地区的穷人提供目标信贷。③限制商业银行向农村发放贷款。在一些国家(例如尼泊尔、印度、巴基斯坦等),农业发展银行还有限制商业银行活动的权利,主要目的是促使城市的储蓄输向农村。

2.对商业银行的限制

限制商业银行的活动,是许多发展中国家促使资金流向农村地区以实现政府扩大农村地区资金供给、提高农民获贷机会等政策意图的重要方式。由于农业发展银行在网络分布、资金来源等方面的局限性,商业银行自然就成了政府干预农村金融市场的重要补充。

政府对商业银行的干预主要有两种方式:①限定商业银行对农村地区的信贷利率,即利率上限政策;②规定商业银行必须按资产业务额或负债业务额一定的比例向农村地区发放农业信贷。例如,尼日利亚政府强迫商业银行按贷款额的一定比例向农村地区放贷;在巴西,“1979 年 5 月的货币委员会 546 号决议要求,商业银行必须将指定的份额贷给政府界定的‘迷你型’和‘小型’农业生产者,该份额要求从 1979 年的 10%于 1980 年和 1981 年分别上升到 25%和 30%”。

除了在总量上做出限定之外,一些国家甚至还对商业银行的贷款做出不厌其烦的细致规定,例如贷款投向和投量限制、政策限定的“优先活动”贷款等。在巴西,政府除了要求银行向农民提供作物信贷和牲畜屠宰贷款之外,还通过“预先限制”政策(advance limit policy)将农民的贷款数量和土地种植决策紧密地联系在一起。通过农业信贷来影响农民生产并非巴西所特有的现象,同样的问题在其他国家也比比皆是。

然而,通过限定商业银行的信贷活动来促进农村发展和提高小农获贷能力的初衷并没有达到理想的效果。导致这一干预政策彻底破产的原因在于:对银行而言,在限定利率上限的情况下,较高的通货膨胀因素可能使真实利率为负,加上农村信贷风险和较高的操作成本,向农村尤其是穷人贷款意味着银行的利润损失,然而由于信贷配额(credit quota)的限制,银行在损失最小化的作用下,必然倾向于单笔信贷额增大,因此银行只愿意向农村地区大型农业生产者发放贷款;对农民而言,“优先活动”贷款也是失当的,由于信息和专业知识的局限性,政府“假定”的活动大多并不符合农民的意愿,因此也很难带来真正的效益。

3.目标信贷

政府干预农村金融另一个重要的表现便是目标信贷(targeted credit),即政府常常将贷款指定用于某种作物或某项投资,这种贷款因常常包含利率低和偿还期限宽等刺激性因素。在目标贷款的背后隐含着两个关键的假设:①低息贷款可以诱使农民做一件他们原本并不愿意做的事;②被政府“瞄定的(targeted)”农民,如果得不到贷款就缺乏足够的资金进行合适的投资。通常,目标性贷款项目都是由中央银行或者货币当局采用优惠再贴现办法来实现的,否则便没有银行愿意承担这种业务。

政府希望通过目标信贷实现低利息贷款的刺激作用。当然,这里有一个重要前提,即贷款利率直接影响着农民的投入或投资行为,进而影响农民的收益。然而,低利率激励是否能起作用还要考虑农民的资金来源及其使用情况。问题在于,几乎所有的农民都是兼业经营者——他们既从事农业生产也从事其他非农业活动,并且有多种资金来源途径,这意味着农民既可能将低息获得的贷款用于政府期望的活动(比如农业生产),也可能将贷款用于其他活动(例如急需的某项消费),即资金的使用具有替代性。由于流动资金的来源和应用可以高度替代,没有理由认为政府为某项活动或某种作物提供的低息贷款便与农民进行该项投资或种植该种作物存在着直接的逻辑关系,因此,政府通过低息贷款来促进农民投资或投入的愿望是徒劳无功的。

同样,政府扩大对农村目标活动的贷款额的激励效果也并不理想。增加贷款数量的理由在于假定了大多数农民需要贷款来从事某项预期能获得最高收益的活动,这样,一旦政府提供了贷款,就可刺激农民将所借得的资金用于指定的活动。然而,许多原因可能使政府的预期发生偏差:①由于政府信息和知识的局限性,政府"瞄定的"生产活动可能并不适当;②即使该项生产活动的预期收益最高,农民可能并不愿从事该活动,或者这一收益并没有达到农民期望的水平;③农民可能有更为紧迫的原因需要使用资金,比如疾病等。以上任何情况的发生,农民就不会将政府的贷款用于指定的目标活动中。

上述负面效果也得到很多实证研究的证实。例如,Adams(1988)指出,"还有一些农民也可能会借入大笔款额,因为负的实际利率或临时的贷款回收可以提供补贴",因此,对政府目标信贷资金的需求是无限的,而且农民的借款愿望与政府"瞄定的"生产活动收益之间也并不呈显性的相关关系。Rosegrant 和 Siamwalla(1990)对菲律宾 20 世纪 70 年代一项名为"Masagana 99"的农业信贷项目的研究也证实了上述观点。Copestake(1996)对印度 20 世纪 80 年代实行的 IRDP(整体农村发展计划)和 MAPP(大农业生产计划)两项大型信贷计划的考察和研究同样发现,政府的目标信贷计划效果不佳。

1.2.1.3 农业补贴信贷及其绩效分析

一般的,导致政府主导的补贴信贷计划失败的原因主要有 3 个:首先,与补贴信贷有关的抑制政策实际上是减少了农村金融供给;其次,旨在促进农业生产和提高农户获利能力的低息贷款并未被目标群体所获得;最后,这种贷款的高违约率和高成本使得收取低利率的金融机构难以持续经营。下文将集中讨论农业补贴信贷在制度、经济和社会等层面的绩效。

1. 严重的金融抑制效应

对补贴信贷政策以及不完善的农村信贷市场的认识，为政府干预农村金融提供了理由。政策制定者普遍认为，农民比较穷、无力进行投资，且农村地区的投资收益率比较低，按照边际成本（融资成本）等于边际收益（投资收益）的原则，农村地区的许多经济活动将因比较利益较低而难以获得信贷资金。因此，政府期望通过实施低利率的信贷补贴政策引导农民进行生产性投资和采用新技术，同时，低利率也是政府分担农民采用新技术风险的一个有效的途径[1]。

农业信贷补贴理论认为，低利率信贷能影响经济人的行为，这是对 20 世纪 30 年代以来凯恩斯干预主义精神的简单延伸。该种理论认为，当农村信贷市场供给不足、利率偏高时，“善意的政府”(benevolent government)出于社会效用最大化的考虑，需要用低于均衡利率水平的利率以促进农村地区的投资和产出。为了确保补贴信贷政策的顺利执行，政府必然要控制金融体系，与此相关的措施通常有：①建立政府所有的金融机构以便向农村提供低息贷款，或者干预商业银行的经营活动以便实现政府的意图；②宣布政府认为带有剥削性的非正规放贷组织和放贷者是非法的，并打击民间放贷活动。

然而，农业信贷补贴理论下的这些措施造成的实际后果却事与愿违：农民在很难从正规金融机构获得贷款的同时，由于非正规金融受到抑制，获贷机会也大为降低，从而形成金融抑制现象。Shaw(1973)在金融抑制论中较早地证明了补贴信贷及其相关政策可能造成的潜在危害，认为政府旨在缓解农村信贷资源不足的补贴信贷，在供需严重失衡的情况下实际上导致了信贷配给。此外，政府为维持低利率政策的法令，不仅扭曲了价格信号，而且还极大地挫伤了商业性金融机构在农村地区开展金融服务的积极性。

2. 低息贷款难以瞄准穷人

Shaw(1973)指出，巨大的利率差会导致大量非生产性活动（如，寻租）的出现，最终，这种廉价的信贷资源多被利益集团所攫取，而那些被“瞄定的”(targeted)农村穷人则被排除在外。在农村金融市场上，当信贷利率低于均衡利率水平并且对贷款存在过度需求时，无论政府如何限制金融机构的行为，农民是否能获得贷款还是取决于金融机构所采用的配给机制。当信贷利率低于均衡利率时，同时政府又

---

[1] 例如，许多政策制定者就对低利率在 20 世纪 60—70 年代“绿色革命”(green revolution)中所取得的积极作用持肯定态度。

规定了利率上限，如果此时的利率水平甚至不足以偿付向第一类借款者发放贷款的边际成本的，大多数农民借款者将被排除在金融机构的信贷业务之外，由此就会产生信贷配给(credit rationing)现象。

显然，当利率的上限由于政府补贴的增加而降低，或者政府对利率上限的限制性更强时，金融机构发放给非配额农民借款者的贷款数额就会增加，发放给配额借款者的贷款数额会减少。由此可见，贷款的配额机制有利于农村的大笔借款者。而且，随着政府限定的利率上限的降低，能得到政府补贴信贷的农民也趋于降低。因此，补贴信贷并没有给农村地区的广大农民，尤其是收入较低和贫困农民的获贷境况发生多少改观。

此外，政府低息贷款还会导致大量的寻租活动，往往是拥有一定权势的人最后能够获得低息贷款。理论分析，补贴信贷不仅没有改善农村金融市场的供需失衡，相反，却创造了过量的需求，通常这些过量需求需要经过行政配给后才能进入信贷市场，但是，由于行政配给往往受压力集团和政治势力的影响较大，因此，农村信贷资源常常偏离政府预定的目标。

现实情况也正是如此。Gonzalez-Vega(1983)发现，“在非洲只有大约5%的农民、亚洲和拉丁美洲也可能只有15%的农民得到了正式金融机构的贷款。这些贷款大部分都集中在一些大农场主的手中，通常大约有5%的借款者得到已发放的80%的正式贷款，这就是说，在典型的低收入国家中，不到1%的农民已得到了迅速增加的贷款的80%，约15%的农民受益于剩下的20%，而有80%以上的农民并未从中得到利益”。

3. 低息贷款并不廉价

在许多发展中国家，政府大都把农业信贷的名义利率定得很低，而贷给收入较低和贫困农民的贷款利率则更低。这些利率通常低于城市部门贷款的利率，也低于通货膨胀率，导致政府补贴信贷中的贷款利率常常为负值。显然，政府启用和扩大低息农业信贷，目的在于刺激粮食生产，想对农民给予补偿，即通过“低息”使农民获得廉价的好处。

事实上，即使农民获得了这种低息贷款，但这种贷款也并不是真的廉价。

分析表明，农民尤其是低收入农民获得一笔贷款的成本不仅包括直接的成本(贷款利率)，还包括与获得贷款有关的交易费用，即间接成本。在利率既定的情况下，农民的获贷成本将随交易成本的变化而变化。有两个因素显著地影响农民实际获得资金的成本：一是贷款实际发生的交易费用，二是单笔贷款的金额。农民为了获得贷款，可能的交易费用包括贷款申请、贿赂、拜见贷款者的交通费用以及消耗掉的时间成本。在供需比较失衡和较为偏远的地区，与此相关的交易费用更大。

Shahjahan(1981)在孟加拉国的研究中发现，那些从农业发展银行获得贷款的小农所支付的利息仅相当于贷款总交易费用的17%。而且，由于贷款的交易费用相对固定，因此农民每笔贷款额的大小就非常重要，如果单笔贷款额较小，那么包括交易费用在内的融资成本就异常高昂，而这正是众多发展中国家农村地区金融交易的典型特征。

Graham 和 Cuevas(1984)指出，低利贷款使农民尤其是低收入农民间接付出一些昂贵的代价。政府在规定了上限使得存款利率为负时，大多数富人可以找到替代的投资场所，所以受储蓄存款负利率的影响并不大；而储蓄利率较低却大大地伤害了贫穷农户，因为他们不能积累足够的储蓄来购买价格稳动的土地、牲畜和房屋，就不得不忍受储蓄税。

因此，在发展中国家政府旨在改善小农获贷境况的低息贷款实际造成的结局是：低收入者和贫民很难获得低息贷款，却为获得大量低息贷款的富裕阶层提供了补贴。

4. 金融机构难以持续发展

较多主要从事农村贷款的金融机构都是政府建立并为政府所有的，政府财政为这类机构提供了有力的支持，即便是商业金融机构所从事的农村业务也是由政府通过再贴现窗口等方式提供补贴的。然而，发放补贴信贷的金融机构能否实现持续发展就成为一个现实问题。

在许多国家，利率上限使得正规放贷机构不可能实现足够的收益以补偿其贷款费用，那些服务于农村穷人的机构更是如此。因此，发放补贴信贷的金融机构难以实现持续发展，在过去的几十年里，许多国家这类金融机构的经历和困境也说明事实正是如此。Vogel 和 Adams(1997)指出，“即使管理有方，能够收回大部分贷款的农村金融机构也会承担相当于贷出的贷款价值的10%～20%的贷款费用”。

显然，各国的农业发展银行都在农村金融市场发挥着积极的作用，但也为此付出了惨重的代价：由于贷款的操作成本很高、利率很低，加上偿还率很差，几乎所有国家的农业发展银行只能靠大量的补贴和政府不断地注入新的资本来维持运转。例如，在20世纪80年代初期，BIMAS(为了促进国家稻谷自足而向农民提供利率补贴的大型信贷项目)的贷款额开始下降，印度尼西亚人民银行贷款违约率高达50%，BIMSA 也近乎崩溃。关于农业发展银行，Gonzalez-Vega(1995)总结为：“由于不考虑财务持续，它们所出现的困境也就并不奇怪了。”

1.2.1.4 对农业信贷补贴理论的反思

总体上看，在1960—1970年间，全球的很多农业项目都遵循信贷补贴的旧范式进行运作，尤其是在亚洲和拉美地区。这些项目的实施都有一个共识，即认为农村地区因为有较高的交易成本和风险导致正规金融机构不愿意向农村地区扩张，因此，政府和捐助者（主要指世界银行、亚洲开发银行等发展金融机构）就应该干预农村金融市场（Nagarajan 和 Meyer，2005）。在这种农村金融范式下，主张的政府干预形式包括：对银行和其他金融机构再融资计划实施的借贷限制和配额、信用担保、优惠利率的贷款、通过发展金融机构（development finance institutions）对特定目标群体提供贷款。在这种范式下，不是依靠金融机构的市场机制去吸收存款和分配资源，而是采用干预手段将信贷提供给某些特定目的的项目（Adams，Graham 和 Von Pischke，1984；Meyer 和 Nagarajan，2000；Meyer 和 Larson，2002）。

的确，这种补贴信贷方法帮助一些发展中国家尤其是亚洲国家在短期内提高农业产量，但是，从长期来看，是高成本、不可持续的，也难以真正到达大多数农户。其主要负面影响包括：①利率补贴难以覆盖成本，农村金融机构不具备自生能力（unviable），失去了存款人的信任；②产生大量的不良贷款，因为便宜的信贷会鼓励不具有盈利能力的投资，导致贷款流向农村地区富裕或有权势的人手上；③补贴农业信贷经常会导致无效率的生产，因为会导致瞄准错误的产品、创造人为的对资本密集投资的偏好，从而挤出农村地区的多余劳动力；④很多时候借款人会故意违约不还贷款，因为他们相信政府会宽容或兜底这种违约行为的，在这种情况下，金融市场的纪律被破坏了，许多发展金融机构会因此积累大量的不良贷款而失去流动性，不得不重新注资或倒闭；⑤政府所有的农村金融机构缺乏经营管理自主权以及操作程序不健全、缺乏有效监管，致使给某些非贫困群体造成了寻租的机会，所以政策的执行效果往往偏离了设定的目标；⑥信贷补贴政策不仅产生了巨大的经济成本对宏观经济的稳定造成了不利的影响，还妨碍了农村金融市场的有效运作与完善。

而且，政府以特定目标信贷的方式对金融市场大加干预，是基于对农村社区面临困境的严重错误认识——只考虑到农村金融供给不足的表象而没有了解其真正原因。世界市场的整体环境不佳，各国的粮食价格补贴政策、粮食进口补贴、农产品价格控制、汇率扭曲等因素，再加上缺乏农村基础设施投资、政策法律缺位等这些最终导致了该理论实践的失败。

总的来看，农业信贷补贴论存在固有的缺陷，主要表现在以下3个方面：

（1）如果农民存在可以持续得到廉价资金的预期，那么农民就缺乏储蓄激励，这使得信贷机构无法动员农村储蓄以建立自己的资金来源，从而农业信贷成为纯粹的财政压力；

（2）当低利率上限使得农村贷款机构无法补偿由于贷款给小农户而造成的高交易成本时，那么政府信贷的分配就会偏向于大农户（Avishay Braverman 和

Monika Huppi,1991),这使得低息贷款的主要受益人不是农村的穷人,低息贷款的补贴被集中并转移到使用大笔贷款的较富有的农民身上;

(3)政府支持的、不具有多少经营责任的农村信贷机构缺少有效地监督其借款者投资和偿债行为的动力,这样会造成借款者故意拖欠贷款。

总之,就构建一个有效率、自立的金融体系来说,农业信贷补贴理论及其效果是失败的。从20世纪80年代开始,这种传统的直接农业信贷支持就逐渐为农村金融市场理论与不完全竞争市场论所替代。实践方面,到21世纪初,多数国家已大幅度地削减了信贷补贴方面的支出。

1.2.2 农村金融市场论

农业信贷补贴论代表着农村金融发展的旧范式,产生于20世纪50年代末,终止于70年代中期。这一范式往往成为发展中国家发展农村金融的选择,其精髓是政府干预。尽管旧范式曾经帮助一些发展中国家在短期内提高了农业产量,但从长期来看,旧范式成本高昂并具有不可持续性,无法实现诸如增加农民收入、激励资产形成和减少农村贫困等期望目标,因此,旧范式下的农村金融发展计划大多以失败而告终。进入20世纪80年代以来,随着金融自由化理论影响的深入,人们开始了对农村信贷补贴范式的反思,总结了诸多有益的教训(专栏1-2),在此基础上发展的农村金融市场论或农村金融系统论(Rural Financial Systems Paradigm)新范式也逐渐替代了农业信贷补贴论这种旧范式。

专栏1-2　来自农村金融旧范式的教训

- 全面囊括农村地区的所有住户,包括农户和非农户是很关键的。
- 农村金融应该与农村其他经济发展活动紧密结合,因为金融经常会"顺应(follows)"而不是创造或引导发展。
- 为农村金融机构创造有利的环境可以通过提升支持的政策和制度,例如,监管和司法制度、抵押登记和征信制度等。
- 放松利率管制是必要的,但并不足以创造有效率的农村金融机构。所有的合约条款和条件(如期限结构、利率、抵押、合约执行机制)应该在考虑其交互影响(interaction effects)的前提下进行评估。
- 应该建立更有力的新型农村金融机构,那些脆弱的旧机构应该被重构或清算,从而以一种可持续的方式有效地扩展对农村地区的服务覆盖面。
- 吸收储蓄、保险以及汇兑业务对农户来说也是很重要的,需要得到发展。
- 为了扩大覆盖面,应该鼓励农村金融机构的商业化和竞争。

> • 应该消除直接提供给客户的利率补贴，尽管补贴在发展金融体系过程中对于完善制度性基础设施（institutional infrastructure）和金融机构的能力是有帮助的。
>
> 资料来源：Nagarajan，Geetha and Richard L. Meyer. 2005.“Rural Finance：Recent Advances and Emerging Lessons，Debates，and Opportunities.” Reformatted version of Working Paper No. （AEDE-WP-0041-05），Department of Agricultural，Environmental，and Development Economics，The Ohio State University (Columbus，Ohio，USA).

1.2.2.1　理论前提及主要结论

1. 理论前提

在很多国家，由于经济和金融改革改善了金融市场的环境，从而为大规模转向农村金融发展的新范式（农村金融市场论）提供了支持（McKinnon，1988）。这些改革包括私有化、减少汇率扭曲、降低通胀、消除价格管制和补贴、利率市场化以及降低金融市场中的抑制等。定向补贴范式（directed subsidized paradigm）中的一些措施与这些改革内容是相互冲突的，因此，在很多时候这促进了农村金融新范式的发展。

应用农村金融新范式的一个有趣的例子是印度尼西亚。1980 年之前，印度尼西亚政府大规模实施定向信贷补贴计划，尤其是在农村地区。在 20 世纪 70 年代后期，印度尼西亚银行（中央银行）管理着大规模的定向信贷额度，其中很多是直接瞄准农村地区或农业项目的。然而，巨大的预算压力和多数信贷项目的失败迫使印度尼西亚政府在 20 世纪 80 年代初期开始试验农村金融新范式。在这种情况下，印度尼西亚人民银行（BRI）发生了惊人的变化：尽管有近 3 000 个分支机构，但印度尼西亚人民银行在 1960—1970 年已经充当了若干项全国性价格提升计划（rice promotion program）的执行者。贷款违约和持续的补贴需要导致政府在 20 世纪 80 年代初期放弃了大多数依靠信贷推动的价格提升计划。BRI 因此面临着关闭大多数分支机构或改革体系的抉择。最终，BRI 选择通过实施农村金融新范式进行改革。

农村金融市场论是在对农业信贷补贴论批判和反思的基础上产生的，强调市场机制的作用，其主要的理论前提与农业信贷补贴论完全相反：①认为农村居民以及贫困阶层是有储蓄能力的。对各类发展中国家的农村地区的研究表明，只要提供存款的机会，即使贫困地区的小农户也可以储蓄并累积可观数量的存款（Rutherford，1999；Adams，2002），故没有必要由外部向农村注入资金。②认为低息政策妨碍人们向金融机构存款，抑制了金融发展。③认为运用资金的外部依存度过高，是导致贷款回收率降低的重要因素。④强调由于农村资金拥有较多的机会成本，非正规金融的高利率是理所当然的。

2. 主要结论

农村金融市场论强调，交易成本是金融市场的主要问题，交易成本包括金融服务提供者和使用者所发生的成本，这些成本在农村地区和微型金融服务供给中尤其巨大。交易成本向来被看做是限制正规金融扩张的最重要因素。在定向信贷范式下，作为一种信贷配给机制，放款者可能将额外的交易成本施加无偏好的借款人。另一些政策也会无意地增加或重新配置参与者的成本。例如，那些有利于降低交易成本、促使创新的政策变化是降低成本、扩张金融服务边界的主要措施。金融市场范式支持者认为，利率和交易成本共同决定了金融服务的需求，他们也认为非正规金融是有效率的，原因在于相关的交易成本特别低，并能持续地提供微型金融服务。他们进一步指出，因为金融中介的专业化，金融市场范式将有助于提升范围经济、规模经济和效率。

与定向信贷范式相比，金融市场范式赋予金融市场在发展中不一样的作用。在金融市场范式下，金融活动被看做是一种相伴随而不是借贷的经济机会（accompanying，not leading，economic opportunities），金融市场被视为一种日益重要的基础设施，它应该便利交换、贸易和专业化。货币除了可以发挥交换中介和价值储藏功能外，金融市场最重要的功能在于提高供求间、地区间的资源配置效率，一个有效的金融体系也有助于降低交易成本。在金融市场范式下，金融机构鼓励减少非金融活动而在处理金融合约方面进行专业化。

在1973年以前，金融理论在很大程度上限于考虑货币及其功能，直到McKinnon和Shaw强调金融中介和金融作为一个服务行业的重要性，首次阐明了金融市场抑制的潜在高成本。因此，在农村金融新范式下，金融被视为服务供给者尤其是中介的关键，但在定向信贷的旧范式下它却不那么重要。因此，农业市场理论强调市场机制的作用，极力反对政策性金融对市场的扭曲，特别强调利率的市场化。该理论认为，利息补贴应对补贴信贷活动的一系列缺陷负责，而利率自由化可以使农村金融中介机构能够补偿其经营成本。这样就可以要求它们像金融实体那样运行，获得适当的利润；利率自由化也可以鼓励金融中介机构有效地动员农村储蓄，这将使它们更加不依赖于外部的资金来源，同时使它们有责任去管理自己的资金。根据哈耶克（Hayek，1948）知识论中的局部知识（local knowledge）理念，如果政府通过其金融机构直接提供补贴贷款，由于政府不如市场主体本身更能因地制宜地利用分散的局部知识，相比市场失灵，政府失灵的程度将更大，效率将更低。因此，农业补贴只能应用于农村金融市场机制失灵的地方。农村金融市场论最终替代农业信贷补贴论的主流地位，是规范分析和实证分析的综合结果，也是农村金融实践的结果。

Meyer 和 Nagarajan(2000)指出，农村金融新范式与定向信贷范式有明显的差异(表 1-4)。集中体现在两个方面：首先，定向信贷范式的支持者倾向于将贷款视为对受益人的短期对待，较少关注金融基础设施(financial infrastructure)的质量，但金融市场范式更关注与金融中介、有价值的客户以及存款人建立持久的关系，强调金融基础设施的重要性。其次，定向信贷范式强调利用贷款转移补贴，但这被金融市场范式视为对金融体系的毁灭。

表 1-4　农村金融发展理论新旧范式的比较

特征	定向补贴范式	金融市场范式
问题界定	克服市场的不完善	降低风险和交易成本
金融市场的作用	提供新技术，刺激生产，实施国家计划帮助穷人	中介资源配置更有效率
使用者的观点	借款人作为经过挑选后被瞄准的受益人	选择产品时借款人和存款人都是客户
补贴	通过利率和贷款违约提供了大量补贴；导致补贴依赖	小额补贴；创造了独立的农村金融机构
资金的来源	政府和捐助者	主要是自愿的存款
相关的信息系统	为捐助者所设计	为了管理而设计
可持续能力	大多被忽视	主要的关注点
评价	对收益人的信用影响	金融机构的绩效

资料来源：Meyer，Richard L. and Geetha Nagarajan(2000)。

1.2.2.2　政策主张及可能的缺陷

1. 政策主张

在农村金融市场范式下，金融机构在市场力量的指引下获得激励和丧失利益，它们必须按照市场利率进行借贷，只有其提供的金融服务具有竞争力才能继续经营，否则将被淘汰出局。竞争迫使参与者进行创新，提供更有吸引力的金融产品和服务，降低交易成本。由于金融机构不需要在发放贷款中附带提供补贴，它们也因此不要向金融市场参与者收税。财政功能的缺乏使得金融体系能够专门从事金融业务，并避免给参与者增加税收负担。农村金融市场范式强调，应保持金融体系与补贴间的独立性(Meyer 和 Nagarajan，2000)，并认为，收入分配问题应该通过直接转移支付进行，而不是通过扭曲金融市场的方式实现；就生产而言，产品、要素价格以及技术都是比贷款更加有力和有效地推动因素。

基于上述观点，农村金融市场论的政策主张主要包括：

(1)放松农村利率管制。农村金融市场论认为，农村金融机构的主要功能是充当农村经济内部的资金余缺部门之间的金融中介(资金盈余部门和资金短缺部门之间的融通中介)，而储蓄动员是关键的关键；为了发挥储蓄动员和平衡资金供求的功能，利率必须由市场机制决定，而且实际存款利率不能成为负数。

(2)取消定向补贴信贷制度。评判农村金融体系运转成功与否的标准是农村金融机构的资金中介量和经营的自立性与可持续性，没有必要实行定向的目标贷款制度。

(3)引导农村非正规金融的发展。农村非正式金融的存在具有一定的合理性，不应搞一刀切、一律取消，应当积极引导，促进非正式金融和正式金融之间的互补，而不是行政命令下的强制替代。

(4)金融机构的可持续性是最佳的判断标准。农村金融市场论认为，计算融资对于农业生产的贡献是困难的，应该根据金融机构的成果及其经营的自立性和持续性来判断农村金融的成功与否。

2. 可能的缺陷

理论分析表明，农村金融市场论的功效或许并没有想象中的那么大。例如，通过利率自由化能否使小农户充分地得到正式金融市场的贷款，仍然是一个问题。这是因为，自由化的利率可能会减少对信贷的总需求，从而可以在一定程度上改善小农户获得资金的状况，但高成本和缺少担保品，可能仍会使它们不能借到所期望的资金量，所以，仍然需要政府的介入以照顾小农户的利益。而且，在一定的情况下，如果有适当的体制结构来管理信贷计划，对发展中国家农村金融市场的发展仍然是有积极意义的。

事实上，该理论成为20世纪90年代中国农村金融改革的理论依据，但其效果却不理想。在农村金融市场论的指导下，中国银行进行了商业化改造，各大商业银行纷纷撤销贫困农村的营业网点以及贷款权上移，使正规金融成为农村资金的“抽水机”，导致中国农村金融的全面萎缩，在很多地区形成正规农村金融机构的空白，县域经济得不到必要的金融支持，以至城乡差距进一步扩大。这说明农村金融市场还不是一个竞争性的市场，市场化改革并不适合中国农村金融现状。该理论是以城乡的资本回报率没有太大的差别和农村资金的循环是体系内的循环为前提的，而中国面临的问题恰恰就是严重农村资金外流。

1.2.3 不完全竞争市场理论

由于1997年东南亚等市场经济国家爆发的金融危机，使人们再次认识到市场机制存在的严重缺陷，而政府的干预对于稳定金融市场来说是必要的。在这种背景下，农村金融理论也因此发生了新的变化，逐步形成了所谓的不完全市场理论，该理论以2000年诺贝尔经济学奖获得者Stiglitz等开创的信息经济学的研究成果作为理论基础。

信息经济学揭示了一种新市场失灵的存在——由于信息约束而产生的逆向选择和道德风险。由于对农业尤其是对农村穷人贷款的风险和边际成本很高，即使在政府的强迫下，正规金融机构也不愿意为农村服务，政府对利率的限制进一步恶化了这种情形。政府虽然使用了包括银行国有化、建立国有银行、强迫商业银行忽略自身的利益和损失的农村放贷等政策手段来实现政府在农村的一些政策目标，但总体上政府努力的结果是令人失望的。不完全市场理论指出，通过信贷配给机制让政府或政府的代理人来监督、实施分散在整个国家内数以万计的小额信贷合同是不可能的。因此，政府在农村金融市场上更加软弱无力[1]。其实，政府所有的金融机构在掌握潜在借款者信息方面并不比私人放贷者拥有优势，在贷款的监督和实施上它们一般处于劣势，因此政府在农村金融市场上的失败是在所难免的。正如Grais和Kantur(2003)所言："考虑到政府失败的可能性、社会机会成本以及公共财政能力，政府干预农村金融的局限性也就不胜枚举了。"

1.2.3.1 理论前提及主要结论

1. 理论前提

不完全竞争市场理论认为，农村金融市场并非一个完全竞争的市场，存在着严重的信息不对称问题，因此，无法完全依靠市场机制培育出一个农村需要的金融市场。为此，有必要采取诸如政府适当介入金融市场、借款人组织化等措施。人们认识到，为培育有效率的金融市场，仍需要一些社会性、非市场的要素支持。不完全竞争市场论指出，发展中国家的金融市场不是一个完全竞争的市场，尤其是贷款方(金融机构)对借款人的情况根本无法充分掌握(不完全信息)，如果完全依靠市场机制就可能无法培育出一个社会所需要的金融市场。为了补救市场的失效部分，

---

[1] 其可能的原因包括：①贷款易受政治因素的影响而非基于对经济因素的考虑，这不仅导致信贷配置的无效，还提高了借款者的违约预期；②由于预算的软约束，接受政府补贴和捐赠者廉价资金的国有银行很难产生扩大金融服务的动力；③当放贷者是国有金融机构时，即便是规定了违约和逾期惩罚，借款者也可能认为这些措施的可信度并不高；④政府的代理人会将廉价的信贷资源作为牟取私利的"寻租资本"。

有必要采用诸如政府适当介入金融市场等非市场要素（Stiglitz 和 Weiss，1981；Stiglitz，1989）。

Stiglitz 认为，金融市场中存在七个方面的市场失灵：一是公共品的监控问题；二是监控、选择和贷款的外部性问题；三是金融机构破产的外部性问题；四是市场不完善和缺乏问题；五是不完全竞争问题；六是竞争性市场的帕累托无效率问题；七是投资者缺乏信息问题。Stiglitz 指出，由于存在市场失灵，政府应积极介入金融市场；尽管政府在金融市场中的作用十分重要，但是政府不能取代市场，而是应补充市场；政府对金融市场的监管应采取间接控制机制，并依据一定的原则确立监管的范围和标准。

2. 主要结论

不完全竞争市场理论认为，农村金融市场不是一个完全竞争的市场，借贷双方之间存在着信息不对称，如果仅仅靠市场机制就可能无法生长出一个农村社会所需要的金融市场。为此，有必要采取政府适当介入金融市场、借款人组织化等非市场措施。但是政府不能取代市场，而是应补充市场。

显然，不完全竞争市场理论为政府介入农村金融市场提供了理论基础，但显然它不是农业信贷补贴论的翻版。不完全竞争市场理论认为，尽管农村金融市场可能存在的市场缺陷要求政府和提供贷款的金融机构介入，但必须认识到，任何形式的介入，如果能够有效地克服因市场缺陷所带来的问题，都必须具有完善的体制结构。因此，对发展中国家农村金融市场的非市场要素介入，首先应该关注改革和加强农村金融机构，消除阻碍农村金融市场有效运行的障碍。例如，消除获得政府优惠贷款的垄断格局，逐步取消补贴而使优惠贷款集中面向小农户以及放开利率管制后使农村金融机构可以完全补偿成本。尽管外部资金对于改革金融机构并帮助其起步是必需的，但政府和提供贷款的单位所提供的资金首先应用于机构建设目的，这包括培训管理人员、监督人员和贷款人员以及建立完善的会计、审计和管理信息系统。

具体而言，不完全市场理论主要的政策主张包括：

(1)金融市场发展的前提条件是低通货膨胀等宏观经济的稳定。

(2)在金融市场发育到一定程度之前，相比利率自由化，更应当注意将实际存款利率保持为正值，同时抑制存款利率的增长，若因此而产生信用分配和过度信用需求问题，可由政府在不损害金融机构储蓄动员动机的同时从外部提供资金。

(3)在不损害银行最基本利益的范围内，政策性金融（面向特定部门的低息融资）是有效的。

(4)政府应鼓励并利用借款人联保小组以及组织借款人互助合作等形式，以农村金融市场存在的不完全信息所导致的贷款回收率低下问题。

(5)利用担保融资、使用权担保以及互助储蓄会等办法，可以改善信息的不对称性。

(6)融资与实物买卖(如肥料、作物)相结合的方法是有效的，可以确保贷款的回收。

(7)为促进金融机构的发展，可考虑实施一定的特殊政策，如限制新参与者等。

1.2.3.2　不对称信息下农村信贷市场的运行机制

按照古典经济学的观点，信贷市场将在价格(利率)的作用下趋向均衡：如果信贷供给大于需求，利率下率，需求增加；相反，如果信贷需求大于供给，利率将上升，需求减少，供需也将趋于均衡。Stiglitz 和 Weiss(1981)指出，如果利率发挥了作用，就不应当存在信贷配给，然而，信贷配给和失业又确实存在，其原因就在于市场中广泛地存在信息不对称。

古典经济学一个重要的假设便是完美信息(perfect information)，即效率不受信息的约束，资源在供求力量的作用下能够实现充分就业。然而，农村金融市场上却存在着严重的信息不对称，即正规金融机构并不了解借贷者的风险特征、还款意愿和贷款的使用情况，这就说明，金融机构无法确信贷出的资金将能安全地收回，因此，银行将倾向于"筛选"(sorting and screening)借款人，从而形成信贷配给的局面。

在《不完美信息市场的信贷配给》这篇经典论文中，Stiglitz 和 Weiss(1981)主要从两方面论述了信息约束对信贷的影响：①事前的信息不对称，即逆向选择(adverse selection)。在这种情况下，银行在缔结信贷合约之前并不知道借贷者的风险特征(或者融资项目的风险概率)，无法将"好的"借款者从"坏的"借款者中区分出来，因此只能按单一利率进行贷款，低风险者因支付过高的利率而遭受损失，高风险者因没支付风险补偿而从中获益。②事后的信息不对称，即道德风险(moral hazard)。银行将资金贷给借贷者之后，无法观察和监督代理人的努力水平和信贷使用情况，代理人的行为结果可能导致无力偿还借款，使银行遭受损失。

信息不对称下的委托一代理问题反映了信贷市场失灵的情形。在农村金融市场上，正规金融机构不仅无法获得和掌握与信贷合约有关的事前、事中和事后信息，更为糟糕的是，银行等金融机构还普遍面对财富和资产极度匮乏的农民或者微型企业主，因而信贷违约缺乏执行的基础。在信贷抵押缺失的情况下，一个可能的结果是，借贷者将更加"偏好风险"，从而使农村信贷充斥着逆向选择和道德风险，这破坏了信贷合约缔结的基础。正如 Stiglitz 和 Weiss(1981)所言："当利率和合约条件发生变化时，借贷者的行为也可能发生改变。"

1. 逆向选择、有限责任与信贷配给

在信息充分的环境中，农村金融机构通过向高风险者收取高利率、向低风险者收取低利率而使信贷资源达到充分配置，同时也获得最大的利润。然而，在农村金融市场上，银行通常并不能充分了解借贷者的风险特征，也不能直接控制和监督借贷人的行为，因此银行只能按照自己的利益来规定信贷条件，从而造成了信贷配给(Stiglitz 和 Weiss，1981)。

假定一位农民需要的贷款数额为 K，无风险利率为 i，投资如果成功，将得到 R 的收益；如果失败，收益为 0，假设在项目失败时银行只能得到 C_0 的抵押补偿。从农民的角度来看，如果投资成功(农民投资成功的概率为 P)，将获得$[R-(1+i)K]$的收益，如果失败则获得$(-C_0)$的收益，因此农民的期望收益为：

$$E = P \times [R - (1+i)K] - (1-P)C_0 \tag{1-1}$$

从农民的投资期望收益表达式可以看出，随着贷款利率的增加，农民的期望收益将减少。如果借入金额为 K，利率为 i，收益为 R，当且仅当满足条件(1-2)时农民才会归还所借款项。

$$C_0 + R \geqslant K(1+i) \tag{1-2}$$

(1-2)式便是我们所说的参与约束或激励相容条件，Stiglitz 和 Weiss(1981)称为有限责任条件，因为当 $C_0+R \geqslant K(1+i)$ 时，不论投资结果如何，借贷者总有违约的激励，而借贷者仅以 C_0 为限承担责任。显然，当 i 不断增加时，农民违约的激励增大；而且，在有限责任的前提下，由于风险的不可观测性，借贷者更可能倾向于选择高收益、低成功率的项目，因为当项目失败时，他可以不用还款，这便是逆向选择效应。

假定在农业信贷市场上有一位放贷者和风险高低不同的两类项目(或者风险高低不同的两类潜在借贷者)，每种类型的项目需要借入规模为 K 的外源性资金。显然，只有当投资产出大于还贷数额时，借贷者才会还钱，即满足激励相容条件。假设低风险项目能以较大的概率 P_i(例如 100%)获得成功，获得 R_1 的收益，而高风险项目则面对着一个更加不确定的前景，当项目成功时可以获得一个很高的回报 $R_2(R_2>R_1)$，但其概率只有 R_2，失败时(概率为$(1-R_2)$)收益为 0。由于低风险项目的净收益为 $R_1-(1+i)K$，因此可接受的最大利率为 $i_1=\dfrac{R_1}{K}-1$，同理，高风险项目所能接受的最高利率为 $i_2=\dfrac{R_2}{K}-1$，由 $R_2>R_1$ 可知 $i_2>i_1$。

由此可见，高风险项目可以支付比低风险借贷者更高的利率。这是因为，借贷者在有限责任下呈现出风险偏好特征，而不必顾及投资失败时的零收益，因为破产时他会赖账。从这个意义上讲，借贷者似乎并不在意投资能否成功或失败，只关注投资对自身效用的影响，存在一种投资于高风险项目的趋势；借贷者从项目成功中获益，在项目失败后却并不受损。银行当然希望阻止借贷者去冒险，往往却无法做到。在农村金融市场上，逆向选择现象的出现并不是偶然的，因为当金融机构无法掌握贷款申请者的信息、无力控制借贷者的行为选择时，逆向选择就必然会出现。

从直观上判断，如果贷款利率低于 i_1，显然两类项目都能获得贷款，如果利率高于 i_2 时，两类项目都无法获得贷款，当利率处于 i_1 和 i_2 时，由于(1-2)式的参与约束，低风险项目或低风险借贷者会退出贷款申请。具体的，利率变化对金融机构的影响分析如下：

如果金融机构能确切地知道两类项目或借贷者的风险特征，则它分别提供贷款的期望收益为：

$$E_1(P,i)=P_1\times(1+i)K-(1-P_1)C_0 \tag{1-3}$$

$$E_2(P,i)=P_2\times(1+i)K-(1-P_2)C_0 \tag{1-4}$$

由 $P_1<P_2$ 知 $E_1>E_2$。$E_1>E_2$，这就意味着金融机构更愿意向低风险项目或借贷者提供贷款。对金融机构而言，如果利率 i 增加，其收益会增加，但当利率增加到 $i_1<i<i_2$ 时，只有高风险项目或借贷者进行投资，因此高利率引致了高风险。由于信息的不对称，通常金融机构并不知道项目或借贷者的风险特征，因此只能根据经验判断投资成功的概率(P)，假定放贷者同时为 n 个项目或借贷者提供贷款，此时放贷者的期望利润为：

$$E(P,i)=n(1-P)E_1+nPE_2-nC_0 \tag{1-5}$$

最初，随着利率 i 的增加，E_1、E_2 也会增加，放贷者也愿意为更多的项目或借贷者提供贷款，因此放贷者的期望利润将增加。但是，当 i 增加到一定的程度之后，只有高风险项目或借贷者才愿意融资，此时，由于 $E_1>E_2$，放贷者的利润反而会减少。在这种情况下，放贷者利润最大化的利率 i 低于市场利率，即通过降低利率和吸引低风险的项目进行投资，可以提高预期的收益。低利率吸引了更多的借贷者进行投资，结果市场出清和利率不会维持在原有的水平上。因此，均衡的利率出现在贷款需求过度的情况下(图 1-6)。

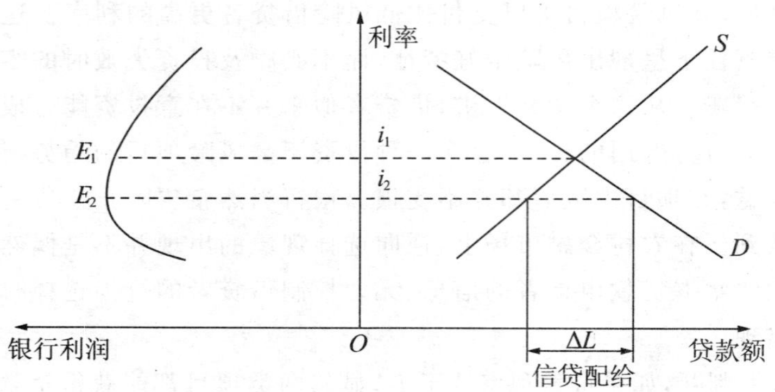

图 1-6 信贷配给与银行利润

在信息不对称的农村信贷市场上，对信贷的需求取决于市场利率，而金融机构的利润则决定了信贷的供给。在图 1-6 中，右象限表示信贷的需求(D)和供给(S)，左象限表示银行的利润。在某个均衡利率水平下，例如 i_1，尽管信贷的供求相等，但如果银行降低利率，例如到 i_2 时，还会提高收益，即银行的利润从 E_1 点移到 E_2 点。当信贷处于均衡状态时，即 E_1 点，银行的利润却并非最大。为了获得最大利润，银行倾向于降低利率，此时需求大于供给，形成 ΔL 的需求缺口，出现“信贷配额”的局面。可见，当存在信息约束时，仅靠供需的力量并不能实现市场出清。

2. 抵押与道德风险

在农村金融市场上，正规金融机构面临的主要问题是信息不充分，例如，客户的风险特征和行为选择偏好以及与信贷相关的其他信息，因此，它们往往无法区分“安全型贷款者”与“风险型借贷者”，更无法精确地监督客户如何使用贷款，即贷款被用于生产还是消费，比如，那些本应用于安全型项目的贷款会被挪用于收益较高的风险型项目，此时放贷者的偏好和利益与借贷者的偏好和利益发生偏差。为了防止此类“逆向选择”现象的发生，正规金融机构一般只向借款人提供抵押贷款。

考虑一个农户生产模型。假定一项生产投资需要的资金量为 K，产出通常是基于农户水平 e 的一个概率空间 Ω。为简化分析，考虑一个二项分布的情形，假设借款者以概率 $P(e)$ 获得收成 Q，而投资失败时的收成为 0(概率为[$1-P(e)$])。由此可知，$\frac{\partial P}{\partial e}>0$，$\frac{\partial^2 P}{\partial e^2}<0$，后者表明边际收益递减，并假定所有经济人是风险中性的，而借款人的努力水平 e 的成本由其自身所表示。

在自融资的情形下，农户(亦即借款人)的目标函数由下式给出：

$$\max P(e)Q-e-K \tag{1-6}$$

显然，农户的最优努力水平和产出将由一阶条件 $\frac{\partial P}{\partial e} = \frac{1}{Q}$ 决定。

在外源融资下，假定农户借入的金额为 K，i 为利率，抵押财富为 W，$W<K$（通常，抵押财富值总小于贷款金额），农户的收成或收入分布与自融资情况相同。此时，农户的期望收益函数为：

$$\max\{P(e)[Q-(1+i)K]-[1-P(e)]W-e\} \tag{1-7}$$

从上式可知，农户的最优努力水平由 $\frac{\partial P}{\partial e} = \frac{1}{Q+W-(1+i)K}$ 给出，由此农户的努力水平是 C（假定 $C=(1+i)K$）和 W 的函数，$f(e)=f(C,W)$，e 与 C 成反比而与 W 成正比。这表明，较高的负债水平将降低农户的努力水平，激励农民选择懒惰的行为。对此，一个普遍的解释是，一个负债较高的农民因在好的收成中所占利益较小，故而会出现"道德风险"，这便是激励不相容问题（incentive incompatible）。另一方面，较高的抵押将在农民收成失败时起着硬性惩罚的作用，故而可以刺激农民选择较高的努力水平，避免收成失败的出现。

金融机构将资金贷给农民后，其利润函数由下式给出：

$$R=\max\{P(e)C+[1-P(e)]W-K\} \tag{1-8}$$

在风险中性和市场完全竞争的情况下，贷方的利润显然为 0，即放贷者只能获得无风险的利率 i。在这种情况下，贷方通常会实行完全抵押的放贷政策，即 $W=C$，进而无论借款的农民选择何种努力水平都不会给放贷者造成任何损失。然而，实际情况并非如此。由于农村金融市场的非完全竞争性，因此放贷者只会在 $R\geqslant 0$ 的情况下放贷；同时，由于抵押的不完全性（$W<K$），结合（1-6 式、1-7 式、1-8 式）可知，由（1-8 式）给出的农民实际的努力水平必定小于最优的努力水平（由 1-6 式给出，即自融资时的努力水平）。

从以上的分析可知，只要借款者的抵押财富不足以为贷款金额提供担保，借款人的努力水平就会偏离最优水平，宁愿选择偷懒的行为，从而使项目的收益或收成出现不确定性，这会损害信贷偿还的基础。为了进一步分析抵押 W、利率 i、银行收益 R 和农民努力水平 e 之间的关系，不妨从比较静态的角度考察均衡时的情况。

激励曲线〔1〕：$\frac{\partial P}{\partial e} = \frac{1}{Q+W-(1+i)K} = \frac{1}{Q+W-C}$　(1-9)

---

〔1〕 关于激励曲线形状，推导如下：$\frac{\partial P}{\partial e}=\frac{1}{Q+W-(1+i)K}=\frac{1}{Q+W-C}\Rightarrow C=Q+W-\frac{\partial P}{\partial e}\Rightarrow \frac{\partial C}{\partial e}=-\frac{\partial^2 P}{\partial e^2}$，由 $P(e)$ 是凹函数的性质可以近似推知，激励曲线是凸向原点的凸函数。

利润曲线[1]：$R = \max\{P(e)C + [1 - P(e)]W - K\}$ (1-10)

观察图 1-7 并结合激励曲线和利润曲线的函数式可知，随着抵押财富 W 的增加，农民的努力水平将会不断地增加，当其他条件保持不变时，激励曲线表现为沿利润曲线向右上方移动，均衡点从 E 移动到 E'。

如果银行的利润保持不变，由 $R = \max\{P(e)C + [1 - P(e)]W - K\}$ 可知，利率趋于下降，这样农民也将能从较高的努力水平所产生的剩余中获得更大的收益。

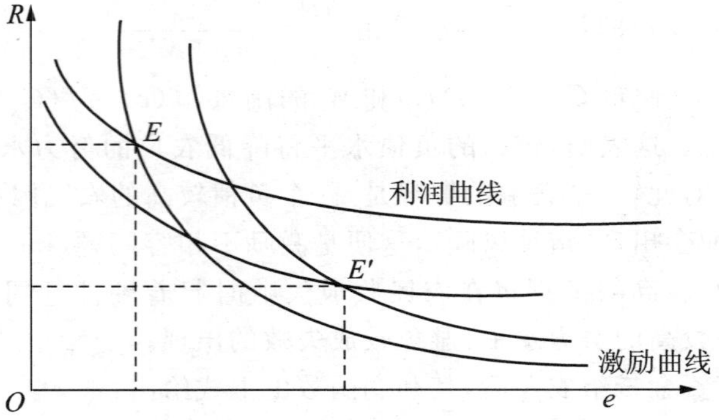

图 1-7 信贷与激励

可见，随着抵押财富的增加，农民们发现违约将越发"昂贵"，因此，信贷抵押的存在通过"激励相容"效应能比较有效地解决信贷合约中因信息不对称而产生的"道德风险"问题。进而，随着信贷风险的降低，放贷者能在保持利润的情况下降低利率，通过贷款申请者的风险特征——高利率申请者具有高风险，低利率申请者具有低风险——将"好的"申请者从"坏的"申请者中区分开来；同时，随着利率的降低和债务负担的减少，农民们倾向于选择较高的努力水平，并从增加的生产剩余中获得更多的收益。

显然，信息经济学的诞生揭开了一个农村金融市场信贷配给的谜底，那便是信息约束：一方面，放贷者无法了解借款者的风险偏好和还款意愿；另一方面，放贷者更无从监督贷款的使用情况。在抵押、担保缺失及其作用有限的情况下，无论是正规金融机构还是私人放贷者，都会呈现出非效率的特征。因此，在农村金融市场上，放贷者和借款者之间的信息不对称是最关键的因素，这便是"新市场失灵"

---

[1] 关于利润函数曲线的形状，可以推导如下：$R = \max\{P(e)C + [1 - P(e)]W - K\}$，取 R 为定值可得，$C = \frac{1}{P(e)}(W - K + R) - W \Rightarrow \frac{\partial C}{\partial e} = -\frac{1}{P^2(e)}$，由 $P(e)$ 凹函数的性质我们可以推知，利润函数凸向原点。

(new market failure)。周立(2007)认为,农村金融市场存在严重的信息不对称、抵押物缺乏、特质性成本与风险、非生产性借贷为主等四大基本问题,使农村金融市场自然发育状态下出现“市场失灵”和“负外部性”,需要政府介入。但政府介入后,又往往以正式金融制度取代非正式金融制度,进一步恶化农村融资环境,又带来了“政府失灵”,两大“失灵”使得农村资金的非农化成为常态,缓解两大“失灵”的关键,在于放弃单纯依赖正式金融部门的幻想,构建并运行正式和非正式金融两部门垂直合作型农村金融体系。

农业信贷补贴论、农村金融市场论、不完全竞争市场理论在理论前提、结论和政策主张上既有区别又有联系,主要的区别如表 1-5 所示。

表 1-5　三种农村金融理论的主要区别

	政府干预	利率管制	贷款资金的筹措	专业贷款的有效性	对非正规金融的评价
农业信贷补贴论	必要	进行低利率管制	从农村外部注入	有效	弊大于利
农村金融市场论	不必要	自由市场利率	农村内部筹集	无效	有效
不完全竞争市场理论	市场机制失效时必要	放松管制	主要从内部筹集,不足部分政府提供	方法适当时有效	政府应该适当引导

资料来源:何广文等,《农村金融学》,中国金融出版社,2008 年 10 月。

1.3　农村金融发展的范式转变

1.3.1　农村金融发展范式再转变

以农业信贷补贴理论为核心的农村金融旧范式(the old rural finance paradigm)兴起于战后的传统信贷模式,主要源于供给领先(supply-leading)的金融思想。在此思想的影响下,政府和政策制定者对农业生产和发展给予了高度的重视,认为农民没储蓄能力,也无力支付高昂的融资成本,因而只能提供补贴信贷。早期的小额信贷(microcredit)也深受这一思想的影响,主要通过外源资金和低成本的利率向低收入者提供信贷,同时由于法律和监管的原因,大多数微型金融机构(microfinance institutions)不具有吸收存款的权利。因此,资金来源、成本和可持续性等问题极大地限制了早期微型金融机构的影响力。

从 1980 年开始,以印度尼西亚人民银行乡村信贷部和阳光银行为首的一些微型金融机构开始在吸收储蓄和提高利率的基础上探索可持续发展之路,以图摆脱对外源资金的依赖和扩大服务能力。理论界也试图从理论上引导微型金融的升级(upscaling)和正规化,并建议实行金融自由化改革,通过正规银行的降级(downscaling)来增加农村底端金融市场的供给和竞争性。这便是农村金融范式再次转变的大背景。

新兴农村金融范式是指,使金融机构为了实现自身的可持续性所发展起来的一切技术手段、制度和理念,它力图把商业金融的原则与微型金融所发展的技术完美地融合在一起,进而在摆脱外部补贴的情况下扩大对农村低收入者的渗透能力。Robinson(1995,2001)认为,新范式包括"小组或个人信贷技术,适合穷人借贷需求的金融产品,使金融机构能够获利的利差幅度,创新的操作方法和信息系统,分布广泛的小型服务网点,经过专业培训的工作人员和适当的竞争制度,能过从当地吸纳储蓄或商业借贷、投资来为放贷提供融资等"。

许多理论学者认为,只有商业化运营并受到监管的金融机构才能在实现自身持续的前提下为更多更穷的人提供服务。因此,传统的供给领先式的发展金融也应该转变为需求追随式的(demand-driven)新发展金融(new development finance)。在新的发展金融范式中,信贷不再是对穷人的一种捐赠或补贴,而应该是经过市场定价的要素资源,金融机构不仅仅是传输信贷资金的渠道,更应该是居于借者和贷者之间的金融中介。可见,新发展金融主要关注建立可持续的金融制度和金融体系,在宏观上通过金融自由化改革来促进农村金融体系和市场的形成,在微观上通过融合微型金融的信贷技术和制度来实现农村金融组织的自我持续。

在这种背景下,一场以商业化演进为主导的范式转变便从 20 世纪 80 年代中后期拉开了序幕。自 1984 年商业化改造之后,印度尼西亚人民银行(BRI)建造了覆盖整个国家的乡村信贷部(Unit Desa),到 80 年代末,BRI 已拥有超过 100 万的借款者和 600 万的储户,并在很高的偿还率和无补贴的情况下实现了财务上的可持续性(financial sustability)。随后,BRI 的兄弟单位 BKD 以及 Bank Dagang Bali 也启动了范式转变的进程。到了 90 年代,拉美微型金融的发展使得这一行业繁荣起来。在玻利维亚,阳光银行成为吸引国内外各类逐利投资者通过资本市场投资微型金融的先驱,无论是在微型金融机构的数量上还是在所服务低收入者的人数上,微型金融都达到了前所未有的高度。在国际上,微型金融逐渐成为一个富有吸引力的新兴产业,理论界则在强调利率自由、准入自由的基础上通过推动微型金融的升级和正规金融的降级来重构农村金融体系,对微型金融的监管和结构治理也开始提上议程。

1.3.2 农村金融发展的新兴范式

如上所述，到20世纪70年代末，农村金融旧范式的弊端已经广被学术界和政界所诟病，农村金融发展急需转变范式，农村金融新兴范式的出现是建立在对旧范式所累积的经验和教训不断进行总结以及随后发生的所谓“微型金融革命”的基础之上的。

1.3.2.1 微型金融(microfinance)革命

从20世纪60年代开始，不少发展中国家和国际组织一直在试图为低收入阶层提供信贷服务，以此来实现摆脱贫困和促进发展的目标。但是，国际组织援助和政府支持的为低收入群体提供信贷服务的项目却始终没有成功，主要原因在于他们通常难以在提供信贷服务与机构自我生存之间找到平衡点，由于始终认为应该给低收入者以贴息方式的信贷支持，因此，很多机构由于无法弥补发放贷款的成本而不得不中断为低收入者服务。

在20世纪70—80年代，一些向低收入群体提供小额信贷(Microcredit)服务的项目和机构，在吸取以往教训的基础上，仍在持之以恒的进行努力和有益的探索，不断取得了令人鼓舞的成绩，出现了像孟加拉国“乡村银行”(Grameen Bank)、印度尼西亚人民银行农村信贷部(BRI-UD)、玻利维亚的“阳光银行”(Bacosol)、国际社区资助基金会(FINCA)、信贷联盟和众多的非政府组织等一批小额信贷项目，他们成功地为大量贫困客户提供小额贷款，同时也逐步实现了机构和项目的可持续发展问题。从20世纪80年代末开始至今，小额信贷在全球范围内得到快速发展。截至2004年底，在发展中国家有7 000多家微型金融机构(microfinance institutions，MFIs)为1 600万贫困人口提供信贷服务，全球小额贷款周转资金估计达25亿美元(O'Rourke，2006)。

以小额信贷为核心的微型金融革命涉及的内容非常广泛，大体可概括为以下几个方面：创新产品，深化、拓展金融市场服务；广开融资渠道，使更多金融资源商业化、市场化；开发新技术，降低交易成本；改进金融监管方法，强化自律等。

微型金融革命对农村金融旧范式的理念和实践提出了挑战。随着微型金融革命的深入，过去那些被旧范式排斥在外的个体农民或农户(即使其较为贫困)现在又可以成为金融服务对象，特别是银行服务对象之列了。只不过要为这些对象提供服务，传统的标准化银行技术已不适用，而必须利用微型金融革命设计新产品、新服务。以小额贷款为例，一笔典型的小额贷款具有如下显著特点：数额小；期限短；利率高(与大多数商业银行贷款相比)；通常以同行保证作为担保；还贷频繁，以保持对客户进行密切监视；激励机制内化，还贷记录良好的客户可自动获得更大数额的追加贷款以作为奖励；有些借款人甚至可按照事先确定好的公式获得数额固定的贷款，包括首笔贷款和追加贷款。

1.3.2.2 农村金融新兴范式的出现

农村金融新兴范式兴起于20世纪80年代后期，但直到90年代中期后才获得长足发展。新兴范式体现了一种金融系统观，认为金融服务只是金融机构、金融基础设施、法律法规制度以及社会文化规范等相互交织作用所构成的复杂体系的一部分，而以市场为基础的商业化方法具有可持续性和普惠性，是提供金融服务的最有效方法。新兴范式认为，利用市场机制提供金融服务旨在推动农村发展，即促进资产的创造和农村贫困人口的减少。不要人为控制或改变金融自身功能与作用的发挥，为追求非金融目标而将金融作为促进特定农村部门发展的政策工具来使用；相反，应通过发展金融去推动市场扩容和一体化，因为一个有效的金融市场不仅可以提高要素生产率，而且有利于改善资源跨期配置和风险管理。

2006年，世界银行推出了CGAP（即世界银行扶贫协商小组）的研究报告《全民的机会：构建普惠金融体系》《Access for All: Building Inclusive Financial Systems》，倡导构建普惠金融体系，使社会大众特别是中低收入群体享受到平等的金融服务。同时，CGAP研究报告指出，普惠金融体系尤其是针对贫困群体的金融服务仍面临三个主要的挑战：一是怎样高质量地越来越多地为较大规模的群体提供金融服务（规模）？二是怎样不断地越来越多地服务更贫困和更偏远地区的客户群体（深度）？三是怎样不断降低客户群体和金融服务提供者双方的成本（成本效益比）？而应对上述挑战可能的答案是：将为中低收入者的金融服务作为每个国家主流金融体系的有机组成部分。

需要强调的是，普惠金融不同于国内开展的由政府补贴的"扶贫贷款"，后者主要是利息补贴性质的优惠贷款。世界范围内的农村金融实践和农村金融发展理论已经证明，补贴性信贷一般难以真正到达贫困人群手中、贷款的还款率不高，实践证明效果不是很好。普惠金融更强调商业可持续，提供贫困群体金融服务的非正规金融机构应与传统的正规金融有机结合；强调法律法规的重要性，要为小额信贷的持续发展创造有利的法制环境；强调金融基础设施的重要性，重视如审计、评级机构、专业网络、交易协会、转账及支付系统、信息技术、培训机构、技术服务提供商、征信机构等中介组织的作用；强调全方位的金融服务，不仅为客户提供贷款，还要提供存款、保险、汇款、代理、理财、养老金等全功能的服务。

在如何发展农村金融这一问题上，新范式有三大政策主张：

首先，限制政府的直接干预。新范式的支持者（Geetha 和 Meyer，2005）认为，政府的作用主要体现在三个方面：营造政策环境；提供基础设施和信息系统；建设有利于农村金融市场功能发挥的管理组织。

其次，从金融系统观出发优先发展三大战略（Gonzalez-Vega 和 Claudio，2003）。具体指：营造有利的政策环境，包括宏观经济稳定和对农村部门的历史偏见的消除；加强法律法规的制度建设，如改进交易保护法、采用营业许可证和严格管制等；培养微型金融机构的经营管理能力，使这些机构能够在需求驱动下适时提供信贷、储蓄、保险等各种金融产品。

最后，多途径扩大金融服务。主要包括：补贴社区基础设施投资，以帮助农村人口增加资产和技能；发展社会中介组织，以促进社团或合作组织的形成和社会资本的积累；培训相关人员，提高其技术技能与经营管理能力；改进服务，支持商业开发等（Steel 和 Charitonenko，2003）。

表 1-6　农村金融发展范式的比较

主要区别	旧范式	新范式
理论基础	农村金融市场发展滞后，高风险与高成本阻碍金融产品的提供	金融服务是复杂金融体系的一个组成部分，而市场化方法是提供金融产品的最有效方法
发展目标	降低农村金融服务成本和风险以重点支持特定对象或部门的发展	最大化农村金融服务对象以促进资产创造和农村贫困减少
发展路径	以政府为主导的外生成长型金融发展	以市场为主导的内生成长型金融发展
政府角色	农村金融市场的严格管制者和金融资源的主要配置者	金融政策环境的营造者、法律法规的供给者和金融市场的监管者
政策主张	通过贷款条件、银行和非银行金融机构再融资配额、优惠利率贷款、信用保证和目标贷款等手段对农村金融市场进行积极、直接干预，合理配置金融资源	限制政府直接干预；优先营造政策环境、完善法律法规制度和培育微型金融机构；丰富农村金融产品，扩大农村金融服务对象

资料来源：Meyer，Richard L. and Geetha Nagarajan（2000）。

新旧范式在有关农村金融发展问题上的分歧是十分明显的，表 1-6 对两者的主要区别进行了概括和比较。综合看，旧范式带有明显的计划经济色彩，在支持农村金融基础设施建设和重点部门发展以实施赶超战略方面优势较为明显。相反，新范式建立在市场经济相对发达和各种金融技术相对完善的基础上，其优点在于能够为市场主体提供更好的引导和激励，进而推动农村金融市场的自主深化和广化，有利于农村金融的可持续发展。

1.4 可持续性、覆盖面与福利影响

1.4.1 农村金融循环三角

Zeller 和 Meyer(2002)将农村金融描述成包括内部循环和以边界为限的外部循环系统的三角框架(图 1-8)，认为代表三角框架 3 个顶点的覆盖面(outreach)、可持续性(sustability)和福利影响(welfare impact)是微型金融的经营理念和目标。三角框架的内部系统代表了向三角框架外部系统推进从而实现经营目标的创新活动。创新的内容包括：①农村地区有效地建立了适应潜在约束和机遇的体系；②提供帮助各种农村客户平滑消费收入、降低风险和增加资本积累的产品和服务；③促进了农村金融和服务的发展进程，降低了交易成本和固定成本，提高了机构透明度、学习和宣传的效果。

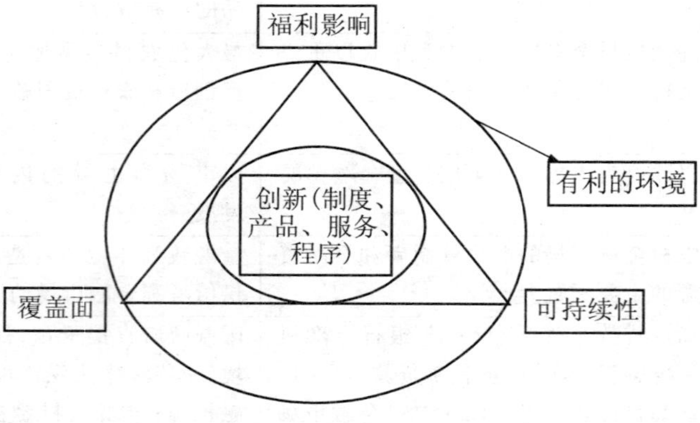

图 1-8 微型金融可持续性、覆盖面和福利影响的三角框架

“三角框架”是随着微型金融的发展而逐渐发展起来的。最初，微型金融领域将如何提高机构的覆盖面作为关注的焦点，即关注为更多的穷人(服务的宽度)和为更穷的人(服务的深度)提供金融服务。然而关注贫困人群的单一目标使得微型金融机构的经营状况和可持续发展受到严重的挑战，随后金融机构的可持续性目标受到越来越多的关注，即将建立能够覆盖成本的、可持续的金融机构作为微型金融发展关注的主要目标。随着微型金融两大目标的不断融合，微型金融将目标设定为既能服务更多的穷人、提高穷人的福利状况，又能实现自身可持续的双重目标。

微型金融的发展目标，是将金融服务扩展至未被服务到的和未充分享有金融服务的人口，因此，金融服务应该是长期的、可持续的，因为只有自身可持续的金融机构才能不断扩大服务范围，使得可持续性与覆盖面双重目标得以实现。Christen(1995)认为，“是服务的规模，而不是只关注最穷的人，决定着微型金融为穷人服务的边界是否发生了显著性的扩展”；Conning(1999)、Cuevas 和 Paxon(2002)以及 Lapenu 和 Zeller(2002)等也认为覆盖面与可持续性是相互平衡的。持这种观点的人认为，由于每笔贷款的固定成本相对固定，所以额度较小的单位贷款成本就相对较高，故而提高每笔贷款的额度就能降低单位贷款的成本，小组信贷技术在提高贷款额度的同时又能将资金渗透到穷人手中，因而可以达到覆盖面和可持续性的平衡。为了覆盖较高的成本，利率应相对升高，或者利用规模、范围经济对较小额度的贷款进行交叉补贴(陈军、曹远征，2008)。此外，微型金融机构还可以通过扩大市场覆盖范围、多样化产品分散风险、降低经营过程中的成本等措施实现覆盖面和可持续性的双重目标。

覆盖面和福利目标之间也存在平衡。贫困人群具有脆弱性，且贫困是动态的，而不是静态的，一场经济冲击，如家庭失去收入来源，或者遭受灾害，都会使脆弱的非贫困人群转变为贫困线之下的贫困人群。微型金融服务可以从以下两个方面管理风险：一方面，可以通过贷款使借款者收入来源多样化、扩大业务规模，支持家庭教育或改善居住条件，从而防范家庭可能遇到的风险；或者通过储蓄服务使客户获得安全的场所直接进行资本积累，从而增加客户自身的资产用于未来的投资或者防止资产的损失。另一方面，微型金融的客户包括贫困人群，可以利用金融服务来应对已发生的经济波动的冲击，通过减少储蓄或增加贷款的方式稳定消费，而不用变卖生产性资产，使其陷入未来收入减少的困境。因此，微型金融服务可以使包括贫困人群在内的客户持续的获得收入、增加资产，从而提高福利状况。Sharma(2002)的研究报告显示，即使是很穷的人，也可以借助小额信贷的储蓄和贷款技术平滑消费和生产，从而改善福利状况。对于那些处于贫困线附近的低收入阶层，在微型金融的监管下能够将信贷用于生产用途，因而有助于其收入的增加和财富的积累。这样，即便是微型金融不能使一些很穷的人从根本上摆脱贫困，也能通过金融服务帮助他们改善收入、平滑消费，提高其福利水平。Schreiner(1999)则从另一个角度说明了覆盖面、持续性和福利影响三种相容的可能性和重要性，“穷人太多、出资人太少，而社会既关注穷人现在的福利状况也关注未来的福利状况，只有可自我持续的金融组织才能在长期内产生提高社会福利的强烈激励；‘自我持续理论’通过回报出资者试图构建一个激励强化的体系，从而提高顾客的福利”。

因此，微型金融的“三角”目标存在着互融、协同和平衡的潜在可能，这种可能是基于微型金融的可持续性的。首先，潜在的客户很可能观察到微型金融机构是否能够自我持续，并把这一标准作为是否成为和继续成为该机构客户的基准。从这一角度来看，可持续性影响和决定着微型金融的覆盖面。其次，持续性还能促使微型金融机构为满足客户的需求进行不懈的努力，在服务产品、技术和制度上进行不断地创新，这无疑促进了微型金融三个目标相互间的协同和均衡。最后，在三角框架中，处于三者均衡核心位置的是创新，内圆代表着能够提高覆盖面、可持续性和福利影响的各种制度、技术、产品、服务和程序的创新，例如，使用降低成本的信息系统，设计面向穷人的以需求为导向的服务，更有效的顾客培训方法，更有效的瞄准穷人的机制或引进能够吸引穷人参加的信贷技术(Zeller，1996)。

1.4.2 覆盖面、可持续性的衡量

1.4.2.1 覆盖面

微型金融机构的目标是将服务延伸到那些被传统金融服务提供者排除在外的人群中，为那些被正规金融排除在外的农村地区的低收入者或穷人提供金融服务。一般而言，这部分人群因无法提供抵押和担保而被认为具有较高的风险，无法通过正规金融获得信贷；而且他们的信贷需求具有额度小、频率高和周期短的特征，使得信贷的交易成本较高，因此，被正规的商业金融机构排除在目标群体之外。

Yaron(1992)提出了农村金融服务覆盖面的概念，很快就被学术界和实践者所广泛接受，并成为衡量农村金融服务状况的一个重要指标。覆盖面，即农村金融机构在多大程度上成功地服务农户以及满足农户对金融服务需求的程度。

但是，对于农村金融服务覆盖深度的内涵和具体衡量指标却存在很大的争议，学者们从不同的方面和角度选择指标来分析中国农村金融覆盖面时，甚至得出了完全矛盾的结论。一些学者认为中国农村金融服务覆盖面显著高于国际水平(焦瑾璞，2006；杨骏，2007)，而另一些学者依据农民的贷款额度满足率(只有 20%～30%)(何广文，2006)、信贷资金目标客户到达率(仅 20%左右)(刘福合、苏国霞，2005)、大量农户贷款和农村小企业融资需求得不到满足(孟宪丽，2007)等指标，认为中国农村金融服务的覆盖面还很低，需要放开准入限制，增加农村金融机构数量和竞争，提高农村金融服务的市场化程度，加大对农户和农村中小企业的贷款支持，从而提高中国农村金融服务的覆盖面。学者们对中国农村金融服务覆盖面状况之所以给出完全相反的判断，在于他们对农村金融服务覆盖面这一术语的内涵理解不一致，对农村金融服务覆盖面的理解过于狭窄，影响结论的准确性。

覆盖面是一个混合指标，既有定性的内涵又有定量的内涵，既能衡量深度，又

能衡量广度。目标客户的覆盖面指标具体包括市场渗透程度、相对收入水平及服务质量等指标,以下将对覆盖面的衡量指标进行系统归纳:

(1)服务深度。作为覆盖面的一个指标,服务深度衡量了微型金融机构的服务惠及人口中最贫困人群的程度。分析人员常常用贷款规模作为衡量服务深度的近似指标。为了国际比较,我们可以通过计算平均贷款余额占人均GNP的比例来衡量深度。这个比例越低,该机构惠及贫困人口的程度越深,也就意味着它覆盖那些没有获得金融服务的贫困人口市场的潜力越大。为了实现更大的覆盖面和持久的提供服务的目标,机构需要把自己打造成财务上和机构上都具有可持续性的机构。

(2)服务广度。即服务规模,指能够提供服务的客户人数。这与机构本身的资金实力、信贷额度、机构的成熟性等有很大关系。全球大概有5亿潜在客户需要微型金融服务,然而,所有的微型金融机构只能为其中的一部分人群提供金融服务,微型金融机构能够覆盖的客户数能够直接影响其收益。通常,高覆盖面、低拖欠率的机构是可持续的。

(3)市场渗透程度。主要是从存贷款金额、营业场所及员工数量来考察。衡量的指标包括储蓄和贷款账户的数量及其年增长率;贷款余额和存款额及其年增长率;营业场所数量;员工数量。

(4)相对收入水平。这一指标主要考察机构对各类收入水平客户的覆盖率,衡量的指标包括平均贷款额;贷款额度的范围;农村客户的比例;妇女客户所占比例等。

(5)服务质量。这一指标主要从交易费用以及服务的灵活性等方面出发,衡量的指标包括服务的灵活性;服务的持久性;客户的交易费用;服务网络等。

此外,Schreiner(1999)对Yaron(1992)提出的覆盖面概念进行了拓展,从6个方面讨论了发展金融机构(development financial institutions, DFIs)的社会收益,分别是覆盖面的价值、成本、深度、宽度、长度以及范围。覆盖面对客户的价值是指客户的支付意愿;覆盖面对客户的成本是指价格成本和交易成本的总和;覆盖面的深度是指社会重视指定客户的价值;覆盖面的宽度是指客户的数量;覆盖面的长度是指发展金融机构提供服务的时间跨度(存续时间);覆盖面的范围是指发展金融机构提供金融合同的种类(存款或贷款,或二者都有)。

1.4.2.2 可持续性

影响微型金融机构可持续性的因素或实现可持续性的条件从大类上划分,可分为外部因素(或条件)和内部因素(或条件)。外部因素主要包括:机构及其运营的合法地位;政府政策的款进程度和支持力度,如利率政策、规范要求、报告制度、监管制度等;获取信贷或其他资金的难易;当地政府对项目的态度和行为;当地其他项目对本项目的影响;通货膨胀率的影响。影响机构可持续性的内部因素主要有:利率、规模、还贷率(贷款质量)、管理效率、清偿力(现金流动能力)等。

可持续性即生存能力,指收益能够弥补商业上的成本,实现商业的可持续性,可持续性是微型金融的主要目标之一。可持续性分为财务可持续性以及机构可持续性。财务可持续性是指微型金融机构的利息和费用收益能够覆盖经营成本,实现商业上的可持续,机构可持续性是指机构能够在一定时间内成长为有影响力的金融机构。然而,关键在于,如果小额信贷机构要想在长期内为大量人群提供金融服务,则其必须具有可持续性。获得财务可持续性表明机构能够独立经营而无需依靠捐赠资金,并使微型金融机构不必完全依赖于捐赠资金或者资助,而能够向商业银行市场融资,而这一市场相对于捐赠市场要广阔得多。机构可持续性及组织能力是微型金融机构发展目标的另一方面,组织能力表现为机构发展、有效提供服务的能力,机构的可持续性取决于机构的类型、治理结构、管理架构、人力及管理信息系统等方面。概括起来,可将衡量发展金融机构可持续性的指标归纳如下:

1. 操作自负盈亏率(OSS)

$$操作自负盈亏率=\frac{信贷经营收入}{经营操作费用+贷款损失准备金+资金成本}$$

这一指标表明,一个小额信贷机构能否获得足够的信贷收益以抵付经营费用、贷款损失准备金和资金成本等直接成本,但不包括调整过的资金机会成本。

2. 财务自负盈亏率(FSS)

$$操作自负盈亏率=\frac{信贷经营收入}{经营操作费用+贷款损失准备金+调整过的资金成本}$$

在该公式分母中:

调整过的资金成本=平均贷款余额×(通货膨胀率或当地银行间拆借利率这两者中数值较大者)

3. 补贴依赖指数(SDI):短期补贴依赖程度度量指标

Yaron(1992)提出的补贴依赖指数是对发展金融机构可持续性的一个综合度量。它是一个发展金融机构所收到的补贴与其为目标人群提供贷款所取得收入之间的比率,表明一个发展金融机构短期内能否补偿其所使用的公共资金的机会成本并仍能盈利的能力。

SDI是一个比率，其中，分子是补贴，分母是从贷款中取得的收入。在其他条件不变的情况下，该比率可以看成是为使机构独立于补贴而要求贷款收益变动的百分比。也可以这样看待补贴依赖指数：即对于借款者支付的每一单位贷款的利息和费用（分母中的贷款收入），社会要对发展金融机构提供的配套资金（即分子中的补贴）。计算公式如下：

$$\text{补贴依赖指数}(SDI)=\frac{\text{补贴}}{\text{贷款收入}}=\frac{S}{LP\times i}$$

其中，S 代表补贴；LP 代表平均贷款余额；i 代表贷款收益率。

如果要准确计算补贴依赖指数，则需要通过发展金融机构获得的贴息资金进行修正。

发展金融机构获得贴息资金的形式主要有六种（表1-7），其中，三种是权益捐赠，三种为利润捐赠。权益捐赠直接增加了机构的资本净值，但不直接改变当年的会计利润；利润捐赠直接增加了机构的会计利润，因为利润捐赠扩大了收入并（或）缩小了支出，通过留存收益方式间接增加了年底的资本净值。与没有捐赠的情况相比，所有这六种形式的贴息资金都增加了资本净值，其社会机会成本均等于 m。

表1-7　贴息资金的类型

贴息资金的类型	符号	捐赠类型
直接捐赠	DG	权益捐赠(EG)
实收资本	PC	
收入捐赠	RG	利润捐赠(PG)
公债折扣	$A*(m-c)$	
费用折扣	DX	
实际利润	TP	权益捐赠(EG)

资料来源：马克·施莱内尔、雅各布·雅荣(2005)。

第一，权益捐赠。

直接捐赠和实收资本两种形式的贴息资金都是权益捐赠(EG)。这种现金馈赠增加了机构的资本净值，但是不能直接改变一个时期内的会计利润。权益捐赠是直接捐赠(DG)与实收资本(PC)之和：

$$\text{权益捐赠}(EG)=\text{直接捐助}(DG)+\text{实收资本}(PC) \qquad (1\text{-}11)$$

直接捐赠(DG)是现金馈赠，其直接增加了净资产，但不通过损益表，所以没有增加会计利润。直接捐赠包括现金馈赠和非现金馈赠(如捐赠办公设备和交通设备等)。实收资本(PC)来自于向政府或捐助者出售股份,因为是公共资金购买的股份,这种出售也类似于直接捐赠。进一步讲,大多数的捐助者并不像私人所有者那样运用权力谋取利益,因此这里假设所有的实收资本都来自于公共资金。

第二,利润捐赠。

利润捐赠(PG)的形式包括收入捐赠、公债折扣和费用折扣,所有形式的利润捐赠都增加资产净值,因为它们增加了会计利润或缩小了会计亏损,从而增加了留存收益。

利润捐赠是收入捐赠(RG)、公债折扣($A\times(m-c)$)和费用折扣(DX)的总和,其公式为:

$$PG = RG + A \times (m - c) + DX \tag{1-12}$$

收入捐赠(RG)是现金馈赠。除了会计中将之视为收入而不是直接注入的权益外,它与权益捐赠是一样的。收入捐赠增加了资产,但只有当它通过损益表并增大了会计利润后才实现资产的增加。由于收入捐赠不是发展金融机构经营的结果,所以不应计入利润。

公债折扣和费用折扣属于非现金馈赠,即由别人代替发展金融机构支付的费用,因为折扣减少了费用,因此增加了发展金融机构的会计利润。

公债折扣等于公债的机会成本减去发展金融机构所支付的部分,公式如下。其中,A 是平均公债,c 是发展金融机构为公债所支付的利率,m 是公债的社会机会成本。和所有的折扣一样,公债折扣是补贴性融资,因为它减少了费用,所以也增加了利润和净资本。与公债折扣不同,公债本身不增加净资本。

$$\text{公债折扣} = \text{平均公债} \times (\text{公债的机会成本} - \text{所付利率}) \tag{1-13}$$

费用折扣(DX)是指由政府或捐助者承担,而发展金融机构没有作为成本记录的那部分费用,如技术支持、免费的存款保险、组织可行性研究的成本、债务担保、咨询顾问费用、信贷员的培训以及雇员的差旅费等。尽管费用折扣通常在财务报表中没有任何记录,并且很难统计,但却是普遍存在且代表很大一部分的转移支付。

会计利润和权益收益率取决于把补贴资金作为权益捐赠还是利润捐赠的选择,因此,不同的选择可能会掩盖发展金融机构的真实经营业绩。许多发展金融机构不遵循公认的会计原则,这样就可能不把捐赠或费用偿付作为权益注入,而是计为收入,这种区分对于进行有意义的财务业绩衡量很重要。捐助者可以按照自己的意愿利用利润捐赠来调高或降低会计利润和权益收益率。与会计利润和权益收益率不同的是，补贴依赖指数和社会净贴现成本都认为一美元的利润捐赠与一美元的权益捐赠对经营业绩有相同的影响。

第三，实际利润。

实际利润（TP）类似于权益捐赠，其值为会计利润减去利润捐赠，公式如下：

实际利润＝会计利润－利润捐赠

$$TP = P - [RG + A \times (m - c) + DX] \tag{1-14}$$

在其他条件保持不变的情况下，实际利润就是在没有利润捐赠的情况下留存收益的变化。正的实际利润是一项社会收益，因为政府和捐助者可以将其从发展金融机构中抽出用于其他发展项目。同理，负的实际利润（亏损）就是社会成本。

实际利润与利润捐赠的含义不同，利润捐赠是来自政府或捐助者的现金馈赠，记录为收入，增大了会计利润；实际利润是扣除了利润捐赠和费用折扣以后的会计利润，是在未使用公共资金而形成扭曲的情况下实际应取得的利润。

补贴依赖指数就是在其他条件保持不变的情况下，使补贴为零时贷款收益率（贷款收入）需要变动的百分比。例如，补贴依赖指数为1说明收入要增加100％才能取消补贴而使补贴依赖指数等于零。如果一个发展金融机构能够补偿其补贴，就具有补贴独立性，这样的机构叫做不依赖补贴的发展金融机构，它的补贴依赖指数小于或等于零，补贴调整的权益收益率大于其社会机会成本。

补贴依赖指数度量了公共发展金融机构的成本，并与其业务水平进行比较，是对发展金融机构持续性的一个综合度量。补贴依赖指数是一个把报告（会计）成本转换成机会（经济）成本的简单工具。会计利润和权益收益率常常掩盖了公共发展金融机构的经营业绩，因为一些费用并不能反映社会机会成本。

补贴依赖指数在两方面与补贴有关系：首先，补贴依赖指数提供了一个分析发展金融机构补贴的框架，发展金融机构在短期内使用公共资金的社会机会成本，减去发展金融机构为此支付的成本，再减去（加上）会计利润（亏损）。这样，补贴等于公共资源隐性的“租金成本”减去因损失而无法偿还的那部分租来的资金。对一个补贴依赖型的发展金融机构来说，补贴是正的，对一个不依赖补贴的机构来说，补贴是负的。其次，补贴依赖指数是一个比率，其中，分子是补贴，分母是是从贷款中取得的收入。在其他条件不变的情况下，该比率可以看成是为使机构独立于补贴而要求贷款收益率变动的百分比。也可以这样来看补贴依赖指数：对于借款者支付的每一美元的利息和费用（分母中的贷款收入），社会要对发展金融机构提供的配套资金（即分子中的补贴）。以下将对补贴依赖指数的分子和分母所包含的内容进行分析。

(1)贷款收入。贷款收入等于平均贷款余额(LP)乘以贷款的收益率(i),其公式如下:

$$贷款收入 = 平均贷款余额 \times 贷款收益率 = LP \times i$$

$$其中,贷款收益率(i) = \frac{贷款的利息和收费收入}{平均贷款余额} \tag{1-15}$$

(2)补贴。补贴 S 的计算公式如下:

$$S = m \times E + A \times (m - c) + K - P \tag{1-16}$$

$$其中,K = RG + DX \tag{1-17}$$

其中,m 是社会机会成本,E 是平均权益,A 是平均公债,c 是为公债支付的利率,K 是收入捐赠和费用折扣,P 是会计利润。补贴等于发展金融机构净资产中资金的机会成本加上 3 种形式的利润捐赠,减去发展金融机构能够用于补偿机会成本并仍保持盈利的会计利润。

在给定年底财务报表的前提下,假定存量增加了,全年的资金流动速度为常数,平均存量就是期初和期末存量之和除以 2。权益的期末存量等于期初存量加上存量的变化:

$$\begin{aligned} E &= (E_0 + E_1)/2 \\ &= (E_0 + E_0 + \Delta E)/2 \\ &= E_0 + \frac{1}{2}\Delta E \end{aligned} \tag{1-18}$$

权益的变化等于以上 6 种形式的补贴资金的流量之和:

$$\begin{aligned} \Delta E &= 权益捐赠 + 利润捐赠 \\ &= DG + PC + RG + A \times (m - c) + DX + TP \end{aligned} \tag{1-19}$$

将实际利润(1-14 式)、收入捐赠和费用折扣(1-17 式)、平均权益(1-18 式)和权益的变化(1-19 式)公式代入补贴(1-16 式)公式中得到以下形式:

$$S = m \times E_0 + \frac{m}{2}[DG + PC + RG + A \times (m - c) + DX + TP] - TP \tag{1-20}$$

该公式把补贴依赖指数分为三项:第一项为发展金融机构在全年所使用的补贴资金的机会成本;第二项为发展金融机构一年中新得到的补贴资金的机会成本。

平均来说，在不知道获得公共资金具体时间的情况下，发展金融机构使用了新的资金存量变动额的一半；第三项为发展金融机构记录的不包括补贴的实际利润，即如果发展金融机构没有利润捐赠，它能够用来补偿社会的部分。因此，补贴就等于未支付的社会机会成本减去营业利润。

4. 社会净贴现成本(NPCs)：长期补贴依赖程度度量指标

SDI 回答了一个重要的问题，即一个发展金融机构是否能够向社会补偿它的资金机会成本，并仍能盈利。但是计算 SDI 使用的是较短期(一般是一年)的数据，在这样一个时间段内通货膨胀率很低时是不存在问题的，但是发展金融机构一般存续的时间比较长，因而对长期内的社会机会成本的计算需要另辟蹊径。于是社会净现在成本(NPCs)就应运而生(Schreiner，1997)。

NPCs 是一个可以衡量任何时段内社会和发展金融机构之间资源流动的社会成本的指标。由于 SDI 没有贴现，所以不能正确地度量长期社会成本。就像私人投资者一样，社会也应关注项目在较长时期内的现值，即使社会只计划在短期内拥有权益。一个时期末的权益现值也取决于该时点之后的期望业绩，NPCs 是对短期社会成本计算的补充。对于一个发展金融机构，不应仅仅计算某一年的产出，而要根据其长期的成本和收益的贴现值来评价发展金融机构。

社会净贴现成本根据发生的时间贴现。贴现率就是未来的收入和成本换算成当前收入和成本的价格。NPCs 等于流出资金的贴现值减去流入资金的贴现值。

NPCs 回答了在较长时期内的两个重要社会问题：第一，使用公共资源建立一个新的发展金融机构是否提高了社会福利，这里不考虑目标客户的成本和收益；第二，从现在开始保留对发展金融机构的公共支持是否提高社会福利，同样，这里不考虑目标客户的所有成本和收益。

5. 长期补贴依赖指数(SDI_L)：独立于补贴程度的指标

利用 NPCs 可以计算流入社会的价值是否大于流出社会的价值，而且 NPCs 反映了现值的概念，负的 NPCs 就表明该机构是一个好的社会投资项目，因为它的收益率大于边际公共项目的收益率。而计算 NPCs 为零的临界值时，则可以得到长期补贴依赖指数(SDI_L)(Schreiner，1997)。SDI_L 反映的是发展金融机构向补贴独立逐步发展的动态过程。SDI，SDI_L，NPCs 的相互关系如表 1-8 所示。

表 1-8 SDI、SDI_L、NPCs 的相互关系

<table>
<tr><th>期限
指标</th><th>短 期</th><th>长 期</th><th>备 注</th></tr>
<tr><td>SDI</td><td>是短期内良好的指标(一般是一年),适用于快捷、粗略的计算,且通货膨胀率低,不使用贴现值。SDI=0 时表示该年度独立于补贴</td><td>不适用</td><td>都可以看做是衡量通过 DFIs 向目标客户发放配套资金的指标</td></tr>
<tr><td>SDI_L</td><td>不适用</td><td>使用贴现值</td><td rowspan="2">利用 NPCs=0 可以计算得到 SDI_L,表示 DFIs 累计到该年度独立于补贴了</td></tr>
<tr><td>NPCs</td><td colspan="2">适用于所有时间段。是公认的评价项目的最好的工具,计算项目经过若干年的补贴后才具有补贴的独立性</td></tr>
</table>

资料来源:刘勇等,发展金融机构效应评价方法综述,上海金融,2009.07。

6. 可持续比率(OSR)和(ESR)

可持续比率包括操作可持续比率(OSR)和经济可持续比率(ESR)。

操作可持续比率(OSR)是为实现操作的可持续性必须提高利率的指数:

$$OSR = \frac{r_0}{r}$$

其中:OSR 表示小额信贷操作可持续率;r_0 表示小额信贷机构操作可持续性所需的盈亏平衡利率;r 表示小额信贷机构向贫困农户提供贷款的实际利率。$OSR>1$ 表示没有达到操作可持续,此时只要将利率 r 提高$(r_0/r-1)\times100\%$即可达到操作可持续。

经济可持续比率(ESR)是为实现经济的可持续性必须提高利率的指数:

$$ESR = \frac{r_e}{r}$$

其中:ESR 表示小额信贷经济可持续率;r_e 表示小额信贷机构经济可持续性所需的盈亏平衡利率;r 表示小额信贷机构和贫困农户提供贷款的实际利率。$ESR>1$ 表示没有达到经济可持续,此时只要将利率 r 提高$(r_e/r-1)\times100\%$,即可达到经济可持续。

7. 补贴依赖指数的改进意见

第一,Khandker 的补贴依赖比率。

Khandker 在几篇有关孟加拉国发展金融机构的论文中建议把补贴依赖比率(SDR)作为补贴依赖指数的替代指标(Khandker 和 Khalily,1996;Khandker,

Khalily 和 Khan,1995),认为发展金融机构也从其非贷款资产(如短期国库券)的投资中获取收入,而补贴依赖指数仅仅把补贴与贷款收入进行比较。从理论上看,发展金融机构既可以通过提高贷款收入,也可以通过提高投资收入来降低补贴依赖程度。

补贴依赖比率是补贴与贷款收入和投资收入之比。其中,j 是投资收益率,I 是平均投资,投资收入则为 $I \times j$,补贴依赖比率为:

$$SDR = \frac{S}{LP \times i + I \times j}$$

补贴依赖指数和补贴依赖比率的分子均为补贴 S,与补贴依赖指数一样,当且仅当补贴调整的权益收益率大于社会机会成本时,补贴依赖比率为负。因此,补贴依赖指数和补贴依赖比率在最重要的方面没有什么不同,它们都衡量了补贴,所不同的是补贴依赖指数的分母是贷款收入,而补贴依赖比率的分母是贷款收入和投资收入。因此,补贴依赖比率始终小于或等于补贴依赖指数。在多数情况下,保持流动意味着投资不为零,所以,与补贴依赖指数相比,补贴依赖比率使发展金融机构的补贴依赖程度看起来较小。如果与发放的贷款额相比投资额很大,补贴依赖比率就比补贴依赖指数小很多。这种情况容易引起误解,因为一个机构不可能按照自己的意愿提高投资的收益率,除非它同时承担更大的风险,而且发展金融机构的目的是为目标人群提供贷款而不是获得较高的投资收益。如果补贴依赖比率等于100%,意味着一个机构要把贷款收益率和投资收益率提高1倍才可能独立于补贴,然而,即使发展金融机构能够使贷款收益率提高1倍,它也不可能在不承担更大风险的情况下将投资收益率提高1倍。这样,取消补贴就意味着贷款收益率要提高1倍多,所以补贴依赖比率低估了补贴,高估了补贴独立程度。

补贴依赖比率反映了需要增加多少贷款和投资收入才能够不依赖补贴。在实际中,这并不是一个非常有用的问题,虽然大多数的发展金融机构在当地有一定程度的垄断和确定贷款利率的自由度,但在投资市场上这些发展金融机构仍然是价格的接受者。一般来说,发展金融机构可以通过增加收入或降低费用的方式来降低社会成本,所以,将补贴与贷款收入比较,进而与其他收入和费用进行比较是有用的。但是,对于一个发展金融机构而言,贷款收入是最重要的收入来源,且发放贷款也是其主要目的。发展金融机构虽然也进行投资以保持流动性和满足客户贷款与支取存款的需求,但投资并不是其主要的业务。

第二,Sacay 的盈利性差距。

Sacay(1996)提出盈利性差距(PG)出于三方面的考虑:第一,作为补贴依赖指数的一个替代指标，Sacay 试图用补贴与权益进行比较。第二，当政府允许发展金融机构低于资本充足的法定最低标准时，Sacay 试图将暗补考虑在内。第三，Sacay 认为补贴依赖指数假定了只有通过提高贷款收益率才能够降低补贴。

盈利性差距告诉我们，一个由于取消法定资本标准而获得补贴的发展金融机构距离其补贴调整的权益收益率目标还有多远，如果补贴调整的权益收益率的目标为 m，那么 Sacay 的盈利性差距 PG 则为：

$$PG = m - \frac{P - A \times (m - c) - \max(0, E^{\min} - E)}{E + \max(0, E^{\min} - E)}$$

其中，$E^{\min}$ 为法定的最低权益，$\max(0, E^{\min} - E)$ 为资本缺口。如果资本超过了法定的最低限，缺口就为零，否则等于最低限减去实际的权益。

Bellin(1996)认为，其实这些考虑是没有理由的。首先，补贴依赖指数中衡量补贴的公式和补贴调整的权益收益率的功能一样。其次，多数的发展金融机构都能够满足法定的资本要求，对于不能满足的机构，Sacay 所提出的盈利性差距将补贴计算了两次。最后，补贴依赖指数并没有说提高贷款收益率是取消补贴的唯一方式。

第三，Hulme 和 Mosley 的平均补贴依赖指数。

Hulme 和 Mosley(1996，1998)计算了世界上 10 个发展金融机构四年的平均补贴依赖指数，其主要结论取决于平均补贴依赖指数，因为它们有助于分析、确定那些致力于增长和持续性发展的机构。

补贴依赖指数是一个比率，Hulme 和 Mosley 的平均补贴依赖指数是比率的平均，但比率的平均和平均的比率不同，只有平均的比率才能保留补贴依赖指数的含义，即在其他条件不变的情况下，贷款收入增加百分之几才能使这几年的总补贴为零。事实上，在任何情况下，都不能把几年的补贴依赖指数进行平均，因为该指标只有在短期内才有意义。在较长的时间里，计算完整的补贴依赖程度需要根据资金流动的时间进行贴现(Schreiner，1997)。

Hulme 和 Mosley 的平均补贴依赖指数有两个问题。第一，它不是使补贴为零时所要求的贷款收入增长的百分比。第二，在时间为一年的情况下，其公式没有意义。

1.4.2.3 覆盖面和可持续性评价的主要框架

一般来说，大多数发展金融机构(DFIs)要兼顾利润目标和社会目标，或者以社会目标为主而兼顾自身发展，如果仅仅从财务的角度来衡量自身的发展状况，是有失偏颇的。因而 Yaron(2004)也指出，在没有一个比较充分有效的成本-收益分析(cost-benefit analysis,CBA)方法的状况下,对目标客户的覆盖以及补贴依赖程度仍然是对 DFIs 的主要评价标准。现有的研究思路主要如下:

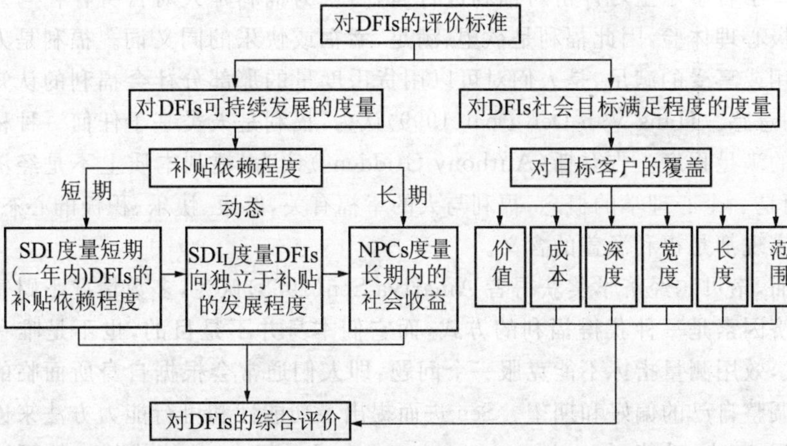

图 1-9 评价发展金融机构效应的流程图

由图 1-9 可见,对 DFIs 效应的评价主要沿着两个思路进行:一是度量其补贴依赖程度,也就是衡量自身的可持续发展能力,主要有 SDI、SDI_L、NPCs 三个指标来衡量;二是度量其覆盖目标客户的程度,也就是社会目标满足程度的度量。而结合两个方面进行实证研究成为一个理论热点。如 Schreiner(2003)对 Grameen 银行进行了实证分析,其成本补贴的度量方式利用 SDI 来衡量,收益从前述覆盖面的 6 个方面来定性分析;Yaron(2004)以国有 DFIs 为研究对象,回顾了建立国有发展金融机构的原因,并利用这两个指标对印度尼西亚国有的农村小额信贷银行 BUD (BRI Unit De-sa)进行实证分析;Francisco 等(2008)利用 SDI 实证分析了洪都拉斯的 Banadesa 银行和危地马拉的 Banrural 银行。

1.4.3 福利影响的衡量

1.4.3.1 福利的含义

福利(welfare)是一个被广泛应用且有多重含义的概念,福利的含义涉及哲学、伦理学和社会科学的议题。微观经济学理论通常把福利和效用(utility)放在一起,假定福利最大化是个人或经济体追求的最终目标,认为福利是个人或集体偏好(preference)的反映,是消费一定的商品或服务而得到的效用或满足程度(satisfaction)。以 Mill 和 Edgeworth 为代表的新古典理论中,效用被看做是一个人的福利指数,表达人们主观的感受。一般来说,福利和效用可以通用,福利的大小可以用个人获得的效用量来衡量;但二者也在存在一定的差异,效用用于个人消费主观满足程度的评价,福利用于整个社会每个成员生活状态的评价。

有些学者基于主观评价对福利进行诠释,认为福利是人对自身存在与发展状况的积极心理体验,因此福利是欲望、满足、幸福或快乐的同义词。福利是人们获得的效用或享受的满足,是人们对可以用货币度量的那部分社会福利的认知和评价,即满意感。Hans Van Den Doel(1999)认为,福利是人类基于任何一种稀缺资源需要的满足程度。吉登斯(Anthony Gtiddens)认为,福利本质上不是经济学的概念,而是一个心理学的概念,福利与人的幸福有关,健康、快乐、积极的心态、责任与自我实现都是福利涵盖的含义。

然而,诺贝尔经济学奖获得者 Amartya Sen(1985)认为,多数情况下财富和商品等经济因素是一种获得福利的方式,而它们本身并不是目的,也不是唯一的手段;其次,效用测量指标不能克服一个问题,即人们通常会根据自身所面临的现实条件来调整自己的偏好和期望。Sen 进而提出了功能性和可行能力方法来诠释福利的内涵,其中,功能(functioning)是指一个人通过努力、技能或毅力等可以实现的活动和状态,能力(capabilities)是指一个人能够实现的各种功能性的组合(Sen,1985),能力的大小反映了一个人的实际机会和在各种生活方式中进行选择的自由(Sen,1992)。Sen 的可行能力方法理论的核心是用"个人在生活中实现各种有价值的功能的实际能力"来衡量生活质量,即它试图回答一个人实际能够做什么或成为什么,而不是一个人满足程度如何,更不是一个人能够掌控多少资源(Nussbaum,2000)。商品是实现功能的条件之一,是功能的物质基础,但拥有商品并不一定能保证其获得相应的功能,因为从拥有商品到实现功能这个过程还受到能力中间变量的影响,使用商品的能力影响了现有商品作用的发挥。从功能性和可行能力视角研究福利具有重要的理论和现实意义,Sen 的理论说明,个人福利的提升不仅要增加收入等经济因素,同时更要改善能力。

1.4.3.2 福利影响的衡量指标

在农村金融框架中,有关微型金融机构对福利影响的研究主要有以下几个方面:

1. 对收入的影响

国外的研究主要从个体、农户、企业几个层次分析微型金融对收入的影响。Hulme 和 Mosley(1996)对不同城市和不同类型的小额信贷项目进行了研究,结果显示,信贷可获得性对借款者收入水平的提高有显著的正向影响,并指出中上层的贫困阶层获得信贷后比最穷的人们更能激发利用信贷资金的主动性,从而获得更多收入。McKernan(2002)在孟加拉国评估了三个意义重大的小额信贷项目,发现通过参与小额信贷项目，农户的自我就业和经营活动收入能够得到提高。Khandker 等(1998) 通过对村级水平小额信贷的研究，也发现小额信贷可以使农户收入大大提高，对农户人均收入水平有正向作用，特别是小额信贷对非农部门的收入水平有显著的促进作用。Sichanthongthip (2004)对老挝小额信贷案例研究指出，小额信贷对个人借款具有正向作用，许多获得信贷的成员月收入显著增加。Shaw (2000)研究了斯里兰卡州东南部两种小额信贷机构，发现非贫困的客户从小额信贷机构获得贷款后比贫困农户收入增加更快。Copestake (2002)研究了赞比亚铜带省的案例，运用村银行模式考察了其对农户和小企业的收入分配的影响，研究发现收入分配取决于是否获得贷款、是否获得更大的贷款和是否退出项目，团体动态激励也是一个重要的因素。

2. 对消费的影响

消费是衡量微型金融影响的另一个重要指标，Pitt 和 Khandker(1996，1998)分别估计了小额信贷对孟加拉国格莱珉银行和其他两个基于小组贷款项目的男性和女性客户的影响，发现小额信贷客户可以从项目参与中得到很多收获，获得小额信贷的客户收入和人均消费水平得到提高。Khandker(2003)利用六项产出指标研究了孟加拉国小额信贷对农户消费和贫困的长期影响，其中包括人均总支出、人均食品支出、人均非食品支出、贫困发生率、农户非土地资产，研究发现，小额信贷对男性借款者的影响弱于女性借款者，且通过持续贷款获得的回报是减少的。进一步的，小额信贷对食品支出的影响没有对非食品支出影响大。此外，贫困者从小额信贷项目获得了收益，而且小额信贷对项目参与者在减少贫困方面有持续的影响。同时他还发现，村级水平小额信贷对减少贫困有溢出效用，但小额信贷对中度贫困人群的影响没有对极度贫困人群的影响显著。相反，Morduch(1998)认为，参与这 3 个小额信贷项目的农户消费水平水平显著地低于未参与项目的农户消费水平。

Kongpasa Sengsourivong(2006)对获得小额信贷的农户家庭房屋价值、家庭牲畜收入、农业收入、家庭租金消费、教育消费与小额信贷获得额度进行计量分析，结果表明获得小额信贷的家庭与这些变量之间具有显著的正向关系。Hong Son Nghiem，Tim Coelli，Prasada Rao(2007)通过调研数据对越南小额信贷对农户福利影响进行计量分析，他们的分析基于 Singh 等(1986)和 Rosenzweig (1990)的农户模型，获得了 25 个村庄的 470 个农户数据，最后指出获得小额信贷的农户家庭收入和消费有显著提高，实证结果表明小额信贷对农户福利具有显著的正向作用。

3. 对财富的影响

关于微型金融对福利影响更进一步的研究是对财富影响的研究。Montgomery 等(1996) 通过检验孟加拉国两个小额信贷机构的绩效和作用,发现小额信贷项目对财富的增长具有显著的正向作用,比如孟加拉国农业促进委员会的农村发展项目对企业和农户的资产增加都有积极作用,获得小额信贷的企业和农户的总资产有显著的增加。Pitt 和 Khandker (1996,1998)指出,小额信贷对女性非土地资产具有积极的作用。Mosley (2001)指出,小额信贷对资产状况具有积极作用,并进一步阐明资产的积累和收入状况具有显著的相关性,从而导致了收入贫困和资产贫困的相关性。Coleman (1999)通过调查台湾东北地区村银行对借款者福利的影响,发现村银行对妇女财富的积累有着显著的正向影响,特别是土地财富,但是这一结果可能存在测量偏差。与 Coleman 的持不同观点的是 Mckernan (2002),他发现参与小额信贷项目和农户家庭资产之间具有负向关系,但同时也发现拥有资产最少的农户从参与小额信贷项目获得的收益最大。Kongpasa Sengsourivong(2006)认为,参加小额信贷项目的成员家庭财富得到一定提高,这些家庭的生产力,特别是牲畜、农业的生产力都会得到提高。

4. 对教育的影响

许多关于微型金融影响的研究关注教育这一领域。Chowdhury 和 Bhuiya (2004)研究了孟加拉国小额信贷机构 BRAC 减少贫困方面的影响,发现成员和非成员都改善了教育水平,但 BRAC 的成员从项目中所获利益大于贫困的非成员,且女孩获得的教育收益大于男孩。Holvoet (2004)研究了印度南部两个小额信贷项目对儿童教育的影响,发现妇女贷款对家庭中女孩的入学和识字率有显著的影响,对男孩的影响不变。Pitt 和 Khandker (1996)发现,小额信贷机构如格莱珉银行,向成员提供贷款可以提高儿童的入学率,且对妇女的贷款可以显著地影响男孩的教育水平(Pitt 和 Khandker,1998)。

5. 对健康的影响

健康指标也被用于检验微型金融的影响。Chowdhury 和 Bhuiya(2004)发现,小额贷款项目对改善儿童生存和营养状况有良好的促进作用。Pitt 和 Khandker (1996)同时也注意到,如果申请者得到乡村银行提供的贷款,避孕药具的使用将会上升且生育率将下降。然而,没有证据证明由于妇女参与团体贷款项目而使避孕药具的使用增加或者生育率减少,但如果男性参与贷款,生育减少且避孕药具使用会轻微增加(Pitt 等,1999)。

6. 对妇女赋权的影响

微型金融也会影响女性权利。Hashemi 等 (1996) 研究了孟加拉国乡村银行和孟加拉国农业进步委员会 (BRAC) 的两种主要小额信贷项目,发现参与这个项目对 8 种不同的妇女权利有着重要的积极影响,其中包括机动性、经济保障、小额/

大额购买能力、参加家庭决策、相对自由的家庭支配权(尤其是对生产资产的拥有权)、政治和法律意识、参与政治选举的权利。

Pitt 和 Khandker(1998)发现,在孟加拉国如果妇女参与该计划的贷款,贫穷家庭的行为会发生巨大的变化。例如,通过小额贷款计划,乡镇银行或农业进步委员会把每 100 塔卡额外的贷款提供给妇女,妇女每年增加家庭消费支出 18 塔卡,然而,如果提供给男人,同一个年家庭消费计划支出仅增加 11 塔卡。持有相反的论点是,小额信贷项目对妇女造成了极大的还款压力,迫使他们面临艰难的贷款还款时间和安排 (Goetz 和 Gupta,1996)。

1.4.3.3 福利影响的衡量方法

微型金融对福利影响的实证分析可以分成两种方法:一种是不关心选择偏差问题;另一种是关心选择偏差问题。大多数学者偏向于第一种方法。Chen (1992)通过对孟加拉国格莱珉乡村银行的影响研究综述,发现大部分研究都不关心选择偏差。Shaw (2004)在乡镇地区和两个农村地区利用调查问卷和面谈两种方式对斯里兰卡州的两个小额信贷项目进行调研,通过 4 个收入组对比客户收入,这 4 个收入组分别是极端贫困、贫困、接近贫困和非贫困,在整个过程中没有考虑选择偏差。Kyophilavong 和 Chaleunsinh (2005)通过对老挝农村地区住户和非农村地区住户进行调研,研究小额信贷对村储蓄小组的影响,他们得出了许多影响指标,并通过指标对两组人群进行对比,此研究中也没有考虑选择偏差问题。

还有一部分学者考虑选择偏差问题,如 Hashemi 等(1996)通过 1991—1994 年在孟加拉国 6 个乡村进行人种学调查,评估了农村信贷项目的影响,他把这些群体分成四组,分别是:格莱珉银行成员、孟加拉国乡村进步委员会成员、未加入格莱珉银行的乡村成员(他们有意愿加入格莱珉银行或孟加拉国乡村进步委员会)、非格莱珉或乡村进步委员会成员的乡村住户(他们有意愿加入信贷项目)。通过对比四组选择偏差存在的可能性,并用四组成员和未加入小额信贷项目的乡村女性进行对比。Hulme 和 Mosley (1996) 对于不同国家的不同贷款项目的研究也试图解决选择性偏差问题,他们的研究包括 8 个提供小组贷款的小额信贷机构,其中两个已经批准加入项目但还没有获得贷款的组作为控制组,但仅仅介绍了控制组和贷款组的产出变量,并没有对这两个组进行统计分析。

还有一些研究偏重于利用计量经济学方法并考虑选择偏差和非随机项评估小额信贷项目(Pitt 和 Khandker,1996 & 1998;Pitt 等,1999;Coleman,1999 & 2002;Khandker,2003;Khandker 等,1998;McKernan 2002;Morduch,1998)。Pitt 和 Khandker (1996,1998)运用这种方法试图修正小组贷款中的选择偏差和非随机项,他们运用格莱珉银行和孟加拉国其他两个小额信贷项目的调研数据,从有小额信贷项目村的地区随机抽取项目成员和非项目成员，同时从没有小额信贷项目村中随机抽取农户，把小额信贷项目的可获得性作为识别变量。在村庄间利用村固定效应变量控制无法观测的变量。许多研究运用了相似的方法，例如 Pitt 等（1999）；Khandker（2003）；Khandker 等（1998）；McKernan（2002）；Morduch（1998）。

第2章 中国农村金融体系

农村金融体系是中国金融制度的一个重要组成部分，它对农业发展起着巨大的支持作用。一个运行良好的农村金融体系，不仅可以为农村和农业发展筹集和分配必要的资金，组织和调节农村领域的货币流通，而且在宏观上可以作为国家调控农业经济的一个重要杠杆，促进农业的协调发展。现阶段中国的农村金融还存在不少问题，必须进一步改革和创新农村金融体系，才能更好地为农业服务，为"三农"问题的解决创造一个良好的金融环境。

2.1 农村金融体系相关研究综述

2.1.1 对农村金融体系构成的认识

一般从现代金融体系角度看待现代农村金融体系的构建，认为现代农村金融体系应该包括现代农村金融市场体系、现代农村金融组织体系、现代农村金融产品与服务体系、现代农村金融监管体系、现代农村金融政策扶持机制以及相关配套制度等。有人认为，正规金融组织与非正规金融组织共同架构了我国的农村金融组织体系。也有人在分析世界各国农村金融体制的基础上，认为尽管世界各国农村金融体制安排不尽相同，但南北国家无一例外地重视农村金融体系的建设。以政策性金融、合作性金融、商业性金融以及农业保险为主要构架的农村金融体系，不仅增加了农村信贷资金的供给，而且在提高农民收入以及发展公益事业等方面均发挥了巨大作用，为各国农业、农村经济发展起到了关键性的作用。还有人研究发现，全球范围内农村金融体系成功的共性在于从整体上形成了多层次、全方位的金融体系，通过政府补贴、发展农村金融市场、增加农业货款和农业生产社会化等渠道，发挥政府的监管和参与职能，同时保持金融机构间的严格分工。

2.1.2 对农村金融体系功能的阐述

现代金融理论认为，金融发展对经济增长相当重要。在金融功能观的视角下，金融体系具有促进经济增长的功能。Leveine(1996)、Bodie & Merton(2000)等从最一般的意义上将金融体系的金融功能概括为以下 6 项:①清算和支付结算功能;②提供资源积聚和企业所有权分散机制;③为资源在不同时期、不同地域和不同主体之间的转移提供便利;④为金融部门提供管理风险的功能;⑤为经济部门提供信息的功能;⑥提供解决激励问题或委托—代理问题的方式和方法。

林毅夫(2003)则认为,金融功能主要体现在资金动员、资金配置与分散风险等方面。其中资金配置功能最重要,因为资金配置好,下期生产中的剩余就多、资金回报率就高,从而可动员的资金就多;同时,把资金配置到最有效率的地方,风险就小。金融体系的功能为设计和分析金融体系提供了一套功能方法。

2.1.3 关于完善农村金融体系对策的研究

从公共经济学角度看,农村金融是一种具有利益外溢特征即正外部性的产品。金融资源稀缺性要求政府政策支持以促进公共金融产品的提供。我国农村金融体系仍存在着正规金融支农功效不断弱化,农村金融有效供给严重不足;民间金融活动活跃,尚欠规范;其他农村金融基本空缺等问题。构建和完善农村金融服务体系需要培育多元化的农村金融市场、构建外部服务体系、产业支撑作保障。在二元体制下,农村金融的非均衡供给是导致城乡贫富差距拉大的重要因素。尽管农村金融需求的有效性逐渐增长,供给对农村需求的关注程度逐渐增加,但需求与供给双向有效性不足,供给尚未以需求为导向。深化改革必须从提高供需有效性入手,既构建需求导向、多元适度竞争、小型区域化农村金融体系,又创新供需对接的信贷模式,并通过政策性农业保险和信用担保构建风险分担机制,通过农村公共品的倾斜性供给优化金融生态,提高农村地区的投资收益率。

如果基于金融功能与制度结构相统一的视角分析,中国农村金融体系在组织结构、金融产品、金融服务、金融市场准入退出等功能上存在缺陷。因此,应该实现农村金融发展模式多元化、进一步放松对民间金融的管制、推动一个竞争性农村金融体系的形成、建立与“三农”发展相适应的金融组织结构等农村金融体系功能创新。

中国的农村金融体系仍存在诸多问题,如,在四大国有商业银行逐渐淡出农村金融市场后信用社政策性金融功能弱化、合作金融的“互助共济”性的缺失及非正规金融组织中的高利贷,造成了现在农村金融体系的混乱。

农村金融体系的负效应对农村金融系统的区域性制约产生了非农业化和非农村化诸多问题,农村金融需求与城乡协调发展的相关程度也逐渐趋低。有人提出应根据农村经济发展对农村金融支持的需要培育出一些新的金融机构,并且要对现有的农村金融机构的某些功能进行强化或弱化以适应城乡协调发展。农村金融机构和农村金融区域性功能应当内在统一于农村区域金融资源系统，而不是相互割裂。

中国农村金融体系的形成与演化与政府主导的基本体制背景和资金由缺转余的基本经济背景有关。认识市场逻辑的存在，有利于认识农村融资难题的形成；跳出市场逻辑，才有可能考虑从农村金融、农村发展的外部制约因素着手，真正缓解农村的金融约束(周立，2009)。

改革开放30多年来，我国农村金融体系经历了初步建构、分层探索、三位一体布局和多元化产权改革等阶段，在取得重要突破的同时也暴露出农村资金倒流、供给型金融抑制、产权模糊和金融资本绩效低等问题，借鉴相关国家农村金融体系的建设经验，中国的农村金融创新应该从重构分工明确的金融体系和产权清晰的金融机构、重视小额信贷和非正式金融组织的发育、创新农村金融服务品种等方面入手。

农村金融组织金融服务滞后，很大程度上是由于对农村金融需求发展的特点研究不够。深入分析农村金融组织的现状，充分发挥农村金融组织在动员资金、配置资金、规避风险三方面的功能，构建政策性金融机构、商业性金融机构、合作性金融机构和其他金融机构等多种形式并存、合理分工、功能互补、有序竞争的多层次的农村金融组织体系，可在一定程度上满足农村金融需求的发展。

2.2　农村金融体系构成与特征

2.2.1　农村金融体系的层次

农村金融体系建设，需要立足于四点：①有利于克服信息对称；②有利于克服缺乏抵押品所带来的农户和微小企业融资困境；③增加金融资源对农户的“可得性”；④以市场化模式来增进金融效率。

非正规金融虽然具有一定程度的信息优势，但这种优势只限于小范围内相对固定的客户，且对地缘、人缘、血缘关系的要求比较苛刻。随着交易范围的扩大，这一优势将不复存在。而正规金融机构具有功能完备的硬件设施平台和信息共享系统，因此，随着交易数量的增加，正规金融的信息共享优势将更加突出，边际信息成本也会不断降低。因此，农村金融体系实际上是正规金融与非正规金融并存的一种竞争性金融体系。

从构建有利于包括所有中低收入群体在内的、所有金融需求者都能够享受到金融服务的角度而言，需要构建一个普惠金融体系。普惠金融体系是国外广泛使用的一个概念,基本含义是:能有效、全方位地为社会所有阶层和群体提供服务的金融体系,尤其是要为正规金融体系并没有覆盖的社会人群提供有效的服务。

这样,农村金融体系包括3个层次(图2-1)。

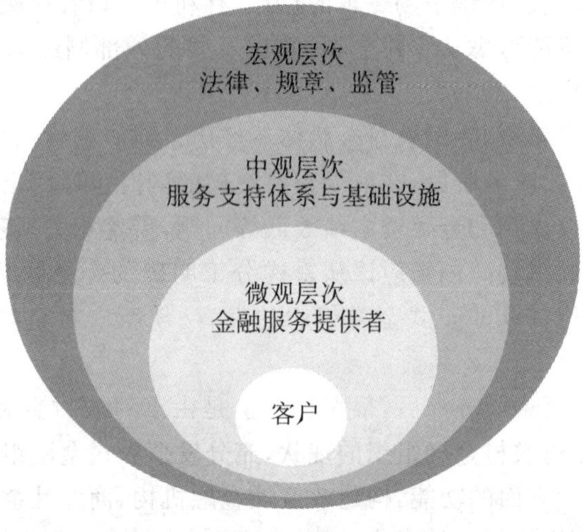

图2-1　普惠金融体系的构成

参考:Helms,Brigit(2006)。

第一层次,能够在竞争的基础上也能为农户和微小企业提供零售金融服务的金融机构体系,包括非政府小额信贷组织、私营和国有商业银行、邮政储蓄银行、信用合作社、以成员为基础的社区金融组织(社区发展基金、社区信用社等)以及其他一些非银行金融机构,如金融公司、保险公司等。同时,非金融机构实际上也常常是金融服务的重要提供者。金融机构是多元化的,农村金融市场是一个竞争性市场。

第二层次,保障竞争良性运转的制度基础。包括完善金融机构评级体系、审计监督机制、支付体系、流动性保障机制、信息披露机制以及创造有利于这些零售金融机构进入国内外货币和资本市场的机制,如创造投资基金发行、债券发行、资产证券化等机制。建立健全的存款保险制度,为多元化发展的农村金融体系提供运转的制度保障。通常,农业保险和农村保障机制对资金供给者和需求者均会产生激励作用。

第三层次,良好的政策环境和恰当发挥政府的作用。政府通常也通过一些信贷项目扶持农户和微小型企业,但是,必须建立在不破坏市场公平的基础上,同时,要有利于微观活动主体市场地位的强化。金融体系实现其功能的前提是市场化运作，根据资金供求情况，通过市场化的存款利率吸纳剩余资金，并通过市场化的贷款利率配置资金。

此外，还应完善监管手段和监管机制，保证监管的独立性和监管的有效性。并且，需要政府参与培育良好的金融生态环境。政府参与培育健康的信用文化、金融生态环境，是小规模银行金融机构良性持续生存的环境基础。

2.2.2　农村金融体系的构成

农村金融体系是由若干农村金融机构组合而成的一个为农业和农村发展融通资金的有机整体。

从机构性质角度看，各国农村金融体系大体上由 3 个部分组成：政策金融、合作金融和商业金融，它们之间有一定的分工，起着相互补充的作用。此外，私人之间的借贷作为非正式的信贷资金来源，在较为贫困和落后的农村地区，仍然发挥着一定的作用。

2.2.2.1　农业政策性金融

1. 农业政策性金融的含义

农业政策性金融是指为贯彻政府社会经济政策或意图，不以商业性标准为原则，以国家信用为基础，在农业及相关领域从事资金融通，支持、保护农业生产，促进国民经济协调发展和农业收入稳定增加的一种特殊金融活动。

2. 农业政策性金融的特征

(1)经营方向的政策性。不同时期农业发展状况及外部环境都不尽相同，国家要依据农业内外部环境的变化，相应地调整农业发展政策。农业政策性金融要配合政府不同时期农业政策意图及重点，发挥政策性金融对宏观经济的调节作用，实现政府经济和社会发展目标。

(2)经营目标的非营利性。由于农业在国民经济中处于重要地位，各国政府都必须对农业加以支持和保护，农业政策性金融就是充当这种支持和保护的重要手段之一。由于从事农业政策性贷款发放，农业政策性金融一般都能从政府那里享受到贷款利息差额补贴、税收减免或担保债务等特殊待遇。因此，大多数农业政策性金融主要发放中长期农业开发性贷款，且利率低，通常比一般商业性贷款利率低 2～3 个百分点。

(3)具有一定的福利性。一般金融机构贷款，首先考虑贷款的安全性，因此贫困地区和低收入的农民很难得到贷款，这就需要政府的金融机构予以解决。例如，20 世纪 70 年代中期，印度政府建立了地区农村银行，专门为边远地区小农和小手工业者提供低息贷款。美国农民家计局为低收入的农民提供利率为 1% 的建房贷款。

(4)与商业金融的互补性。农业政策性金融在一国金融体系中的作用,除了执行政府的农业政策之外,还要补充、纠正商业金融、合作金融在农业信贷领域的不足和偏差,并引导他们增加对农业的资金投入。在各国实践中,许多农业政策性金融机构都以间接发放贷款方式资助商业金融、合作金融扩大农业贷款,以带动更多的资金投入农业。

2.2.2.2 农村合作金融

合作金融是指在商品经济条件下,人们为了共同利益而自愿入股,在资金上相互融通、相互帮助的一种特殊的资金融通形式。合作金融体现了一种自愿、自主、互利的合作关系(图 2-2)。合作金融组织遵循信用原则开展业务,以改善社员的生产条件为主要目标,不特别支持社员生活方面的需求,更不办理无息的带慈善性质的贷款。

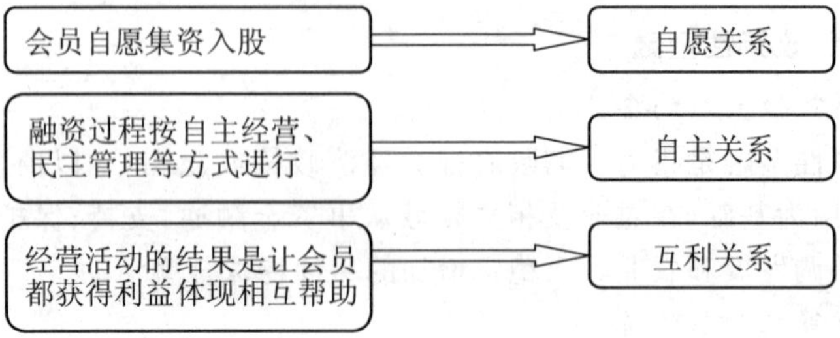

图 2-2 合作金融中的三种关系

1. 合作金融的原则

(1)集体入股原则:每个社员都应向合作社提供一定限额的股金,都应该交给信用社一定数额的股金,对合作社承担一定的责任。

(2)门户开放原则:凡居住在合作社业务区域内,愿意维护合作社共同利益的人,均可自愿加入或退出。

(3)民主管理原则:合作社的章程确定社员在合作社内具有平等的权利,每个社员对于合作社的决议和选举,只有一个投票权。

(4)股票等价让渡原则:合作社的股票价格常与票面相等,社员退出时,合作社如备有出资让渡资金,可将股票收回,再按票面价值转让给其他社员,不在金融市场上进行买卖。

(5)盈余分配原则:合作社对社员股金、借款和存款均实行低利,以此作为对资金的使用费。合作社盈余应按一定比例转入准备金,充实合作社的经营资金。如准备金充裕，还可以为借款社员办理保险，或降低放款利率，使社员能得到实质上的低成本贷款。

2.合作金融的特征

(1)合作金融是经济上的弱势群体，以自愿入股的方式采用合作组织形式所经营的金融。由于农民或是农村中小企业在经济生活中处于弱势的地位，他们很难从商业金融机构得到贷款，于是他们按合作制原则，组织自己的金融机构——信用合作社和合作银行，集中分散的资金用以发展生产，改善生活。

(2)合作金融是互助金融，不以营利为目的。合作金融组织是要利用团体互助的方法为其成员解决个人力量所不能解决的经济问题，通过互助互利原则，调剂资金余缺。信用社从本质上看只为社员服务，一般不为非社员提供服务。

(3)合作金融是人的结合，而非资本的结合。这里的"人"可以是自然人也可以是法人。合作金融组织中的每一成员都具有平等的地位，而不以出资的多少决定其在组织中的权力大小。合作金融组织实行民主管理，不允许任何人或少数人在组织中享有特权。

(4)合作金融立于精神与道德之上。由于合作经济组织的成员都是经济上的弱者，不但缺少资金，生产资料和生活资料也非常少，他们只能凭其人格来取得信用，因此，合作金融组织对成员的道德要求较高，要求会员必须具备互助互信、互相鼓励的精神和道德条件。

(5)合作金融组织以业务交易量作为社员权责利的标准。"对社员提供金融服务"是信用社的宗旨，服务主要通过社员与信用社的资金业务往来表现，存贷款往来量大说明其得到的服务多。接受服务多的社员自然应该对提供资金负有较多的责任和义务。

(6)合作金融组织能得到政府的政策优惠。为实现国家的经济发展目标，维护市场经济的正常秩序，保护弱小企业，政府往往给予为弱小企业提供融资服务的合作金融组织许多政策上的优惠，例如，减免税收、为合作金融组织提供长期低息贷款等。

合作金融与商业金融的主要区别见表2-1。

表2-1　合作金融与商业金融的区别

比较项目	合作金融	商业金融
经营目的不同	通过联合解决其内部成员在融资方面的需求，为其服务	追求股东利润的最大化
组织成分不同	社员是各类农业生产经营者，同时也是合作金融业务的需求者	任何人只要购买银行的股票都可以成为银行的股东

续表 2-1

比较项目	合作金融	商业金融
联合内容不同	其股金总额不固定，但限制每个社员认购股份的最高额，股份不能买卖，社员退社时可以退股也可以以票面价值转让给其他社员	股份制金融股金总额固定，不限制个人购买额，股票可以自由转让，但不能退股
管理方式不同	是一种资金的联合，但更重要的是劳动者的劳动联合，其性质决定了它实行一人一票的民主管理制度	是资本的联合，其权利与义务均以股东所投资的资本额为标准，实行一股一票的管理制度

参考：何广文(2001)。

2.2.2.3　农村商业金融

美国、欧盟、日本等市场经济发达的国家，主要以商业银行等股份制金融机构的服务为主。商业银行除了对工商业发放贷款外，在农业生产十分发达、农业经营获得较高利润时，也向农业发放贷款。

典型的以商业金融为主的为农村金融服务的国家是英国。英国农村金融经过长期发展，形成了商业银行为主体的农村金融制度。在历史上，英国工业革命较早，是银行制度建立最早的国家之一，当欧洲大陆开展农村信用合作运动时，英国的大商业银行已深入农村建立分支机构，用无抵押透支形式向农民发放短期贷款，近些年来还有向中、长期贷款发展的趋势。所以，英国的商业银行在农村金融中占据最重要的地位。

2.2.3　农村金融体系的特征

2.2.3.1　农村金融体系与农产品市场的发展不对称

中国的农产品市场已经形成现货市场与期货市场、专业市场与综合市场、批发市场与零售市场共同繁荣的多层次市场体系，部分农民甚至淡出生产领域，成为专业经纪人。然而，中国农村金融机构融资渠道狭窄、资金有限，业务范围单一，农村金融市场发展相对滞后，难以满足农产品市场多层次、多形式的金融服务需要。

2.2.3.2　农村金融需求的多样化与金融工具创新的滞后性不相适应

随着农村中小企业的兴起和农业产业化的快速发展，农村金融需求日益呈现出多样化发展趋势，然而，农村金融机构提供的金融服务仍旧以传统的存贷款为主，业务单一，人才缺乏，服务技术落后，不能满足农村中小企业和产业化发展对技改信贷、进出口结算等金融服务的需求。

2.2.3.3　农村金融服务形式单一,创新不足

与城市金融产品创新层出不穷形成鲜明对比的是,农村金融产品供给单一,仍局限于存贷款和一般的汇兑,交易大多以现金方式进行。在城市中普及的信用卡、投资咨询、个人理财、网上银行等金融产品和服务在农村金融领域才刚刚起步。农村合作金融机构仍未获准开展票据业务,农村证券市场发展缓慢,货币市场有行无市,外汇市场无从谈及,农业保险覆盖率低,农业信贷保险缺失。尽管农村金融机构在不断地进行金融产品创新,但金融工具供给单一的局面仍未得到根本改观。

2.2.3.4　多元化竞争性的农村金融市场体系逐步形成

新型农村金融机构正逐步由试点走向全面,农业发展银行正在转换信贷支持对象、扩大业务范围,邮政储蓄机构"只吸储不放贷"的局面已完全改变,加之 2005 年人民银行小额贷款公司的试点,2007 年邮政储蓄银行的成立,竞争性多元化的农村金融市场结构体系正在加速形成。但是,2010 年底,银行业金融机构各项贷款余额 50.9 万亿元,涉农贷款余额达 11.77 万亿元,仅占各项贷款余额的 23.1%,其中农户贷款余额为 26 043.3 亿元,仅占各项贷款余额的 5.1%。2010 年末,全国农村信用社农户贷款余额 2 万亿元,占银行业金融机构农户贷款余额的 76.9%。由此可以看出,农村信用社仍然在农村信贷市场上处于统治地位,多元化竞争性农村金融体系的构建是一个渐进的过程。

2.2.4　改革开放前的农村金融体系改革

1949 年中华人民共和国成立以后,在改造资本主义工商业的同时,对农村金融组织体系进行了彻底改造,建立了新的农村金融组织体系。首先在各级人民银行内部设立农村金融管理部门,然后成立了农业银行和农村信用社,农村金融组织体系初具雏形。

2.2.4.1　中国农业银行

中国农村金融概念的出现是与金融帮助农民解决困难,发展生产紧密结合在一起的。1951 年 5 月,农业银行成立后第一次全面提出要"深入农村、帮助农民、解决困难、发展生产"的工作方针。其任务是指导农村信用合作,广泛动员农村剩余资金并合理使用国家农贷,以扶助农业生产的发展和促进对小农经济的改造。之后,农业银行几经撤并和恢复,其基本职能没有大的改变。

2.2.4.2　农村信用社

1953 年 12 月 16 日《中共中央关于发展农业生产合作社的决议》提出,农业互

助合作、农村供销合作和农村信用合作是农村合作化的 3 种形式。1957 年,福建省南安县莲塘乡进行农业社、供销社和信用社“三社合一”试点。之后,农村信用社经过多次改革,最后成为中国农业银行的附属物,农村金融体系就转变为单一的国家所有制、单一的国有银行。

2.2.5 改革开放以来的农村金融体系变革

自 1979 年开始市场化改革以来,为了配合整个经济体系改革的推进、推动农村经济、金融市场化的发展,农村金融体系也进行了一系列的改革,基本上经历了以下 3 个阶段。

2.2.5.1 第一阶段(1979—1993 年)

农村金融市场组织的多元化。这一阶段的主要改革措施是恢复和成立新的金融机构,主要表现在:一是 1979 年恢复中国农业银行,并改变了传统的经营目标,明确提出大力支持农村商品经济,提高资金使用效益;二是随着人民公社体系的瓦解,农村信用社也重新恢复了名义上的合作金融组织地位。农村信用社虽不是农业银行的基层机构,但接受中国农业银行的管理;三是放开了对民间信用的管制,允许民间自由借贷,成立民间合作金融组织及农村企业的财务公司;四是允许多种融资方式并存,包括存贷款、债券、股票、票据贴现、信托、租赁等多种信用手段。

2.2.5.2 第二阶段 (1994—1996 年)

农村金融体系框架的构建。这一阶段的改革进一步明确了改革的目标和思路,提出了要建立和完善以合作金融为基础,商业性金融、政策性金融分工协作的农村金融体系。为此,1994 年成立中国农业发展银行,试图通过该银行的建立将政策性金融业务从中国农业银行和农村信用社业务中剥离出来;同时,加快了中国农业银行商业化的步伐,包括全面推行经营目标责任制,对信贷资金进行规模经营,集中管理贷款的审批权限等;另外,继续强调农村信用社商业化改革。根据 1993 年《国务院关于金融体系改革的决定》,计划在 1994 年基本完成县联社的组建工作,1995 年大量组建农村信用合作银行。另一个政策变化就是,规定农村信用社不再受中国农业银行管理,农村信用社的业务管理改由县联社负责;对农村信用社的金融监督管理,由中国人民银行直接承担。

2.2.5.3 第三阶段(1997—至今)

农村信用社主体地位的形成。在经历了亚洲金融危机和 1997 年开始的通货紧缩后,在强调继续深化金融体系改革的同时,对金融风险的控制也开始受到重视,客观上强化了农村信用社对农村金融市场的垄断。在这一阶段上,一是开始在国有专业银行中推行贷款责任制；二是收缩国有专业银行网点。1997 年，中央金融工作会议确定了“各国有商业银行收缩县(及以下)机构，发展中小金融机构，支持地方经济发展”的基本策略，包括农业银行在内的国有商业银行开始日渐收缩县及县以下机构；三是打击各种非正规金融活动，抑制非正规金融行为。1999 年，在全国范围内撤销农村信用合作基金会，并对其进行清算；四是将农村金融体系改革的重点转移到农村信用社改革上。2003 年以来这一政策趋势日益明显且力度不断加大，主要体现在：放宽对农村信用社贷款利率浮动范围的限制、加大国家财政投入以解决农村信用社的不良资产问题、推动并深化信用合作社改革试点工作等等。

2003 年 11 月底，浙江、山东、江西、贵州、吉林、重庆、陕西和江苏等 8 个省(市)农村信用社改革实施方案获得国务院批准，深化农村信用社改革试点工作进入全面实施阶段，2004 年 8 月，国务院又批准北京、天津、河北、山西、内蒙古、辽宁、黑龙江、上海、安徽、福建、河南、湖北、湖南、广东、广西、四川、云南、甘肃、宁夏、青海、新疆等 21 个省(区、市)，作为进一步深化农村信用社改革试点地区。此次改革的目标是：“逐步形成政策性银行、商业性银行、合作金融组织密切配合的金融体系。”2007 年 8 月 11 日，全国最后一家省级联社——海南省农村信用社联合社在海口挂牌成立，标志着农村信用社新的管理体制框架全面建立，自 2003 年开始的农村信用社改革试点第一阶段完成。截至 2007 年 9 月末，全国 27 个省联社，北京和上海农村商业银行、天津农村合作银行已经相继挂牌开业。截至 2010 年末，以县(市)为单位统一法人社由 2002 年末 94 家发展为 1 976 家；农村合作银行和农村商业银行由 2002 年末的 3 家发展为 2010 年末的 300 家，其中农村合作银行 216 家，农村商业银行 84 家。

2.2.6 中国农村金融体系基本框架

中国农村金融组织体系的形成和完善，在很大程度上是伴随着农业和农村经济发展而同步成长的。经过 20 世纪 70 年代末期以来的结构变迁，中国逐步形成了以农村信用社为基础、农业银行和农业发展银行为重要组成部分，其他商业银行和其他金融机构分工协作的农村金融组织体系。此外，还有办理农业保险业务的中国人民保险公司及其分支机构，各级政府及部门组建的一些金融信托投资公司等。通过不断深化农村金融改革，逐步形成了以合作金融为基础，商业金融、政策金融分工协作的农村金融体系，为农业和农村经济的发展提供了有力的支持。

中国农村金融体系基本框架如图 2-3 所示。

中国农村金融组织体系由正规金融机构与非正规金融机构构成。正规金融机构包括银行类金融机构和非银行类金融机构。非正规金融机构包括农村合作基金

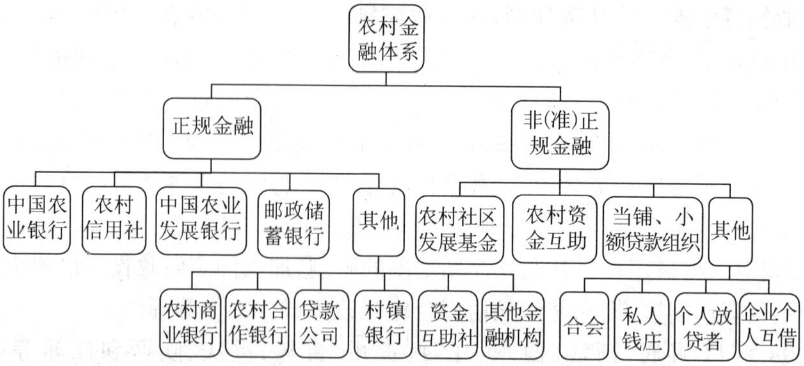

图 2-3　中国农村金融体系的基本框架

会、民间私人借贷组织等。中国农业发展银行、中国农业银行、农村信用社三大金融机构共同形成了一种政策金融、商业金融与合作金融分工协作的农村金融格局,构成了中国农村金融组织体系的主体。其中,中国农业发展银行主要承担办理国家规定的农业政策性金融业务,承担政策性收购资金供应与管理工作;中国农业银行是中国最大涉农商业银行;农村信用社作为中国农村金融组织体系在农村基层的组织机构,直接面对农村各种不同的金融需求主体发放农业贷款,对象以农户为主,重点支持农户的种植业、养殖业、农副产品加工和运销业以及农户子女教育和消费支出等,同时支持部分农村集体经济组织。

总之,中国农村金融组织体系的历史变迁是随着农村经济的不断发展而演进的。随着中国由传统的计划经济体系向市场经济体系转轨,农村金融组织体系为适应市场经济条件下农村经济的发展,逐渐由单一的国家银行系统分化改组成政策性金融、商业性金融、合作金融三大体系,在广大农村地区形成融资渠道多元化、信用形式多样化的局面。这种分化改组使农村金融体系日益完善,对推动农村经济的发展发挥了重要的作用。

2.2.7　中国农村金融体系的特征

在金融深化视角下,依据农村金融服务体系应承担的具体功能来划分,中国现代农村金融服务体系的组织架构主要由 5 部分组成,各部分协调配合、缺一不可,共同服务于中国农村经济建设。各组成部分的具体特征如下:

2.2.7.1　互助性农村金融

主要通过金融创新来组建农村资金互助社、农村互助储蓄银行,并建立以农村资金互助社、农村互助储蓄银行为主导、中国邮政储蓄银行与农村中小企业贷款机构配合协作的"一体两翼"互助性农村金融模式来承担支持农村经济发展的功能。

2.2.7.2 政策性农村金融

主要充分发挥中国农业发展银行的政策性金融职能,来承担支持农村经济发展的功能。作为唯一的政策性农村金融组织,中国农业发展银行应进行业务重构,真正发挥其政策性农村金融的支持功能。

2.2.7.3 开发性农村金融

主要充分发挥国家开发银行的开发性金融职能,来承担支持农村经济发展的功能。在市场机制难以有效作用的农村金融市场发展初期,作为开发性金融组织的国家开发银行通过实施开发性金融对农村经济建设的金融支持,来积极引导商业性金融资本逐步有序地进入农村金融服务领域。

2.2.7.4 商业性农村金融

主要充分发挥四大国有商业银行、地方商业银行等股份制商业银行的金融支持功能,来承担支持农村经济发展的功能。当农村金融市场发展到一定阶段,市场机制的调节作用将会逐步显现,这时应发挥商业性金融在支持农村经济建设中的作用,充分运用商业性金融的资金规模优势,更好的支持农村经济建设。

2.2.7.5 辅助性农村金融

主要充分发挥农村信用担保机构在农村信贷支持中的信贷担保支持作用,承担支持农村经济发展的功能。信贷担保等辅助性金融是农村金融的重要补充部分,是实现金融资源向农村优化配置的重要推进器,因此,信贷担保等辅助性金融通常被称之为"软信贷"。

2.3 国外农村金融体系的特征

2.3.1 国外农村商业性金融的特点

2.3.1.1 业务范围广,在农村设立分支机构提供服务

在发达国家,商业银行又被称为"万能银行",它们的经营范围很广,既发放工商业贷款,也涉及农业领域,办理普通的农业贷款业务。例如,在美国,90%左右的商业银行都在经营农村信贷业务。虽然在美国农村金融市场上专门的农村商业银行几乎没有,但几乎所有的商业银行都在农村设立分支机构,开展农村贷款业务,尤其是设在小城镇的4 000多家私营商业金融机构,农业贷款一般占其贷款总额

的50%以上。

2.3.1.2 政府对商业性农贷的优惠政策

美国商业金融之所以支农力度大，是因为政府对农贷有优惠政策。美国联邦储备银行规定，凡是农业贷款占贷款总额25%以上的商业银行，可以在税收方面享受优惠。美国联邦法律还规定对部分商业银行的农贷利率提供利率补贴。正是这些政策促使美国商业金融机构加大了对农村金融的支持力度。

2.3.1.3 政府为农村信贷提供补贴

印度是一个发展中国家，农村人口占总人口的72%，商业银行是农村金融供给的主渠道。印度商业银行包括国有商业银行、私人商业银行和地区农村银行。地区农村银行是印度政府为解决农村信贷服务薄弱地区贫困农户的资金需求不足而设立的。每个地区农村银行均由一家商业银行主办，资本金由中央政府、联邦政府和主办商业银行分别认缴50%、15%和35%。印度最大的商业银行——印度国家银行，2006年3月末农业贷款余额达3 052亿卢比，占各项贷款余额的40%；在农村和郊区有5 800个分支机构，占国内机构总数的62%。1978年，印度储备银行颁布一项政策，将商业银行以及地区农村银行对优先发展行业的贷款年利率统一定为9%，优惠利率与市场利率的差额则由政府出资补贴。1989年，印度政府又规定，此前商业银行向农村地区和农民发放的中长期贷款免除本金和利息，其损失全部由政府补贴。

2.3.2 国外农村合作性金融的特点

2.3.2.1 多级法人合作的金融体系

各国的合作金融组织基本上都是采取多级法人制度，各级金融组织都具有自主经营和独立的法人资格，不存在领导和被领导的关系，每级法人都是由各自的成员入股，形成一个独立的经营体系。但合作金融体系又通过自下而上的持股和自上而下的服务实现了经济上的联合，形成了强大的合作银行系统，发挥了整体优势。

2.3.2.2 上虚下实的合作金融体系

所有的基层合作金融组织都向上一级机构入股，上一级再向中央合作金融组织投资入股。这种控股制度的特点，决定了各层次合作金融组织的职责不同。上一级机构作为下一级机构的联合组织，主要承担管理和服务的职责，而不经营具体的金融业务，具体的经营业务主要由基层即下一级机构办理。

2.3.2.3　基层信用社的合作制是维持整个合作金融体系的基础，是整个事业发展的关键

从世界各国农村合作金融的发展看，维持整个合作金融体系的关键是基层合作金融组织，而影响和决定合作金融性质的也是基层合作金融组织，而不是它的联合组织和上级管理组织。

2.3.2.4　合作金融组织逐步由互助合作制向现代股份合作制演变

西方合作金融组织的发展趋势逐步由互助合作制向现代股份合作制演变，主要表现为：股权多数表决制；开放资本结构，吸收非社员入股；改变退股自由的做法，仿效股票可转让，但不可抽资退股；实行所有权与经营权分离。

2.3.2.5　部分国家农村合作金融的特点

其一，德国农村合作金融的特点。德国是世界合作金融组织的发源地。1895 年，德国组建了中央合作银行。经过一个多世纪的发展，德国形成了逐级入股、自上而下服务的三个层次合作金融体系。顶层是全国性的中央机构即德国中央合作银行，它是由地方合作银行、地区合作银行和非合作制投资人和德国政府按照股份制的原则共同投资组建的。2005 年，地方合作银行通过地区合作银行间接入股和直接入股拥有中央合作银行股份的 78.6%，总持股数额为 22.63 亿欧元；其他合作性质的非金融企业拥有 7.5%的中央合作银行股份。中间层是 3 家地区性合作银行，是由地方合作银行投资组建的。底层是大量的地方合作银行，也叫地方性信用合作社。2005 年底德国共有 1294 家地方合作银行。德国合作金融具有以下特点：第一，组织体系完整明晰。各层次的合作银行除了股权关系外，都是自主经营、自我管理、相互独立的法人，不存在管理和被管理的行政隶属关系；第二，监管机制严密。合作银行接受地区合作审计协会（BGV）的审计，审计内容不仅包括资产、负债、贷款、利润等财务情况，而且包括对负责人和中层管理人员管理能力、执行能力等的审计；第三，运行机制灵活。德国合作银行是全能银行，而且中央合作银行能利用其系统调剂各层次银行的资金，解决地区银行资金短缺问题，也可以直接参与地方银行的贷款项目，在一定程度上保证了德国合作性金融体系资金的效益性和流动性。

其二，日本农村合作金融的特点。日本在第二次世界大战后以罗虚戴尔原则为基础，成立了农业协同组合（简称农协），这是日本最有代表性的农民合作经济组织，农村合作金融组织是农协下面的一个子系统，分为以下三个层次：中央级机构的农林中央金库；中间层次的县信用农业协调组合联合会（简称信农联）；基层农协信用组织的都、道、府、县信用联合会。2009 年底日本基层农协金融机构有本店

4 500多个,支店 11 000 多个,办事处 2 200 个,事务所 4 800 个。这些基层金融机构深入农村,对其会员发放生产生活贷款,并吸收会员存款。日本合作金融具有以下特点:第一,独立核算、自负盈亏。虽然日本农村合作金融自上而下分为三个层次,但彼此之间没有上下级的行政隶属关系,大家都是独立经营、自我核算、自负盈亏。入股会员和经营范围也不尽相同,基层农协金融机构入股的是市、町、村的农民及其他居民和团体,其业务范围主要是信用、购买、贩卖、加工;中层农协金融机构入股的是所属各综合农协和本地区农协的县一级其他事业联合会以及非农协的其他农业团体,其业务范围主要是指导基层农协工作;最高农协金融机构入股的是各地农业、渔业信用联合会、森林组合联合会及其有关的农林水产团体,其业务范围主要是协调全国信农联的资金活动以及指导工作。第二,不以营利为目的。日本合作金融又一大特色是旨在为农协全体成员服务,它对农业和农民的贷款占总贷款额的 90%以上,不仅不以营利为目的,而且在无需担保的情况下其贷款利息比一般银行低 0.1%。第三,政府支持。中央金库在初创期,政府就给予了很大的资金支持。此外,政府还和信用合作组织一起共同出资建立了存款保险制度、农业信用保证保险制度以及农业灾害补偿制度。

2.3.3　国外农村政策性金融的特点

2.3.3.1　上官下民、官办为主的模式

1926 年,法国正式成立了世界上第一家具有政策性质的农业信贷银行。农业信贷银行的结构呈金字塔形,最基层是 3 000 余个地方金库,职责为吸收和管理活期存款及储蓄资金,推销国家农业信贷金库发行的库券;中层是 94 个地方金库,主要负责集中地方金库的存款和国家农业信贷金库的资金,并确定向会员发放的贷款数额。这两层机构属私人互助合作性质。最高层是国家农业信贷金库,为官方机构,受农业部、财政部双重领导,其职责是参与制定国家农业信贷政策,控制和协调各地区的农业信贷金库的业务,吸收存款,发行长期债券,对会员发放农业生产和购销长期贷款,向非农业乡村住房建设、公共行政单位、地方公共事业提供贷款,也提供租赁、转账服务和从事外汇、投资等业务。法国政策性金融的最大特点是"上官下民、官办为主"。它的最高机构国家农业信贷金库的资金来源是国家预算和法兰西银行,是一个体现、贯彻法国政府农业发展意图和决策的纯官方金融机构,它根据政府不同阶段的农业政策重点,调整农村信贷政策和资金投向。下面的省级农业互助信贷银行和地方农业互助信贷合作社是民间金融机构,资本金是由农民自愿投入的,其他资金主要来源于它们在农村的机构网络所吸收的存款和发行的债券。这两层金融机构都有自己的权利及管理和审计机构,实行自治。

2.3.3.2　由政府出资并受严格控制的模式

美国的政策性金融机构大多是由政府拨款创办、得到政府大量资金支持和严格控制的金融机构，其职责主要是发放其他金融机构无法提供的农村贷款。其主要特色是政府成立了农民家计局、商品信贷公司、农村电气化管理局和小企业管理局等不同层次的政策性金融机构，可以满足不同层次的农村金融需求。农民家计局的目标群体主要是那些不能从商业银行获得资金的青年农民，向他们提供低于市场利率的中长期贷款，帮助他们在农村创业；同时也提供农村公益性项目的贷款，例如灌溉排水、房屋建筑、水土保持与开发等贷款。商品信贷公司的职能是对农产品进行价格支持和对农业生产给予价格补贴，以达到发展农业生产和稳定农村收入的目的。农村电气化管理局主要为农村电业合作社和农场等借款人发放贷款，用于架设大型电线、组建农村电网、购买发电设备以及电话通讯设备等农村电气化建设。小企业管理局向那些不能从其他正常渠道获得资金支持的小企业提供信贷帮助。这里的小企业是特指那些与农业生产有关且独立经营的企业，如农产品收获储存以及为农场管理、土地规划提供服务的经营性企业等。美国政策性金融的又一特点是政府资金支持。20世纪30—60年代，政府农业投资累计达88亿美元，使680万农户受益（当时美国全国农户数不足1 000万户）。其中商业信贷公司、小企业管理局等的资本金都由联邦政府拨款，隶属于美国农业部的农村电气化管理局也由政府提供资金来源，小企业管理局的资金则来自国会拨款提供的周转基金和收回的贷款本息。美国政策性金融机构支农行为还受到政府立法保护和干预。1933—1934年，美国先后通过了《农业信贷法》和《对农场发放新贷款实施办法》；1936—1938年，美国又通过《土壤保护法》、《新农业调整法》和《小佃农取得土地贷款法》等法规，从法律法规上加强和完善农业政策性金融对农业的支持。农业政策性保险也是农村政策性金融的组成部分，发达国家的农业政策性保险各有特色。美国的农业保险表面上是自愿投保，但1994年《农业保险修正案》的实施已使之成为事实上的强制保险。美国还通过联邦农作物保险公司对农民和有经营农业保险资格的私营保险公司提供保费补贴，对私营保险公司等农业保险机构提供再保险支持。除此之外，美国政府还承担农作物保险的普及费用和教育费用。

第3章　农村金融创新与市场准入政策

3.1　农村金融创新形式及路径特征

3.1.1　农村金融制度创新内容与形式

我国有关金融创新理论的研究，对于金融创新的内涵有多种不同的理解：

第一，认为金融创新就是“突破金融业多年传统经营局面，在金融工具、金融方式、金融技术、金融机构以及金融市场等方面进行的明显的创新、变革”（黄达，1992）。或者“金融创新系指各类新种金融工具的出现、金融实务的更新以及金融市场、金融法则与制度，乃至金融观念上各种异于传统的改变”（郭国兴，1995）。

第二，认为金融创新是“在金融领域中建立一种‘新的生产函数’，是各种金融要素的一种新的组合，是为了追求利润机会而形成的改革”（胥德勋，1994）。

第三，认为金融创新就是金融领域内的创新，它包括金融体制和金融手段方面的创新（钱国荣，1997）。

第四，认为金融创新是指金融业务创新、金融市场创新及政府对金融业监管方式创新的总和。金融创新可以分为狭义的金融创新和广义的金融创新。其中狭义的金融创新是指金融工具的创新；广义的金融创新是指适应经济发展需要，而创造新的金融市场、金融商品、金融制度、金融机构、金融工具、金融手段及金融调节方式（王爱俭，1996）。

对金融创新概念的各种表述，从不同侧面概括了金融创新的范围、创新的内容及其表现形式。从金融创新概念的不同表述中可以看到，金融创新是利用新的观念、新的技术、新的管理方法或组织形式，来改变金融体系中基本要素的搭配和组合，推出新的工具、新的机构、新的市场，提高金融资产的流动效率，使规避风险和追逐盈利达到高度的统一。金融创新的最终目的是为了获取潜在收益，在于提高金融效率并以此推动经济效益的提高。金融创新是一个变更现有的金融体制和增加新的金融工具，以获取现有的金融体制和金融工具所无法取得的潜在的利润，是一个为盈利动机推动、缓慢进行、持续不断的发展过程。金融业发展的历史，就是一部金融创新史。

农村金融创新，从创新涉及的层次和范围而言，可以区分为宏观领域内的创新和微观领域内的创新、组织结构和制度上的创新、管理（业务）技术上的创新、市场制度上的创新。

就农村金融领域的创新而言，如农村金融机构的多元化（新机构的产生，NGOs小额贷款组织、小额贷款公司、村镇银行、资金互助合作社、社区发展基金）、管理体制的变迁、省级联社的产生及其政府管理职能的实施、取消或放松利率管制、允许其他银行进入农村金融领域等，就属于宏观层次的创新、农村金融组织结构和制度上的创新。小额信用贷款的开展、小组联保贷款的倡导、商业银行客户群体的下移等，是属于微观层次的、业务和交易方式创新。农业银行的股份制改造、农村信用社转型为农村商业银行和农村合作银行的转型以及实施县联社一级法人等产权形式创新，农业发展银行的商业化经营等，就属于管理制度的创新。市场制度创新，主要包括市场机制、上市交易制度、同业拆借市场、票据市场、外汇市场的发展。

进入改革年代以前，高度集中的计划经济体制也逐渐造就了一个高度集中的银行体系，在很长时期内，中国人民银行是全国唯一的银行，它的分支机构按行政区划逐级设立于全国各地，各级机构按总行统一的指令和计划办事。其间虽然曾经存在一些专业性的银行和非银行金融机构，但是却几乎没有任何独立的地位。在这个过程中，随着信贷管理体制集中度的调整，金融组织体系的集中度也发生变化，农村金融机构也在分设与合并的命运中游走，一直没有形成稳定而独立的农村金融组织体系。

20世纪80年代初以来，中国经济领域发生了一系列变化，其中在农业和农村经济领域、金融领域发生的变化最为突出。一是在农业和农村经济领域，在土地承包基础上建立了以家庭经营为主体的经营机制，农民成为农村经济活动的主体。二是1978年以来中国卓有成效的农村经济改革，推动了农村经济的商品化和货币化，产生了投资主体多元化和融资主体多元化的要求。在这种情况下，建立一个什么样的农村金融组织体系才能适应经济体制转轨和经济发展的需要，是农村经济体制改革过程中着力解决的一个重要问题。这也是中国农村金融组织体系变迁的初始动因，并由此演绎了一场以金融机构多样化为主要内容的农村金融组织体系变革。

中国农村金融组织体系的变革与创新，主要是从两个领域同时推进的：

一是在政府主导下的正规金融领域内的农村金融组织机构存量结构重组和增量改进。农业银行的恢复和分支机构的增设，农村信用社与农业银行的脱钩，农村信用社县级联社的建立，农业发展银行的成立和机构的下延，股份制商业银行的诞生，2005 年 5 月开始，中国人民银行、中国银监会和地方政府联合推进的只贷不存小额贷款公司、村镇银行等新型农村金融机构的产生，邮政储蓄业务的开展及邮政储蓄银行的成立等，都属于一种增量改进。而农村信用社向农村商业银行和农村合作银行的转型，则属于存量结构的重组，并部分地产生了增量结构调整效应。

二是在经济发展过程中因正规金融供给不足而催生和成长的其他非正规金融组织机构。如农村合作基金会的产生与发展[1]；1986 年开始的金融紧缩政策，为农村民间金融组织和民间借贷活动的发展提供了机会，促进了民间金融组织的发育；1994 年及其以后的非政府小额信贷组织的产生与发展、农户资金互助合作组织的产生、农村社区发展基金的萌生和繁衍等，均是在正规金融供给不足约束下由需求催生的民间自我金融组织创新的产物。

当然，还有两个领域混合推进的情况，即正规金融创新不足→→民间内生自发金融创新，产生非正式金融组织制度安排→→政府承认、加以总结和规范、以法律或规章等方式固定下来，并加以推广，非正式金融组织进而成为一种正式的制度安排。农村资金互助社就是这种创新的代表。并由此形成了以农村信用社为基础，商业银行、政策银行分工协作，农村民间金融为补充的农村金融组织体系。至此，在中国农村金融领域，就形成了正规金融机构和民间金融并存的局面，同时组建了政策性农业保险公司、互助保险公司、政策性担保公司，各级政府及部门还组建了一些金融信托投资公司等。

3.1.2 农村金融组织创新的目的

3.1.2.1 培育竞争性市场

在中国金融行业中，城市领域已呈现一定竞争的态势，而与之相反的是农村金融领域内的高度垄断。在农村金融领域内的垄断，不仅造成现存机构难以成为真正的市场主体，而且也严重地窒息了微观主体（主要是现存农村金融机构）创新的内在冲动，因此，对于微观创新主体的培育，应以先培育竞争性的农村金融市场为前提。

3.1.2.2 重塑市场创新主体

虽然中国农村金融制度创新的政府型特征形成有着深层次的根源，但是，微观

---

[1] 自发产生于 20 世纪 80 年代初，80 年代中期以后变成了政府有关部门的有组织的推动，1998 年被全面取缔。

创新主体的缺位也是直接的原因。微观创新主体的重塑,关键在于转换经营机制,使农村金融机构真正成为自主经营、自负盈亏、自担风险、自我约束、自求平衡、自我发展的企业法人。只有金融机构真正做到自主经营和自负盈亏,实现硬预算约束,在竞争性市场体系中,它才能作为创新主体发挥其能动作用。

3.1.2.3　优化创新环境

制度环境在很大程度上会影响到制度创新的成本与收益对比。从各国经济金融发展的环境来看,市场化的发展大趋势造就了越来越宽松的创新环境。从国际金融制度创新环境的发展趋势来看,已呈现出金融管制不断放松和金融监管不断加强并存的特征,而中国面临的制度环境显然与此不同,金融管制依然相当严格,在农村金融领域内尤其突出,同时金融监管却存在不足,这样的背景对于农村金融制度创新造成了不良的影响。因此,微观主体的培育也离不开对制度创新环境的优化。

3.1.2.4　完善金融法规体系

无论是微观创新主体的培育还是其创新活动都应在法规的约束与引导下有序发展。

3.1.3　农村金融组织创新路径

探讨农村金融改革的路径选择需要考虑三个方面:一是要符合农村金融发展的理论逻辑;二是要对中国农村经济现实有深刻的理解;三是要对农村金融改革面临的初始条件有充分的认识。20世纪80年代农村金融改革强调政策,后来政策论被市场论取代,再后来发现市场仍有不完善之处,在培育农村金融市场的同时还需要考虑其他因素,即仍然需要一些其他的社会性非市场因素来参与农村金融改革。

从理论上讲,对农村金融改革问题已经达成三方面的共识:一是农村金融领域应该由市场充分发挥资源配置的作用;二是农村金融改革应坚持走机构多元化之路。三是应从需求出发构建农村金融市场的框架。不管是什么机构,只要能满足需要,都可以存在。这个共识也是基于对中国农村经济现实的充分认识。中国农村经济发展的现实是层次多、地区差异性大、需求分散、额度小、总量多,在这种情况下,农村对金融的需求也表现出多种类、多层次的特点,进而导致满足这些金融需求的手段和方式应多样化。

农村经济不同于城市经济,中西部欠发达地区尤为突出,这从另一个方面导致农村金融市场难以真正整体发育成熟,难以成为一个纯粹的商业化市场。农村经济主体的多元化导致对金融需求的多元化，农村金融体系既要满足贫困农户、普通农户的金融需求，也要支持农村产业化发展、农村产业结构调整、农村工业化和农村劳动力转移；既要支持规模化种植业、养殖业的发展，也要支持小规模生计型农户的发展需要等。但是，从农村金融改革面临的初始结构来看，中国农村金融体制仍是一种在国家直接控制下的国有银行和农村信用社两种产权混杂在一起的体制。国有银行的国有产权比较容易认定，农村信用社一直被认定为集体产权、集体所有，但实际上农村信用社的控制权仍掌握在国家手中，是国有产权边界的扩张。因此，在中国农村金融体制中，国有产权一直处于垄断的地位。20 世纪 80 年代初以来，中国政府推动的农村金融改革仅仅是在现有体制内的技术性结构调整，并没有带来制度性结构转型。1994 年农业发展银行的成立，虽然在一定程度上改进了农村金融的制度性结构，但它的成立进一步强化了农村金融领域内的国有产权，是国有产权的扩张，并没有带来农村金融领域内实质性的制度性转型。事实上，地方农村信用社的管理权及人事任命权一直掌握在地方政府手中，而非作为所有者的农民手中。政府掌管农村金融的同时也提供了隐性担保，而隐性担保的存在又导致农村金融市场退出壁垒较高，农村金融机构即使经营不善，也很难退出这个市场。

中国农村金融市场难以发育成熟的另一个主要原因是，在中国金融市场发展的过程中，一直将农村金融市场和城市金融市场分割对待，所有有关农村金融的问题都是在有关农业和农村的文件中出现的，是农业和农村改革与发展的需要和附属，很少将农村金融纳入中国金融改革的整体框架内考虑。2004—2011 年的中央 1 号文件都谈到农村金融改革，并出台相关的措施和办法，这是在保护农业意识下出台的政策，并不是出于对农村金融改革本身的考虑。

综合以上种种，必须对农村金融进行改革，谈到改革就涉及改革的方式方法即路径的选择问题，农村金融制度变迁的基本出路不在于现有金融机构的转型，而在于在现有金融产权形式之外能否形成或者成长其他的一些金融产权形式。现在对农村金融的改革更多的是着眼于现有的金融机构转型，在培育或发展其他一些金融产权形式方面考虑得较少。从整个方向来看，应该形成更多的其他金融产权形式，从功能视角出发，从满足金融需求出发，允许其他金融产权产生，并形成农村金融领域不同产权之间相互竞争的局面。农村金融改革要存量改革与增量改革并重，双管齐下。存量改革要继续走市场化、商业化道路。以农村信用社改革为例，在激励模式上要从以往的以行政激励为主转变为以经济激励为主，完善法人治理结构，建立农村金融的职业经理人市场。增量改革要放松农村金融市场的市场准入条件，建立多样化的农村金融组织，无论是银行还是非银行，正规还是非正规金融机构，只要能满足农村金融需求就应当承认其存在的合理性。在促进增量改革中特别要发展合作金融组织，建立基于社区、血缘、地缘关系的合作互助机构。云南、广西的某些地区探讨设立农村社区发展基金，同时在有些农村地区也建立了以村落为基础的互助合作金融机构，运转得也比较好，这些都是很好的机制，很值得推广。增量改革还应有相应的法律和政策与之相配套，同时监管手段也要市场化。对农村信用社、农村商业银行、合作银行的发展，监管部门不能一方面要强调它是商业银行，另一方面又强调它为“三农”服务，这些理念都应该进一步改进。

3.1.4 农村金融创新路径特征

3.1.4.1 中国农村金融制度创新特征

纵观中国农村金融制度变革与创新的过程，它存在3个方面的特征。

1. 它是一个渐进的发展过程

与中国经济改革与制度变迁战略一致，农村金融改革与制度变迁，也采取了一种渐进式的改革与变迁战略。农村金融领域内的改革，实际上是从20世纪70年代末期就开始了，到2007年年初，先后已经实施的改革和创新举措主要包括：①恢复农业银行；②对农村信用社放权让利，下放经营权；③恢复农村信用社的“三性”，农业银行推行经营责任制；④农业银行企业化经营、商业化发展；⑤成立农业发展银行，农村信用社与农业银行脱钩；⑥按照合作制原则重新规范农村信用社；⑦按照三种产权模式和四种组织形态明晰农村信用社产权，管理权力下放给省级政府（国发2003[15]号文件、国发2004[66]号文件）。这些改革和创新举措的实施，一是促进了农村金融供给机制的逐渐完善，二是实现了机构的多元化。2003年开始试点和2004年全面启动的农村信用社领域内的新一轮改革，显著地带来农村信用社领域内以前具有同质性的农村信用社的分化和演进，机构多元化效应是比较明显的。

正是由于这个过程的渐进性，因此，它持续的时间比较长，实现的成本较高。农村金融改革和制度变迁的过程，实际上也是一个利益的重新调整过程。在这个过程中，因为改革和制度变迁的时间较长，改革不能尽快到位，而改革推动者又总是急于求成，所以往往出现改革举措实施的频率较高，政策多变。由此导致的后果为：一是使得改革参与者和改革涉及的利益相关者对改革的预期和目标缺乏正确的把握，或者无所适从，或者消极对待，这就是20世纪80年代初以来，农村金融领域内的一些改革举措没有得以实施或者效果没有达到改革设计者的初衷之重要原因；二是导致改革成本巨大，还产生一些没有预料到的新成本，即非预期成本。国有商业银行的改革、2003年开始试点和2004年启动的农村信用社改革，之所以成本如此巨大，与中国金融领域的渐进式改革战略无不相关。不过，我们并不是主张应该在金融领域内实施激进式改革，而是主张应该在认清金融改革目标的前提下，加快推进制度创新，缩短机构多元化的实现过程，使得金融供给机制的完善尽可能通过一个市场化的过程来实现。

2. 它是一个政府参与和主导的过程

梳理中国农村金融制度创新的轨迹，会发现中国农村金融制度创新属于典型的政府型制度创新模式。从某种程度上讲，它也是一个政府参与的强制性制度变迁过程。与中国经济领域内的许多改革进程类似，农村金融领域内的改革很多方面都是由政府推动的。之所以政府在其中发挥着主导性的作用，其动因既源于制度创新的收益与成本比较的结果，同时也是由于制度创新对路径依赖产生的选择。政府推动的优点在于，新的制度安排取代旧的制度安排的摩擦阻力较小，改革能够很快到位，能够减少制度变迁的成本。但同时也存在一些问题，可能出现制度供给缺陷。

(1)政府往往是从自身的需求函数出发来推进改革，从便于管理和控制的角度出发来界定改革的目标和战略、设计改革方案，很多方面与市场需求脱节，引起制度供给不足。农村金融领域的制度供给不足主要表现在农村金融领域内正规金融的供给不足，这一点在中西部欠发达地区和传统农区表现尤为突出。一是国有商业银行改革发展战略实施的结果，远离农户和农村微小型企业；二是政策金融的供给不足，一种持续地向农户和微小企业提供政策金融服务的机制在中国还没有建立起来；三是在政府原有的农村信用社改革战略导向下，在乡镇农村信用社→县级农村信用社联社→省级农村信用社联社框架下，没有建立起一种有利于农村信用社市场主体地位提高、可持续发展能力意识增强的机制。

(2)在增强实力、提高竞争能力、利于监管和强化监管的意识支配下，政府主导的改革和制度变迁往往陷入政府权力扩张的怪圈，“贪大求洋”。2003 年开始试点和 2004 年全面启动的农村信用社领域内的新一轮改革，虽然设计了三种产权模式和四种组织形式，但实施的普遍结果却是一个做大的概念，合并和扩大法人，做大机构。从增强实力的角度来讲是绝对有好处，搞县级联社、省联社也是非常必要的。但是，从满足需求角度而言，大银行在满足小额资金需求方面是不及小银行的。而就整个社会的经济活动主体而言，可以说 80%甚至更高比例的部分实际上均是小额资金需求者，需要与之距离更近的一些机构，农户和中小企业更是如此。这样，在满足农村金融需求方面，小银行的优势要比大银行更加突出。

3. 它是一个逐渐市场化的过程

市场化的过程，实际上就是一个政府逐渐放松市场准入垄断与管制，通过构建公平的市场准入和退出机制，更多地利用市场机制发挥作用的过程。农村金融市场化，具体表现为操作手段市场化和机构运作机制市场化。衡量农村金融领域市场化的程度，可以利用3个指标：一是农户和企业通过直接融资方式实现的融资占融资总量的比重；二是农户和企业从非合作金融渠道与非政策性渠道得到的融资占融资总量的比重；三是民间私人资本和合作制形式的金融机构占金融机构总数比重。

3.1.4.2　金融机构多元化的路径特征及其推动的转型

1. 金融机构多元化的三个特征

中国30余年来农村金融组织创新所取得的实质性进展，就在于造就了一批相对独立的农村金融组织机构，农村金融组织机构多元化局面初步形成。并且，从宏观角度考察，农村金融机构的多元化，具有以下3个方面的特征。

(1)金融机构种类多元化。表现为“九个并存”，即国有金融机构与非国有金融机构并存、正规金融机构与非正规金融机构并存、商业金融机构与政策金融机构和合作金融机构并存、银行金融机构与非银行金融机构并存、大型金融机构与小型金融机构并存、批发性金融机构与零售性金融机构并存、存款型金融机构与非存款型金融机构并存、自营性金融机构与代理型机构并存、可持续发展的金融组织与临时性的金融组织并存。

(2)产权主体形式安排多元化。国有独资、国有控股、私营股份制、外商独资、中外合资、合作制等并存。

(3)市场主体多元化。市场竞争格局逐渐形成，金融服务市场逐渐由卖方市场转向买方市场，金融服务产品价格是在市场竞争的基础上形成的风险定价。

2. 农村金融组织机构的多元化推动了金融业务、市场结构、监管机制的变化

(1)与农村金融组织机构多元化并存的是金融业务的多样化。多元化金融机构的存在，为提供多样化的业务、满足社会大众多样化的金融需求提供了组织制度保障。

(2)农村金融组织机构多元化最终导致农村金融市场结构的改变。这种改变主要体现在农村社会融资结构和市场占有结构的改变，即通过资本市场实现的直接融资和银行间接融资的结构将改变；间接融资中大银行和小银行融资的比重关系也会发生变化。国有及国有控股大型金融机构市场份额逐渐减少，农村中小金融机构的市场份额逐渐增加。

(3)农村金融组织机构多元化也要求监管手段和方式、监管机制的多元化。审慎监管与非审慎监管结合、现场监管与非现场监管结合、监管机构的监管与行业自律结合，是机构多元化状态下监管机制的重要特征。

3. 在满足农村金融需求上，农村金融组织体系存在一些明显的不足

(1)农村金融市场集中度较高，金融服务竞争严重不足。较多县域存款市场被国有银行、农村信用社、邮政储蓄银行垄断，贷款市场的供给者却较少，从量上看是国有银行和农村信用社主导，县域存贷款市场份额不对称，导致县域资金外流。

(2)正规金融机构在农村地区的多元化严重不足、竞争有限。从县域宏观角度考察，银行金融机构种类比较齐全，既有国有商业银行、政策性银行、农村信用社，还有邮政储蓄银行，个别县域还有商业银行、村镇银行以及贷款公司，似乎已经在县域范围内形成了一种金融竞争的局面。但是，从这些金融机构在县域内的区域布局角度的考察后可以发现，乡镇范围内，除农村信用社和贷款业务还没有完全展开的邮政储蓄银行以外，其他金融机构的业务网点较少，同时有个别乡镇连邮政储蓄业务也没有。据中国银行业监督管理委员会的统计，2009 年年末，全国还有 2 945 个乡镇甚至没有任何金融机构的网点。

中国银行业监督管理委员会 2007 年 6 月 28 日公布的《中国银行业农村金融服务分布图集》也显示，现有正规金融机构深入农村不够，乡镇的金融市场没有形成有效竞争。

(3)农户和农村企业信贷融资仍然较为困难。根据国务院发展研究中心 2005 年的百村调查结果，农户从正规金融机构获得过贷款的比例只占样本的 37.80%。同时农村私营企业从正规金融体系获得贷款也相当困难。在被调查企业中，有 59.7%的企业将缺乏资金作为企业发展的主要障碍。

(4)银行主导着农村金融组织机构体系。除了银行金融机构以外，非银行金融机构极不发达，农村资本市场发展严重滞后，农户和农村微小型企业难以享受到除银行业务以外的其他金融服务，同时，在农村金融市场融资结构中，间接融资比例占据绝对优势。

4. 政府推动农村金融组织体系变迁思维模式的转型

(1)从以城市金融改革推动农村金融改革的思维模式转向从农村基本经济单元——农户、农村微小型企业的经济特征出发推动改革，促进微小型金融机构、草根金融机构的发展。

从已经发生的中国农村金融组织创新和变迁的历程中，可以清晰地看到城市金融改革模式的痕迹：严格限制金融市场准入，严格限制中小型商业银行的新设，忽视非政府小额信贷组织、民间金融等草根式金融服务机制的培育，主要依靠国有大型商业银行和农村信用社建设农村金融服务组织体系；以建设现代商业银行为目标改造农村信用社。然而，这种改革思维模式是脱离中国农村现实的。

中国农村经济的基本特征是农户作为基本的经济单元，数量众多，规模小，布

局分散。在金融机构与农户的信贷博弈中，信息不充分现象严重，交易成本高，同时，农户缺乏商业信贷交易所要求的财务信息和抵押资产。这样，在向农户提供信贷服务方面，依靠社会资本、本地知识和“软信息”、接近农户而近距离向农户提供服务的微小型金融机构、草根金融机构比依靠可以编码的“硬信息”而决策的大型金融机构更有优势。因此，在二元经济背景下，试图以城市金融改革的思路、以现代商业银行和大型金融机构为主导来解决农村金融服务不足的问题，是不现实的。不仅不能解决现有农村金融机构本身存在的问题，而且也难以有效增加农村金融服务的供给。中国已经不缺大银行，缺的是社区性和合作、互助性质的金融机构，特别是在农村地区、中西部地区仍然缺乏基本的金融供给。

为此，中央政府和有关部门企图催生草根性农村金融服务机制和机构，从2004—2010年连续7年的中央1号文件均可发现这一点。要“建立金融机构对农村社区服务的机制”，“通过吸引社会资本和外资，积极兴办直接为‘三农’服务的多种所有制的金融组织”(2004年)。“探索建立更加贴近农民和农村需要、由自然人或企业发起的小额信贷组织”(2005年)；“在保证资本金充足、严格金融监管和建立合理有效的退出机制的前提下，鼓励在县域内设立多种所有制的社区金融机构，允许私有资本、外资等参股。大力培育由自然人、企业法人或社团法人发起的小额贷款组织，有关部门要抓紧制定管理办法。引导农户发展资金互助组织”(2006年)。要“大力发展农村小额贷款，在贫困地区先行开展发育农村多种所有制金融组织的试点”(2007年)。“加快推进调整放宽农村地区银行业金融机构准入政策试点工作……继续深化农村信用社改革，加大支持力度，完善治理结构，维护和保持县级联社的独立法人地位。……积极培育小额信贷组织，鼓励发展信用贷款和联保贷款”(2008年)；“在加强监管、防范风险的前提下，加快发展多种形式新型农村金融组织和以服务农村为主的地区性中小银行。鼓励和支持金融机构创新农村金融产品和金融服务，大力发展小额信贷和微型金融服务，农村微小型金融组织可通过多种方式从金融机构融入资金”(2009年)；加快培育村镇银行、贷款公司、农村资金互助社，有序发展小额贷款组织，引导社会资金投资设立适应“三农”需要的各类新型金融组织”(2010年)。

也许正是有鉴于此，2005年5月开始，中国人民银行和地方政府开始推动主要由社会私营资本参与的“只贷不存”小额贷款公司的试验，并于2005年12月27日在山西平遥、2006年4月10日在四川广元、8月15日在贵州江口、9月18日在陕西户县、10月12日在内蒙古鄂尔多斯先后建立了7家“只贷不存”小额贷款公司。2006年12月20日，中国银行业监督管理委员会出台了《关于调整放宽农村地区银行业金融机构准入政策，更好地支持社会主义新农村建设的若干意见》(银监发〔2006〕90 号），调整和放宽农村地区银行业金融机构准入政策，降低准入门槛，“积极支持和引导境内外银行资本、产业资本和民间资本到农村地区投资、收购、新设以下各类银行业金融机构：一是鼓励各类资本到农村地区新设主要为当地农户提供金融服务的村镇银行；二是农村地区的农民和农村小企业也可按照自愿原则，发起设立为入股社员服务、实行社员民主管理的社区性信用合作组织；三是鼓励境内商业银行和农村合作银行在农村地区设立专营贷款业务的全资子公司；四是支持各类资本参股、收购、重组现有农村地区银行业金融机构，也可将管理相对规范、业务量较大的信用代办站改造为银行业金融机构；五是支持专业经验丰富、经营业绩良好、内控管理能力强的商业银行和农村合作银行到农村地区设立分支机构，鼓励现有的农村合作金融机构在本机构所在地辖内的乡（镇）和行政村增设分支机构。”并于 2007 年 1 月 22 日颁布了《村镇银行管理暂行规定》、《贷款公司管理暂行规定》、《农村资金互助社管理暂行规定》及其相关组建审批工作指引。2008 年 5 月 4 日，中国银行业监督管理委员会和中国人民银行联合发布了《关于小额贷款公司试点的指导意见》（银监发〔2008〕23 号）。

（2）从试图用单一改革模式解决农村金融问题的思路转向多途径推进农村金融组织体系创新，建设多元化的农村金融服务体系。

2003 年开始试点的新一轮农村信用社改革和制度创新实践，已经毫无争议地证明，中国农村金融组织制度创新不能冀望于一种模式，也不能将农村信用社制度创新的成功视为农村金融改革的成功，不能忽视多样化创新的需要。所以，2003 年开始试点、2004 年全面启动的新一轮农村信用社制度创新，不存在最优模式（何广文，2003），不搞全国“一刀切”，不在全国范围内推广一种模式，即使在一个地区，也可以多种模式同时并存。

同时，在农村金融市场领域，还应培育其他金融组织，如担保公司、农业保险公司、典当、租赁、信托投资公司等。

3.2 农村金融市场准入政策

3.2.1 农村金融准入政策出台的背景

虽然中国农村金融服务有了较大改善，但从总体上看，农村金融改革发展和服务比较滞后，与城市地区金融业的快速发展相比不协调，与农民和农村经济发展不断增长的需求相比不适应，与新农村建设和构建和谐社会的要求相比有差距。

（1）银行业金融机构在农村地区的机构网点较少，覆盖程度比较低。大部分农村地区只有农村信用社和邮政储蓄机构的网点，一些偏远落后地区还存在金融服务空白。

(2)农村信贷资金供应与新农村建设形势不适应，除农村信用社外的其他银行业金融机构在农村地区的信贷投入过少。据国家统计局初步测算，到2020年，新农村建设新增资金需求总量为15万亿元左右。按照过去农村投入资金中财政资金、信贷资金和社会资金的经验比例，即使考虑到公共财政加大对新农村建设投入的情况，新农村建设资金需求中的大部分仍将由银行业金融机构提供。而这些银行业金融机构在商业利益的驱动下，投放在农村地区信贷资金基本维持原有的存量，新增投放大量向城市地区和非农产业转移，没有切实承担农村信贷投入的社会责任。

(3)服务需求方式更加多样化。新农村建设涉及多领域、多层次、多类型的金融需求，既有一般农户的小额信贷需求，也有产业集群化龙头企业的大规模资金需求；既有普通的存贷款服务需求，更有各类银行卡等支付结算和理财等服务需求，客观上要求金融服务品种更加丰富，服务手段更加多样，服务方式更加便捷，而现有的农村金融服务在这些方面显然还存在明显不足。

(4)中西部金融服务需求更加突出。现有的金融服务在东中西部地区之间差异明显，中西部特别是西部地区金融资源不足，金融网点不足，竞争力不足，金融服务整体水平较低。加强对中西部地区的农村金融服务面临新的挑战。中央新要求的提出，必将极大地促进中国农业和农村经济的持续、快速发展，并由此催生农村市场的进一步发育，拉动农村多元化的金融服务需求，这无疑为银行业金融机构特别是农村金融机构的业务拓展和发展壮大带来广阔的空间和良好的历史机遇。

为此，《中共中央国务院关于推进新农村建设的若干意见》(中发〔2006〕1号)和《中共中央国务院关于进一步加强农村工作提高农业综合生产能力若干政策的意见》(中发〔2005〕1号)中提出鼓励在县域内设立多种所有制的社区金融机构，大力培育小额贷款组织，引导农户发展资金互助组织的要求，加大农村金融改革和扶持力度，有效解决农村地区银行业金融机构网点覆盖率低、金融供给不足、竞争不充分等问题，切实提高农村金融服务充分性的要求。

2006年，银监会在全国组织开展了农村金融服务与农村金融竞争充分性调查，初步掌握了农村金融服务中存在的突出矛盾和问题，为构建适应建设新农村需要的农村金融服务体系，全面提高农村金融服务水平提供了决策依据。先后下发了《关于农村合作金融机构小企业贷款指导意见》、《农村合作金融机构社团贷款指引》，研究制定了《银行业金融机构在农村地区开展代理业务的指导意见》。为从根本上解决农村地区银行业金融机构网点覆盖率低、金融供给不足、竞争不充分等问题，2006年年底银监会制定发布了《关于调整放宽农村地区银行业金融机构准入政策更好支持新农村建设的若干意见》(以下简称《意见》)。

《意见》按照商业可持续原则,适度调整和放宽农村地区银行业金融机构准入政策,降低准入门槛,强化监管约束,加大政策支持,促进农村地区形成投资多元、种类多样、覆盖全面、治理灵活、服务高效的银行业金融服务体系,以更好地改进和加强农村金融服务,支持新农村建设。这是中国政府首次正式引入农村银行业竞争,从而为农村银行业金融组织多元化奠定了制度基础。该《意见》的发布是中国银行业市场准入政策的重大突破,是农村金融改革的重大创新,必将促进农村金融体系的完善和农村金融服务水平的提高,必将促进城乡金融和城乡经济的协调发展,必将促进新农村建设与和谐社会的构建。

3.2.2 农村金融准入政策及其创新

3.2.2.1 农村金融市场准入政策的内容

2006年年底,银监会出台的"调整放宽农村地区银行业金融机构的准入政策"主要内容为(表3-1):允许以"低门槛、严监管"方式,在中西部、东北和海南省的县(市)及县(市)以下地区以及其他省(区、市)的国定贫困县和省定贫困县(统称"金融准入区"),允许各种组织和个人进入农村金融市场,通过投资、收购、新设方式建立多种多样的农村银行业金融机构。这些新建的农村银行业金融机构类型可以包括:村镇银行、社区性信用合作组织、境内银行的专营贷款业务的全资子公司、各类资本通过参股、收购、重组现有农村地区银行业金融机构而改建的银行业金融机构、外地银行和本地农村合作金融机构在本地增设的分支机构。

表3-1 在金融准入区允许投资、收购、新设各类银行业金融机构的举措

类别	具体内容
政策一	鼓励各类资本新设主要为当地农户提供金融服务的村镇银行
政策二	本地农民和农村小企业也可按照自愿原则,发起设立为入股社员服务、实行社员民主管理的社区性信用合作组织
政策三	鼓励境内商业银行和农村合作银行到准入区设立专营贷款业务的全资子公司
政策四	支持各类资本参股、收购、重组现有农村地区银行业金融机构,也可将管理相对规范、业务量较大的信用代办站改造为银行业金融机构
政策五	支持专业经验丰富、经营业绩良好、内控管理能力强的商业银行和农村合作银行到农村地区设立分支机构,鼓励现有的农村合作金融机构在本机构所在地辖内的乡(镇)和行政村增设分支机构

3.2.2.2 银监会市

《意见》在准入资本范……限额、投资人资格、业务准入、高级管理人员准入资格、行政审批、公司治……有所突破。但最为重要的突破在于两项“放开”：

一是对所有社会资本放开。境……本、产业资本、民间资本都可以到农村地区投资、收购、新设银行业金融机构。

二是对所有金融机构放开。对金融机……在新设三类银行业金融机构提高机构覆盖面的同时，还增强农村信用社、农村……构和商业银行三类现有银行业金融机构的服务功能，所有银行业金融机构，特……型商业银行有责任、有义务到农村地区设立分支机构，通过各种形式向农村地区……金融服务。

在县(市)设立村镇银行，其注册资本不低于人民币30……元；在乡(镇)设立的村镇银行，其注册资本不得低于人民币100万元。在乡(镇)设……农村资金互助社，其注册资本不低于人民币30万元。在村设立的农村资金互助社，其注册资本不得低于人民币10万元。贷款公司的注册资本不得低于人民币50万元。《意见》还对出资人的持股进行了界定(表3-2)。

表3-2 关于新设农村金融机构的相关规定

新设农村金融机构类型	所处地域	出资人	持股比例	最低注册资本(万元)
村镇银行	县市	境内外银行业金融机构	≥20%	300
	乡镇	单个自然人股东及关联方 单一非银行金融机构 单一非金融机构企业法人及其关联方	≤10%	100
农村资金互助社	乡镇	由乡(镇)、行政村农民和农村小企业自愿入股组成	单个农民或单个农村小企业的持股比例≤10%	30
	行政村			10
专营贷款的全资子公司	—	由境内商业银行和农村合作银行设立	—	50

资料来源：根据中国银行业监督管理委员会2006年12月20日发布的《关于调整放宽农村地区银行业金融机构准入政策更好支持社会主义新农村建设的若干意见》整理。

截至2010年年末，全国共组建新型农村金融机构509家，其中，开业395家(村镇银行349家，贷款公司9家，农村资金互助社37家)，筹建114家。全国新设立“只贷不存”的小额贷款公司 2 451 家，……和引导各类资金流向农村的渠道，在解决农村金融服务问题上实现……

3.3 准入政策界定的……型金融机构

3.3.1 村镇银行

为了落实《调整放宽……区银行业金融机构准入政策的若干意见》中村镇银行的建设，中国银行业……理委员会于 2007 年 1 月 22 日发布了《村镇银行管理暂行规定》，为村镇银……具体设立、组织形式、公司治理等内容提供了法律规范。

3.3.1.1 村镇银……界定

根据《村镇……管理暂行规定》，村镇银行是指经中国银行业监督管理委员会依据有关法律……法规批准，由境内外金融机构、境内非金融机构企业法人、境内自然人出资，在农村地区设立的主要为当地农民、农业和农村经济发展提供金融服务的银行业金融机构。

3.3.1.2 村镇银行的性质

(1)村镇银行是独立的企业法人，享有由股东投资形成的全部法人财产权，依法享有民事权利，并以全部法人财产独立承担民事责任。

(2)村镇银行以安全性、流动性、效益性为经营原则，自主经营，自担风险，自负盈亏，自我约束。

(3)村镇银行依法开展业务，不受任何单位和个人的干涉。

(4)村镇银行是按照商业可持续发展原则设立的，是农村银行业金融服务体系的一个组成部分，业务品种较为丰富。

(5)村镇银行是不同于小额贷款公司的新型农村金融机构。小额贷款公司是主要依靠自有资金开展贷款业务的经济组织，不得对公众吸收存款，也不得向金融机构通过融资形式获取资金，以转贷形式发放贷款。小额贷款组织不属于银监会的监管范围。

3.3.1.3 村镇银行的设立要求

1. 村镇银行的名称

村镇银行的名称由行政区划、字号、行业、组织形式依次组成，其中行政区划指县级行政区划的名称或地名。

2. 设立村镇银行的条件

(1)有符合规定的章程。

(2)发起人或出资人应符合规定的条件,且发起人或出资人中应至少有1家银行业金融机构。

(3)在县(市)设立的村镇银行,其注册资本不得低于300万元人民币;在乡(镇)设立的村镇银行,其注册资本不得低于100万元人民币。

(4)注册资本为实收货币资本,且由发起人或出资人一次性缴足。

(5)有符合任职资格条件的董事和高级管理人员。

(6)有具备相应专业知识和从业经验的工作人员。

(7)有必需的组织机构和管理制度。

(8)有符合要求的营业场所、安全防范措施和与业务有关的其他设施。

3. 设立村镇银行的步骤及要求

村镇银行应依照《中华人民共和国公司法》自主选择组织形式。设立村镇银行应当经过筹建和开业两个阶段,各个阶段需要提交的材料如表3-3所示。

表3-3 设立村镇银行的两个阶段及其要求

筹建	开业
①筹建申请书	①开业申请书
②可行性研究报告	②筹建工作报告
③筹建工作方案	③章程草案
④筹建人员名单及简历	④拟任职董事、高级管理人员的任职资格申请书
⑤发起人或出资人基本情况及除自然人以外的其他发起人或出资人最近2年经审计的会计报告	⑤法定验资机构出具的验资证明
⑥发起人或出资人为境内外金融机构的,应提交其注册地监管机构出具的书面意见	⑥营业场所所有权或使用权的证明材料
⑦中国银行业监督管理委员会规定的其他材料	⑦公安、消防部门对营业场所出具的安全、消防设施合格证明

申请村镇银行董事和高级管理人员任职资格,拟任人除应符合银行业监督管理机构规定的基本条件外,还应符合下列条件:①村镇银行董事应具备与其履行职责相适应的知识、经验及能力;②村镇银行董事长和高级管理人员应具备从事银行业工作5年以上,或者从事相关经济工作8年以上(其中从事银行业工作2年以

上)的工作经验,具备大专以上(含大专)学历。村镇银行分支机构的负责人应通过所在地银监局组织的从业资格考试,并在任职前报银监分局或所在城市银监局备案。

村镇银行可根据农村金融服务和业务发展需要,在县域范围内设立分支机构。设立分支机构不受拨付营运资金额度及比例的限制。村镇银行分支机构的筹建方案,应事前报监管办事处备案。未设监管办事处的,向银监分局或所在城市银监局备案。村镇银行在分支机构筹建方案备案后即可开展筹建工作。

3.3.1.4 村镇银行的股权设置和股东资格

1. 村镇银行的股权设置要求

村镇银行的股权设置除按照《中华人民共和国公司法》有关规定执行外,还应符合下列基本要求:

(1)村镇银行最大股东或唯一股东必须是银行业金融机构。

(2)最大银行业金融机构股东持股比例不得低于村镇银行股本总额的20%,单个自然人股东及关联方持股比例不得超过村镇银行股本总额的10%,单一非银行金融机构或单一非金融机构企业法人及其关联方持股比例不得超过村镇银行股本总额的10%。

(3)任何单位或个人持有村镇银行股本总额5%以上的,应当事前报经银监分局或所在城市银监局审批。

(4)村镇银行股东不得虚假出资或者抽逃出资。村镇银行不得接受本行股份作为质押权标的。村镇银行的股份可依法转让、继承和赠与。但发起人或出资人持有的股份自村镇银行成立之日起3年内不得转让或质押。村镇银行董事、行长和副行长持有的股份,在任职期间内不得转让或质押。

2. 村镇银行的股东资格

境内金融机构投资入股村镇银行应当具备的条件有:

(1)商业银行未并表和并表后的资本充足率均不低于8%,且主要审慎监管指标符合监管要求。

(2)财务状况良好,近2个会计年度连续盈利。

(3)入股资金来源真实合法。

(4)公司治理良好,内部控制健全有效。

(5)银监会规定的其他审慎性条件。

此外,境内金融机构出资设立或入股村镇银行须事先报经银行业监督管理机构及有关部门批准。

境外金融机构投资入股村镇银行应当具备的条件有:

(1)最近1年年末总资产原则上不少于10亿美元。

(2)财务稳健,资信良好,最近2个会计年度连续盈利。

(3)银行业金融机构资本充足率应达到其注册地银行业资本充足率平均水平且不低于8%,非银行金融机构资本总额不低于加权风险资产总额的10%。

(4)入股资金来源真实合法。

(5)公司治理良好,内部控制健全有效。

(6)注册地国家(地区)金融机构监督管理制度完善。

(7)该项投资符合注册地国家(地区)法律、法规的规定以及监管要求。

(8)注册地国家经济状况良好。

境内非金融机构企业法人投资入股村镇银行应当具备的条件有:

(1)在工商行政管理部门登记注册,具有法人资格。

(2)有良好的社会声誉、诚信记录和纳税记录。

(3)财务状况良好,入股前上一年度盈利。

(4)年终分配后,净资产达到全部资产的10%以上(合并会计报表口径)。

(5)入股资金来源合法,不得以借贷资金入股,不得以他人委托资金入股。

(6)有较强的经营管理能力和资金实力。

境内自然人投资入股村镇银行应当具备的条件有:

(1)有完全民事行为能力。

(2)有良好的社会声誉和诚信记录。

(3)入股资金来源合法,不得以借贷资金入股,不得以他人委托资金入股。

(4)中国银行业监督管理委员会规定的其他审慎性条件。

3.3.1.5　村镇银行的公司治理

村镇银行的组织机构及其职责应按照《中华人民共和国公司法》的相关规定执行,并在其章程中明确。村镇银行应根据其决策管理的复杂程度、业务规模和服务特点设置简洁、灵活的组织机构:

(1)村镇银行可只设立董事会,行使决策和监督职能;也可不设董事会,由执行董事行使董事会相关职责。村镇银行应建立有效的监督制衡机制。不设董事会的,应由利益相关者组成的监督部门(岗位)或利益相关者派驻的专职人员行使监督检查职责。

(2)村镇银行设行长1名,根据需要设副行长1～3名。规模较小的村镇银行,可由董事长或执行董事兼任行长。村镇银行董事会或监督管理部门(岗位)应对行长实施年度专项审计。审计结果应向董事会、股东会或股东大会报告,并报银监分局或所在城市银监局备案。行长、副行长离任时,须进行离任审计。村镇银行可设立独立董事。独立董事与村镇银行及其主要股东之间不应存在影响其独立判断的关系。独立董事履行职责时尤其要关注存款人和中小股东的利益。

(3)村镇银行董事和高级管理人员对村镇银行负有忠实义务和勤勉义务。董事违反法律、法规或村镇银行章程,致使村镇银行形成严重损失的,应当承担赔偿责任。行长、副行长违反法律、法规或超出董事会或执行董事授权范围做出决策,致使村镇银行遭受严重损失的,应承担相应赔偿责任。

(4)村镇银行董事会和经营管理层可根据需要设置不同的专业委员会,提高决策管理水平。规模较小的村镇银行,可不设专业委员会,并视决策复杂程度和风险高低程度,由相关的专业人员共同研究决策或直接由股东会或股东大会做出决策。村镇银行要建立适合自身业务特点和规模的薪酬分配制度、正向激励约束机制,培育相适应的企业文化。

3.3.1.6 村镇银行的经营管理

1.业务范围

经银监分局或所在城市银监局批准,村镇银行可经营表3-4中的各类业务。有条件的村镇银行要在农村地区设置ATM机,并根据农户、农村经济组织的信用状况向其发行银行卡。村镇银行在缴足存款准备金后,其可用资金应全部用于当地农村经济建设。村镇银行发放贷款应首先充分满足县域内农户、农业和农村经济发展的需要。确已满足当地农村资金需求的,其富余资金可投放当地其他产业、购买涉农债券或向其他金融机构融资。

表3-4 村镇银行可以经营的业务种类

①吸收公众存款	⑤从事同业拆借
②发放短期、中期和长期贷款	⑥从事银行卡业务
③办理国内结算	⑦代理发行、代理兑付、承销政府债券
④办理票据承兑与贴现	⑧代理收付款项及代理保险业务

2.贷款发放

村镇银行应建立适合自身业务发展的授信工作机制,合理确定不同借款人的授信额度。在授信额度以内,村镇银行可以采取一次授信、分次使用、循环放贷的方式发放贷款。村镇银行发放贷款应坚持小额、分散的原则,提高贷款覆盖面,防止贷款过度集中。村镇银行对同一借款人的贷款余额不得超过资本净额的5%;对单一集团企业客户的授信余额不得超过资本净额的10%。村镇银行应建立审慎、规范的资产分类制度和资本补充、约束机制,准确划分资产质量,充分计提呆账准备，及时冲销坏账，真实反映经营成果，确保资本充足率在任何时点不低于8%，资产损失准备充足率不低于100%。

3. 内控与审计机制

村镇银行应建立健全内部控制制度和内部审计机制，提高风险识别和防范能力，对内部控制执行情况进行检查、评价，并对内部控制的薄弱环节进行纠正和完善，确保依法合规经营。村镇银行执行国家统一的金融企业财务会计制度以及银行业监督管理机构的有关规定，建立健全财务、会计制度。村镇银行应真实记录并全面反映其业务活动和财务状况，编制财务会计报告，并提交其权力机构审议。

3.3.1.7　对村镇银行的监督检查

村镇银行开展业务，依法接受银行业监督管理机构监督管理。银行业监督管理机构根据村镇银行业务发展和当地客户的金融服务需求，结合非现场监管及现场检查结果，依法审批村镇银行的业务范围和新增业务种类。银行业监督管理机构依据国家有关法律、行政法规，制定村镇银行的审慎经营规则，并对村镇银行风险管理、内部控制、资本充足率、资产质量、资产损失准备充足率、风险集中、关联交易等方面实施持续、动态监管。

银行业监督管理机构按照《商业银行监管内部评级指引》的有关规定，制定对村镇银行的评级办法，并根据监管评级结果，实施差别监管。监督管理机构根据村镇银行的资本充足状况和资产质量状况，适时采取监管措施(表3-5)。

表3-5　监管机构对村镇银行的监管措施　　%

资本充足率	不良资产率	监管措施
＞8	＜5	现场检查频率低、范围窄
5～8	—	限期提高资本充足率；限制资产增长速度、购置固定资产及进行红利分配；不允许增设分支机构、开办新业务
2～4	＞15	进行高级管理人员调整；停办所有业务；限期重组
＜2	—	适时接管、撤销或破产

银行业监督管理机构应建立对村镇银行支农服务质量的考核体系和考核办法，定期对村镇银行发放支农贷款情况进行考核评价，并可将考核评价结果作为对村镇银行综合评价、行政许可以及高级管理人员履职评价的重要内容。

村镇银行违反本规定的，银行业监督管理机构有权采取风险提示、约见其董事或高级管理人员谈话、监管质询、责令停办业务等措施，督促其及时进行整改，防范风险。

3.3.1.8 村镇银行的变更与终止

1. 村镇银行的变更

村镇银行有下列变更事项之一的，需经银监分局或所在城市银监局批准：

(1)变更名称。

(2)变更注册资本。

(3)变更住所。

(4)调整业务范围。

(5)变更持有资本总额或者股份总额5%以上的股东。

(6)修改章程。

(7)变更组织形式。

(8)中国银行业监督管理委员会规定的其他变更事项。

2. 村镇银行的终止

村镇银行的接管、解散、撤销和破产，执行《中华人民共和国商业银行法》及有关法律、行政法规的规定。村镇银行因解散、被撤销和被宣告破产而终止的，应向发证机关缴回金融许可证，及时到工商行政管理部门办理注销登记，并予以公告。

为坚持创新培育模式与强化风险监管并举，大力培育发展新型农村金融机构，2010年银监会印发了《关于加快发展新型农村金融机构有关事宜的通知》，在主发起行、管理模式等方面做出适应性调整，允许金融资产管理公司发起设立村镇银行，允许设立10家及以上新型农村金融机构的主发起人设立管理总部，允许设立30家及以上新型农村金融机构的主发起人探索组建控股公司，允许主发起人到西部(除省会城市外)地区和中部老少边穷地区以地(市)为单位组建总分行制的村镇银行。

3.3.2 农村资金互助社

3.3.2.1 农村资金互助的概念界定

2007年1月22日，中国银行业监督管理委员会同时印发了《农村资金互助社管理暂行规定》(银监发〔2007〕7号)、《农村资金互助社组建审批工作指引》(银监发〔2007〕10号)，并于2007年2月4日印发了《农村资金互助社示范章程》(银监发〔2007〕51号)，并将农村资金互助社界定为经银行业监督管理机构批准，由乡(镇)、行政村农民和农村小企业自愿入股组成，为社员提供存款、贷款、结算等业务的社区互助性银行业金融机构。农村资金互助社实行社员民主管理，以服务社员为宗旨，谋求社员共同利益。

农村资金互助社实行社员民主管理，以服务社员为宗旨，谋求社员共同利益。它是独立的企业法人，对由社员股金、积累及合法取得的其他资产所形成的法人财产，享有占有、使用、收益和处分的权利，并以上述财产对债务承担责任。其合法权益和依法开展经营活动受法律保护，任何单位和个人不得侵犯。社员以其社员股金和在本社的社员积累为限对该社承担责任。从事经营活动，应遵守有关法律法规和国家金融方针政策，诚实守信，审慎经营，依法接受银行业监督管理机构的监管。

3.3.2.2　农村资金互助社的发展模式

中国银行业监督管理委员会通过正式文件方式推动农村资金互助组建，从而从正规化的角度促进了农村资金互助组织的发展。所谓正规农村资金互助组织，就是在中央政府统一的运作规范和管理、监督办法框架内产生和运作的农村资金互助社，属于社区互助性银行业金融机构。

其实，在中国农村存在的农村资金互助组织，是农村民间自主金融创新的产物，其产生和发展路径是多种多样的。根据是否纳入统一的运作规范和管理、监督办法框架内，可以分为正规、准正规和非正规三大类。

第一，正规农村资金互助组织。所谓正规农村资金互助组织，就是在中央政府统一的运作规范和管理、监督办法框架内产生和运作的农村资金互助社，属于社区互助性银行业金融机构。到2010年9月底，银行业监督管理部门共批准了30家左右。这些正规农村资金互助社有三种：

一是根据银监会规则新产生的与合作组织独立存在的农村资金互助社，银监会给予金融业务经营许可证，在工商行政管理部门注册，吸收储蓄存款，经营范围是乡镇或村，如甘肃景泰县龙湾村石林农村资金互助社、甘肃岷县洮珠村岷鑫农村资金互助社、青海乐都雨润镇兴乐农村资金互助社、四川苍溪益民农村资金互助社、内蒙古锡林浩特市白音锡勒牧场诚信农村资金互助社、内蒙古通辽市辽河镇荣达农村资金互助社、辽宁海城王石镇宏星资金互助社等。以青海乐都县雨润镇兴乐农村资金互助社为例，它于2007年3月28日成立，注册资本36万元，由雨润镇深沟村周边的10名农民和农村小企业主（其中从事金融工作的员工1人、农村小企业主3人、普通农民2人、种植大户3人、蔬菜经纪人1人）自愿入股组建。

二是根据银监会规则在原农民专业合作组织基础上组建的农村资金互助社。如山东沂水县姚店子镇聚福源农村资金互助社，于2008年3月25日成立，注册资本53.7万元，是在原农民专业合作组织基础上组建，由农民和农村小企业自愿入股组成的社区互助性银行业金融机构，互助社共有股东48户，可以为社员提供存款、贷款、结算等业务。

三是在原有农户自发组建的农村资金互助社基础上，根据银监会规则，获得银监会给予金融业务经营许可证，在工商行政管理部门注册，吸收储蓄存款。仅有2007年3月9日开业的吉林省梨树县闫家村百信农村资金互助社属于此类，该资金互助社由吉林梨树县闫家村32位农民发起成立，注册资本为10.18万元。其前身是闫家村农户自发组建的农村资金互助社。

第二，非正规农村资金互助组织。参见非正规金融部分的论述。

第三，准正规农村资金互助社。参见非正规金融部分的论述。

3.3.2.3　银监会界定的农村资金互助合作组织的基本规则

2007年1月22日，中国银行业监督管理委员会发布了《农村资金互助社管理暂行规定》和《农村资金互助社组建审批工作指引》，2007年2月4日，又发布了《农村资金互助社示范章程》，推动了中国农村资金互助的正规化发展，这是中国农村资金互助组织发展的方向。

1. 设立农村资金互助社应当具备的条件及流程

第一，设立农村资金互助社应当具备的条件。

农村资金互助社应在农村地区的乡（镇）和行政村以发起方式设立。其名称由所在地行政区划、字号、行业和组织形式依次组成。设立农村资金互助社应当具备下列条件：

（1）有符合本规定要求的章程（表3-6）。

表3-6　农村资金互助社章程应当载明的事项

①名称和住所	⑤社员的权利和义务
②业务范围和经营宗旨	⑥组织机构及其产生办法、职权和议事规则
③注册资本及股权设置	⑦财务管理和盈余分配、亏损处理
④社员资格及入社、退社和除名	⑧解散事由和清算办法

（2）有10名以上符合本规定社员条件要求的发起人。

（3）有符合本规定要求的注册资本。在乡（镇）设立的，注册资本不低于30万元人民币，在行政村设立的，注册资本不低于10万元人民币，注册资本应为实缴资本。

（4）有符合任职资格的理事、经理和具备从业条件的工作人员。

（5）有符合要求的营业场所，安全防范设施和与业务有关的其他设施。

（6）有符合规定的组织机构和管理制度。

第二，设立农村资金互助社的流程。

设立农村资金互助社，应当经过筹建与开业两个阶段，应向银行业监督管理机构提交表3-7列示的文件和资料。

表3-7　农村资金互助社申请筹建与申请开业需要提交的材料

申请筹建	申请开业
①筹建申请书	①开业申请
②筹建方案	②验资报告
③发起人协议书	③章程(草案)
④银行业监督管理机构要求的其他文件、资料	④主要管理制度
	⑤拟任理事、经理的任职资格申请材料及资格证明
	⑥营业场所、安全防范设施等相关资料

农村资金互助社的筹建申请由银监分局受理并初步审查，银监局审查并决定；开业申请由银监分局受理、审查并决定。银监局所在城市的乡(镇)、行政村农村资金互助社的筹建、开业申请，由银监局受理、审查并决定。经批准设立的农村资金互助社，由银行业监督管理机构颁发金融许可证，并按工商行政管理部门规定办理注册登记，领取营业执照。农村资金互助社不得设立分支机构。

2. 农村资金互助社的社员和股权管理

第一，社员入股应当具备的条件。

农村资金互助社社员是指符合本规定要求的入股条件，承认并遵守章程，向农村资金互助社入股的农民及农村小企业。章程也可以限定其社员为某一农村经济组织的成员。农民和农村小企业向农村资金互助社入股应符合表3-8列示的条件。

表3-8　农民和农村小企业向农村资金互助社入股应符合的条件

农民	农村小企业
①具有完全民事行为能力	①注册地或主要营业场所在入股农村资金互助社所在乡(镇)或行政村内
②户口所在地或经常居住地(本地有固定住所且居住满3年)在入股农村资金互助社所在乡(镇)或行政村内	②具有良好的信用记录
③入股资金为自有资金且来源合法，达到章程规定的入股金额起点	③上一年度盈利

续表 3-8

农民	农村小企业
④诚实守信，声誉良好	④年终分配后净资产达到全部资产的 10%以上（合并会计报表口径）
⑤银行业监督管理机构规定的其他条件	⑤入股资金为自有资金且来源合法，达到章程规定的入股金额起点

单个农民或单个农村小企业向农村资金互助社入股，其持股比例不得超过互助社股金总额的 10%，超过 5%的应经银行业监督管理机构批准。社员入股必须以货币出资，不得以实物、贷款或其他方式入股。互助社应向入股社员颁发记名股金证，作为社员的入股凭证。

第二，农村资金互助社社员的权利与义务。

农村资金互助社社员的权利包括：

(1)参加社员大会，并享有表决权、选举权和被选举权，按照章程规定参加该社的民主管理。

(2)享受该社提供的各项服务。

(3)按照章程规定或者社员大会（社员代表大会）决议分享盈余。

(4)查阅该社的章程和社员大会（社员代表大会）、理事会、监事会的决议、财务会计报表及报告。

(5)向有关监督管理机构投诉和举报。

农村资金互助社社员的义务包括：

(1)执行社员大会（社员代表大会）的决议。

(2)向该社入股。

(3)按期足额偿还贷款本息。

(4)按照章程规定承担亏损。

(5)积极向本社反映情况，提供信息。

农村资金互助社社员参加社员大会，享有一票基本表决权；出资额较大的社员按照章程规定，可以享有附加表决权。该社的附加表决权总票数，不得超过该社社员基本表决权总票数的 20%。享有附加表决权的社员及其享有的附加表决权数，应当在每次社员大会召开时告知出席会议的社员。章程可以限制附加表决权行使的范围。社员代表参加社员代表大会，享有一票表决权。不能出席会议的社员（社员代表）可授权其他社员（社员代表）代为行使其表决权。授权应采取书面形式，并明确授权内容。

农村资金互助社社员不得以所持本社股金为自己或他人担保。社员的股金和积累可以转让、继承和赠与，但理事、监事和经理持有的股金和积累在任职期限内不得转让。

农村资金互助社社员办理退股应当满足的条件有：

(1)社员提出全额退股申请。

(2)农村资金互助社当年盈利。

(3)退股后农村资金互助社资本充足率不低于8%。

(4)在本社没有逾期未偿还的贷款本息。

要求退股的，农民社员应提前3个月，农村小企业社员应提前6个月向理事会或经理提出，经批准后办理退股手续。退股社员的社员资格在完成退股手续后终止。社员在其资格终止前与农村资金互助社已订立的合同，应当继续履行；章程另有规定或者与该社另有约定的除外。社员资格终止的，农村资金互助社应当按照章程规定的方式、期限和程序，及时退还该社员的股金和积累份额。社员资格终止的当年不享受盈余分配。

3. 农村资金互助社的组织机构

第一，社员大会。农村资金互助社社员大会由全体社员组成，是该社的权力机构。社员超过100人的，可以由全体社员选举产生不少于31名的社员代表组成社员代表大会，社员代表大会按照章程规定行使社员大会职权。

(1)制定或修改章程。

(2)选举、更换理事、监事以及不设理事会的经理。

(3)审议通过基本管理制度。

(4)审议批准年度工作报告。

(5)审议决定固定资产购置以及其他重要经营活动。

(6)审议批准年度财务预、决算方案和利润分配方案、弥补亏损方案。

(7)审议决定管理和工作人员薪酬。

(8)对合并、分立、解散和清算等做出决议。

农村资金互助社召开社员大会(社员代表大会)，出席人数应当达到社员(社员代表)总数三分之二以上。社员大会(社员代表大会)选举或者做出决议，应当由该社社员(社员代表)表决权总数过半数通过；做出修改章程或者合并、分立、解散和清算的决议应当由该社社员表决权总数的三分之二以上通过。章程对表决权数有较高规定的，从其规定。

农村资金互助社社员大会(社员代表大会)每年至少召开一次，有以下情形之一的，应当在20日内召开临时社员大会(社员代表大会)：①三分之一以上的社员提议;②理事会、监事会、经理提议;③章程规定的其他情形。

第二,理事会。农村资金互助社社员大会(社员代表大会)由理事会召集,不设理事会的由经理召集,应于会议召开15日前将会议时间、地点及审议事项通知全体社员(社员代表)。章程另有规定的除外。农村资金互助社召开社员大会(社员代表大会)、理事会应提前5个工作日通知属地银行业监督管理机构,银行业监督管理机构有权参加。农村资金互助社原则上不设理事会,设立理事会的,理事不少于3人,设理事长1人,理事长为法定代表人。理事会的职责及议事规则由章程规定。

第三,经理层。农村资金互助社设经理1名(可由理事长兼任),未设理事会的,经理为法定代表人。经理按照章程规定和社员大会(社员代表大会)的授权,负责该社的经营管理。经理事会、监事会同意,经理可以聘任(解聘)财务、信贷等工作人员。农村资金互助社理事、经理任职资格需经属地银行业监督管理机构核准。农村资金互助社理事长、经理应具备高中或中专及以上学历,上岗前应通过相应的从业资格考试。

第四,监事会。农村资金互助社应设立由社员、捐赠人以及向其提供融资的金融机构等利益相关者组成的监事会,其成员一般不少于3人,设监事长1人。监事会按照章程规定和社员大会(社员代表大会)授权,对农村资金互助社的经营活动进行监督。监事会的职责及议事规则由章程规定。农村资金互助社经理和工作人员不得兼任监事。

农村资金互助社的理事、监事、经理和工作人员不得有以下行为:①侵占、挪用或者私分本社资产;②将本社资金借贷给非社员或者以本社资产为他人提供担保;③从事损害本社利益的其他活动。违反上述规定所得的收入,应当归该社所有;造成损失的,应当承担赔偿责任。

4. 农村资金互助社的经营管理

第一,资金来源。农村资金互助社以吸收社员存款、接受社会捐赠资金和向其他银行业金融机构融入资金作为资金来源。互助社接受社会捐赠资金,应由属地银行业监督管理机构对捐赠人身份和资金来源合法性进行审核。

第二,资金运用。农村资金互助社的资金应主要用于发放社员贷款,满足社员贷款需求后确有富余的可存放其他银行业金融机构,也可购买国债和金融债券。农村资金互助社发放大额贷款、购买国债或金融债券、向其他银行业金融机构融入资金,应事先征求理事会、监事会意见。农村资金互助社可以办理结算业务,并按有关规定开办各类代理业务。农村资金互助社开办其他业务应经属地银行业监督管理机构及其他有关部门批准。

农村资金互助社不得向非社员吸收存款、发放贷款及办理其他金融业务，不得以该社资产为其他单位或个人提供担保。农村资金互助社根据其业务经营需要，考虑安全因素，应按存款和股金总额一定比例合理核定库存现金限额。

第三，风险管理。农村资金互助社应审慎经营，严格进行风险管理。

(1)资本充足率不得低于8%。

(2)对单一社员的贷款总额不得超过资本净额的15%。

(3)对单一农村小企业社员及其关联企业社员、单一农民社员及其在同一户口簿上的其他社员贷款总额不得超过资本净额的20%。

(4)对前十大户贷款总额不得超过资本净额的50%。

(5)资产损失准备充足率不得低于100%。

(6)银行业监督管理机构规定的其他审慎要求。

第四，会计、审计管理。农村资金互助社执行国家有关金融企业的财务制度和会计准则，设置会计科目和法定会计账册，进行会计核算。农村资金互助社应按照财务会计制度规定提取呆账准备金，进行利润分配，在分配中应体现多积累和可持续的原则。农村资金互助社当年如有未分配利润(亏损)应全额计入社员积累，按照股金份额量化至每个社员。

农村资金互助社监事会负责对本社进行内部审计，并对理事长、经理进行专项审计、离任审计，审计结果应当向社员大会(社员代表大会)报告。

第五，信息披露。农村资金互助社应按照规定向社员披露社员股金和积累情况、财务会计报告、贷款及经营风险情况、投融资情况、盈利及其分配情况、案件和其他重大事项。农村资金互助社应按规定向属地银行业监督管理机构报送业务和财务报表、报告及相关资料，并对所报报表、报告和相关资料的真实性、准确性、完整性负责。

5. 农村资金互助社的监督管理

银行业监督管理机构按照审慎监管要求对农村资金互助社进行持续、动态监管。

银监会根据农村资金互助社的资本充足和资产风险状况，采取差别监管措施。互助社违反本规定其他审慎性要求的，银监会应责令其限期整改，并采取相应监管措施。

(1)资本充足率大于8%、不良资产率在5%以下的，可向其他银行业金融机构融入资金，属地银行业监督管理部门有权依据其运营状况和信用程度提出相应的限制性措施。银行业监督管理机构可适当降低对其现场检查频率。

(2)资本充足率低于8%大于2%的，银行业监督管理机构应禁止其向其他银行业金融机构融入资金，限制其发放贷款，并加大非现场监管及现场检查的力度。

(3)资本充足率低于2%的，银行业监督管理机构应责令其限期增扩股金、清收不良贷款、降低资产规模，限期内未达到规定的，要求其自行解散或予以撤销。

农村资金互助社违反有关法律、法规，存在超业务范围经营、账外经营、设立分支机构、擅自变更法定变更事项等行为的，银监会应责令其改正，并按《中华人民共和国银行业监督管理法》和《金融违法行为处罚办法》等法律法规进行处罚；对理事、经理、工作人员的违法违规行为，可责令农村资金互助社给予处分，并视不同情形，对理事、经理给予取消一定期限直至终身任职资格的处分；构成犯罪的，移交司法机关，依法追究刑事责任。

6. 农村资金互助社的合并、分立、解散和清算

第一，合并。农村资金互助社合并，应当自合并决议做出之日起10日内通知债权人。合并各方的债权、债务应当由合并后存续或者新设的机构承继。

第二，分立。农村资金互助社分立，其财产作相应的分割，并应当自分立决议做出之日起10日内通知债权人。分立前的债务由分立后的机构承担连带责任，但在分立前与债权人就债务清偿达成书面协议另有约定的除外。

第三，解散。农村资金互助社因以下原因解散：①章程规定的解散事由出现；②社员大会决议解散；③因合并或者分立需要解散；④依法被吊销营业执照或者被撤销。因前款第一项、第二项、第四项原因解散的，应当在解散事由出现之日起15日内由社员大会推举成员组成清算组，开始解散清算。逾期不能组成清算组的，社员、债权人可以向人民法院申请指定社员组成清算组进行清算。清算组自成立之日起接管农村资金互助社，负责处理与清算有关未了结业务，清理财产和债权、债务，分配清偿债务后的剩余财产，代表农村资金互助社参与诉讼、仲裁或者其他法律事宜。清算组负责制定包括清偿农村资金互助社员工的工资及社会保险费用，清偿所欠税款和其他各项债务以及分配剩余财产在内的清算方案，经社员大会通过后实施。清算组成员应当忠于职守，依法履行清算义务，因故意或者重大过失给农村资金互助社社员及债权人造成损失的，应当承担赔偿责任。

农村资金互助社因解散、被撤销而终止的，应当向发证机关缴回金融许可证，及时到工商行政管理部门办理注销登记，并予以公告。

3.3.3 贷款公司

3.3.3.1 贷款公司的两种类型

贷款公司的界定涉及三个文件，即2006年12月20日中国银行业监督管理委员会出台的《关于调整放宽农村地区银行业金融机构准入政策，更好地支持社会主

义新农村建设的若干意见》(银监发〔2006〕90 号)、2007 年 1 月 22 日发布的《贷款公司管理暂行规定》和 2008 年 5 月 4 日中国银行业监督管理委员会和中国人民银行联合发布了《关于小额贷款公司试点的指导意见》(银监发〔2008〕23 号),根据上述文件,实际上界定了两种贷款公司:银监会批准设立的由银行组建的贷款公司和地方政府金融办批准由各类社会资本出资设立的小额贷款公司。

1. 银监会批准设立的由银行组建的贷款公司

根据 2006 年 12 月 20 日中国银行业监督管理委员会出台的《关于调整放宽农村地区银行业金融机构准入政策,更好地支持社会主义新农村建设的若干意见》(银监发〔2006〕90 号)、2007 年 1 月 22 日发布的《贷款公司管理暂行规定》,贷款公司是指经中国银行业监督管理委员会依据有关法律、法规批准,由境内商业银行或农村合作银行在农村地区设立的专门为县域农民、农业和农村经济发展提供贷款服务的非银行业金融机构。贷款公司是由境内商业银行或农村合作银行全额出资的有限责任公司。贷款公司是独立的企业法人,享有由投资形成的全部法人财产权,依法享有民事权利,并以全部法人财产独立承担民事责任。贷款公司的投资人依法享有资产收益、重大决策和选择管理者等权利。贷款公司以安全性、流动性、效益性为经营原则,自主经营,自担风险,自负盈亏,自我约束。贷款公司依法开展业务,不受任何单位和个人的干涉。贷款公司应遵守国家法律、行政法规,执行国家金融方针和政策,依法接受银行业监督管理机构的监督管理。

2007 年 3 月 1 日,按照银监会新框架注册的四川仪陇县惠民贷款公司,在四川仪陇县马鞍镇开业。这是中国首家获得金融许可证的贷款有限责任公司,该公司注册资本 50 万元,为南充市商业银行专营贷款业务的全资子公司。

2. 各类社会资本出资组建的小额贷款公司

根据 2008 年 5 月 4 日中国银行业监督管理委员会和中国人民银行联合发布的《关于小额贷款公司试点的指导意见》(银监发〔2008〕23 号),小额贷款公司是由自然人、企业法人与其他社会组织投资设立,不吸收公众存款,经营小额贷款业务的有限责任公司或股份有限公司。小额贷款公司是企业法人,有独立的法人财产,享有法人财产权,以全部财产对其债务承担民事责任。小额贷款公司股东依法享有资产收益、参与重大决策和选择管理者等权利,以其认缴的出资额或认购的股份为限对公司承担责任。小额贷款公司应执行国家金融方针和政策,在法律、法规规定的范围内开展业务,自主经营,自负盈亏,自我约束,自担风险,其合法的经营活动受法律保护,不受任何单位和个人的干涉。

3.3.3.2 银监会批准设立的由银行组建的贷款公司

1. 组织机构

贷款公司可不设立董事会、监事会，但必须建立健全经营管理机制和监督机制。投资人可委派监督人员，也可聘请外部机构履行监督职能。

贷款公司的经营管理层由投资人自行决定，报银监分局或所在城市银监局备案。

贷款公司章程由投资人制定和修改，报银监分局或所在城市银监局审查并核准。

贷款公司董事会负责制订经营方针和业务发展计划，未设董事会的，由经营管理层制订，并经投资人决定后组织实施。

2. 经营管理

(1)经银监分局或所在城市银监局批准，贷款公司可经营的业务包括：办理各项贷款；办理票据贴现；办理资产转让；办理贷款项下的结算；经中国银行业监督管理委员会批准的其他资产业务。贷款公司不得吸收公众存款。

(2)贷款公司的营运资金为实收资本和向投资人的借款。

(3)贷款公司开展业务，必须坚持为农民、农业和农村经济发展服务的经营宗旨，贷款的投向主要用于支持农民、农业和农村经济发展。贷款公司不得吸收存款，信贷额度较高，贷款方式灵活。

(4)贷款公司发放贷款应当坚持小额、分散的原则，提高贷款覆盖面，防止贷款过度集中。贷款公司对同一借款人的贷款余额不得超过资本净额的10%；对单一集团企业客户的授信余额不得超过资本净额的15%。

(5)贷款公司应当加强贷款风险管理，建立科学的授权授信制度、信贷管理流程和内部控制体系，增强风险的识别和管理能力，提高贷款质量。并应按照国家有关规定，建立审慎、规范的资产分类制度和资本补充、约束机制，准确划分资产质量，充分计提呆账准备，真实反映经营成果，确保资本充足率在任何时点不低于8%，资产损失准备充足率不低于100%。

(6)贷款公司应建立健全内部审计制度，对内部控制执行情况进行检查、评价，并对内部控制的薄弱环节进行纠正和完善，确保依法合规经营。贷款公司执行国家统一的金融企业财务会计制度，按照国家有关规定，建立健全贷款公司的财务、会计制度。贷款公司应当真实记录并全面反映其业务活动和财务状况，编制年度财务会计报告，并由投资人聘请具有资质的会计师事务所进行审计。审计报告须报银监分局或所在城市银监局备案。

贷款公司应当按规定向银监分局或所在城市银监局报送会计报告、统计报表及其他资料，并对报告、资料的真实性、准确性、完整性负责。

贷款公司应当建立信息披露制度，及时披露年度经营情况、重大事项等信息。

3. 监督管理

(1)贷款公司开展业务，依法接受银行业监督管理机构监督管理，与投资人实施并表监管。银行业监督管理机构依据法律、法规对贷款公司的资本充足率、不良贷款率、风险管理、内部控制、风险集中、关联交易等实施持续、动态监管。

(2)银行业监督管理机构根据贷款公司资本充足状况和资产质量状况，采取差别监管措施。第一，对资本充足率大于8%，且不良贷款率在5%以下的，可适当减少检查频率，支持其稳健发展；第二，对资本充足率低于8%、大于4%，或不良贷款率在5%以上的，要加大非现场监管和现场检查力度，并督促其限期补充资本、改善资产质量；第三，对资本充足率降至4%以下，或不良贷款率高于15%的，适时采取责令其调整高级管理人员、停办所有业务、限期重组等措施；第四，对限期内不能实现有效重组、资本充足率降至2%以下的，应责令投资人适时接管或由银行业监督管理机构予以撤销。

银行业监督管理机构依据有关法律、法规对贷款公司的资本充足状况、资产质量以及内部控制的有效性进行检查、评价，督促其完善资本补充机制、贷款管理制度及内部控制，加强风险管理。

(3)银行业监督管理机构有权要求投资人加强对贷款公司的监督检查，定期对其资产质量进行审计，对其贷款授权授信制度、信贷管理流程和内部控制体系进行评估，有权根据贷款公司的运行情况要求投资人追加补充资本，确保贷款公司稳健运行。贷款公司违反本规定的，银行业监督管理机构有权采取风险提示、约见谈话、监管质询、责令停办业务等措施，督促其及时进行整改，防范资产风险。贷款公司及其工作人员在业务经营和管理过程中，有违反国家法律法规行为的，由银行业监督管理机构依照《中华人民共和国银行业监督管理法》、《中华人民共和国商业银行法》及有关法律、行政法规实施处罚；构成犯罪的，依法追究刑事责任。贷款公司及其工作人员对银行业监督管理机构的处罚决定不服的，可依法提请行政复议或向人民法院提起行政诉讼。

3.3.3.3　各类社会资本出资组建的小额贷款公司

1. 银监会和人民银行关于小额贷款公司的制度安排

2008年5月4日，中国银监会和人民银行联合下发了《关于小额贷款公司试点的指导意见》(银监发〔2008〕23号)，从而确定了小额贷款公司的制度安排。

(1)小额贷款公司的性质。小额贷款公司是由自然人、企业法人与其他社会组织投资设立，不吸收公众存款，经营小额贷款业务的有限责任公司或股份有限公司，是企业法人，有独立的法人财产，享有法人财产权，以全部财产对其债务承担民事责任。小额贷款公司股东依法享有资产收益、参与重大决策和选择管理者等权利，以其认缴的出资额或认购的股份为限对公司承担责任。小额贷款公司应执行国家金融方针和政策，在法律、法规规定的范围内开展业务，自主经营，自负盈亏，自我约束，自担风险，其合法的经营活动受法律保护，不受任何单位和个人的干涉。

(2)小额贷款公司的设立。①小额贷款公司的名称应由行政区划、字号、行业、组织形式依次组成，其中行政区划指县级行政区划的名称，组织形式为有限责任公司或股份有限公司。②小额贷款公司的股东需符合法定人数规定。有限责任公司应由50个以下股东出资设立；股份有限公司应有2～200名发起人，其中须有半数以上的发起人在中国境内有住所。③小额贷款公司的注册资本来源应真实合法，全部为实收货币资本，由出资人或发起人一次足额缴纳。有限责任公司的注册资本不得低于500万元，股份有限公司的注册资本不得低于1 000万元。单一自然人、企业法人、其他社会组织及其关联方持有的股份，不得超过小额贷款公司注册资本总额的10%。④申请设立小额贷款公司，应向省级政府主管部门提出正式申请，经批准后，到当地工商行政管理部门申请办理注册登记手续并领取营业执照。此外，还应在五个工作日内向当地公安机关、中国银行业监督管理委员会派出机构和中国人民银行分支机构报送相关资料。⑤小额贷款公司应有符合规定的章程和管理制度，应有必要的营业场所、组织机构、具备相应专业知识和从业经验的工作人员。⑥出资设立小额贷款公司的自然人、企业法人和其他社会组织，拟任小额贷款公司董事、监事和高级管理人员的自然人，应无犯罪记录和不良信用记录。⑦小额贷款公司在当地税务部门办理税务登记，并依法缴纳各类税费。

(3)小额贷款公司的资金来源。小额贷款公司的主要资金来源为股东缴纳的资本金、捐赠资金以及来自不超过两个银行业金融机构的融入资金。在法律、法规规定的范围内，小额贷款公司从银行业金融机构获得融入资金的余额，不得超过资本净额的50%。融入资金的利率、期限由小额贷款公司与相应银行业金融机构自主协商确定，利率以同期“上海银行间同业拆放利率”为基准加点确定。小额贷款公司应向注册地中国人民银行分支机构申领贷款卡。向小额贷款公司提供融资的银行业金融机构，应将融资信息及时报送所在地中国人民银行分支机构和中国银行业监督管理委员会派出机构，并应跟踪监督小额贷款公司融资的使用情况。

(4)小额贷款公司的资金运用。小额贷款公司在坚持为农民、农业和农村经济发展服务的原则下自主选择贷款对象。小额贷款公司发放贷款，应坚持“小额、分散”的原则，鼓励小额贷款公司面向农户和微型企业提供信贷服务，着力扩大客户数量和服务覆盖面。同一借款人的贷款余额不得超过小额贷款公司资本净额的

5%。在此标准内,可以参考小额贷款公司所在地经济状况和人均GDP水平,制定最高贷款额度限制。

小额贷款公司按照市场化原则进行经营,贷款利率上限放开,但不得超过司法部门规定的上限,下限为人民银行公布的贷款基准利率的0.9倍,具体浮动幅度按照市场原则自主确定。有关贷款期限和贷款偿还条款等合同内容,均由借贷双方在公平自愿的原则下依法协商确定。

(5)小额贷款公司的监督管理。①省级政府应明确一个主管部门(金融办或相关机构)负责对小额贷款公司的监督管理,承担小额贷款公司风险处置责任。②小额贷款公司应建立发起人承诺制度,公司股东应与小额贷款公司签订承诺书,承诺自觉遵守公司章程,参与管理并承担风险。③小额贷款公司应按照《公司法》要求建立健全公司治理结构,明确股东、董事、监事和经理之间的权责关系,制定稳健有效的议事规则、决策程序和内审制度,提高公司治理的有效性。小额贷款公司应建立健全贷款管理制度,明确贷前调查、贷时审查和贷后检查业务流程和操作规范,切实加强贷款管理。小额贷款公司应加强内部控制,按照国家有关规定建立健全企业财务会计制度,真实记录和全面反映其业务活动和财务活动。④小额贷款公司应按照有关规定,建立审慎规范的资产分类制度和拨备制度,准确进行资产分类,充分计提呆账准备金,确保资产损失准备充足率始终保持在100%以上,全面覆盖风险。⑤小额贷款公司应建立信息披露制度,按要求向公司股东、主管部门、向其提供融资的银行业金融机构、有关捐赠机构披露经中介机构审计的财务报表和年度业务经营情况、融资情况、重大事项等信息,必要时应向社会披露。⑥小额贷款公司应接受社会监督,不得进行任何形式的非法集资。从事非法集资活动的,按照国务院有关规定,由省级人民政府负责处置。对于跨省份非法集资活动的处置,需要由处置非法集资部际联席会议协调的,可由省级人民政府请求处置非法集资部际联席会议协调处置。其他违反国家法律法规的行为,由当地主管部门依据有关法律法规实施处罚;构成犯罪的,依法追究刑事责任。⑦中国人民银行对小额贷款公司的利率、资金流向进行跟踪监测,并将小额贷款公司纳入信贷征信系统。小额贷款公司应定期向信贷征信系统提供借款人、贷款金额、贷款担保和贷款偿还等业务信息。

(6)小额贷款公司的终止。小额贷款公司法人资格的终止包括解散和破产两种情况。小额贷款公司可因下列原因解散:①公司章程规定的解散事由出现;②股东大会决议解散;③因公司合并或者分立需要解散;④依法被吊销营业执照、责令关闭或者被撤销;⑤人民法院依法宣布公司解散。小额贷款公司解散,依照《公司法》进行清算和注销。

小额贷款公司被依法宣告破产的，依照有关企业破产的法律实施破产清算。

小额贷款公司依法合规经营，没有不良信用记录的，可在股东自愿的基础上，按照《村镇银行组建审批指引》和《村镇银行管理暂行规定》规范改造为村镇银行。

2. 各省市区在小额贷款公司组建上的政策差异

(1)各省(市、自治区)小额贷款公司最低注册资本要求差异。根据 2008 年 5 月 4 日中国银行业监督管理委员会和人民银行联合发布的《关于小额贷款公司试点的指导意见》(银监发〔2008〕23 号)的界定，小额贷款公司的注册资本来源应真实合法，全部为实收货币资本，由出资人或发起人一次足额缴纳。有限责任公司的注册资本不得低于 500 万元，股份有限公司的注册资本不得低于1 000 万元。

在小额贷款公司试点过程中，各省市自治区在银监发〔2008〕23 号文件的基础上，对小额贷款公司的最低注册资本要求有所调整，普遍提高了小额贷款公司的最低注册资本要求，如北京市对有限责任公司要求为 5 000 万元，股份有限公司要求 1 亿元；浙江要求有限责任公司 5 000 万元(欠发达县域≥2 000 万元)，股份公司 8 000 万元(欠发达县域≥3 000 万元)；四川要求 1 亿元，国家级、省级贫困县和地震极重灾县 5 000 万元。

(2)各省(市、自治区)小额贷款公司发起人资产实力要求上的差异。银监发〔2008〕23 号文件对发起人的要求是：出资设立小额贷款公司的自然人、企业法人和其他社会组织，拟任小额贷款公司董事、监事和高级管理人员的自然人，应无犯罪记录和不良信用记录。

在小额贷款公司试点过程中，各省市自治区在银监发〔2008〕23 号文件的基础上，对小额贷款公司的发起人的资产实力提出了一些具体要求。如天津要求净资产≥5 000 万元，资产负债率≤60%，连续三年盈利且累计盈利≥1 500 万元；浙江要求主要发起人为当地骨干企业，净资产≥5 000 万元(欠发达县域≥2 000 万元)，资产负债率≤70%，连续三年盈利且利润总额≥1 500 万元(欠发达县域≥600 万元)；云南要求发起人年末净资产为出资额的 2 倍以上，资产负债率≤70%，入股前 3 个年度连续盈利。

3.3.3.4 小额贷款公司转型成村镇银行的政策

为促进小额贷款公司的健康发展，中国银监会于 2009 年 6 月 9 日出台了《小额贷款公司转制设立村镇银行暂行规定》(银监发〔2009〕48 号)，根据该《规定》，按照《关于小额贷款公司试点的指导意见》(以下简称《指导意见》)要求，经省级政府主管部门批准、在工商管理部门注册登记、在县(市)及县(市)以下地区设立的小额贷款公司，在一定条件下，均可以按照该《规定》转型成为村镇银行。

小额贷款公司改制设立村镇银行，除满足《村镇银行管理暂行规定》的规定外，还须满足下列条件：

(1)拟改制小额贷款公司须符合《指导意见》的审慎经营要求。

(2)召开股东(大)会，代表三分之二以上表决权的股东同意小额贷款公司改制设立村镇银行，并对小额贷款公司的债权债务处置、改制工作做出决议。债权债务处置应符合有关法律、法规规定。

(3)公司治理机制完善、内部控制健全、经营状况良好、信誉较高，且坚持支农服务方向。①各治理主体职责明确，议事规则和决策程序清晰，治理目标科学，考核激励机制有效，信息披露透明。②具有完备有效的内部控制制度，能覆盖各业务流程和各操作环节，且执行到位。③有良好社会声誉、诚信记录和纳税记录，无重大违法违规行为。④按《指导意见》新设后持续营业3年及以上；清产核资后，无亏损挂账，且最近2个会计年度连续盈利；资产风险分类准确，且不良贷款率低于2%；已足额计提呆账准备，其中贷款损失准备充足率130%以上；净资产大于实收资本。⑤资产应以贷款为主，最近4个季度末贷款余额占总资产余额的比例原则上均不低于75%，且贷款全部投放所在县域。⑥最近4个季度末涉农贷款余额占全部贷款余额的比例均不低于60%。⑦单一客户贷款余额不得超过资本净额的5%，单一集团客户贷款余额不得超过资本净额的10%。⑧抵债资产余额不得超过总资产的10%。

(4)已确定符合条件的银行业金融机构拟作为主发起人。

(5)省级政府主管部门推荐其改制设立村镇银行，同时对其公司治理、内部控制、经营情况等方面进行评价。

(6)未设村镇银行的县(市)及县(市)以下地区的小额贷款公司原则上优先改制。

第 4 章 非正规金融

4.1 非正规金融概论

4.1.1 非正规金融概念界定

对于何谓非正规金融，中国已有的文献虽然没有形成统一的认识与清晰的界定，但多数研究均是从法律特征和金融监管角度对其进行界定，将其称之为民间借贷、体制外金融、非正式金融、非正规金融、民有金融、非制度金融。因为在这些金融活动中，资金并不总能进入良性循环轨道，所以也有人将其称之为地下金融、灰色金融、黑市金融、高利贷等带有主观价值判断色彩的界定。

在国外的文献中，一般将之界定为 informal finance，即"非正规金融"，是指在政府批准并进行监管的金融活动（即正规金融）之外所存在的游离于现行制度法规边缘的金融活动和金融行为，未纳入国家金融管理体系。OECD(2003)在对中国非正规金融的调查研究报告中指出，非正规金融的出现对那些被正规金融机构拒之门外的小规模农业生产者和小乡镇企业起着越来越重要的作用。Kellees Tsai (2004)通过对中国和印度两国农村金融组织的研究表明，微型金融的潜在客户仍在很大程度上依赖于非正规金融。

由此可见，非正规金融是指那些为民间经济融通资金的所有非政府管理下的资金活动。这样，非正规金融的外延实际上就比较广泛，包括个人之间、企业之间、企业和个人相互之间的借贷行为、合会、标会、各种基金会的融资、地下钱庄、抬会、银背，甚至洗钱、资金和外汇黑市交易、金融诈骗等各种方式的金融行为。其中，洗钱、资金和外汇黑市交易、金融诈骗等金融行为是现行制度法规明确所不容许的，它们既不能适应市场经济发展的客观要求，又容易造成经济金融秩序的混乱，应该绝对打击与取缔。除此而外的其他非正规金融行为，虽然生存在正规制度之外，但却是能够适应市场与经济发展客观需求的金融行为，就金融法规与制度安排而言，它们是属于"灰色地带"的金融行为。

同时，由于非正规金融的产生一般是自发的，因此，相对于官方的正规金融制

度和银行组织而言自发形成的民间信用部分，就是非正规金融。一般而言，非正规金融具有非监管性。但是在实际操作中，又有一些金融组织获得了地方政府部门的审批并在工商管理部门注册，但并未纳入国家金融组织管理体系的管理之下，这类组织可以归入准正规金融。

具体来说，非正规金融一般具备以下几方面特征：①从交易活动的主体来看，交易的对手基本上是从正规金融部门得不到融资满足的经济行为人，比如发生相互借贷行为的农民，获得创业资本的创业企业。②交易对象不是被正规金融所认可的非标准化合同性的金融工具。③正规金融中介拥有规范的机构和固定的经营场所，而非正规金融一般不具备这些特征。④非正规金融一般处于在金融监管当局的监管范围之外。

近年来，非正规金融在我国日益受到重视。2004 年到 2006 年间，中央连续 3 个“1 号文件”明确提出要充分发挥民间金融的作用，力求“通过吸引社会资本和外资，积极兴办直接为‘三农’服务的多种所有制的金融组织”；并通过“有条件的地方，可以探索建立更加贴近农民和农村需要、由自然人或企业发起的小额信贷组织”；“引导农户发展资金互助组织，规范民间借贷”。

4.1.2 非正规金融产生的背景

非正规金融在中国有着十分悠久的历史。从公元前 2 000 多年的夏商时期，到秦朝统一货币然后到中国盛唐，伴随着国家统一和经济发展，以民间信贷为主要形式的非正规金融日渐昌盛。尤其到了明清时代的钱庄票号，中国的民间信贷业务发展到了高潮。当时并没有官办的金融机构，基本上都是民间非正规金融机构在货币交易和流通中发挥作用。农村主要是当铺，城市以当铺、钱庄、票号为主。新中国成立至 1979 年计划经济时期，与“大一统”的计划经济体制相伴随，包括钱庄等机构也被国家的储蓄所代替，非正规金融曾一度退出历史舞台。直至改革开放以来，中国经济逐步由计划经济向市场经济转型，在国家积极构建以政府为主导的金融体制框架的同时，各种非正规金融活动因此活跃起来。只是这种新生的非正规金融已不同于中国传统的民间信贷业务，又有别于西方社会较为成熟的、居主体地位的民间金融。中国现代非正规金融是市场化改革的产物，具有显著的“中国特色”。

总体而言，中国现代非正规金融产生的主要背景有两个方面：一是从需求角度而言，正规金融的行为偏好、政策倾向与经济转轨、改革进程中资金需求的变化不相适应；二是从供给角度来看，日益充沛的民间资金供给成为非正规金融发展的催化剂。

追溯中国非正规金融的历史脉络可知，它已存在了4 000年，历史悠久，繁荣一时。尤其是以近代山西的票号业为代表，可以说代表了当时世界金融的最高水平。在以非正规金融业为主的时代，未曾发生过重大的金融风险和金融欺诈行为，非正规金融的秩序总体上是好的。然而，中国现代非正规金融活动，尤其其产生的特殊背景，其复杂性备受社会关注。俗话说："玉不琢，不成器。"玉"不琢"就可能长期被湮没于沙砾或乱石中，不见天日。自然资源如此，社会资源亦然。非正规金融虽在当今金融资源中分量不大，但贡献不俗。然而由于它瑕疵外露，玉质内敛，长期受到歧视，每每成为整顿金融秩序的靶子。但非正规金融的形式不仅局限于允许民营资本兴办银行，开展民间借贷等债权投资业务，更重要的是要发动民营资本设立利用私人股权投资基金、创业投资基金等新兴金融工具的独特运营机制，也许是非正规金融突破的一个有效途径。

4.1.3　非正规金融产生的原因

从世界各国而言，非正规金融在各国产生的具体原因、表现形式、在农村金融市场上的地位和面临的风险是不相同的(表4-1)。

表4-1　不同类型国家非正规金融比较

	发展中国家和转轨经济国家	发达市场经济国家
产生原因	金融市场不发达和不完备、对政府金融抑制战略的反应	信息不对称约束下放款人避免逆向选择和道德风险而采取信贷配给的结果
在农村金融市场的地位	农业的弱质性较强，商业金融在农村信贷市场的效率较低，非正规金融占有较重要地位	农业规模化、机械化经营，农村正规金融发展较好，非正规金融在农村金融市场处于次要地位
促进偿付的机制	依靠法律系统	依靠法律系统之外的系统
表现形式	高利贷、合会等初级形式	网络化的非正规金融的服务体系形式
风险	基本处于自发状态，游离在政府的监管视线之外，不但得不到政府的鼓励与支持，而且常被挤压、取缔，生存与发展空间受到限制，政策风险和经营风险较大	政府设立了各种非正规金融服务体系，为资金供求双方提供信息服务等，降低了信息搜寻成本，促进了非正规资本网络的形成，效率较高，且大多处在金融监管当局的监控之下，能较为有效地控制风险

4.1.3.1　供给抑制论

对于农村非正规金融存在的原因，一些学者从供给视角进行了研究，认为农村

正规金融的供给方定价太高、交易成本太高、交易的条件苛刻，人们在原有正规金融制度安排下无法实现其潜在收益，非正规金融制度就是源于人们为追求潜在收益而进行的制度创新，是诱致性制度创新的产物。

麦金农(1988)的金融抑制理论认为，由于发展中国家政府普遍实施利率高限、信贷配给、高准备金率和外汇管制等金融抑制政策，刺激市场对资金的需求并阻碍资本的形成，而过度资金需求迫使金融机构采用非利率的手段进行资金配给。国有部门能够通过正规金融渠道获得廉价的政府补贴资金，而非国有部门只能求助于昂贵的不受利率限制的非正规金融，从而促进了非正规金融的产生和发展。

文瑶玲(2009)从制度变迁的视角对中国农村非正规金融的生成和发展进行了深入研究，认为政府在中国农村金融制度变迁中属于新制度的“生产者”，根据自己的供给愿望和能力来设计和推动制度变迁的活动，因受其有限理性和多重目标性的制约而未能及时提供制度供给，使得中国农村金融制度非均衡。由于利率管制，利率的风险补偿能力较低，以营利为目的的商业金融机构一般会选择放弃高风险的农村信贷市场。而非正规金融的利率不受官方利率的限制，大多由市场供求决定。一般的非正规金融的利率水平主要取决于资金供求状况、借贷人之间的亲疏关系、期限长短、淡旺季节等因素，利率有时为零，但有时却可以高达本金的百分之十几甚至几百，这种多层次利率结构可以满足不同时期，不同关系，不同风险偏好借贷者的需求。因此，农村金融需求在难以得到正规金融的支持下，就会转而寻求非正规金融市场的支持。

杨宇明(2009)的研究表明，正规金融的供给不足表现为 4 个方面。①银行体系不够完善。国有商业银行网点在农村的大规模收缩，造成了农村信贷的真空。②资本市场不够完善。IPO 审核时间长，发行上市门槛高，多层次的资本市场体系尚不健全。③政策支持不够。一是国家和地方政府对中小企业的扶持政策难到位；二是支持中小企业的金融宏观信贷政策难以落实；三是相当一部分中小企业很难达到《担保法》、《贷款通则》等法律、法规中有关企业贷款担保抵押条款要求。④缺乏完善的信用担保机制。尽管各地都出台了《关于小企业贷款信用担保管理的若干规定》，并安排了小企业贷款信用担保资金，但是由于上述《规定》对担保人资产抵押及企业自身信用担保的条件都有一定的限制性规定，使许多中小企业难以享受到融资优惠政策。

此外，还有很多学者持有类似的观点，比如史晋川和叶敏(2001)、金雪军(2001)、林毅夫(2005)等学者认为，由于中国的金融抑制政策，正规金融不能满足农村中小企业发展形成的融资需求，非正规金融应运而生。

上述文献在一定程度上解释了农村非正规金融持续存在的原因。不过，需要指出的是，它们并没有解释清楚为什么在正规金融体系发达的国家或者实行金融自由化的国家，非正规金融会长期存在。

4.1.3.2 需求诱致论

正因为农村金融供给抑制论在解释农村非正规金融广泛存在这一事实方面缺乏说服力，许多学者将研究视角转移到了农村金融需求上来，认为农村非正规金融长期存在的深层次原因在于农村金融市场的失灵，或者说是由金融市场交易主体的独特性所导致，由于正规金融无法满足现实与潜在的金融需求而催生了非正规金融。

张杰(1999)在麦金农的“金融二元主义”基础上针对中国的实际情况提出了“金融三元主义”，即与国有企业相对应的国家金融控制与金融支持，与集体企业(乡镇企业为主)相对应的金融支持以及与私营企业相对应的非正规金融(或非正规金融)支持。非正规金融的生成是与其所处的经济背景紧密相关的，民营企业的快速发展与其面临的融资困境之间的矛盾是中国非正规金融发展壮大的客观背景。面对民营经济的快速发展，与之形成鲜明对照的却是民营经济的融资难问题始终未能得到解决。由于计划经济体制下遗留下来的思维惯性和正规金融体系存在的结构性问题，无论是资本市场还是货币市场，都未能为民营企业留出足够的融资空间。基于民营中小企业很难通过正常途径满足资金需求的现实，在一些民营经济发达的地区，非正规金融活动始终十分活跃，成为民营企业解决创业和企业运作资金的重要渠道。

基于“农村正规金融体系安排非均衡导致农村民间金融的必然产生”的观点，王锋(2009)分析指出，1999年以来，中国四大国有商业银行从农村撤走了31 000多家县以下机构，并基本取消了县一级分支机构的放贷权，导致农村基层金融服务的严重萎缩。农村邮政储蓄机构在农村网点众多，但由于其在农村只吸收存款不放贷，常被称为农村资金的“抽血机”，每年至少从农村“抽血”1 500亿元以上。农村信用社在农村经济发展中的作用日益突出，逐渐成为农村地区唯一的正规金融机构，但采取了限制或取消大部分基层信用社的贷款权政策。以上因素综合导致农村社会资金需求方面出现了一定的真空局面。

宁俊飞、田健(2009)从金融生态角度分析了农村非正规金融存在的内在原因。非正规金融是建立在以地缘、血缘以及业缘关系为基础的信任机制上，它可以不需要抵押担保以及资信调查，因此，非正规金融在搜索信息成本、谈判成本和执行成本等方面远远小于正规金融。另外，其交易手续简便，而且小巧灵活，可以根据实际情况按照贷款者的条件随时变通和创新。

佘传奇、李海波(2009)从经济学角度分析了非正规金融存在的合理性。①信息对称。非正规金融的资金供给者不仅更了解借款人的信用和收益等情况，而且借贷双方总能够保持相对频繁的接触，信息获得的成本相对较低。②运营成本较低。农村非正规金融机构简单、手续简便、效率高，且非正规金融市场的社区约束力较强，通常不需要通过正规法律途径解决争议，从而节约了大量高昂的诉讼费用。③从替代品角度看，非正规金融具有担保抵押优势。很多不被正规金融当做担保品的物品在非正规融资中成为担保抵押品（如房产，土地等），甚至借贷双方之间存在的交易关系和其他相关关系有时也作为非正规融资的担保品，增加了借款人违约的成本和还款激励。④金融风险控制优势。农村非正规金融的供需主体扎根农村，在对农村系统性风险的预测和防范中有比较优势。而且非正规金融资金来源广泛，以众多的小额资金汇集成大量的资金，再以小额贷款的方式发放出去，所以对投资者来说，流动性风险还是被大大降低了。此外，非正规金融中有相当一部分是股权资本投入，这就降低了投资项目经理人的代理成本，避免了逆向选择和道德风险，所以，非正规金融有助于降低融资风险。

基于中国农村金融市场的发育状况，周元(2009)从市场失灵的角度研究认为，低收入限制了正规金融在农村地区的发展，同时低端的金融服务水平也制约了农村生产力的发展，收入水平也就很难提高，最后导致农村金融水平和农户收入陷入恶性循环。而非正规金融在实践中拥有优势：拥有丰富的微观信息资源，提高了市场的资金配置效率，灵活便捷的操作方式，因此在纠正农村金融市场的“缺陷”方面发挥着重大作用，尤其有助于信息甄别、节约交易成本、形成竞争机制、市场利率发现等。因此，农村非正规金融将伴随长期存在的市场失灵而长期存在。

4.1.3.3 供给抑制和现实需求共同作用

有些学者认为农村金融供给抑制论和需求诱致论两种观点都无法单独解释农村非正规金融的长期存在，但是如果将两种观点融合，则不失为一种合理的做法，即认为农村非正规金融是政府管制和农村金融需求共同作用的结果。

王亚飞、董景荣(2008)认为，改革开放以来，中国农村金融制度一直蕴含着经济体系内在的非均衡性，这种非均衡性主要体现在中国农村金融市场存在较为严重的金融抑制和国家对金融市场的垄断式控制，导致长期存在且越演越烈的“金融二元结构”，这表现在私人部门经济面临的融资约束、金融资源配置中的低效率等诸多方面。中国农村金融制度的不均衡性产生了获利机会，这为非正规金融（相对于正规金融制度，它本身就是一种创新型的制度安排）的产生提供了市场空间，为金融制度创新提供了激励，非正规金融的存在是对这一利润机会的理性回应，它是非均衡的长期发展而导致农村金融市场的自发“矫正”，从而逐渐孕育出另一种更为有效的制度安排，从而实现对现有农村金融制度集合的补充和完善。

于振武(2009)认为,非正规金融之所以存在,是政府选择金融抑制战略的必然结果,它发端于政府在金融资源分配中的所有制偏向和制度歧视。政府在分配金融资源的过程中信贷额度一般都分配给了政府优先考虑的大型项目或国有企业,在市场化进程中逐步发展起来的诸多非国有企业很难从有组织的政府正规资本市场中获得资本。另一方面,基于中国小农经济的特点和农户经济行为的性质,农户的借贷行为与现代金融的本质相悖。中国的小农家庭出现赤字,是不可能从正规金融机构获得支持的。此时的农户必然需要求助于其他组织或个人,才能使其生活与生产继续下去。

刘雪莲(2009)认为,二元结构制约着国家金融制度和金融政策的选择、实施,同时也为非正规金融发展提供了一个广阔的天地。国有商业银行不断从农村地区撤出,农村信用社普遍因经营困难而严重支持不足,农业发展银行功能日益萎缩,邮政储蓄成为农村资金向城市转移的通道,一些经济落后地区甚至出现了正规金融供给的真空。在需求诱致性因素的推动下,正规金融的严重缺位为非正规金融创造了发展机会。

4.1.3.4 其他观点

对于农村非正规金融的成因,有的学者摒弃了供给、需求视角的传统研究途径,从信息经济学、博弈论等角度对农村非正规金融的存在给出了比较合理的解释。

Stilglitz & Weiss(1981)从信息经济学的角度出发,认为信息不完全和信息不对称的存在,使得银行(正规金融机构)可能因为风险控制的需要,对部分借款人实施信贷配给,而这些申请贷款遭拒的人即产生了对非正规金融的需求。Steel 等(1997)指出,非正规金融能够利用当地私人信息,从而在解决信息不对称上有比较优势。由于信息不对称和合约实施高成本,道德风险和逆向选择广泛存在,利率水平不是金融信贷机构决定的唯一参数。当出现过度信贷需求时,金融机构可能求助于非价格配给而不是提高利率,结果是即使不存在利率高限,信贷配给也能使市场达到均衡信贷配给导致的信贷市场分割,从而使非正规金融得以产生和发展。

Berger A. & Saunders(1999)的研究表明,由于存在信息不对称、委托代理及交易成本问题,规模相对较大、以营利为目的的正规金融机构往往不愿向经营规模小、缺乏信息透明度、抵押品不足的农村提供信贷服务。

杨春生(2009)从博弈论的角度分析了非正规金融存在和发展的原因。由于正规金融制度供给不足,导致金融制度非均衡与制度扭曲,使得非国有部门对非正规金融产生了制度需求。而非正规金融部门为非国有经济的非正规金融活动提供了制度供给,各种非正规金融活动就是在此基础上产生并不断演化。地方政府不仅具有保护地方利益的动机，而且还具有一定的与金融体系中的上层结构谈判的能力。因此，地方政府的行为对非正规金融的规模、形态以及演化方向具有决定性的作用。非正规金融为非国有经济部门服务符合地方政府的利益，于是便得到地方政府的默认或善意的忽视。政府部门对非正规金融的默认态度，使得非正规金融机构与中小企业为争取潜在的外部利润，在现行的金融制度边际进行诱致性制度创新成为可能。

4.1.4 非正规金融的特性

4.1.4.1 非正规金融的风险性

非正规金融游离于政府金融监管之外，其自身的风险控制能力相对较低，因此，非正规金融的风险性都比较高。

(1)由于非正规金融行为大多是一种关系型的借贷方式，还款的激励约束机制没有得到硬化，信用、社会资本只是一个软约束指标，当债务人预计到其违约收益远远高于其社会信用丧失的成本时，道德风险就会产生。

(2)作为诱致性制度变迁的产物，非正规金融活动缺乏法律和政策依据，因而面临一定的法律和政策风险。

(3)非正规金融部门可能同正规金融部门争夺金融资源，对于正规金融有一定的“挤出效应”，产生利益冲突。

(4)非正规金融大多缺乏正规的组织形式、良好的运作机制、有效的约束机制和风险控制机制，具有非正式、不规范、高风险等特征，很难承担大规模集聚资本的功能，随着非正规金融规模和范围的不断扩大，参与人数的增加，非正规金融组织的血缘、地缘关系不断被突破，风险不断累积，大大降低了非正规金融的效率。并且，金融风险具有强烈的传染性，这一点从2003年“福建福安标会倒会风波”的发生可见一斑。

4.1.4.2 非正规金融存在的客观性

在农村发展中，特别是农村工业的发展中，资金已经成为一个重要的制约因素。农民进入非农产业往往得不到有效的资金支持，特别是小企业和家庭企业在起步或遇到资金周转困难的时候，这大大制约了农村经济的发展。

在解决农村资金不足的问题上，有两种可以选择的方式：一是加强正规金融的服务，对现有农村金融机构进行改革，增加其贷款和储蓄能力；二是发挥非正规金融的作用，促进有序的非正规金融市场的形成。

中国农村原本就是正规金融资源相对匮乏的地区。随着四大银行的商业化改革，农村地区的许多银行经营网点被撤销，正规金融资源更加稀少，金融资源供给明显不足；而农业、农民、农村因其所处的弱势地位，往往更加需要金融支持。这种供需上的极度不均衡，催生了非正规金融。非正规金融首先在农村产生，并迅速蔓延开来。解决"三农"问题离不开有效的金融支持。农村非正规金融是广大农村经济主体为满足融资需求、自发开展和形成、游离于政府金融监管之外的非官方资金融通活动和组织。

农村非正规金融滋生于计划经济体制向市场经济体制转轨的过渡时期，是经济制度和金融制度不均衡发展的必然产物。伴随着农村经济体制改革和整个国家金融体制改革的不断推进，农村正规金融越来越不适应农村经济发展对金融服务多元化的需要，因此在 20 世纪 80 年代中后期，以合作基金会为代表的农村非正规金融迅速崛起，对弊端丛生的传统农村金融体系产生了巨大的冲击。伴随着市场经济的确立，一方面，行政管制经济依然存在；另一方面，市场的力量又不断成长，由此产生的资金供求的尖锐矛盾必然为农村非正规金融留下巨大的生存空间。现阶段中国农村非正规金融发展、壮大的主要诱因是高收益导向的供给和巨大的融资需求，有供求必然会形成市场。中国的农村非正规金融因处于经济体制转轨时期而显示出其"中国特色"，它更多的是由政府与市场边界不清、经济体制内各组成部分市场化步骤不一以及意识形态上的滞后等因素造成的。长期以来，非正规金融在中国基本上被列为地下金融，一味地进行整治，而很少对其积极方面与消极方面进行客观分析，也没有对它的生存机理和运行机制进行理性研究。然而，非正规金融"整"而不倒，往往是整治的风头上收缩一下，风头一过又"死灰复燃"，甚至更旺盛。这说明非正规金融有其存在的客观性。由于中国农村金融体系存在缺陷，已滞后于农村经济的发展，形成了一定的金融"空洞"。虽然农村非正规金融只能以"灰色"或"黑色"的形式存在，表现却异常活跃；虽屡遭政府取缔或禁止，却表现出顽强的生命力。农村非正规金融的存在，也充分说明正规金融机构满足不了农民的金融(特别是贷款)服务需求，而非正规金融正好弥补了这种不足。非正规金融的发展，是遵循市场需求、由下而上的诱致性制度变迁的结果，无疑是对金融改革方式的有益探索。非正规金融在农村的蓬勃发展，缓解了农村金融资源供需上的矛盾，缩小了城乡之间在金融资源占有上的差距，推动了农村地区经济社会发展。例如东部地区农村的快速发展，非正规金融起到了举足轻重的作用。可以认为，非正规金融逐渐成为了融资困境中农民的一种理性选择。

4.1.5 非正规金融的分布

中国农村非正规金融组织(与活动)的分布很广。温铁军(1999)组织调查了分布在东、中、西部地区15个省份24个市(县)的41个村,调查借贷案例57起,放贷案例27起。结果发现,除了有两个地方存在不计利息的民间借贷外,其余地区均有民间高息借贷存在。如果按照调查地点计算,民间借贷的发生率高达95%,高利息的民间借贷发生率达到了85%。温铁军由此推断,农户之间的借贷普遍存在着高息借贷现象[1]。

农村非正规金融组织(与活动)在各地的形式有所差别。比如江苏、浙江、福建、广东存在各种合会,东北存在"对缝"业务,陕西、山西存在各种"基金"。这里所谓的"对缝"业务,是指利用银行借贷"转贷"出去谋取利差。根据江苏省盐城市金融学会课题组的调查(张大龙,2004),盐城市各县非正规金融形式主要有4种:互助形式的民间借贷(不计息或者低息),"高利借贷",企业内部集资以及作为民间放贷新主体的村级经济组织的借贷活动。浙江省温州市苍南县的非正规金融种类比较多,包括互助形式的民间借贷(不计息或者低息),亲友熟人之间、个人和单位(政府、学校、企业等)之间、单位之间的"高利借贷",专门民间放贷人的借贷,银背,合会(标会等),地下钱庄,企业集资等。广东省民间借贷的组织形式有两种:一种是无组织的零散民间借贷,包括私人间借贷、企业间借贷及集资;另一种是有组织的民营金融,包括信息公司、互助金会、合会和当铺等。但广东省有组织的民间借贷较少,基本上是属于圈子内借贷,借贷双方信息很对称。

虽然分布于各地的非正规金融组织(活动)形式各异,强度也有所不同,然而总体而言其地域特点还是较为明显的,一般可将其概括为以下两种主要的模式:

一是以间接金融活动为主的"浙闽模式"。作为中国经济市场化改革试验性地区(如江、浙、闽、粤等),因为这些地区处于改革前沿,市场机制的作用较强,非公有制经济所占比重较高,经济也较发达,对资金的需求大,闲置资金的存量也较大。同时,由于金融业市场化改革的步履滞后于其他经济领域的市场化,非公有制经济的正常融资渠道狭窄,于是从20世纪80年代初,非正规金融率先在浙江省出现,福建、广东等省随之兴起。其以提供短期信贷为主,很少有中长期借贷,这种以简洁信用为主要服务内容的民间金融是东南沿海非正规金融的主流。此外,在农村地区,各种"会"的形式也广泛存在。

二是以企业直接融资为主的"北方模式"。在中国北方大部分省份,非正规金融活动更多地表现为民营企业直接向社会非公开集资,集资方式五花八门,包括股

[1] 但是,各村庄存在高息借贷与农户之间普遍存在高息借贷现象是两回事,因此,温铁军的个案调查方法以及事后的结论推断有些地方值得商榷。一个更为妥当的个案调查方法是通过抽样确定较大样本的农户,并对样本农户的民间借贷情况进行分类分析,计算所有这些农户中高息借贷的发生比例。

权式、债权式、信托式、存款式等。同时,在北方广大农村地区,“钱中”、“银背”等借贷经纪人模式也较多。

4.2 非正规金融的形式

正规金融属于正式金融体制范围,是经过金融监管机关批准设立的金融机构所开展的金融活动。非正规金融则是属于正式金融体制范围之外的,即没有纳入金融管理机构常规管理系统的金融活动。

长时间以来,非正规金融在中国被视为地下金融,政府对待非正规金融的态度一直是打击与整治,而没有对其积极面与消极面进行客观分析,也没有对它的生成机理和运作机制进行理性研究,以致“打”而不倒,“治”而不顺。

中国非正规金融活动的范围很广,主要有以下 6 种形式。

4.2.1 民间集资

一般是指除国家信用、银行信用、商业信用和消费信用外,社会上的各种经济实体和个人,通过一定的形式和方法,筹集社会上各种形态的资金用于生产、经营和消费活动的总称。对于筹资方来说,民间集资简单快捷、筹资规模大、期限较长,但筹资成本较高。对于投资者来说,集资的高回报是一种巨大的利益刺激,因信息不对称,筹资方具有信息优势,并且可能利用这一优势损害投资者利益,因而是投资者也面临较大的风险。

民间集资盛行于 20 世纪 80 年代,在中国各地均不同程度存在,且较为普遍。越是企业发达地区,一般集资活动越活跃,且集资额越大。由于从国家银行和信用社得到的资金有限,民间集资成为了乡镇企业、个私经济发展过程中从民间获得资金的主要方式,其在相当程度上满足了当时非公有制经济,特别是民营经济起步阶段对资金的需求,对民营经济的崛起和快速发展发挥了重要作用。另外,一些地方政府的参与也推动了民间集资的产生。需要明确的是,大规模的集资特别是规模较大的公募资金,没有经过批准是不受法律保护的。

民间集资基本上有 5 种形式:

(1)以资带劳。即规定一个劳动力必须带一定数额的资金才能进厂,一定时期后企业还本付息。

(2)招股集资。一些农村中小型企业通过发行企业股票、债券的形式向农民、小业主集资;这种集资多数并没有取得完全的合法性,由于有地方政府的庇护,金融监管部门当时对此的态度也不明朗。1997 年以后,企业内部集资已受到政府的严格控制。

(3)联营集资。有关单位或个人采取入股联营、保息分红的方式集资。

(4)风险抵押金。为了风险共担,业主为加强雇员责任,企业雇员向业主交纳一定数额的抵押金,其金额少则数百元,多则数千元,这是企业较为普遍的一种筹资方式,这些资金多数用于企业经营活动。

(5)行政性集资。一般由乡村行政组织出面,采取社会募捐,或给有关单位、个人分配指标的方式集资,通常也付息还本。

20世纪90年代,由于政策上对民间集资管制较松,一时间出现了"民间集资热",但其中有些是为了企业发展而进行的融资行为,有些却是为了"圈钱"而进行的诈骗活动。由于风险大,而且被认为扰乱了正常的社会经济秩序,一般都受到抑制。民间集资形式的创新夹杂着对风险的漠视以及可能存在欺诈与骗局,不时在一些地区引发社会震荡。它与1997年亚洲金融危机后强化的监管意识结合,刺激政府加大了治理非法集资的力度。1998年4月,国务院颁布了《非法金融机构和非法金融业务活动取缔办法》,提出了"变相吸收公众存款"的概念,同时设置了"未经依法批准,以任何名义向社会不特定对象进行的非法集资"的条款,极大地扩展了监管机关的权限空间,为其监管执法行为增加了更多的灵活性,使一些游走于不同监管机关权力边界之间的集资形式创新重新回到监管的框架内。

4.2.2 私人借贷

民间借贷有广义和狭义的区别,广义的民间借贷是各种非正规金融的总称,狭义的民间借贷主要指民间经济中个人之间的借贷活动(姜旭朝,1996),后来也有一些企业之间、企业与个人之间的借贷,不过有些企业的借款是以业主个人的名义借入的。这些非正规金融活动总体上看是无组织的金融活动。按利率高低划分,民间借贷有三种形式:友情借贷(白色借贷,无利息)、灰色借贷(中等利率水平借贷)和黑色借贷(利率较高)。这里的民间借贷主要指狭义的概念,一般较分散、隐蔽,利率高低不一,借款形式不规范,管理难度大,其中黑色借贷由于利率远高于一般水平,风险较大。

民间借贷是一种传统的非正规金融活动,尤其在广大的农村地区,由于从银行和信用社较难获得贷款,民间借贷这种形式重新被选择,并且成为最广泛的非正规金融形式。一些改革中先富起来的农民、个体工商业者等,手中有一定的积蓄,愿意把资金贷放出去,同时一些个人由于生活消费(如子女上学、婚丧嫁娶、建房购房等)或生产投资(农业、副业投资、经商等)需要筹措资金,却无法从正式金融渠道获得,于是就产生了民间资金余缺调剂的需要。民间借贷是一种直接融资渠道,银行借贷则是一种间接融资渠道。民间借贷是民间资本的一种投资渠道,是非正规金融的一种形式。根据《合同法》第二百一十一条规定:“自然人之间的借款合同约定支付利息的,借款的利率不得违反国家有关限制借款利率的规定。”同时根据最高人民法院《关于人民法院审理借贷案件的若干意见》的有关规定:“民间借贷的利率可以适当高于银行的利率,但最高不得超过银行同类贷款利率四倍。”

一般而言,农村民间借贷的形式大致包括以下几种情形:一是口头约定型,这种情况大都是在亲戚朋友、同乡、同事、邻居等熟人之间进行,双方彼此了解,不存在信息不对称问题,信用风险小。他们完全依靠个人间的感情及信用行事,无任何手续,一般借贷数额较小。二是简单履约型,这种借贷形式较为常见,大都仅凭一张借条或一个中间人即可成交,一般数额较口头约定型大,或者双方关系不十分密切;借款期限或长或短,借款利率或高或低,凭双方关系的亲疏而定。三是高利率型,个别富裕农户将资金以高于银行利率借给急需资金的农户或企业,从而获取高额回报。

民间借贷的资金筹集是多方面的。有些是个人闲置的资金直接贷放出去,也有一些较专业的民间放贷人,一般被称为“钱中”或“银背”,通常其本人有一笔余款,同时由于个人信誉较好,亲友或者其他人把钱放到这里,可以获得高于银行存款的利息收入。放贷人把这些钱贷出去,获得利差。这些民间放贷人有一种半机构化的特点。民间借贷的信用约束机制与银行信用的约束机制有显著的区别,一般信用风险较低,大面积的倒会是一种例外情况。其运作是依靠熟人社会的“信任机制”,大家都比较熟,互相相信,是一个熟人社会,流动性比较差。如果出现问题,有非正规的制裁机制,也就是所谓的社会排斥,大家谁也不理你了,这种感觉是很难受的。不管是否收取利息,民间借贷往往都有一个共同的特点,就是借贷双方往往要依靠亲戚、社会关系或生意网络关系,陌生人之间很少发生借钱的行为,贷方往往认识借方,在所有非正规金融活动中,无论对于金融监管者还是企业经营者来说,民间借贷都被认为是没什么害处的。民间借贷往往被看做是比较简单的、小规模的和没有高利盘剥的交易,这是民间自发产生的解决资金流动障碍的方法。

在农村,民间借贷者就是农民,农民的民间借贷很多,农民大量的金融需求,包括有些非金融需求(比如生大病本来是社会保障方面的需求)也需要通过金融来解决,因为农民没有别的资金来源。比如生病、婚嫁、盖房子等大事情都需要借款,有亲友借款,也有民间借贷。还有一些小生产,比如购买生产工具等。随着国家宏观调控和利率政策调整的影响,民间借贷市场更趋活跃。民间借贷这种古老的直接融资形式,在中国农村地区仍然有着巨大市场。尤其是在湖北、江西等“三农”问题比较突出的省份和浙江、江苏等民营经济相对发达的地区,受税费改革、金融改革和宏观调控等因素影响，一度有所缓和的民间借贷又活跃起来，且规模庞大。

4.2.3 合会

合会是各种金融会的通称，是一种传统的合作金融组织，曾广泛存在于世界各国的经济和社会生活中。在国外称为“轮转基金”，在国内包括轮会、标会、摇会等。虽然叫法有多种多样，具体做法也五花八门，本质上都是入会成员之间的有息借贷。这是民间盛行的一种互助性融资形式，集储蓄和信贷与一体。合会在中国有着悠久的历史，据说起源于隋唐。在以农业为中心的社会，囿于地域的限制，人们之间往往通过地缘、亲缘关系来形成稳定的互助关系，合会就是基于亲情、乡情的特殊意义基础上的带有互动、合作性质的自发性群众融资组织。

合会的做法一般是由发起人（称“会主”）邀请若干亲戚邻里（称“会脚”）参加，约定每一时期（每月、每季或半年）举行一次，每次各交一定数量的资金，轮流交由一人使用，借以互助。其中，事先固定使用次序的称为“轮会”，按照抽签方式确定使用次序的叫做“摇会”，以投标方式决定使用次序的属于“标会”。浙江宁波在新中国成立前就有合会历史，新中国成立后几十年来，民间的各种合会形式基本销声匿迹。但随着经济体制改革的逐步展开，这些传统的互助组织又获得了新生。就规模而言，融资数额较大的合会与当地的经济模式、人文环境有着密切的联系，中国大多分布在经济较为发达的东南沿海地区，尤以浙江、广东、福建为多。在温州，历史上就有认盟兄弟盟姐妹的民俗，这种活动培育了基层的个体和群体之间的信任，通过血缘、亲缘关系形成了稳固的微观结构，依赖于这一结构，民间信用有了稳固的社会基础。改革开放后，处于经济开放前沿且有着创业精神的浙、闽人或下海经商，或自办工厂，在创业初期，面对融资困境，他们本能的就会运用已有的信用联系，选择合会这种形式。合会的参与者彼此知根知底，具有信息优势，节约了交易成本。由于存在亲缘、血缘关系，借贷双方都会有较强的道德约束力，一般不会发生违约风险。作为农村金融运作中一种比较普遍的一种形式，合会适合于一个流动性较弱的熟人社会。它依靠非正式的社会关系、信任关系，还依赖非正式的制裁机构，比如社会排斥。在一般情况下，会员不选择诉诸法律而是对违反标会还款规定的会员进行社会排斥。只有在大规模“倒会”现象出现后，农民才不得不诉诸法律。

20世纪80年代以来，有一种叫做“呈会”（或叫千千滚会）的民间资本拍卖会几乎在温州的每个村庄都曾存在过。温州市志民俗卷“呈会”条目如此介绍：“急需钱用，借贷无门，乃请亲邻戚友呈会。会钱多少视邀会者即兴会人需要而定。通常有10个会脚（会众）。兴会人要宴请会脚，称吃会滯。第二会起，每月定期摇会一次，以骰子点数最多者得会。已经得会者，每月将会钱交给头会人，成为拨会。呈会月利五厘至一分，亦有不计息，故迷信者常祈求神灵保佑其尽早收会。"用金融术语描述，呈会活动中先得会者如借债分期还本付息，后得会者如储蓄零存整用。因此，这是一种带有合作及互助性质的民间金融形式。

随着经济活动和市场观念的深入，互助性质的"会"逐渐向盈利性质的"标会"发展。标会的得会顺序是通过利率竞标产生，谁出的利率高，谁先得会金，而每期利率高低又与会脚的资金需求状况密切相关。标会可分为家户间标会和投机性标会，前者主要是朋友间互相帮助的一种形式，在互助前提下适当考虑利益补偿；后者则完全是一种以利益为主的投机行为，因此其风险较大。比如 2003 年福建福安地区的标会"倒会"事件，曾引起较大的社会影响。

4.2.4　私人钱庄

私人钱庄是没有经过审批所设立的类似银行的金融组织，以吸收存款的形式来发放贷款。私人钱庄分为两类：其一，主要涉及从事外汇买卖业务的私人钱庄或者窝点的运作；其二，涉及"非法集资"或"发放高利贷"。中国人民银行于 2002 年 1 月 31 日发出了《关于取缔地下钱庄及打击高利贷行为的通知》，专门提及在部分农村地区民间信用活动活跃，高利借贷现象突出，甚至出现了专门从事高利借贷活动的私人钱庄。从事融资和高利借贷的私人钱庄在 20 世纪 80 年代开始活跃，1984 年浙江温州地区和福建福清地区出现了一些私人钱庄，如苍南县钱库镇的"钱库钱庄"、乐清县乐成镇的"乐成钱庄"、苍南县的"金乡钱庄"和"肥艚信用钱庄"，都曾得到当地有关部门的批准，公开营业。还有许多未公开的所谓"地下钱庄"。20 世纪 90 年代末其发展出现转折，国务院于 1998 年 7 月 13 日发布的《非法金融机构和非法金融业务活动取缔办法》宣布了一系列机构属于非法金融机构，私人钱庄逐渐地下化。

在温州等地的经济金融活动中，私人钱庄甚至占据着相当重要的地位。20 世纪 80 年代温州第一家公开亮相的方兴钱庄开办人叫方培林，在温州苍南县，很有名。方兴钱庄是 1984 年挂牌营业的，经当地政府允许。方兴钱庄的运作效率非常高，利率是市场化的，有时一天之内 1 万块钱可以转 3 次，转一次就是一笔利息收入，所以收入很高。方氏就是当地的普通老百姓，现在还在那里生活。后来，在本地营业的国有商业银行分支机构首先站出来反对，中央银行也派人调查，认为不合法，被迫转入地下运作了数年，最终停下，这也是 80 年代的事情。令人感兴趣的是，考虑到方兴钱庄在当地的影响，如予以强制手段取缔，肯定会造成客户的损失而产生社会的混乱。于是人民银行允许在钱库镇的银行和信用社也实行利率浮动,改变了以往的服务方式,成为由人民银行总行批准的在全国率先进行利率改革的试点地区,欲以此与方兴钱庄竞争,而挤掉钱庄。方兴钱庄就是在这种竞争环境中于 1989 年正式关门。后来,其他类似的私人钱庄均以非法金融机构名义被取缔。

4.2.5　非银监会推动的资金互助合作组织

在中国农村存在的农村资金互助组织,根据是否纳入监管部门统一的运作规范和管理、监督办法框架内,可以分为正规和非正规两大类。

所谓非正规农村资金互助组织,就是在统一的运作规范和管理、监督办法框架之外产生和运作的农村资金互助社。具体来说,就是在中国银行业监督管理委员会框架之外产生和运作的农村资金互助组织。

非正规资金互助社分为农户自发组建、地方政府推动和中央政府有关部门推动三类(表 4-2)。后两类实际上也可称为准正规农村资金互助社,是在中央政府统一的运作规范和管理、监督办法框架之外产生和运作的农村资金互助社,但它是中央政府有关部门或地方政府的推动下产生的,并受到有关部门一定程度上的监管。

表 4-2　非正规农村资金互助组织发展模式

<table>
<tr><th></th><th>产生动因</th><th>存在形态</th><th>资金来源</th><th>金融业务经营许可</th><th>注册情况</th><th>经营地区范围</th></tr>
<tr><td rowspan="6">非银监会推动</td><td rowspan="4">农户自发组建</td><td rowspan="2">独立存在</td><td>不吸储</td><td>无</td><td>否或民政</td><td>村或跨村</td></tr>
<tr><td>变相吸储</td><td>无</td><td>否或民政</td><td>村或跨村</td></tr>
<tr><td rowspan="2">与合作经济组织共生</td><td>不吸储</td><td>无</td><td>否或民政</td><td rowspan="2">村或跨村</td></tr>
<tr><td>变相吸储</td><td>无</td><td>否或民政</td></tr>
<tr><td>地方政府推动</td><td>独立存在</td><td>变相吸储</td><td>无</td><td>民政</td><td>乡镇</td></tr>
<tr><td>中央政府有关部门推动</td><td>独立存在</td><td>不吸储</td><td>无</td><td>否或民政</td><td>村</td></tr>
</table>

4.2.5.1　非正规农村资金互助类型

1. 农户自发组建的农村资金互助社

是在农村正规金融机构不能满足农户和农村微小企业资金需求的情况下,由农户和当地微小企业自愿出资入股组建的资金互助社。如河南兰考贺村资金互助小组、河南兰考南马庄资金互助小组、河南兰考胡寨资金互助小组、安徽明光潘村镇兴旺农民资金互助合作社、山东陵县资金互助合作社、吉林梨树县兴开城资金互助合作社、吉林梨树县夏家资金互助合作社、河南濮阳贷款互助合作社、江苏阜宁县硕集富民合作社等。这类资金互助社，情况较复杂。有独立存在的，也有与专业合作经济组织共生的(在原专业合作组织基础上再组建资金互助社)，有的不吸收储蓄、有的变相吸收储蓄，但均没有取得中国银行业监督管理委员会的金融业务经营许可证，有的没有任何登记注册，有的在民政部门登记注册，个别情况或者在工商部门登记注册。一般情况下，业务范围在村内，也有跨村经营，或业务范围更大。

例如，江苏阜宁县硕集镇居民 7 人自发成立了开展农户资金互助业务的硕集富民合作社(以下简称富民社)。该社于 2006 年 3 月 2 日被阜宁县农业产业化办公室认定、备案，2006 年 3 月 17 日从工商部门领取合伙企业营业执照(但经营范围不包括资金互助)。该社内设物资服务部、资金互助部。物资服务集农业生产技术、病虫防治、农业生产资料等为一体，资金互助模式为：社区内社员自愿入股(股金 50 元)成为会员，会员间资金余缺通过资金互助部进行调剂，计付利息。

2. 地方政府推动的资金互助社

是某些地方政府为缓解农户和农村微小企业贷款难而推动农户、合作经济组织和微小企业自愿入股而建立起来的农村资金互助社。如 2006 年，江苏盐城市委农村工作办公室为贯彻落实中央 2006 年 1 号文件，由民政部门办理登记手续、人民银行盐城市中心支行指导建立规章制度，在盐城市各区县试点，组建了一些与自发产生的资金互助社相对比较规范的农户资金互助合作社。又如江苏省东台市海丰镇农村资金互助合作社、江苏亭湖区便仓镇农民资金互助合作社等。它们独立存在，在民政部门登记注册，虽然没有取得中国银行业监督管理委员会的金融业务经营许可，但是吸收存款。业务范围一般在乡镇范围内，也有在村域范围内经营的。其他一些省区，如北京、河北等的某些地市也大量存在。有的独立存在、有的与合作组织共生；有的不吸储，有些变相吸储。

3. 中央政府有关部门推动的扶贫导向下的资金互助组织

为有效缓解贫困农户发展所需资金短缺问题，积极探索、完善财政扶贫资金使用管理的新机制、新模式，提高贫困村、贫困户自我发展、持续发展的能力，2006 年 5 月 18 日，国务院扶贫办、财政部联合发出“关于开展建立‘贫困村村级发展互助资金’试点工作的通知”，选择了包括河北、山西、内蒙古、黑龙江、安徽、江西、河南、湖南、四川、贵州、陕西、甘肃、宁夏、新疆等省(自治区、直辖市)在内的 14 个省区试点。每个省(区、市)在国家确定的 1～2 个重点县中，共选择 10 个贫困村，作为试点村。试点村至少应具备以下条件：一是正在实施“整村推进”扶贫规划；二是具有一定的资源条件，有产业带动；三是有一个好的领导班子，村风民风淳朴。由专项安排投入到贫困村的一定的财政扶贫资金，以及贫困村内农户以入股方式投入的自有资金组成“贫困村村级发展互助资金”。在贫困村内实行“民有、民用、民管、民受益、周转使用、滚动发展”管理模式，村民以借用方式周转使用“互助资金”发展生产，着力缓解贫困农户发展生产所需资金短缺问题，推进贫困村和贫困农户可持续发展。后来，这种模式在全国范围内推行。这是继小额信贷扶贫到户政策之后，扶贫资金进村入户的又一重要突破。

根据国务院扶贫办和财政部的规则，这类资金互助组织是不吸储的，但是，在发展过程中，地方开始出现变相吸储的情况。

建立“贫困村村级发展互助资金”的目标有四个：一是帮助贫困村建立“互助资金”，放大财政扶贫资金投入量，有效缓解贫困村发展生产资金短缺问题，创新财政扶贫模式；二是探索建立“互助资金”与农民的生产、技术、销售合作结合的有效方式，在有效缓解贫困村农户资金短缺的同时，促进贫困村各种生产要素的整合，提高贫困村生产经营的水平和市场竞争能力；三是在“互助资金”使用管理过程中，提高贫困群众自我管理、自我组织和发展能力，培育专业合作组织和新型农民，丰富贫困地区新农村建设内容；四是总结经验，探索路子，培育典型，示范推广，在全国有条件、有需要的贫困村建立起“互助资金”。

“互助资金”的来源可由两部分组成：一是按照平均每个试点村 15 万元的额度，专项安排各省(区、市)中央财政扶贫资金，用于补助试点村建立“互助资金”。具体每个村补助的额度由各省(区、市)根据试点村实际情况确定。二是鼓励贫困村村内农户以自有资金入股或者其他方式，补充扩大“互助资金”的规模。对贫困农户可采取赠股的办法。

试点村开展试点所需要的有关培训、组织实施费用由各省(区、市)自行解决，中央财政补助的试点资金不能用于这方面的支出。

在“互助资金”的使用管理上，一是试点村要召开村民大会或村民代表大会，民主选举公道、正派、有责任心的村民组成“互助资金”管理委员会。管理委员会的职责是组织村民共同制定“互助资金”管理办法(包括管理规则以及借款的对象、条件、期限、还款的方式、公告公示等)，并按管理办法组织实施；负责借款的审批、发放、回收等具体事务。管理委员会接受上级扶贫和财政部门的指导、监督和检查，并接受全体村民的监督。二是试点资金应存入农村信用社，但不得以谋取存款利息收入为最终目的。三是试点资金由村民民主管理、共同参与、民主决策、共同监督，采取村内互助、有借有还、周转使用、滚动发展的办法。四是试点资金主要用于支持贫困村农户开展生产性项目。五是试点资金不得对外村放贷，不得变成地下钱庄的资金，不得用于管理委员会工作经费等支出，更不得私分、平分。

4.2.5.2 民间自发组建的资金互助组织的运作要素

(1)股金设置上,一般设有资格股、投资股、流动股和国家社会公共股 4 种股金。按照《梨树县百信农民资金互助合作社章程》规定,资格股、农民股每户社员 200 元,非农民股 500 元。并且,资格股 3 年后可申请退股;投资股 2 年后可申请退股;流动股按约期支付。股金在决算后按照积数方法计算分红,流动股实行惠顾返还。对流动股一般参照银行存款利率给予一定的利息,但低于 1 个月的不计股息。

表 4-3 民间自发组建的资金互助组织的股金及投票权设置

一票表决权	资格股	投资股	流动股	社会公共股
	农民社员 200 元	农民社员每增加 400 元	无投票权	不参与管理
	非农民社员 500 元	非农民社员每增 1 000 元		

单户社员入股额不超过首次募集股金 10 万元的 5%,每股金额为 1 元,即每个社员最多只能认购 5 000 股。

(2)为了控制风险,农民社员在其股金额度内借款,实行信用借款;超过股金额度借款,需要 3~5 户社员联保,且每户社员借款最高额可达其股金总额的 6 倍。比如一个社员的股金为 1 000 元,他最多可以借款 6 000 元。单户借款最高不能超过资金互助合作社总股金的 30%,10 户借款总额最高不能超过总股金的 50%。

(3)资金只能在社员内部有偿使用,严禁非社员借贷,且实行差别利率。10 日之内,临时急需资金免息。超过 10 天,按 1 个月利率计算。利率确定原则是根据当地的民间借贷及农村信用社的利率情况,半年内借款低于信用社利率,9 个月左右借款利率略高于信用社,一年期借款与民间借贷持平,一方面是鼓励社员较长时间借款去信用社,另一方面可以防止社员从合作社借款去搞民间借贷。期限在 3 个月以内的借款金额,不得低于总股本的 30%,有利于增强资金的流动性。

4.2.6 农村合作基金会

农村合作基金会是在 20 世纪 80 年代中期人民公社解体后,农村经济体制改革中出现的一种具有互助合作性质的资金融通组织,是各地在清理集体资产过程中实行“清财收欠,以欠转贷”而产生的较为普遍和具有代表性的农村非正规金融组织。

农村合作基金会在坚持资金所有权及其相应收益权不变的前提下,由乡村集体经济组织和农户按照自愿互利、有偿使用的原则建立,这种社区性资金互助合作组织的宗旨是为农民服务，为农业生产服务，为发展农村集体经济服务。根据1993年《国务院关于金融体制改革的决定》规定，农村合作基金会不属于金融机构，不得办理存贷款业务，要真正办成社区内的资金互助组织。

中国农村合作基金会产生和发展的历史过程，大体上可划分为5个主要阶段：

(1)萌发阶段：1984—1986年。早在1983年下半年，黑龙江、辽宁、江苏等地的一些乡村，为有效地管理和用活集体积累资金，通过清理整顿集体财产，将集体资金实行由村或乡管理，有偿使用。这种尝试受到了农民的欢迎，也得到地方政府农经部门的支持。到1986年年末，黑龙江、辽宁、湖北、浙江、广东、四川、江苏等地农村社区内部融资活动都有了一定的发展，并产生了农村合作金融组织的雏形。但在这一阶段，以基层自发方式推进的内部融资活动尚未被中央金融管理部门认可，有些地方甚至予以限制。

(2)改革试验阶段：1987—1991年。农村合作基金会这虽然是由农民群众自己创办的，但其作用和效益已发挥出来，并逐步得到政府和有关部门承认、鼓励和支持。1987年中国农村改革试验区创办以后，相继在黑龙江尚志市、河北玉田县、广西玉林市、四川广汉市等试验区进行了农村合作基金会的规范化试验，稳健地推进农村合作基金会基层组织和联合会组织的发展，逐步建立合作金融组织的新制度框架。到1992年，全国已建立的农村合作基金会为主要形式的农村合作金融组织，乡(镇)一级1.74万个，村一级11.25万个，分别占乡(镇)总数的36.7%和村总数的15.4%，年末筹集资金164.9亿元。

(3)高速扩张阶段：1992—1995年。1991年11月，中共中央八中全会《决定》要求，各地要继续办好农村合作基金会；12月，农业部发出了《关于加强农村合作基金会规范化、制度化建设若干问题的通知》。之后，农村合作基金会出现了新的势头，农村合作金融组织的改革试验区也进入普及发展和配套改革阶段。到中央正式提出整顿关闭之前的1996年年底，全国已有2.1万个乡级和2.4万个村级农村合作基金会，融资规模大约为1 500亿元。

(4)整顿发展阶段：1996—1998年。1996年8月的《国务院关于农村金融体制改革的决定》仍然充分肯定了农村合作基金会自创办以来的积极作用，同时针对相当多的合作基金会以招股名义大量吸收居民存款，入股人不参加管理、不承担风险等状况，提出了对农村合作基金会进行清理整顿的三项措施：一是农村合作基金会不得再以招股形式吸收居民存款；二是凡是已开办存贷款业务，实际上已成为金融机构的，对其资产进行清理核实后，可并入现有的农村信用社，也可另设农村信用社；三是没有存贷款业务，或者已开办存贷款业务，但不具备转为农村信用社条件的，要办成真正的合作基金会。措施出台后，农村合作基金会融资规模有较大降低。以四川省为例,1996 年强调整顿以来数量增长速度明显减缓,到 1998 年底,全省乡镇基金会数量为 4 052 个,比上年仅增长 0.5%。

(5)清理关闭阶段:1999 年 1 月。1999 年 1 月国务院发布 3 号文件,正式宣布全国统一取缔农村合作基金会。该文件强调:"为有效防范和化解金融风险,保持农村经济和社会的稳定,党中央、国务院决定对农村合作基金会进行全面清理整顿……清理整顿的目标任务是:停止新设农村合作基金会;现有的农村合作基金会一律停止以任何名义吸收存款和办理贷款,同时进行清产核资,冲销实际形成的呆账,对符合条件的并入农村信用社,对资不抵债又不能支付到期债务的予以清盘、关闭。"

农村合作基金会的产生和发展有其深刻的历史背景,其产生的最初直接动因是为了强化农村集体资产管理,重建集体积累机制,盘活用好集体资金,保障农村集体资产的安全和增值。寻求新的农业投入保障机制,增加对农业的资金投入,弥补行社的信贷"真空",抑制民间高利贷等也是农村合作基金会产生的重要原因。同时,在资金供需缺口日趋拉大的条件下,各级地方政府希望通过有效的融资活动增强对农村金融资源的控制力,缓解本地区的资金短缺;农业行政主管部门则希望把集体资金从"死钱变活钱",在融通中实现资金增值,这样,地方政府和农业行政主管部门强烈的利益需求,就成为农村合作基金会发展的外部推动力。

自 20 世纪 80 年代试办以来,全国农村合作基金会融资规模迅速扩大,对缓解农民生产资金短缺、增加农业投入发挥了一定的作用,在一定程度上弥补了中国农村正规金融机构的不足,也在一定程度上抑制了农村高利贷。

这一时期,供销社、计生委等部门纷纷创办基金会、股金会,参与高利率资金市场的恶性竞争,农村金融秩序十分混乱。农村合作基金会实行"高进高出"的经营策略,以高于国家法定存款利率和贷款利率的水平吸引并投放资金。由于基层政府对合作基金会行政干预多、监督机制弱、管理水平低、资金投放风险放大等原因,许多农村合作基金会经营效益明显下滑,不仅单纯追求高收益导致资金投放的非农化趋势发展到十分严重的地步,而且局部地区开始出现小规模的挤兑风波。

1997 年 11 月,国家决定全面整顿农村合作基金会。由于农村合作基金会自身积累的风险日益严重,1998 年各地普遍出现了挤兑问题。1999 年 1 月国务院发布 3 号文件,正式宣布全国统一取缔农村合作基金会。截至 2001 年 7 月,全国清理整顿农村合作基金会工作基本完成。农村合作基金会造成的金融风险基本得以化解,农村社会和农民情绪基本稳定。

4.3　正规金融与非正规金融的相互关系

欠发达国家农村信贷市场的一个显著特征是正规金融与非正规金融并存，那么，正规与非正规金融之间存在着什么样的关系呢？

4.3.1　农村正规与非正规金融相互关系的分析框架

设想一种情景，将借款人按照收入水平或财产水平由低到高排序（图 4-1）。对于正规金融机构来说，沿着这个序列，由于借款人提供抵押的能力在提高，借款人的合意程度逐渐提高。随着借款人收入或财产水平的提高，借款人的资金需求逐渐增加，借款人的活动区域会超越社区范围。对于非正规贷款人来说，由于其贷款的资金来源大都局限于自有资金，信息优势只局限于社区范围。所以，沿着这个序列，满足借款人资金需求的能力趋于下降，对借款人信息的掌控能力也呈下降趋势。因而，借款人的合意程度逐渐下降。在这种情况下，非正规金融服务于 AC 段的借款人，正规金融机构服务于 BD 段的借款人。

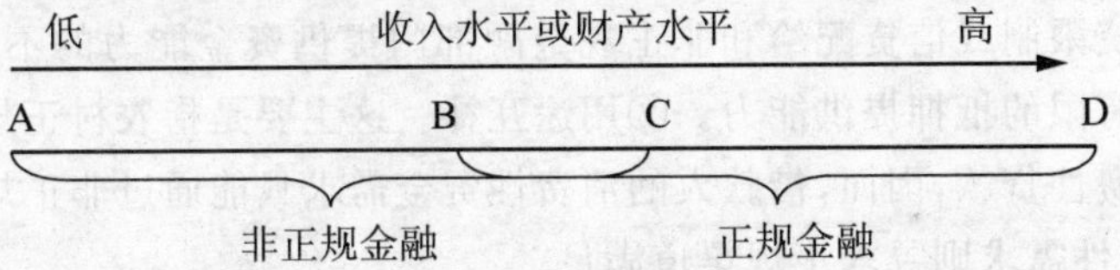

图 4-1　农村正规与非正规金融相互关系示意图

4.3.1.1　分割

AB 段的借款人只能获得非正规贷款人提供的金融服务，而 CD 段的借款人只能获得正规金融机构提供的金融服务，非正规金融与正规金融服务于市场的两极，因而，这两个市场部分之间存在着分割。分割可以看做是存在两个子市场，每个子市场可以看做是服务于相对同质的借款人和借款目的。由于信息阻碍，资金流动无法在两个子市场之间发生。因而，一个市场资金供给的增加并不会立即或甚至并不必然影响另一个市场资金的供给和价格。需要注意的是，分割分为水平分割和垂直分割。水平分割是指由于每一个非正规贷款人只拥有有限客户的信息，因而，对于同质借款人，也会出现分割。所以，水平分割指的是非正规金融市场之间的分割。经纪人或代理人的出现可以扩大非正规贷款人服务的范围，从而减少市场的水平分割，如银背。垂直分割是指在不同种类借款人之间的分割，表现为正规金融与非正规金融之间的分割，这与上述 AB 和 CD 段的分割一致。

4.3.1.2 竞争和互补

BC段是两个部分的重叠区域，即BC段的借款人既能从正规金融也能从非正规金融获得金融服务，对于这些借款人来说，正规金融和非正规金融均没有明显的比较优势。根据具体条件的不同，正规与非正规金融的关系既可能是竞争，也可能是互补。

竞争在满足以下条件时发生：①借款人为了满足某一借款用途，可以自由地从两部门获得借款；②农村正规金融和非正规金融部门均能独立并且愿意满足借款人的资金需求，即不存在资金数额约束。在上述条件满足的情况下，借款人根据最小化借款成本的原则选择借款部门，这又具体取决于各部门提供的贷款契约条款和其他相关变量，如程序的繁琐程度等。

互补在借款人同时有正规和非正规金融部门的贷款时发生，此时，借款人最合意的融资渠道并没有发生变化，只是其最合意的融资渠道提供的资金无法满足需求，只得向另一方寻求资金以满足剩余需求。互补有两种类型：①资金互补。针对借款人的某项借款用途，当单个部门无法满足借款人全部的资金需求时，即存在资金约束，借款人通过正规和非正规两种渠道来满足其需求。这可能起源于正规金融部门的信贷限制或信贷配给和非正规金融部门提供资金能力的不足，也可能起源于借款人有限的抵押提供能力。②用途互补。这主要是指农村正规金融机构通常不发放消费性贷款，因而，借款人的消费性资金需求只能通过非正规金融渠道来满足，而生产性需求则寻求正规渠道满足。

4.3.1.3 联结

正规金融机构能动员储蓄，资金实力雄厚，组织制度完善，经营管理人员的素质相对较高，业务流程有严密的控制程序，因此，在提供大额和长期的贷款方面更能体现其优势；而非正规金融由于操作简单易行，其灵活、便捷、小规模等特点以及在信息方面的优势，更善于向居民提供零星、小额贷款。当正规金融机构想向AB段的借款人提供金融服务时，它可以通过与非正规金融进行联结来进行。联结涉及资金和信息在两部门的流动，该方法的理论基础在于：首先，为了向小型和贫穷的借款人贷款，联结同时利用了非正规部门的信息优势和正规金融部门的资金优势，促进了资金在更广泛范围的配置，可以有效地提升金融中介的效率；第二，在一定程度上，贷款资金的短缺给予民间放贷人市场权力，联结可以使非正规金融部门获得正规部门的资金，从而促进非正规部门间的竞争，减少其垄断利润。

上述关系是从狭义上定义的，事实上，如果把所有借款人看成一个整体，那么，从更广泛的意义上看，分割关系实际上可以理解为互补关系。这是因为正规金融和非正规金融在各自具有比较优势的领域运营，服务于不同的借款人群体和借款目的，满足了不同层次借款人的借款需求。从向借款人提供金融服务这个角度来看，联结关系从更广泛的意义上也是互补关系，因为它同时利用了正规金融的资金优势和非正规金融的信息优势，形成优势互补。

4.3.2　农村正规与非正规金融的分割

文献中关于农村信贷市场的分割有两个分析框架：

第一，金融抑制假说（McKinnon，1973；Shaw，1973）。金融抑制假说将欠发达和无效的金融体系归因于政府过度干预所导致的政策失灵，将抑制性政策看做是分割的主要原因。金融抑制政策包括市场准入的限制、公共所有权、高准备金要求、利率限制、信贷分配的定性控制以及资本交易的限制。一方面，存贷款利率限制提高了资金的需求，压抑了资金的供给，造成了过度的资金需求，迫使金融中介对信贷进行配给；与此同时，非正规市场因未被控制利率而获得发展，满足了未被正规金融部门满足的需求。另一方面，金融抑制下的政府信贷配给以及体制内金融机构的所有制偏见和制度歧视，使得新成长的中小企业对非正规金融市场有着强烈的制度需求。当受惠的借款人以补贴利率获得资金，而其他借款人只能在昂贵的非正规市场获得资金时，分割的信贷市场就会出现。

按照这种观点，抑制性政策的废除使得正规金融部门扩张，从而消除借款人对非正规金融的需求。金融自由化将导致金融深化，效率提高，借贷之间的利差缩小、部门之间的资金流动增加以及过去被边缘化的储蓄者和借款人更容易获得正规金融服务（Aryeetey 等，1997）。然而，与理论预期相反，在消除了金融抑制政策且正规金融体系运行良好的发达国家农村金融市场乃至城市经济中，仍然在一定范围内存在着非正规金融。这主要是由于金融抑制假说是对金融市场分割的一个外生性解释，并未揭示非正规金融形成的内生机制。

第二，金融市场分割的结构和制度解释。随着信息经济学的兴起，一些经济学家集中于发展中国家金融市场的结构和制度特征来解释分割。Hoff 和 Stiglitz（1990）基于借款人信用可靠性的不完全信息提出了分割的解释。在不完全信息和契约执行成本高昂的情况下，起源于逆向选择和道德风险的市场失灵将损害金融市场的运行。随着利率水平的增加，具有好项目的投资者不愿意寻求信贷，贷款申请人的构成随着利率的上升而恶化，逆向选择将会发生。而且，在高利率下，借款人有激励采取具有高风险、高回报的项目，这增加了违约风险。为了规避风险，银行会在一个低于竞争性均衡利率但能使银行预期收益最大化的利率水平上对贷款申请者实行非价格配给，在配给中得不到贷款的申请人即便愿意出更高的价格也不会被批准，因为出高价者可能选择高风险项目，降低银行的平均资产质量。因此，甚至在利率限制和直接信贷分配政策不存在的情况下，信贷配给也是一种市场均衡，这意味着自由化的市场并不必然确保帕累托有效的资金分配。由于金融交易的特征，信息不对称造成的事先的逆向选择和事后的道德风险问题可能是非正规金融广泛存在的一个更为根本的原因。否则，无法解释发达国家和那些已经实行了金融自由化的国家和地区为什么还有大量的非正规金融活动。

上面的两个分割解释并不必然是相互排斥的。Ghate(1988)认为非正规金融包括两个部分：①自发部分，如亲友间的借贷、合会等，这些在历史上先于正规部门；②反应部分，起源于正规部门的控制，可以看做是满足无法从正规金融部门满足的溢出需求。据此，金融抑制假说是关于非正规金融的反应部分，即非正规金融满足溢出需求；而不完全信息范式是关于非正规金融服务于客户时的比较优势，是从非正规金融存在的内生原因进行分析的，既指自发部分，也指反应部分，这意味着即使在金融自由化的情况下，分割也可能持续存在。

4.3.3 农村正规与非正规金融的竞争

农村正规金融与非正规金融的竞争表现为资金竞争和贷款竞争。

4.3.3.1 资金竞争

非正规金融在农村中的盛行表明，大量资金并未通过储蓄进入正规金融体系，这表明正规与非正规金融存在着资金竞争。之所以会出现这种情况，有以下原因：①实际存款利率为负限制了农村金融机构的资金动员能力。金融机构的存款利率受到政府管制，如果考虑通货膨胀率和利息所得税，大多数时期存款的实际利率是负的，因而，限制了金融机构的存款动员能力；②农村金融机构网点密度低，对于许多地区的农户来说，向金融机构存款的成本比较高，这也限制了正规金融机构的存款动员能力；③农民缺乏其他正规金融投资的渠道。农村居民的节余除储蓄外，缺乏其他正规的投资渠道，如债券和股票；④农村未能被正规金融机构满足的资金需求为农村闲置资金提供了非正规投资渠道；⑤农村非正规金融特有的筛选、监督和执行机制使其在小范围内的贷款风险极低，为非正规金融的持续盛行提供了合理的技术支持。

4.3.3.2 贷款竞争

当借款人根据最小化借款成本的原则选择借款部门时，由于具体条件的不同，正规与非正规金融贷款竞争会导致三种不同的均衡结果。

第一种均衡：根据农村信用社和各大商业银行普遍实行的贷款责任终身制，信贷员放贷的收益取决于贷款收回的概率、贷款收回时的奖励和贷款未收回时的惩罚。从贷款责任终身制的制度设计看，信贷员发放的贷款未收回时的惩罚非常大，因而，即使贷款的违约风险很小综合贷款未违约的收益和违约的成本，信贷员的预期收益也可能为负，因而，在自身收益与贷款利润相关性极为微弱的情况下，稍具风险的贷款也会被信贷员拒绝。在这种情况下，农村金融机构表现出的惜贷、慎贷特征，而剩余资金以上存中央银行、购买国债等形式流出农村，使得农村信贷市场资金供给量减少，在农村借款需求一定的情况下，非正规金融利率将会上升。信贷员根据非正规金融市场的利率来确定借款人向信用社借款的成本，考虑到正规金融的利率受政府管制，只能有一定程度的上浮，信贷员会通过收取贿赂等形式，最终使得借款人向其借款的实际成本和非正规金融相同。从这个意义上讲，贿赂率客观上是由非正规金融市场的利率和央行管制的利率所决定的。

第二种均衡：假设正规金融机构激励机制设计合理，如通过让信贷人员直接参与剩余分配，并付出较大成本监督信贷员的受贿行为等。此时，信贷员的收益取决于其发放贷款的总收益，而总收益又进一步取决于发放的贷款数量和贷款违约的概率。在这种情况下，信贷员将努力竞争好的借款人，以降低贷款违约的概率，增加贷款发放的数量，具体表现在提供良好的贷款服务上，如送贷上门、简化贷款审批手续、不收取贿赂等。这一方面使得借款人向正规金融机构借款的成本下降；另一方面农村金融机构资金供给的增加会降低非正规金融市场的利率。正规金融和非正规金融的竞争最终会使得借款人借款的实际成本下降，最终维持在一定的水平上。

第三种均衡：借款人迁移。在民间资金充裕的地区，由于农村正规金融机构贷款手续繁琐，使得借款人借款的非价格成本增加，正规金融机构的借款人会转而求助于非正规金融。

4.3.4　农村正规与非正规金融的联结

中国农村金融市场上存在以下联结模式。

4.3.4.1　信用社＋合作社＋农户

“信用社＋合作社＋农户”模式，是指农户自愿组成合作社，通过合作社向农村信用社入股，以联保小组的形式获得信用社贷款的一种方式。在这种情况下，小组成员相互承担连带责任，合作社实际发挥了小组贷款的作用，该模式的实质是正规金融与小组贷款的联结。通过这种联结，能够有效地解决农户融资难问题：随着更多农户的加入，股金数额的增加，合作社能不断发展壮大；通过社员间的联保机制，能有效降低信用社的贷款风险，提高其盈利水平。最终实现农户、合作社、信用社三方共赢的格局。

4.3.4.2 转贷

转贷是指民间贷款人先从银行获得贷款，然后将贷款转借给最终借款人。中国农村信贷市场上的转贷可分为两种：第一种是有意识地转贷。主要表现为银行将大额贷款贷放给龙头企业，后者又对个体农户进行赊销或贷款等。第二种是自发地转贷。如有的农民替不符合信用社贷款条件的亲戚朋友向信用社贷款，将从信用社申请的贷款转借给他人，这其中有的有利息，有的没有利息。

4.3.4.3 非正规金融作为正规金融的担保

非正规金融作为正规金融的担保主要有两种形式：一是借存折作抵押。即农村信用社对贷款要求抵押，抵押品可以是与贷款金额相等的存折，农户会通过非正规途径借来别人的存折作为抵押，从而使得正规金融机构的贷款间接地转化成为一种非正规金融。二是一般性的担保。如农村信用社贷款通常要求有固定工资收入的人的担保，从实质上看，提供担保也是正规和非正规金融的联结。

4.3.4.4 民间借贷利用正规金融的信用

李静(2006)通过对辽南某镇的调查，发现农村信用社、农业银行的工作人员依靠正规金融的信用参与了民间借贷，在民间金融市场上起到了对民间借贷提供中介和担保的作用，使民间借贷从直接借贷关系转变为间接借贷关系。

4.3.4.5 偿还贷款的联结

借高利贷还农信社贷款或用农信社的贷款来放高利贷，这是宁夏农村出现高利借贷的一个新特点。一些农户在农村信用社的贷款到期后，为了保住信用而得到续贷、多贷，自己手中又无多余资金时，只能靠借高利贷而还贷(高石钢等，2005)。

4.3.5 农村正规与非正规金融相互关系演进的一般规律

农村正规金融与非正规金融的相互关系涉及三个经济主体：农村正规金融、农村非正规金融和农村借款人。在这三个经济主体内部，又可进一步地细分。由于这些经济主体自身也处于不断演进的过程中，所以，农村正规金融与非正规金融相互关系的演进取决于这3个经济主体自身及内部结构的演进进程。考虑到这一点，我们只能给出农村正规与非正规金融相互关系演进的一般规律。

4.3.5.1 任何正规金融的前身均是非正规金融

从历史的角度审视，非正规金融的存在先于正规金融。金融(包括金融工具、金融机构等)从其诞生之日起,就先是以非正规金融的面目出现的,并以非正规金融的形式存在和发展的。直到今天,世界上大部分的金融创新也都是先以非正规金融的形式进行的。从历史根源上说,正规金融是来源于非正规金融的,它可看做是非正规金融经法制固化后的产物。总之,从历史的角度审视,非正规金融是正规金融的初级或原始形态(张宁,2003)。

非正规金融遵循着"市场—中介—市场"的金融创新螺旋的演进过程,即亲友借贷(一对一的初级市场)—私人中介(表现形式为银背、钱中等)—中级市场(一对多,如企业集资)—现代中介和市场(如商业银行、股票和债券市场)。随着服务客户数量的增加,非正规金融有向正规金融转变的内在要求,这是由于非正规金融的边际贷款成本呈现先下降后上升的"U"形趋势(姜旭朝、丁昌锋,2004),如果想向更广泛的客户提供服务,非正规金融就必须采用正规金融机构的贷款技术。

需要注意的是,正规金融的出现并不意味着非正规金融的消失,它们既存在纵深的逻辑演化,也在空间和时间上并存。由于非正规金融在社区范围内始终比正规金融具有成本优势,只要社区成员有非正规金融能够满足的贷款需求,非正规金融就不会消亡,就会与正规金融并存。

4.3.5.2 农村正规与非正规金融的相互关系演进顺序:分割→互补→竞争

由于非正规金融的有限运营范围是社区,可以从农村的一个小社区的发展来透视农村正规与非正规金融相互的演进。假设农村小社区最初的起点是经济发展水平低下,非正规金融是农村社区中主要的金融形式,正规金融只能服务于社区中少数的顶端借款人,此时,农村正规与非正规金融的关系表现为分割。随着社区经济发展水平的提高,社区成员逐渐能满足正规金融的贷款要求,但其信用程度尚不足以让正规金融满足其全部资金需求,此时,农村正规金融与非正规金融的关系表现为互补。随着社区经济发展水平的进一步提高,社区成员已能完全满足正规金融的贷款要求,借款人借款渠道的选择取决于不同渠道借款成本的高低,此时,农村正规与非正规金融的关系表现为竞争。由于农村不同社区的发展速度不均衡,在政策允许和贷款技术到位的情况下,正规金融会与非正规金融进行联结以满足落后社区的金融需求。

需要强调的是,由于社区内成员个人特征的差异、收入水平的不同,金融管制政策和贷款技术的约束,这四种关系可能会在一个社区中并存,或只以其中的某几种关系存在。

4.4 农村非正规金融的绩效分析及政策选择

我国农村非正规金融存在着金融中介效果、金融风险效果和从正式金融部门中吸出资金的效果(张杰,2003)。这三个效果决定着非正规金融在整个农村金融体系中所处的地位和所起的作用。一方面,非正规金融在运作和经营方式等方面具有一系列的优势,在整个金融体系中扮演着重要的角色;另一方面,在现实生活中,农村非正规金融的存在对宏观经济和农村市场也存在着一些消极的影响。

4.4.1 非正规金融的作用

对非正规金融绩效的考察体现在对农户收入增加以及对农村经济发展的作用上。很多学者的研究均表明,无论是正规金融还是非正规金融在农村经济的发展中都起到了积极的作用。尤其是非正规金融,它在很大程度上填补了正规金融无法触及的一些金融供给真空领域,意义重大,具体说来主要体现在以下几个方面。

4.4.1.1 弥补农村地区正规金融的不足

非正规金融对中国农村发展具有较强的市场亲和力,其存在和适度发展有利于弥补农村地区正规金融供给的不足。非正规金融是民间经济存在和发展的直接产物,为民间经济的发展提供了有力的金融支持。值得一提的是,数以万计的农村地区的中小企业是非正规金融赖以生存的市场基础,非正规金融为这些中小企业的生存与发展提供了有力的金融支持。中小企业由于受经营规模、市场信誉、资金实力、地区分布等条件的限制,正规金融机构常常不愿对它们提供信贷支持,而非正规金融由于与这些企业有着邻居关系、老乡关系、亲戚关系或合伙关系等天然的联系,信息不对称程度较弱。这样,中小企业的闲置资金乐于存交非正规金融机构,而非正规金融机构又会把中小企业作为信贷发放的主要对象。

4.4.1.2 推动农村金融体系形成多样化的竞争格局

在农村金融体系中,由于非正规金融机构的参与,其中的利益分配随着竞争对手的增加而发生许多变化,这有利于增强农村金融体系的竞争气氛,形成多样化的竞争格局。竞争才能提高金融服务的水平,竞争才能产生效率,也只有竞争才能从根本上解决农村资金资源的有效配置问题。不管非正规金融机构是在何种状态下开展业务的,它都是农村正规金融体系强有力的竞争对手。非正规金融的存在和适度发展对农村正规金融形成压力,这种压力有助于农村正规金融挖掘内部潜力、改善金融服务,同时农村正规金融的这种回应行为也有助于非正规金融降低利率来增强自身的市场竞争力，非正规金融和正规金融之间的这种良性互动关系对中国农村金融市场的发育是至关重要的。

4.4.1.3　推动中国金融制度的积极演进

非正规金融的存在和发展属于民间自发性制度创新，这种创新若经过政府的合理引导，对中国金融制度的积极演进将具有重要的推动作用。中国金融体制的改革滞后于经济体制改革的整体进程，金融体制的进一步深化改革已势在必行，从国有正规金融体制内对金融体制改革进行“求解”，有许多障碍和现实困难。要从根本上解决问题，就必须深化改革，尤其是引入市场金融成分，让非正规金融从灰市中解脱出来，积极参与到公开的金融业务和金融竞争中，遏制地下金融交易，抑制正规金融中的不良行为，使金融市场秩序得以有效改善。

4.4.2　非正规金融的不足

然而，非正规金融的制度安排也存在一些不足，主要表现在以下几个方面。

1. 非正规金融的融资能力有限

相对于正规金融机构而言，广大非正规金融部门的融资规模非常小，抵御市场风险的能力也比较弱。这使得非正规放贷人放贷的周期不够长，金额不够大，无法满足一部分渴望扩大农业规模或是转向非农投资的农户的信贷需求，从而使其缓解农村金融抑制的作用大打折扣。

2. 非正规金融的存在可能会对正常的金融秩序造成一定的干扰

由于非正规金融是融资主客体的自发行为，不受管理部门的监督和约束，其经营活动相当随意，从事借贷活动仅是为了获利，而不管其借款用途是否合法。随着非正规金融的发展，其规模不断扩大，对县域经济发展的影响不断加大，因此对国家宏观调控有一定的不利影响。如农村合作基金会虽然名为股份合作制，但实际上几乎没有固定的股本金，没有固定的或真正的股东，从而成为没有真正所有者的信用机构。另外，由于非正规金融没有纳入金融监管的范围之内，所以国家的金融调控对于非正规金融的影响较弱。

3. 非正规金融存在很大的风险隐患

由于非正规金融的制度建设落后于正规金融机构，其融资和交易管理通常很不规范，一般都没有合法的交易手续以及可靠的担保抵押，并且放贷者与贷款者之间缺乏有效的书面合同，在实际操作中往往存在纠纷等风险隐患。此外，由于缺乏对每笔贷款的贷前、贷中及贷后的调查，在贷款者对借款者的信誉及贷款用途难以知晓的情况下，随着非正规金融机构规模的扩大，这一风险便会积急剧扩大。

虽然非正规金融在整个农村金融体系中不可或缺，但是由于其运行缺乏有效监管,仅仅依靠自律和信用维持,一旦有外部诱因刺激,就极其容易演变为投机行为。例如,福建福安地下赌场的长期存在,使得合会从月会演化为日会,日趋疯狂,最后崩盘,引发了一系列危机。因此,有必要采取措施对非正规金融加以引导和规范。

4.4.3 非正规金融的政策选择

1. 加强农村非正规金融的制度建设

引导农村非正规金融组织逐步实现规范化,为非正规金融搭建合法发展的法律平台。引导农村非正规金融组织从“地下”走向“地上”,向规范化、合法化、机构化转变。在现实条件下,一方面,政府要降低金融准入门槛,允许那些股东人数、资本金、经营者资格及其他条件达到法律规定标准的规模较大的农村非正规金融组织,以股份制或股份合作制的形式进行注册、登记,按正规金融的要求规范管理和监督,使其转变为正规金融机构;另一方面,政府要引导小规模的农村非正规金融组织参与农村信用社、农村商业银行等正规金融的改制,使它们通过控股或参股取得部分产权。政府要将农村非正规金融组织纳入监控范围,健全市场契约制度,使其合法并规范运作。总之,规范发展农村非正规金融组织的核心问题是制度安排问题,它的健康发展迫切需要政府放开金融市场的进入和退出壁垒,确立公正、有效的市场竞争规则,同时给市场主体充分的自由选择权,从而使其充分发挥支持农村经济发展的作用。

2. 通过加强对“标会”、“抬会”等组织的监管来引导和规范农村非正规金融

政府通常对这类有组织的融资活动采取放任自流、自生自灭的态度。显然,这不利于农村非正规金融的健康发展。国家正规金融机构可以通过制定必要的规则,借助农村信用社来引导和管理农村非正规金融活动。必要的规则包括会头、会脚的责任和义务,利息的最高限额,必要的经济担保,标会、抬会的登记制度等;给标会、抬会的组织者和参加者以必要的经济约束,来弥补道德力量的不足,把标会、抬会的风险程度尽可能降到最低;对倒会者,司法机关应该介入,并对其绳之以法;同时,应加强宣传教育,亦可通过乡规民约制定遵守标会、抬会契约的有关条文,及时公布破坏契约者的名单,用道德规范、信誉手段来约束组织者和参加者。

3. 发展和完善现有正规金融机构和服务,替代部分农村非正规金融

现有农村非正规金融存在的原因之一是由于中国正规金融的服务不到位所导致的。因而,要大力发展和完善正规金融机构和服务,鼓励正规金融机构的金融服务创新。农村种植大户、专业户和乡镇企业的资金需求大部分可以通过正规金融来解决,比如商业银行业务、证券市场业务,甚至风险资本投资业务等。加快正规

金融机构的金融创新也有利于农村资金的合理配置，例如，民生银行推出的委托贷款就是一种有效的借贷双方的沟通机制。农村政策性金融机构要真正办理政策性业务，而不是简单提供流动资金，其业务范围应该是那些按商业原则运行能收回本金但回报率低或回收时间特别长或回收风险较大的项目，加大对农业和农村经济的支持力度。

4. 通过吸收国外资金和经验来引导和规范农村非正规金融

采取多种形式与国外金融机构和民间组织开展多领域合作，在更多的农村地区推广小额信贷业务，使更多的农民利用小额信贷业务进行生产经营和生活消费；同时，学习和吸收国外对农村非正规金融的监管办法和经验来指导中国的实践。如适当放松金融市场准入管制，组建以主要吸收民间闲散资金（包括民间借贷资金参股）、为中小客户服务、市场化运作为特征的社区银行，并给予相应的存贷款利率浮动政策，使之兼具民间资本的比较优势和正规金融的专业化特点，从体制上引导非正规金融发展为正规金融。

第5章　小额信贷

5.1　小额信贷的特征及成功要素

5.1.1　小额信贷的概念

在发展中国家传统农村金融政策遭遇挫折的情况下，如何向中低收入或贫困群体提供金融支持的理论探讨和实践探索，推动了小额信贷的兴起和发展。国际社会一般把对没有享受到或未充分享受金融服务的中低收入群体和微小型企业所提供的金融服务称为微型金融。在中国，往往翻译成小额信贷，其中一个原因是中国的小额信贷机构大多仅从事信贷业务。作为对中低收入人群和微小型企业提供金融服务的微型金融活动，包括小额度的贷款、存款、汇兑、小额保险及其他方面的金融服务。小额信贷服务的地域范围包括农村和城市；小额信贷所服务的经济活动领域范围包括各种各样的创收活动，如种植业、林业、畜牧业、渔业、微型非农企业、小商小贩等，因此小额信贷往往与微小型企业的发展又联系在一起。而提供小额信贷服务的机构，实际上是多种多样的，可以由商业银行、信用合作组织等正规金融机构提供，也可由专业的小额信贷机构和非政府组织提供。不论是大型金融机构，还是小型金融机构，均可以提供小额信贷服务，只不过在提供小额信贷服务时，小机构比大机构更有优势。

这样，小额信贷（Microfinance）就是指通过融资中介，按照组织化、制度化、商业经营的原则，为具有一定潜在负债能力的没有享受到或者没有充分享受到金融服务的中低收入阶层提供小额、短期、连续、简便的一揽子金融服务。

从本质上看，小额信贷主要是提供小额度贷款，因它在一些地区比较成功地解决了正规金融机构长期以来没有解决的为中低收入群体提供有效的信贷服务以及同时实现信贷机构自身的持续发展的问题，而被众多发展援助机构和发展中国家的政府视为一种缓解贫困的有效工具和有效的扶贫方式。

小额信贷的创立起源于为了解决在一般市场经济体制条件下，中低收入群体进入正规金融市场困难而产生的。

按照经营目标的不同，小额信贷机构分为商业性和福利性两大类。商业性机构信贷业务遵循商业原则，以营利为目的；福利性机构多以扶贫和满足低收入阶层的金融需求为主要目标，但为了保证扶贫活动的可持续性和扩大业务覆盖范围，福利性机构利息收入也必须能够覆盖交易成本和风险成本。因此，两类机构都会要求较适当的而非较低的利率，并通过一系列工具和制度创新保证贷款的安全性和盈利性。

国际主流观点认为，各种模式的小额信贷均包括两个基本层次的含义：第一，为大量中低收入群体和为小型企业提供金融服务。第二，保证小额信贷机构自身的生存与发展。这两个既相互联系又相互矛盾的方面，构成了小额信贷的完整要素，两者缺一都不能称为完善或规范的小额信贷。从本质上讲，小额信贷是将组织制度创新和金融业务创新的信贷活动与扶贫到户项目有机结合成一体的活动。

在借贷方式、贷款构成、机构管理方面，传统金融与小额信贷有较大的区别（表 5-1）。

表 5-1　小额信贷和传统金融的比较

	小额信贷	传统金融
借贷方法	针对个人品行发放贷款	针对抵押品发放贷款
	较少的书面证明	更多的书面证明
	较多的劳动集中	较少的劳动集中
贷款构成	贷款笔数多	贷款笔数少
	每笔金额很小	每笔数额巨大
	信用保证方式灵活	有抵押
	期限相对较短	期限相对长
	逾期贷款数额不稳定	逾期贷款数量较稳定
机构管理	主要由非营利性的机构做持股人	利润最大化的管理方法和个人持股者
	很多由非政府组织（NGOs）出资建立	由已有的受到监管的机构的外围组织建立
	分散成小单元，多设立在基础设施薄弱的边缘地区	组织集中，分支机构设在城市中

资料来源：Tor Jansson with Mark Wenner，Financial Regulation and Its Significance for Microfinance in Latin America and the Caribbean，Washington D. C. ，Dec 1997. Quoted from Rock&Otero 1996；Berenbach &Churchill 1997.

在世界银行看来，小额信贷在运作过程中应遵循一定的基本原则，见表5-2。

表5-2　小额信贷的基本原则

(1)中低收入群体需要贷款、保险和汇兑等全方位的金融服务
(2)小额信贷是与贫困斗争的有力工具
(3)小额信贷是为中低收入群体服务的金融体系
(4)小额信贷的目标在于建立持久的地方金融机构
(5)对于那些没有收入或还贷手段的赤贫者，其他扶贫形式更为有效
(6)小额信贷机构的目标如果是服务大规模的中低收入群体，那么必须做到收入覆盖所有成本，能够实现自负盈亏
(7)低利率不利于对中低收入群体提供贷款
(8)政府自己很难良好运作贷款业务，政府的职责应是使金融服务有效
(9)捐助者的资金与私营资本应是互补而不是竞争关系
(10)小额信贷发展的主要瓶颈是缺少强有力的机构和经营管理团队，捐助者的支持应集中在能力的培训和提升上
(11)小额信贷的成长有赖于财务的改善和提升

资料来源：CGAP。

5.1.2　小额信贷的特征

小额信贷的重要特征和核心原则是透过一整套严密的制度和规范的操作来确保较高的资金入户率、项目成功率和还贷率。此外，小额信贷通常还具有短期、分期还款、不需抵押或具有灵活多样的担保形式、市场利率水平、贷款成员的自我组织等特征。

具体特征包括：

(1)以小起步的检验性贷款，后续放款承诺。“检验性贷款”是指在放款的过程中，从提供小额度贷款开始，在及时归还小规模贷款的前提下，才开始发放数额较大的贷款。如果小额度贷款不能及时偿还，进一步的信用渠道就将被切断。这种小额度贷款可以被看做用来直接测试借贷人内在诚实性的方式，而测试性贷款的存在可以作为借贷人还贷的激励。

同时，“检验性贷款”是与后续放款承诺相联系的，在通过“检验”之后，可以进一步建立更大规模的信用关系。这种逐步增加贷款额度的连续放款方式可以形成贷款中的动态激励机制，当借款者预料到在未来期可以获得贷款、甚至更大规模贷款时，将会增加其还贷的激励。相对于传统贷款方式而言，小额信贷的还贷率较高，其中上述机制发挥了重要的作用。

(2)整借零还的短期贷款。中低收入群体贷款不仅要小额，而且是短期、分期还款。因为中低收入群体要建立自己的资产和能偿还较大额度的贷款，需要较长的时间。分期还款，确保还款额度较小，中低收入群体有偿还能力。能够减轻还款的压力，也能减轻为中低收入群体提供信贷服务的操作机构收回贷款的风险压力。由于实施分期还款方式，操作人员经常与中低收入群体取得联系，及时了解中低收入群体在项目经营活动中遇到的困难和存在的问题，并及时予以帮助。

(3)公开所有的贷款业务活动。小额信贷制度规定它的业务活动完全是公开进行的，主要是在中心会议上进行活动，没有任何可保密的或私下进行的活动。组员或其他关心小额信贷扶贫项目的团体、个人可以随时查看所有的账目。这样有助于减少营私舞弊和贪污腐化，增强组员对组织的信任，积极参与到项目活动中。

(4)有偿使用。无偿生活救济和财政补贴制度安排下，有些人甚至形成一种"等、靠、要"的惰性，靠他人的施舍度日，不思进取。于是"授人以鱼，不如授之以渔"，把中低收入群体从被动地接受帮助变为主动的参与经济发展活动，提高收入，摆脱贫困。

(5)贷款人定时定额持续储蓄。对于没有储蓄观念的贫困人来说，要求他们定额、进行小额度存款储蓄，不仅是经营机构扩大本金来源的一种手段，更是帮助中低收入群体了解储蓄是一种资本积累方式的手段，从而树立理财观念。

(6)小组联保。小额信贷要求中低收入群体必须由5～7户(人)自愿组成联保小组，小组成员相互之间负有连带权利和连带责任。把现代的、市场经济下的法律制度，与传统的乡村伦理文化结合了起来，把现代社会中法律、合约对人的约束转变为传统的乡村伦理文化对人的相互约束。有了自愿组成的联保小组，当小组的某些组员企图违反原则时，在小组内部就会产生某种连带的压力；同理，当某小组组员遇到困难，小组组织会给予帮助和支持，因此，自我选择组成联保小组的过程，是强化项目管理的过程。联保小组组员，必须相互了解，相互信任，那些信用状况不佳者被自动排除在外。

小组联保，是一种对抵押的替代形式。在孟加拉国乡村银行模式中，借款者通常结合成5人小组，贷款首先发放给其中2人，然后再发放给另外2人，最后是第5人。如果有人违约，那么小组中的所有人都不能再获得贷款。

(7)瞄准中低收入群体。小额信贷主要针对中低收入群体提供信贷服务，使中低收入群体直接获得稳定持续的生产经营贷款，为中低收入群体的生产经营活动创造机会和条件，增加收入，摆脱贫困。

(8)定期召开中心会议。国际社会较早的典型的小额信贷模式,村级信贷中心是其最重要的基层组织。定期召开中心会议是小额信贷最主要的基本组织制度。小额信贷的一切业务活动几乎都是在中心会议上进行;同时,通过中心会议情况几乎可以发现一切潜在的问题。中心会议,实际上是一个信息交流会,是一个客户之间及客户与放贷者之间相互增进了解和促进信息对称的机制。

(9)自我选择创收活动。在小额信贷项目活动中,贷款人根据自己的技能或特长可以选择任何种类的创收活动。事实上,只有他自己才最清楚自己到底能做些什么事,同时,没有一个人比当事人有更大的动力去改善他们自己的贫困状况。当然贷款人所选择的项目必须得到联保小组和中心的批准和支持。小组和中心应对自己小组组员的经营活动进行充分讨论评审,以便能保证贷款人成功地开展创收活动。项目操作人员应根据自身的知识和优势帮助贷款人选择合适的经营项目,以获得贫困户的信任。

5.1.3 小额信贷运作程序

小额信贷因其服务的特殊对象而具有不同于一般信贷的运作程序。

5.1.3.1 确定目标客户

目标客户最基本的特征是收入较低、有生产经营能力且得不到所需的金融服务。

(1)以低收入者为目标群体,这一类的代表是孟加拉国乡村银行以及所有效仿乡村银行模式的项目。此类小额信贷项目都有自己对“贫困”的可操作的定义和对“贫困”可行的衡量标准。以核心低收入阶层为目标群体的小额信贷的基本假设是要帮助低收入群体且一定要让低收入群体获益。

(2)以中下收入阶层为目标群体,这一类型对所服务的目标群体的贫困程度和收入水平没有严格的要求,可以将贷款贷给以小组为基础的每个成员,也可以贷给微型企业(雇员少于15人的企业),其所从事的项目一般是农村和农业开发项目。代表机构是印尼人民银行的地方金融部、玻利维亚的阳光银行、墨西哥和厄瓜多尔的国家开发银行。

(3)按性别特征还可分为三类:不以妇女为目标群体,以妇女为主要目标群体,以及不以性别特征界定目标群体。如印度的自我就业妇女协会银行、印度的世界妇女金融组织伙伴会员网络和多米尼加的组织的服务对象100%是妇女成员;乡村银行和效仿乡村银行的项目强调低收入妇女是主要目标群体。在这类组织中妇女的比例一般在85%以上。此外,尽管有些成功的小额信贷项目并不强调妇女成员比例,但实际运行的结果是服务于大量妇女成员,如玻利维亚的“阳光银行”并不强调以妇女为主要客户，但妇女成员比例为74%。

5.1.3.2　抵押担保方式

(1)小组联保，建立小组并承担本小组成员还款责任是贷款的条件，小组成员互相担保各自的贷款。这种方法使得没有实物抵押的个人自愿结成小组，互相监督并负有连带还款责任。一般针对核心贫困阶层和针对贫困妇女的小额信贷项目多采取强制性储蓄和连带小组之间的压力等间接的担保形式，以孟加拉国乡村银行为代表的乡村银行式项目和行动国际就是采用这种方法。

(2)直接担保或小组联保和直接担保相结合。例如：印尼人民银行地方金融系统100%需要担保，一般为土地，也可以存款的80%或租赁合同担保。泰国的农业和农业合作社银行对贷款额不超过10万泰国币的个人采取小组联保或个人担保，对贷款额超过10万泰国币的则需要有形资产担保。

玻利维亚的阳光银行是在小组担保的基础上向个人贷款。国际社区资助基金会的"村银行"，部分采取在小组联保基础上发放个人贷款，部分项目采取在小组担保基础上发放个人贷款，部分项目的金融活动也采取以个人而非小组为基础进行。

(3)其他形式的担保贷款，如多米尼加对小组借贷运用小组联保制度，对个人要求的固定资产贷款，则由个人担保代替抵押。借贷对象往往是个人贷款，这约占80%，使用的都是个人担保的方法，借贷者也可以用设施或其他资产如房屋作为抵押。

(4)逐步增加贷款额。如果贷款人能及时还款就会在下一个贷款周期获得更多的贷款额。一些国家主要小额信贷组织中有半数用这种方法替代以传统抵押方式作为批准借贷的基础。行动国际的会员机构将这种替代方法与小组联保借贷方法相结合使用。印尼人民银行地方的贷款产品一般要求抵押，不过现在也开始经营发放100美元的小额信贷，并只要及时还贷，就逐步增加贷款额。国际社区资助基金会的"村银行"为确保还贷也开始先贷50美元贷款，还款后，下轮贷款可以增加到250～300美元作为借贷条件。

5.1.3.3　申请和借贷程序

小额信贷的申请程序力求简化，无须提交各种书面材料，但同时要了解文化程度低的服务对象的实际情况，这与多数正式金融机构要求复杂而精细的申请是不一样的。非政府组织与专门的小额信贷实施机构所要求的申请程序都很简单，并有义务帮助申请者评估业务经营与扩展的可行性。各种表格清晰、简洁，便于工作人员向申请人解释，有利于申请人填写。自我就业妇女协会银行的申请表格只有一张纸，贷款批准程序只需一周。如果申请人有抵押品，当时就可获得抵押贷款。整个过程申请人只需提交两张照片和按手印，不需在有关资料上签字。多米尼加的小额信贷一般需九天完成放贷程序，比自我就业妇女协会银行的要求稍微复杂精细些。印尼人民银行的小额信贷申请程序最长两周，对再次贷款者只需两三天。

5.1.3.4 还款方式

分为定期还款和灵活还款两类，相应的贷款周期也分为固定周期与灵活周期。一般而言只针对核心贫困阶层的小额信贷项目规定较严格和固定的贷款周期，比如乡村银行以及所有效仿乡村银行模式的项目，一般贷款周期均为一年且不允许提前还款，必须每周偿还固定额度贷款，这种贷款和还款模式是与严格的信贷纪律相联系的，同时也是与监督和奖惩机制相联系的。灵活的贷款和还款的小额信贷服务多由较正规的金融机构操作，针对整个的低收入阶层提供信贷服务。贷款期限根据客观生产经营活动的周期可以为1～3年，也可以1～3个月；按相应的贷款期限，可以一次性偿还，也可以分期偿还。如玻利维亚的阳光银行以个人、小组和他们的信贷行为表现而异，由2个月到2年不等，平均为7、8个月。还款多采用分期偿还，包括1周偿还、2周偿还和1个月偿还等。

5.1.3.5 利率水平

根据一个国家的宏观经济背景和小额信贷的自负盈亏的途径可把小额信贷的利率分为两种类型：固定利率和对贷款余额收取利息。利率水平差异很大，一般为15％～50％。

5.1.3.6 存款服务

为增加项目的资本金和保证借款人能够及时还款，一般都要求借款人存款，或存贷相连或先存后贷等形式。具体分为强制性储蓄和自愿储蓄。强制性储蓄除了可以增加资本金外，还具有抵押担保性质，而且操作简便，这种方法一般用于小额信贷发展的初期，因为此时不管从实现项目整体目标，还是项目的金融操作能力和机构信用等级等都不具备动员自愿储蓄的条件。以核心贫困阶层为客户的小额信贷项目多采取强制性储蓄方式。如乡村银行以及所有效仿乡村银行模式的项目一般采用每周固定额度储蓄的形式。孟加拉国乡村发展促进会实施小额信贷项目时，要求首次贷款的申请人在贷款前3个月需存入初始贷款额的10％，此外还要求小组成员在整个贷款期间内每周都要有5～10塔卡的储蓄。

5.1.3.7 中心会议

中心会议被认为是孟加拉国乡村银行小额信贷模式的核心内容之一，由所有小额信贷的借款者参加。中心会议的好处是：首先，中心会议使借款人参与到信关于中国城市小额信贷扶贫问题的研究信贷过程中来，通过自己管理自己实现自身能力的提高，同时这种参与性信贷管理可以在一定程度上降低信贷操作成本，中心会议还是借款还款的场所,缓解小额信贷的高成本给信贷机构造成的压力;其次一切借贷活动在公开场合下进行,提高了透明度,可以有效地避免小额信贷偏离既定方针和发生违反信贷纪律的情况。而且借款人通过中心会议可以了解其他成员资金的使用情况,形成互相监督,加强了借款人对信贷过程的了解。

5.1.3.8 组织机构

小额信贷的客户组织有3种形式:个人、连带小组和村银行。以为穷人或低收入阶层提供金融服务为目标的小额信贷,强调快速覆盖大量客户且持续服务于客户,强调客户层次和机构层次的双重持续性。小额信贷包括两个基本层次:客户层和机构层。连带小组模式和村银行模式是小额信贷服务中,特别是针对核心贫困阶层和以贫困妇女为目标群体的客户组织的两种基本模式。孟加拉国乡村银行是连带小组模式的代表,连带小组是由5名左右的借款人员自愿组成的组织,强调成员之间的连带责任和互助责任。村银行模式则是由国际社区资助基金会首先创立于1985年在拉丁美洲的小额信贷项目中,实际是社区管理的存贷协会,其成立是为了便于社区成员得到金融服务,建立社区自我管理的小组和帮助成员存款,以此架起了社区与正规金融相连的桥梁,在一定程度上克服了客户地理上分散和人口密度低的弱点。

5.1.4 小额信贷运作的主要创新

(1)灵活的抵押担保方式。小额信贷原则上不需抵押或采取灵活多样的抵押担保形式。灵活的抵押条件,是为目标群体服务的关键因素之一。组成联保小组是抵押的替代,同时也接受个人担保、其他诸如土地、珠宝等多样化的抵押物。

(2)简化贷款申请程序和形式。无需提交各种书面材料,但要了解文化程度低的服务对象的实际情况,这是小额信贷运作与多数银行机构要求复杂精确的申请和业务计划不一样的地方。小额信贷机构所要求的申请程序都很简单,并且还帮助中低收入群体评估它们开展的业务经营和扩展的可行性。各种表格清晰、简洁,机构工作人员向缺少文化的客户读讲和填写申请,申请者无需为获得贷款来回跑路。

(3)贷款期限设定和还款方法灵活。贷款周期可分为固定周期和灵活周期两类,还款频率也可从总体上分为固定还款和灵活还款两类。

(4)储蓄服务。分为强制性储蓄和自愿储蓄,前者主要出现在小组联保模式中,要求贷款的一定比例存在小组基金中,同时每一个还款周期也要求存入一定数额的货币资金,这种强制性储蓄的主要作用体现在是对贷款的一种担保。后者,动员自愿储蓄,主要出于获得更多资金,以能够为更多的客户发放小额信贷的目的。这也是小额信贷机构最有潜力、最大和最直接可得的资金来源。但是需要注意的是，吸收自愿储蓄是有条件的，机构必须获得金融管理部门的许可。

5.1.5 小额信贷成功的基本要素

纵观小额信贷在世界范围内的成功，可以发现，小额信贷成功的要素是多方面的。但是，如果从构建普惠金融体系的构成要素角度分析，这些成功要素可以归纳为微观、中观、宏观3个层次的要素。

第一，在微观层次上，要构建能够在竞争的基础上为中低收入群体和微小型企业提供微型金融服务的小额信贷组织机构体系，包括非政府小额信贷组织、邮政储蓄银行、信用合作社、贷款公司、以成员为基础的社区金融组织（社区发展基金、社区信用社等），区域性、地方性、小型化的私营和国有商业银行，以及其他一些非银行金融机构，如金融公司、保险公司、财务公司、租赁公司等。

甚至允许非金融机构提供微型金融服务。

第二，就中观层次而言，要构建保障小额信贷机构竞争性运转的制度基础。包括为小额信贷服务的客户诚信体系、完善的小额信贷机构评级体系、审计监督机制、支付体系、流动性保障机制、小额信贷组织运作信息披露机制，以及创造有利于小额信贷机构进入国内外货币和资本市场的机制，如小额信贷创业投资基金发行、债券发行、资产证券化等的机制。

甚至要有健全的存款保险制度，为机构多元化发展的小额信贷体系提供运转的制度保障。

第三，从宏观层次角度分析，要有健全的小额信贷法律框架、规章制度。既包括相对宽松的小额信贷市场准入制度安排，也包括政府对小额信贷实施非审慎监管的制度框架。

中低收入群体和微小型企业，不是商业信贷市场的有效需求主体，因此，政府对中低收入群体和微小型企业信贷市场的监督和管理，要有特殊的政策。

要培育良好的政策环境和恰当发挥政府的作用。政府通常也通过一些信贷项目扶持中低收入群体和微小型企业，但是，必须建立在不破坏市场公平的基础上，同时，要有利于微观活动主体市场地位的强化。

上述微观、中观和宏观3个层次要素的存在，是小额信贷成功的体制和组织基础。在中国，小额信贷在这三个方面的成功要素，还没有引起广泛的重视。

小额信贷的全面成功，还必须在体制和组织基础之上植入不同于纯粹的商业金融市场的业务运作机制。这方面，也是社会讨论与关注较多的。在此，大致归纳成八个方面。

第一，建立一种客户主动还款的激励机制。这也是小额信贷成功运作的最基本的机制。一是要使中低收入群体和微小型企业能够低交易成本地很方便的享受到服务；二是给守信以正向激励，给予守信者获得重复贷款的机会，并且有获得信用升级而得到更大额度贷款的机会；三是可能给予老客户和守信的客户以一定的利率优惠。

第二，设计一种有利于减轻客户还款压力的机制，最常见的做法就是实行分期还款制度。

第三，小额、短期、分期多次偿还的高时间成本，自动淘汰了非中低收入群体和大中型企业客户群体，保证其基本客户群体是中低收入群体和微小型企业。

至于“小额”到底是多大为好？实际上，是难以准确界定的。国际社会一般以单笔贷款的平均贷款额度与人均GDP的比值来衡量。对于中低收入人群的贷款，最大比值一般在3以内；对于微小型企业的贷款，最大比值一般在5左右。

第四，创造一种有利于接近客户、利于信息对称的业务拓展机制。为此，需要建立一种业务决策社区化的机制。①把分支机构直接建到社区；②小额信贷的操作，由社区居民自我实现，即实施所谓的社区主导型小额信贷模式，社区发展基金就是典型的例子；③建立小额信贷决策的社区参与机制，如有些项目小额信贷在贷款发放中建立的小额信贷村级项目执行小组，农村信用社农户小额信用贷款推广中村支两委对农户信用评级的参与等；④实行信贷人员的片区制管理，如NGO小额信贷组织实施的社区队员、农村信用社的信贷员包村制度和聘请村级信贷联络员、支农协理员等。

第五，参与式，是小额信贷业务拓展的重要支点。把小额信贷发放的过程，变成一个教育和培训客户的过程，使客户理解小额信贷运作机制的激励所在，帮助客户分析面临的困境所在，帮助寻找和开发生产项目、创收途径，提供技术信息，小额信贷机构与客户之间的关系不是纯粹的市场信贷交易关系。

第六，采用市场经济的一般运作原则，商业利率，使为中低收入群体和微小企业服务的金融组织在财务上可持续。

金融体系实现其功能的前提是市场化运作，根据资金供求情况，通过市场化的存款利率吸纳剩余资金，并通过市场化的贷款利率配置资金。

需要注意的是，开展小额信贷，要实行市场化的利率，但并不意味着一定是高利率。在向中低收入群体和微小型企业提供信贷服务时，不宜人为压低利率，但也不应该人为助推高利率。只要能够覆盖小额信贷成本和风险的利率，就是合适的利率。据世界银行统计和计算，小额贷款的成本是15%～20%。但是，不论小额信贷的利率多高，也只是借贷双方资金交易的价格，正如商品市场上的商品交易价格，不应该人为地赋予“高利贷”的概念。

在此，需要讨论的另一个问题是针对中低收入群体和微小型企业的小额信贷，要不要给补贴的问题。发展中国家的农村信贷实践、农村金融发展理论均已经证明，补贴是低效率的，甚至是无效率的。主要原因在于，补贴性的低利率贷款，可能更多地被强势群体获得。对此，作者并不完全反对补贴，因为中低收入群体和微小型企业是弱势群体，针对弱势群体的放款，给予利率上的补贴和优惠，也是可以理解的。在建立一个有效的弱势群体的筛选机制的基础上，结合合理的利息补贴方式，将更有利于弱势群体的可持续发展。可以实行信贷的利息收取与补贴分开，信贷合同利率是市场化的利率，在客户还款以后，再获得利息补贴支付，将利息补贴变成促进还款的激励。使用这种办法，也许能够改变长期以来中国扶贫贴息贷款低效运作的困境。

第七，吸收民间互助组织和合作组织的特点，外在化操作成本，利用社会压力替代抵押担保。主要通过组建联保小组、借贷信息公开等方式实现。联保小组的组建过程，实际上就是一个信用筛选的过程，那些信用状况不佳的需求者，自然被排斥在联保小组之外。

第八，促进小额信贷信用文化建设。需要政府参与培育良好的金融生态环境。从中国一些地区农村信用社农户小额信用贷款的成功运作案例中，可以发现，地方政府参与下培育的健康的信用文化、金融生态环境，是小额信贷机构、小规模银行金融机构良性持续生存的环境基础。农村信用社农户小额信用贷款发放过程中的信用户、信用村、信用乡(镇)的评定，地方政府、农村信用社及区域内的其他金融机构共同参与的金融安全区的建设，是中国农村信用社领域农户小额信用贷款成功运作的至关重要的因素。只有信用环境建设到位，借款到期归还，金融机构才能敢放，否则出现“惜贷”。

信用村、信用乡(镇)，实际上是一个信用共同体，信用村、信用乡(镇)是该村、乡(镇)内农户和微小企业合作博弈的结果，并从中受益。有些地区的信用村、信用乡(镇)还成立了村、镇农民信用理事会，以维护该信用共同体。

5.2 小额信贷供给的支持体系

5.2.1 小额信贷批发机构

5.2.1.1 小额信贷批发机构概念

批发机构(apex)指的是在一个国家或一个完整的市场中，通过提供或者不提供技术服务或其他支持服务，把资金引导到大量的小额信贷零售机构中去的这样一种机构组织形式。在某种意义上，国际捐赠者和国际非政府组织都是支持小额

信贷机构的“批发机构”，存贷款合作社经常组成向零售合作机构提供服务的联盟，但是典型的金融合作社的大部分或者所有资金都来自于社员，而不是来自于他们的联盟。在一些国家存在着对小额信贷机构的大部分或者所有贷款进行担保的担保机制，从而帮助其从商业银行得到贷款。2008 年 6 月，印度尼西亚开办第一家小额信贷批发银行，据相关资料，MERCY CORP 以 3 300 万美元收购印度尼西亚巴厘岛一家商业银行，计划将该银行改制为小额信贷批发银行。暂定名称为“银行的银行”，简称 BOB。其出资中有 1 940 万美元来自盖茨基金会捐赠。该项交易还得到了世界银行和德国基金的投资，其目的是帮助小额信贷机构大规模持续发展。BOB 将帮助印度尼西亚的小额信贷机构从小额贷款业务拓展到储蓄、汇款、按揭和手机银行业务。BOB 将提供可持续的融资，并通过 MERCY CORP 在印尼开办的另一个基金为小额信贷机构提供技术支持。

批发机构是小额信贷市场中重要的金融中介组织，也是推动建立零售小额信贷市场的重要力量，它在小额信贷机构和金融市场之间建立桥梁，并能够协调小额信贷机构捐赠者。还能起到对小额信贷机构的监管作用。

案例 5-1　孟加拉国农村就业支持基金会(PKSF)

孟加拉国政府的 PKSF 是小额信贷批发基金模式的典型。为了集中管理国内外捐助机构和政府的扶贫资金，并推动小额信贷机构的持续发展，孟加拉国政府于 1990 年设立了农村就业支持基金会(PKSF)，该基金会注册为非盈利性股份制公司，注册资金 1.7 亿美元，由国内外赠款和国际金融组织贷款组成，其董事会成员由 7 名独立的社会知名人士组成，主席和其中 2 名成员由政府推荐，另外 4 名成员由 15 人组成的理事会推选(格莱明乡村银行总裁尤诺斯教授就是董事之一)。PKSF 仅对符合其标准的合作机构提供能力建设和免于担保的小额信贷批发业务。截至 2003 年年底，PKSF 已接纳 189 家合作机构，通过他们为 213 万贫困农户提供了 1.65 亿美元的小额贷款。PKSF 通过现场调查，审计和提交会计报表对合作机构实行监督，并帮助其制定长期发展规划。

PKSF 这一国家级小额信贷批发基金的设立，促进了小额信贷行业标准和最佳实践的推广，推动小额信贷机构的良性竞争和可持续发展，也大幅度减少了国际和国内用于小额信贷扶贫资金的设计成本。正是由于存在一个有效竞争的小额信贷市场，PKSF 的合作机构才能不断创新，提高效率，PKSF 自身的持续发展也得到相应保证。PKSF 仅对符合其标准的合作机构提供能力建设和免于担保的小额信贷批发业务，并通过现场调查、审计和会计报表对合作机构实行监督，帮助制定长期发展规划，促进小额信贷行业标准和最佳实践模式的推广，推动了小额信贷机构的良性竞争和可持续发展，也大幅度减少了小额信贷资金运作的设计成本。

5.2.1.2 中国小额信贷批发机构的发展

虽然在中国还没有专业的批发机构存在，但在中国小额信贷的实践中，类似的中等级别机构事实上已经存在，最具代表性的机构如国家开发银行，其正积极的涉足于小额信贷行业的各个方面。同时，随着银监会[2006]90号文件和2008年5月《小额贷款公司试点指导意见》的发布，越来越多的银行业金融机构会参股、注资村镇银行、小额贷款公司等小额信贷零售机构，无疑这种参股、注资也具有资金批发性质。除此之外，在小额信贷的发展过程中，也有一些机构以技术支持、培训等方式在提供着对小额信贷机构的支持，比如中国小额信贷发展促进网络、沛丰中国等，因为缺乏全面的资料，对此很难进行评估，但对于国家开发银行对小额信贷的支持可以做简单介绍。

作为政策性银行的国家开发银行，参与小额信贷的方式有五种模式：

一是通过向NGO小额信贷项目与机构进行批发式注资，支持小额信贷事业发展。这种方式类似于孟加拉国政府的PKSF，向与之合作的小额信贷机构提供免于担保的小额信贷批发业务。2006年12月20日，国家开发银行与中国扶贫基金会签署协议，国家开发银行将提供1亿元贷款，专项支持中国扶贫基金会实施小额信贷扶贫项目。这是中国小额信贷组织首次利用国家政策银行批发资金实施小额信贷扶贫项目。首批贷款2 000万元将被分别用于福建、山西和辽宁的小额信贷项目。据签署的协议，中国扶贫基金会作为统借统还的平台，全面负责贷款的“借、用、管、还”，并通过县小额信贷机构向农户发放小额贷款。中国扶贫基金会向国家开发银行申请贷款单笔上限为3 000万元，贷款期5年，宽限期为4年。

二是与商业贷款机构合作开展小额信贷，如国家开发银行深圳分行与中安信业投资公司始自2006年的合作，有两种方式：向中安信业投资公司提供债权资金、将中安信业投资公司作为其微小贷款业务的助贷机构，双方共建有效的风险控制机制。

三是国家开发银行早在2005年与世界银行和德国复兴银行合作，引入德国IPC公司微贷技术，以转贷款加技术支持的方式，与不同机构合作开展小额信贷业务。为此，先后与浙江台州、内蒙古包头、江西九江、兰州、贵阳、重庆、大庆、德阳、锦州等地的城市商业银行合作，通过签订协议，将贷款发放到有需求的个体工商户和农民手上。

针对个体工商户和农民难以提供有效抵押担保品的实际，开发银行基于“两轻一重”的经营理念——轻抵押、轻担保、重现金流，向客户发放额度在2万～100万

元的小额贷款，通过运用先进的贷款分析技术来选择客户降低信贷风险[1]。

建立在“轻抵押、轻担保、重现金流”理念基础上的国家开发银行开展的小额信贷服务，采取市场化定价的方法借助于独特的“微贷服务”风险控制技术（如四眼原则、交叉检验）[2]来开展针对微小企业和个体工商户的小额信贷，虽然运作绩效良好（保持了财务可持续），但因开发银行在基层没有分支机构，其业务的开展必须借助于其他“助贷机构”，因此业务的大规模拓展将受到很大限制。国家开发银行与浙江台州、内蒙古包头、江西九江、兰州、贵阳、重庆、大庆、德阳、锦州等地的金融机构合作，通过签订协议，委托它们将贷款发放到每一个有需求的个体工商户和农民手上。截至2007年8月末，累计发放笔数为13 886笔，累计发放贷款金额8.72亿元，平均单笔贷款发放金额6.28万元。贷款余额5.33亿元，有余额户数10 186户，平均贷款余额4.82万元。逾期30天的贷款比率为0.17%[3]。

四是直接参与组建村镇银行开展小额贷款。到2009年底，已参与发起7家村镇银行的组建。2008年10月18日，由国家开发银行作为主发起人，联合内蒙古新大地建设集团股份有限公司等7家企业和自然人共同出资组建的具有独立法人资格的地方性金融机构——鄂尔多斯市达拉特国开村镇银行在达拉特旗树林召镇开业。

五是创造了“国家开发银行＋协会＋企业（农户）”的贷款新模式。针对农民和中小企业难以出具贷款抵押物的问题，2004年6月，海南澄迈县在国家开发银行协助下成立了“会员自愿参加，中小企业担保公司提供担保，国家开发银行向协会成员提供贷款”为宗旨的城乡信用协会，会员涵盖农村种、养殖、农产品加工、储运等10多个行业；协会遵循“国家开发银行融资推动、政府组织协调、会员民主管理”原则。2004年，国家开发银行就向澄迈国达实业公司等11家信用协会会员的中小企业（含农户）发放贷款890万元。

造船资金短缺一直成为三亚市发展海洋产业的瓶颈。该市探索出“国家开发银行＋国资公司＋协会＋渔民”的模式，以三亚国资公司作为借款主体，向国家开

---

[1] 在贷款审查中，信贷员通过与客户面谈和实地考察，了解诸如申请人的教育程度、配偶的职业、子女上学情况、家庭资产状况等。据此，信贷员制做出申请人的资产负债表、现金流量表，然后进行分析和甄别。运用交叉检验的技术，银行能很好地掌握申请人的信用状况，以此决定是否贷款和贷款额的大小。

[2] 微贷技术的核心分析是预测借款人的负债偿还能力和其未来是否具备稳定的现金流收入，而所谓交叉检验是指信贷调查人员对于通过不同渠道获得的信息进行比较，来评价信息的真实性的一种分析方法。

[3] 开发银行和脚注①中提到的邮政储蓄银行的业务数据均来自世界银行扶贫协商小组出版的中文报告《中国的金融服务机构》[DB]. http://cgap.org/ChinesePubs/Publications_in_Chinese.html

发银行申请贷款1.25亿元，统一造船，渔民则交纳租赁保证金。渔船建造完工后，供渔民使用。

5.2.1.3 国际社会小额信贷投资基金的发展

1. 小额信贷投资基金的定义及发展概况

小额信贷投资基金是指以小额信贷机构为投资目标所设立的投资基金，包括非政府组织、发展机构、商业组织等各种类型的机构均可设立。部分小额信贷基金虽然不具有投资基金的资质，但可作为投资人投资于小额信贷机构和其他具有资质的小额信贷投资基金。

2004年7—10月，全球小额信贷机构扶贫协商小组(CGAP)、全球微型金融信息交流平台(MIX)和卢森堡ADA联合组织调查，了解国际社会小额信贷投资基金的发展状况。在所调查的43个小额信贷投资基金中(表5-3)，有38个是在调查时已经成立的机构，5个是调查时还未正式成立、将在2005年成立的机构。从总资产状况来看，已经成立的38家小额信贷投资基金总资产约为7亿欧元，其中投资于小额信贷的资金为3.38亿欧元，扣除基金之间相互投资的部分，这38家基金投资于小额信贷机构的资金为3.21亿欧元，如果再加上5家新基金投资小额信贷机构的资金，则43家基金投资于小额信贷机构的资金达5.01亿欧元。

表5-3 2004年7—10月所调查的小额信贷基金名单

• Accion Gateway	• Gray Ghost Microfinance Fund
• Accion Investments in Microfinance(AIM)	• Hivos-Triodos Foundation
• ADA-Luxmint	• Incofin
• Africap	• Investisseur et Partenaire pour le Development
• Alterfin	• Impulse(Incofin)(New)
• ASN-Novib Fund	• Kolibri Kapital ASA
• AXA Worle Funds-Development Debt	• La Fayette Participations
• BlueOrchard Microfinance Securities ILLC	• La Fayette Incestissements(New)
• Calvert Social Investment Foundation-community Investment Notes	• Latin American Bridge Fund(Accion)
	• Latin American Challenge Investment Fund
• Cresud	• Micro Vest
• Deutsche Bank Start-up Fund(New)	• Oikocredit

续表 5-3

• Deutsche Bank Microcredit Development Fund	• Opportunity International(OTI)
• Development Int'l Desjardins-Partnership Fund	• Solidus(New)
• Dvt Int'l Desjardins-Guaranty Fund	• PlaNet Finance-Revolving Credit Fund
• Dvt Int'l Desjardins-FONIDI Fund	• ProCredit Holding(formerly IMI)
• Dexia Micro-Credit Fund-Blue Orchard Debt Sub-Fund	• ProFund
	• Responsibility Global Microfinance Fund
• Etimos	• Sarona Global Investment Fund
• Fonds International de Garantie(FIG)	• ShoreCap International
• Global Microfinance Facility	• SIDI
• Global Commerical Microfinance Consortium (Deutsche Bank)(New)	• Triodos Fair Share Fund
	• Triodos-Doen Foundation

针对投资于小额信贷的发展机构、基金会和非政府组织的调查显示，所调查的16家机构(表5-4)投资于小额信贷的资金达10.1亿欧元，扣除投资于小额信贷投资基金的部分，这些机构直接投资于小额信贷机构的资金为8.84亿欧元。这意味着所调查全部59家机构投资于小额信贷机构的资金达13.85亿欧元。

表 5-4 小额信贷的投资者：发展机构、基金和非政府组织

发展机构：

- BIO (Belgian Investment Company for Developing Countries)
- Corporacion Andina de Fomento(CAF)
- 欧洲复兴开发银行(EBRD)
- FinnFund
- FMO
- 国际金融公司(IFC)
- Kreditanstalt for Wiederaufban(KfW/DEG)
- Multilateral Investment Fund of the Inter-American development bank
- USAID

续表 5-4

基金和非政府组织： • Cordaid • DOEN Foundation • Inter Church Organization for Development Co-operation(ICCO) • 荷兰国际发展合作署(NOVIB) • Partners for the Common Good • Rabobank Foundation(荷兰拉博银行基金) • Unitus

2. 投资于小额信贷投资基金的投资者的类型

就小额信贷投资基金的投资者类型来看，主要包括四大类(图 5-1)。

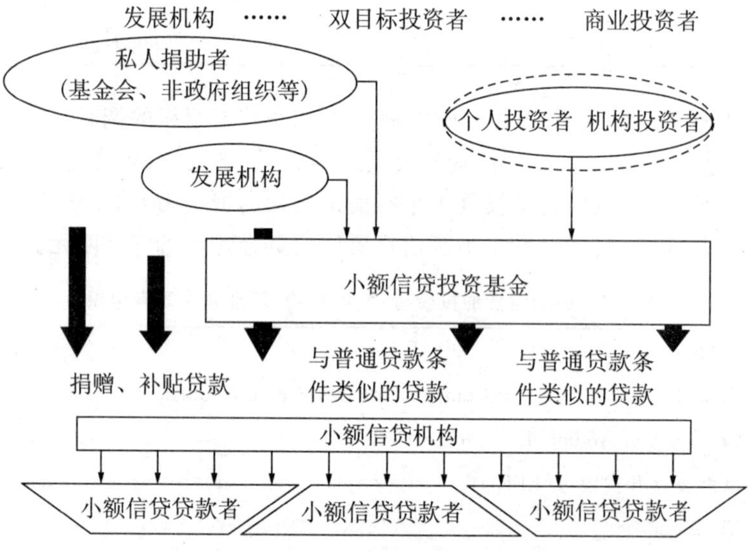

图 5-1 小额信贷行业各类机构关系图

(1)私人捐助者。由企业或个人成立的基金或非政府组织等私人捐助者是小额信贷资金的重要来源，多年以来，他们在发展中国家和转型国家通过补助、捐赠、技术援助等方式直接支持小额信贷机构。由最开始的提供补助贷款，不收利息或收取少量利息，逐步发展到对成熟的小额信贷机构收取与市场利率较为接近的利息。

(2)发展机构。主要包括双边或多边的机构,如国际金融机构(IFIs)和国际发展机构(DFIs)。政府和国际组织通过建立这些发展银行和机构来促进新兴国家的可持续发展。发展机构通过补贴贷款等方式对小额信贷机构予以支持,对小额信贷机构的发展发挥了重要作用。随着小额信贷机构的逐步成熟,发展机构逐步成立小额信贷发展基金,如ProFund and LACIF。可以说第一代的小额信贷发展基金的所有者和出资人正是发展机构。

(3)个人投资者。在20世纪90年代中后期以前,个人投资者对小额信贷机构进行投资是非常困难的。1992年和1994年先后成立的两家比利时基金(Incofin和Alterfin)允许个人投资者成为股东。1995年,Calvert Social投资基金对个人投资者发行他们的社区投资证券,允许个人投资者直接或通过经纪人购买。日内瓦的Fonds International de Garantie (FIG)在1996年也开始接受个人投资者的投资。微型金融真正的向个人投资者开放开始于1998年成立于卢森堡的Dexia小额信贷基金,该基金具有传统货币市场或债券市场基金所具有的所有优势,同时还具有一个明显的优势:在获得经济效益的同时还能够获得相关的社会效益。

(4)机构投资者。机构投资者显然是小额信贷投资基金未来资金的最重要来源。机构投资者包括退休基金、保险公司、互助投资基金和其他规模较大的投资者。个别退休基金已经成为小额信贷基金的投资者,但是机构投资者在小额信贷市场的投资依然是有限的,主要是由于机构的业绩压力和对小额信贷的还不够深入。吸引机构投资者进入小额信贷领域是一个漫长的过程,伴随着它们对投资于小额信贷的优势理解的深入,这个过程会逐步加快。小额信贷行业必须不断地与传统资本市场相互交流,不断加深对传统资本市场的理解。

安盛环球发展债券基金是安盛环球基金的子基金,成立于卢森堡,由安盛投资管理人发起。这个基金通过购买发展金融机构的债券等形式致力于新兴经济体的可持续发展,同时也将超过10%的资金直接投资于小额信贷机构。在2004年9月中旬,该基金将1 900万欧元资产中的122万欧元投资于由拉美小额信贷机构发行的存款证。伴随着该基金的发展,投资于微型金融的部分也相应不断增长。

商业性机构投资者正逐步将他们的注意力转向小额信贷,伴随着小额信贷领域的持续创新和被传统金融市场所了解,商业性机构投资者应该在全球范围内为小额信贷贷款者提供更大量的资金支持,以保护和支持社会目标的实现。

3. 小额信贷投资基金的分类

按照小额信贷投资基金的目标的不同,可以将小额信贷投资基金分为以下三种类型:商业性小额信贷投资基金、准商业性小额信贷投资基金和小额信贷发展基金。商业性和准商业性小额信贷投资基金通常以传统的投资基金或投资公司的形式设立，它们的主要目标是为出资人实现经济回报的同时追求社会和发展的目标。两类基金间的主要区别在于基金的投资人群体的不同。

(1)商业性小额信贷投资基金。商业性小额信贷投资基金的投资人主要为私人和机构投资者，发展机构和私人捐助者在机构中只是以初始投资人或协助者的身份出现。从投资者的身份可以看出，相对于另外两种小额信贷投资基金，商业性小额信贷投资基金有着更为明确的目标。商业性机构投资者往往希望更加准确的了解所作投资的状况，预期的回报和投资了哪些小额信贷机构。根据基金投资人的不同，基金的运行情况会以备忘录、简报或年报的形式进行报告。而发展机构和私人捐款人在他们的正式报告中不会要求如此透明和清晰数据。

只有极少数的小额信贷投资基金提供经济回报、成本结构、费用比率和贷款损失率等信息，信息的不透明使得传统的投资者难以将小额信贷投机基金与他们主流的投资对象相比较，对小额信贷投资基金进行比较也变得相当困难。伴随着商业投资人不断的进入小额信贷领域，小额信贷投资基金提供的信息的质量也在不断提高。商业性基金主要是以发放贷款的方式投资小额信贷投资基金，而发展机构和个私人捐助者主要通过参与式股权投资方式进行投资。伴随着市场的不断成熟，机构投资者也将逐步进行股权投资。

(2)准商业性小额信贷投资基金。准商业性小额信贷投资基金也有着明确的盈利目标，但是他们的投资人主要为私人捐助者和发展机构。准商业性的小额信贷投资基金，如 ProCredit Holding 投机基金，通过不断的引进机构投资者也会变成商业性的小额信贷投资基金。在盈利性方面商业性的和准商业性的小额信贷投资基金没有明显的区别，在过去的几年中，一些准商业性的小额信贷投资基金比商业性的基金经营的更加成功，主要是由于他们对小额信贷机构进行高比例的股权投资。

(3)小额信贷发展基金。小额信贷发展基金通常是合作性的或非盈利性的机构，它们的目标在于通过可持续的方式来获得资本支持小额信贷机构的发展，它们并不严格追求财务上的回报，在追求社会效益的同时尽力维持经通货膨胀调整后的机构的资产价值。它们可通过向小额信贷机构提供补贴或以低于市场利率发放贷款来实现上述目标。投资于小额信贷发展基金的投资人主要为私人捐款者和发展机构，也包括个人和企业。小额信贷发展基金通常不会经常向小额信贷机构提供补贴和捐助，因为这样会减少机构的资本。

考虑到资金的来源和追求的社会目标等因素，小额信贷发展基金是商业和准商业性小额信贷发展基金的重要补充。通过小额信贷发展基金的支持，使小额信贷机构实现机构的可持续，进而能够在资本市场融资。随着小额信贷机构实现机构的可持续，商业性小额信贷投资基金会按资本市场的条件向其提供更充裕的资源。

小额信贷投资基金持续的为小额信贷机构提供资金支持，可以促进小额信贷行业的发展，并具有分散风险的功能，有利于实现投资人和捐助者的利益的协调，实现小额信贷基金多样化的目标，有利于小额信贷行业财务准则的建立，为小额信贷机构提供了更加灵活的融资途径，有利于建立小额信贷与公众良好的关系。

5.2.2 小额信贷评级机构

5.2.2.1 评级的概念

评级是对小额信贷机构的业绩进行分析、评估或者评级，而做出判断的基准是基于同类机构业绩拟定的行业标准。评级系统通过对小额信贷机构在经营和管理等主要方面进行深入分析，并发表独立的审阅报告来提高小额信贷机构信息的透明度，这一分析包括了质和量两方面。这个公之于众的评级报告是了解小额信贷机构状况的一个客观而又准确的途径。

5.2.2.2 小额信贷市场评级机构的发展状况

对小额信贷机构进行专业化评级源于1996年对MicroRate的初步研究。美洲开发银行当时资助了18个早期的MicroRate评级机构。当穆迪投资者服务公司成长为年收入高达数百万美元的国际大公司时，MieroRate和它的后继者，如Planet Rating，Mierofinanza Rating和M-CRIL等却正试图将它们的目标市场定位得更加清晰一进行专业的小额信贷机构评级。除了这些专业化的小额信贷评级机构外，许多主流的评级中介也都开始参与小额信贷机构评级，特别是在资本市场以及其他一些私人商业投资者开始要投资小额信贷机构时，一些国际知名的主流评级机构(如标准普尔、惠誉国际和穆迪)利用其传统信用评级方法来对小额信贷机构的风险进行评估。一些小额信贷机构的管理者也认为评级能够让本机构以更优厚的条件得到融资并改善其资本结构。

1997—2006年，全球已完成的小额信贷机构评估数量达到1 809份。据2006年的数据，大概有来自74个国家的683个小额信贷机构进行过评级，超过一半的机构分布在印度、秘鲁、玻利维亚和哥伦比亚。在小额信贷机构评级业务开展最好的10个国家中，有8个来自拉丁美洲，其他2个来自亚洲。评级成本方面，南亚平均的评级成本不超过9 000美元，东亚和拉丁美洲的不超过1万美元，其他地区的评级成本超过了1.2万美元。调查中1/3样本机构的评级费用是由其资助方支付的。

对小额信贷机构进行评级仍然是半公益性半营利性的行业。主要原因在于，资本市场和监管当局对专业小额信贷评级的需求并不明晰，小额信贷机构融资的价格不能由评级来决定，监管者也不能统一对小额信贷机构的专业化评级做出要求。而融资需求和监管需求至少得满足一个，才能保证专业化的小额信贷评级机构发展成一个繁荣的行业。

5.2.2.3 小额信贷机构评级产品

小额信贷机构评级有两个基本的产品：信用风险评级和全球风险评级。前者重点在于评价小额信贷机构的放贷能力和信用风险；后者是对小额信贷机构的经营和发展前景做更广泛的评价，而不仅仅是信用风险评级所关注的资信情况。这一点也是专业小额信贷评级机构和主流商业评级机构最重要的区别。专业的小额信贷评级将更多的权重放在了分析小额信贷的绩效上。全球风险评级是由小额信贷机构评级领域开发的第一个评级产品，它能提供有关小额信贷机构资信、管理、社会使命、产品、风险管理、成长能力等各方面的信息。

从评级的情况看，全球风险评级占主导地位，2006 年占到了已完成评估总量的 2/3。2006 年小额信贷机构评级首选全球风险评级的数量为 152 个，同期只有 12 个机构首次采用信用风险评级。在进行二次评级时，更多的机构选择了信用风险评级。可以认为，全球风险评级仍被小额信贷机构作为一个重要的诊断工具。而信用风险评级主要是在拉丁美洲和加勒比地区，该地区是最大的小额信贷机构评级市场，也是最早进行小额信贷机构评级的地区。一些拉丁美洲和加勒比地区国家的小额信贷机构被要求每年进行强制的信用风险评级。

从评级的发展趋势来看，随着小额信贷机构的成长，其对机构投资需求的增加，会更偏重选择信用风险评级，或者将信用风险评级作为全球风险评级的重要补充。与此同时，评级的种类开始多样化，从单纯的全球风险评级和信用风险评级向迷你评级和社会评级转变，而各个小额信贷机构选择评级服务种类的灵活性也逐步增大。

5.2.2.4 对小额信贷机构进行评级的作用

通过对小额信贷机构进行等级评定，如“AAA”或“BBB”，可以让小额信贷机构的风险状况看起来清晰简洁，使那些不懂小额信贷业务的潜在投资者能够理解并做出投资决策，使小额信贷机构更易于吸引外来投资，加速机构的商业化。而独立的评级报告进一步加强了小额信贷部门的透明度，能推进小额信贷机构融入正规金融市场。同时，这种更具可信度的报告，可以方便监管当局根据他们的运行状况改善监管环境。

小额信贷机构评级的效果如何，要从小额信贷机构评级的需求方来考察。多元化的评级行业，可以同时提高不同层次小额信贷机构绩效的透明度。大部分的小额信贷机构认为其最想要的绩效评级目标已经达到了，它们通过外部评估提高了操作可持续性和财务可持续性，随后也获得了比捐赠更加稳定的商业融资的保障。

在2004年从评级基金获益的63家小额信贷机构得到的反馈意见中看出，评级报告有利于机构识别它们自身的优势和需要改进的业务领域，用以吸引新的资金来源，同时给其他机构提供一个比较的基准。根据CGAP对17个小额信贷投资者的调查发现，35%的样本投资者在对小额信贷机构投资时要求有评级报告，但作为投资对象的小额信贷机构中只有70%能出具该报告。所有投资者都认为评级报告只作为他们尽职调查的补充。

案例 5-2

在危地马拉，曾经有一段时间公众对信贷联盟的信心指数非常低，以至于为了增加吸储，它们不得不支付比其银行竞争者高2%的利率。同时，国内的金融当局也拒绝承担对它们的监管责任。在这种情况下，13家当地信贷联盟组建了一家私人评级机构来评估和证明它们的财务状况，以重新唤回公众的认可。这个评级机构不受控于信贷联盟，对那些不符合要求的信贷联盟清除出去并公布于众。评级机构有权撤换那些不符合要求的机构的董事会或管理者。对于危地马拉这些可吸储的机构而言，评级的需求方是储户，他们利用评级的结果来判断其存款的安全性。对于拉丁美洲和南亚的一些非吸储性质的小额信贷机构而言，评级的需求方是投资者。

5.2.3 征信体系对小额信贷的支持机制

5.2.3.1 征信体系的概念

征信指为信用活动提供的信用信息服务，实践中表现为专业化的机构依法采集、调查、保存、整理、提供企业和个人的信用信息，并对其资信状况进行评价，以此满足从事信用活动的机构在信用交易中对信用信息的需要，解决借贷市场信息不对称的问题。

征信体系指用于描述一个经济体中有关征信的更广泛的制度框架。包括：①公共征信系统，指由政府（通常由银行监管者）运营的征信系统；②私营征信公司，在政府之外运营的登记系统（包括营利性和非营利性机构），他主要由商会、银行协会经营的征信公司以及关于借款人表现的任何其他有组织的数据库;③征信的法律框架;④关于隐私的法律框架,因为它与征信活动相关;⑤关于征信的管理框架,包括政府实施法律法规的制度能力;⑥经济中可以得到的有关借款人的其他数据,如法院的数据、公共费用支出、就业状态等;⑦金融中介和其他机构使用的信用数据,例如使用信用评分或使用信用数据创立数据化签名;⑧征信的文化背景,例如可包括社会对隐私的看法以及名誉抵押的重要性。

5.2.3.2 征信机构的分类

从世界各国征信机构发展情况看,征信机构的分类大体有以下几种:

(1)按业务模式可分为企业征信和个人征信两类。企业征信主要是收集企业信用信息、生产企业信用产品;个人征信主要是收集个人信用信息、生产个人信用产品。有些国家这两种业务类型由一个机构完成,也有的国家是由两个或两个机构分别完成,或者在一个国家内既有单独从事个人征信的机构,也有从事个人和企业两种征信业务类型的机构,一般都不加以限制,由征信机构根据实际情况自主决定。

(2)按服务对象可分为信贷征信、商业征信、雇佣征信以及其他征信。信贷征信主要服务对象是金融机构,为信贷决策提供支持;商业征信主要服务对象是批发商或零售商,为赊销决策提供支持;雇佣征信主要服务对象是雇主,为雇主用人决策提供支持;另外,还有其他一些征信活动,诸如市场调查,动产、不动产鉴定等。各类不同服务对象的征信业务,有的是由一个机构完成,有的是在围绕具有数据库征信机构上下游的独立企业内来完成。

(3)按征信范围可分为区域征信、国内征信、跨国征信等。区域征信一般规模较小,只在某一特定区域内提供征信服务,这种模式一般在征信业刚起步的国家存在较多,征信业发展到一定阶段后,大都走向兼并或专业细分,真正意义上的区域征信随之逐步消失;国内征信是世界范围内最多的机构形式之一,开设征信机构的国家普遍采取这种形式;跨国征信这几年正在迅速崛起,此类征信之所以能够在近年得以快速发展,主要有内在和外在两方面原因:西方国家一些老牌征信机构为了拓展自己的业务,采用多种形式(如设立子公司、合作、参股、提供技术支持、设立办事处等)向其他国家渗透,互相融合,跨国经济实体越来越多,跨国征信业务的需求也越来越多,为了适应这种发展趋势,跨国征信这种机构形式也必然越来越多。但由于每个国家的政治体制、法律体系、文化背景不同,跨国征信的发展也受到一定的制约

5.2.3.3 征信体系对小额信贷发展的促进作用

(1)可以降低交易费用。在小额信贷市场中,高额交易费用的存在已经成为一

大重负。征信体系的存在可以确保小额信贷机构在交易之前就对客户的信用状况和道德品质有所了解，节约了贷前的信息搜寻成本，提高了交易达成的效率。征信记录作为一种社会规范制约着客户的行为，在一定程度上保证了对合同约定的信守，从而最大可能地减少了违约率。法律规定设立征信机构来履行征信职责，客观、公正、依法采集、记录、制作、保存民事主体的信用资料，并依法合理使用和公开信用资料，以增强信息透明、防范交易风险、降低交易成本、促进交易便捷。

(2)消解逆向选择，规避道德风险。逆向选择和道德风险实际上是由交易发生前后卖方和买方不诚实行为所造成的，而征信体系对人们不诚实行为的惩罚使得交易双方都不敢轻易地为小利驱动而扰乱正常的市场环境，而长期诚实交易给小额信贷客户带来的信誉更会大大激励其他客户，从而有利于整个市场的优胜劣汰。同样，随着个人信用征信体系覆盖人群的增加和涉及领域的扩展，信用伦理的深入人心，市场的道德风险也必然会提供依据，并通过一系列法规、制度来规范个人信用活动与当事人的信用行为，提高守信意识，为建立良好的市场经济运行秩序提供制度保障。

(3)征信体系是小额信贷市场运行的基石。加强征信建设，健全信用环境，是小额信贷取得良好发展的必要条件。整个社会是一个庞大的系统，其正常有序地运转需要大量的费用支持，如何节约社会运行的成本，提高社会运行效率，则需社会、政府、企业、个人等共同努力。征信系统在市场经济中的独特效用还体现在它能够节约社会成本，既可以节约公共事务管理的运行成本，又可以节约法律实施中的执行成本。

(4)征信体系的建立是对小额信贷风险的基础性预防。信用和风险成反比，信用越高，风险越小；信用越低，风险越大。建立征信系统，有利于减少和防范小额信贷风险。国际小额信贷的发起者GB在对中低收入群体信任和尊重的理念开办这一业务，小额信贷引入中国后服务的人群主要针对农民和低收入者。基于这一背景，明确农民和低收入者享有平等的信贷权，维护其合法获得贷款的权利的同时，要求他们履行按时还款的义务，小额信贷的客户接受信用评估、信用披露和信用激励机制的约束和调整，这有利于提高还贷率，减少和避免小额信贷的风险。建立征信制度是对上述机制的有效落实，征信机构搜集、披露个人信息并负有对信息数据主体的及时告知义务，个人信息数据主体有权了解行政机关、征信机构所收集、保存的有关本人信用信息数据的内容、使用目的和查询者的资料。

案例 5-3　美国个人征信体系

美国从事个人征信业务的机构通常被称为信用局，它们是由民营资本投资、完全市场化运营的公司。如 Expe-rian、Equifax、Transunion 是全国性质的三家个人信用局，此外还有数百家地方信用局与上述三家信用局有业务往来。美国个人征信市场呈现出由少数几家信用局垄断市场和数百家地方信用局作为辅助的两级市场格局。

信用局从银行、储贷机构、信用合作社、财务公司、零售商等授信机构收集个人正面或负面的信用信息，形成覆盖全国的大型个人征信数据库。个人信用报告种类繁多，以有偿形式提供。

信用局采用先进的信用评分技术和科学的信用风险模型对消费者进行全面、准确、及时的评价，以帮助授信机构做出快速、科学的授信决策。三大信用局采用 FICO 评分体系，对个人的信用价值或信用潜力做出定量化评估，并结合统计分析方法和计算机处理技术开发出了种类细分化的信用风险模型。各授信机构做出授信决策和进行贷后风险管理主要依据的是消费者的信用评分和各类统计模型，主观判断已成为最次要的因素。

美国以《公平信用报告法》、《平等信用机会法》为核心，形成了完善的个人征信法律体系，涉及消费信贷领域中的个人征信问题的法律将近 20 余部。《公平信用报告法》明确规定，授信机构可以从信用局获得消费者的个人信用信息，除非消费者向信用局明确表示不愿让自己的信用信息披露给授信机构。该法构成了美国个人征信的“选择出局”制度的法律基础，有利于征信业务的开展，是繁荣美国信贷的制度基础。

由于具备比较完善的法律体系，因此政府在对征信行业的管理中所起的作用有限，但是有关政府部门和法院，主要是联邦贸易委员会、财政部货币监理局、联邦储备系统和司法局仍然起到信用监督和执法的作用。

5.2.4　小额信贷 IT 技术服务

国际小额信贷的实践经验表明，小额信贷机构的信息化建设(包括信息化基础设施、信息系统软件或管理信息系统，以及信息应用与管理的制度、流程和人员配备等)对于增加机构的透明度、提高工作效率、降低操作成本、增强授信决策能力等具有非常重要的作用。有很多有助于小额信贷机构提高效率、更准确地跟踪经营活动、增加透明度和服务更多的新客户的新技术。但是，大多数小额信贷机构在选择恰当的技术、并努力从投资的技术中获得最大收益方面显得力不从心。

小额信贷机构使用的IT技术,主要包括信息系统、ATM机、POS机。通过技术支持,小额信贷机构可以获得更多的信息,从而做出更好的决策;灵活性加强,经营成本更低,方便了客户,引入技术手段还可以覆盖金融机构尚未提供服务的区域。如果小额信贷机构吸收储蓄,还可以使有效储蓄增加。

5.3 小额信贷的绩效评价体系及机构的可持续性

5.3.1 小额信贷的绩效评价指标

有效的财务管理需要定期进行财务绩效的分析。绩效指标汇集和重置财务数据,能够有效地提供有关一个小型信贷机构财务绩效的实用信息。通过计算绩效指标,捐赠者、经营者以及咨询专家,能够确定小型信贷机构的效率、债务和经营范围。

绩效指标通常采用比率的形式,即一个财务数据与另一个财务数据的比较。比较一定时期的比率指标,称之为趋势分析,可以说明财务绩效状况是改善还是恶化。除了趋势分析之外,不同的比率间也必须进行比较分析,以确定小型信贷机构的总体财务绩效状况。计算绩效指标本身并不能带来财务绩效状况的改善。但是,绩效指标的分析以及提供有关信息的变化能够确定潜在的或现实的问题,从而有利于改变政策或经营,最终带来财务绩效的改善。绩效指标分为六类,即:①贷款资产质量;②生产率与效率;③财务生存性;④收益;⑤杠杆率和资本充足状况;⑥规模、范围和增长。

5.3.1.1 贷款资产质量

贷款资产质量指标提供了有关未盈利资产的百分比,未盈利资产降低了小型信贷机构的收益和资金流动性。衡量贷款资产质量,使用不同的指标,以提供其他有关信息。这类指标可以分为三类:贷款偿还率、贷款资产质量指标、贷款损失指标。

1. 贷款偿还率

虽然贷款偿还率是一个捐赠者和小型信贷机构常用的指标,但实际上它并不说明贷款资产的质量(即未付贷款的风险数量)。更确切地说,贷款偿还率衡量的是过去贷款回收率。鉴于其他指标衡量了未付贷款资产的质量(包括欠款率和贷款资产风险率),贷款偿还率衡量的是所回收的贷款的数量。在一定时期内它是一个检测贷款偿还绩效的好指标,有助于预测为了的现金流,因为它表明了在过去的基础上有多大比例的贷款能够收回。

建议采用下面的公式计算贷款偿还率：

按时贷款偿还率＝(预期回收贷款数额－预付回收贷款数额)/全部预期回收的贷款数额

或者：

包括过期贷款的贷款偿还率＝(预期回收贷款数额＋过期贷款－预付回收贷款数额)/全部预期回收贷款＋过期贷款

这些攻势消除了预付回收贷款的影响，表示回收贷款是与已经回收贷款数额的实际比例关系。

2. 贷款资产质量指标

建议采用3个指标衡量贷款资产质量：欠款率、风险贷款、借款者拖欠率。

①欠款率。欠款率是过期贷款本金(或者本金加上利息)与未付贷款的比率：

欠款率＝欠款数额/未付贷款(包括过期贷款)

②风险贷款。风险贷款指的是全部过期贷款中未偿还的贷款余额。风险贷款与欠款不同，因为它涉及的贷款数额为欠款和生育的未付贷款的余额。公式如下：

风险贷款＝偿还期已过的未付贷款余额/未付贷款(包括过期贷款)

③借款者拖欠。作为贷款资产质量的进一步衡量，确定与拖欠贷款规模相关的借款者的数量是有用的。如果支付的贷款规模有变化，该指标有助于了解是大规模还是小规模贷款拖欠的更加严重。如果借款者拖欠的指标高于风险贷款或者欠款率，那就说明大规模贷款存在的问题比小规模贷款严重。

借款者拖欠＝拖欠贷款的人数/全部贷款人数

3. 贷款损失指标

小型信贷机构的预期贷款损失和实际贷款损失可用两个指标计算，即贷款损失准备金率和贷款损失率。

(1)贷款损失准备金率。贷款准备金为贷款损失预备金的累计值减去注销的贷款额。贷款损失准备金的数量取决于未付贷款的质量。一旦贷款损失准备金被确定，它将成为一个未付贷款百分比的有效指标。

贷款损失准备金率＝当期贷款损失准备金/当期未付贷款额

(2)贷款损失率。计算贷款损失率是为了确定在一定时期内(通常为一年)贷款损失的比例。贷款损失率只反映一个时期内注销的贷款数量。该指标提供了在一个时期内相对于平均未付贷款的贷款损失数量。

贷款损失率＝一定时期内注销的贷款额/该时期内的平均未付贷款额

5.3.1.2 生产率和效率指标

产出与效率指标提供了有关小型信贷机构获得收益与其成本费用间的比率关

系的信息。通过计算和比较长期的生产率和效率指标，小型信贷机构能够确定他们是否最大限度地实用其拥有地资源。生产率和效率指标可以用来比较一个小型信贷机构的长期财务绩效并衡量其经营上的改善状况。生产率指的是在一定的资源或资产（投入）基础上所产生的营业额。效率指的是每单位产出所花费的成本。

1. 生产率指标

在这里，建议采用一些指标进行小型信贷机构生产率的分析。这些指标主要集中分析信贷人员的生产率，因为它们是产生收益的主要人员。这些指标包括每个信贷人员所负责的借款者数量、每个信贷人员所负责的未付贷款、在一个时期内每个信贷人员所负责的已经支付的贷款数量。

对于吸收存款的小型信贷机构来说，生产率指标同样可以用来考核负责存款的人员的工作。这些指标与上述指标相似，包括每个存款人员所负责的存款者数量、每个存款人员所负责的未付存款、在一定时期内每个存款人员所吸收的存款数量。

2. 效率指标

效率指标衡量的是为产生收益而提供的服务（贷款）的成本。

（1）经营成本指标。经营成本指标表明了借贷经营的效率。这一指标受到与平均贷款资产相关的经营成本的增加或减少的影响。

经营成本指标＝经营成本/平均未付贷款

（2）相对于平均未付贷款资产的工资和津贴。这一指标随着模式、人口密度以及所在国家的工资水平而变化。

相对于平均未付贷款资产的工资和津贴＝工资和津贴/平均未付贷款

（3）单位货币借贷的成本。着重强调贷款资产流动对经营成本的影响。该指标越低，效率越高。这一指标大量用于长期的计算和比较，以判断成本是上升还是降低。

单位货币借贷成本＝一定时期的经营成本/同一时期全部支付贷款数量

（4）每笔贷款成本。每笔贷款成本表明了在发放贷款数量基础上提供贷款的成本。

每笔贷款成本＝一定时期的经营成本/同一时期发放的贷款总笔数

5.3.1.3　财务可持续性

财务可持续性指的是一个小型信贷机构利用其赚取的收益来抵付其成本的能力。

1. 财务差率

储蓄率和借贷利率之间的差额就是“差率”（有时如果包括全部经营收益的话，

成为财务总边际差额）。计算公式是：

财务差率=（利息和收费收益－财务成本）/平均贷款资产

或者在包括投资收益的情况下，计算公式为：

财务差率（财务总边际差额）=（经营收益－财务成本）/平均运营资产

2. 自足指标的两个层次

(1)经营性自足。一些小型信贷机构把经营性自足定义为从经营活动中获得足够的收益，使之能够抵付经营费用、财务成本和贷款损失预备金。

经营性自足=经营收入/（经营费用＋财务成本＋贷款损失预备金）

(2)财务性自足。财务性自足指标表明小型信贷机构是否获得足够的收益以抵付其包括财务成本、贷款损失预备金和经营费用的直接成本，以及包括调整过的资本成本的间接成本。调整过的资本成本指的是为保持受通货膨胀（或者财产的市场利率）影响的财产价值的成本，以及获得按照商业利率收取利息的债务的成本。调整过的资本成本计算公式如下：

资本成本=［（通货膨胀率×（平均财产－平均固定资产）］＋［（平均资金债务×债务的市场利率）－实际财务成本］

财务性自足=经营收入/（经营成本＋财务成本＋贷款损失预备金＋资本成本）

5.3.1.4 收益指标

收益指标衡量的是小型信贷机构的与其资产平衡表相关的净收入。收益指标有助于投资者和管理者确定他们是否从在小型信贷机构的投资中获得适当的回报。为计算收益指标，需计算利润占资产的百分比即资产收益（ROA），商业收益（ROB），以及财产收益（ROC）

1. 资产收益指标

资产收益指标衡量的是小型信贷机构相对于其资产的净收入。计算资产收益指标时，采用的是小型信贷机构的全部资产，而不是其运行资产。

资产收益率=净收入/平均资产　或

资产收益率（调整过的）=调整过的净收入/平均全部资产

2. 商业收益指标

考虑到一些小型信贷机构把储蓄业务作为其经营活动的很大部分，需要商业收益指标进行衡量。商业收益指标涉及小型信贷机构经营中的双重活动（吸收储蓄存款和发放贷款）。将资产与负债相加，然后除以 2，就得到商业基础。

商业收益指标（已调整）=调整过的净收入/平均商业基础

3. 财产收益指标

财产收益指标向管理和投资者提供了所获到收益与投资的财产间的比率。这一指标与财产收益指标不同,它所衡量的是小型信贷机构拥有的资金所获得的收益。如果财产收益指标低于通货膨胀率,那么小型信贷机构的财产每年都有不同的减少。

财产收益(调整过的)＝调整过的净收入/平均财产

5.3.1.5　杠杆率和资本充足状况

1. 杠杆率

杠杆率指的是相对与其财产数量,小型信贷机构所借贷资金的数量。换句话说,这一指标表明,相对于小型信贷机构拥有的每一个美元或者其他货币资金,小型信贷机构能够从商业性资源中获得多少额外的美元或其他货币资金。杠杆率指标说明了包括债务的贷款资产与财产间的关系。一个小型信贷机构的杠杆率是通过计算其债务与财产间比率关系来衡量的。财产债务比率表明一个小型信贷机构拥有多少相对于其财产的债务。

财产债务比率＝债务/财产

2. 资本充足标准

资本充足状况指的是相对于其资产,小型信贷机构拥有的资本数量。资本充足意味着在提供财务持续性的同时,有足够的资本数量能够吸收潜在的损失。从小型信贷机构的资产构成出发,资本充足状况与杠杆率是相关的。通常使用资本与风险加权资产的比率来衡量资本充足状况:

资本与风险加权资产比率＝(投资资本＋准备金＋保留收益)/风险加权资产

5.3.1.6　规模、扩展范围的深度指标

除了财务绩效制表外,许多小型信贷机构还从他们的客户那里收集资料——其经营活动的规模,以及扩展范围的深度。

扩展范围指标是定性和定量的。这些指标相对简单地收集和提供了关于小型信贷机构扩展范围的规模的衡量和服务深度的程度。这些指标可以根据其对一个小型信贷机构的相对重要性进行数量及优先级的权重计算。扩展范围指标包括:客户和工作人员、客户或成员数量(妇女比例)、结构服务的客户比例、全部借款人中妇女的比例、全部储蓄者中妇女的比例、工作人员数量、城市分支机构或单位的数量、农村分支机构或单位的数量、农村与城市分支机构或单位的比例关系等。

5.3.2 小额信贷运营机构的可持续性

5.3.2.1 可持续性的概念

小额信贷的原始概念是将相对于传统金融而言的组织制度创新和金融创新的信贷活动与扶贫到户项目有机地结合成一体的、一种特殊的金融扶贫活动。它既与信贷活动和扶贫活动密切相关,又明显区别于这两者,它是这两者的有机结合。

小额信贷的根本宗旨和目标是运用创新的金融手段和制度为目标群体——没有享受到或没有充分享受到金融服务的中低收入客户——提供持续有效的服务。对此,人们的认识可能还是比较一致或可以说有共识的。然而,小额信贷必须实现可持续性,并以此为直接目标之一。对这一论断和对持续性的概念,人们的认识则差异较大。规范的小额信贷,应该有两个基本的标志、原则和直接目标:一是为一定规模的中低收入客户持续提供使他们能获益的信贷服务,而是实现服务机构自身的自负盈亏和可持续发展。其中,第二个目标和原则从根本上说是为第一个直接目标和原则服务的,要根据机构的目标和宗旨设定,寻求这两个目标的最佳结合点和平衡点。

狭义的小额信贷可持续性的概念是指机构本身提供的信贷服务所产生的收入能覆盖其运营操作和资金成本,以保证其收入大于支出。因而,小额信贷的可持续性的定义应该是:小额信贷机构可以不依赖外界的优惠资金等条件而独立生存和长期的发展和壮大。广义的小额信贷的可持续性可分为管理上的可持续性、技术上的可持续性和财务上的可持续性等。这种广义的可持续性概念是指机构如何能从组织、管理和机构等各方面进行合理设计和有效运作及适当调整以实现其持续有效为穷人服务的根本目标和宗旨。

由于对小额信贷概念的理解存在差异,对于小额信贷模式也存在两种不同的基本理解和认识:一种倾向于将小额信贷视为一种扶贫项目或类扶贫项目,而忽视小额信贷终究也具有信贷活动的性质,可以将此观点成为福利性小额信贷。另一种观点则认为,小额信贷是实行组织制度创新的为穷人提供具有商业化性质信贷服务的信贷活动,在这种观点可称为可持续小额信贷。将福利性小额信贷和可持续小额信贷做一比较,从中可以看出它们的指导思想和所追求的目标的差异(表5-5)。

表 5-5 两种小额信贷模式比较

指标	福利性小额信贷	可持续小额信贷
目标	通过提供补贴性的支持在项目期内来改善穷人的经济状况和福利	为越来越多的具有偿还能力的用户提供持续的金融服务以缓解贫困
可持续性的地位	不是目标,可持续性在这里不具重要性,一旦出现亏损,政府和赞助机构会不断地提供补贴	可持续性是小额信贷最关注的问题和目标之一。如果不能持续,机构就很难生存
对用户的看法	将穷人用户视为没有还款能力的受益人,因此对他们的贷款补贴是必必需的	将用户视为具有偿还能力的客户,他们能为高效地适合他们需要的产品和服务支付必要的利润
制度框架	小额信贷只作为一种项目进行运作,它只能在项目期内为目标群体提供服务和支持,一旦项目结束,这种服务和指出也随之终止	创建可持续的小额信贷机构,持续地为客户提供服务。具备长期发展的观念和制度
领导体制	主要来自政府和赞助机构的官员组成委员会进行管理	由有丰富经验的金融专家和管理专家组成董事会
法律地位	作为项目,不需要获得合法的地位	赢得合法地位来提供金融服务非常必要
管理重点	由补贴支持,并考虑补贴者的需要由于补贴有保障,对交易费用、生产率和风险较少考虑发展项目是为了获得更多的补贴只有不断地获得补贴时才能扩大对工作人员的技能培训较少重视,缺乏激励意识和制度	努力降低机构和用户的交易费用,提高生产率,降低风险(如通过贷款机构多元化)发展机构筹集更多的商业资金(存款、股本金和贷款)的能力通过增加资本金和营运机构来扩大规模和服务范围为了保证机构的持续发展,对员工的不断培训给予了高度的关注,强调激励和约束机制
产品/方法	目标群体往往选择偏僻地区、人口稀少、经济发展条件不利地区的特殊人群;分散性扩大,只瞄准部分符合条件的穷人供给导向,只为受益人提供确定的项目服务,较少考虑产品开发	首先现在具有高需求的区域。只有在机构发展到很强大时才考虑条件困难的地区。采用集中性扩大发展策略。如果大而稳定的穷人用户基础建立起来,会开始准备向穷人贷款需求导向。最大限度地开发适应用户需求的产品。理解用户的需求。考虑客户和机构的双方利益
服务领域	提供综合性的扶贫服务	多数机构只提供小额信贷服务
信息系统内容	主要考虑赞助人的需要而设计	只考虑管理本身的需要而设计
评估	着重对客户效果评估	依据管理指标着重评估机构运作情况

资料来源:杜晓山、刘文璞等著,《小额信贷原理及运作》,上海财经大学出版社,2001。

5.3.2.2 影响机构可持续性的因素和衡量指标

影响小额信贷机构可持续性的因素或实现可持续性的条件从大类上划分，可分为外部因素（或条件），及内部因素（或条件）。外部因素主要包括：机构和运营的合法地位；政府政策的款进程度和支持力度，如利率政策、规范要求、报告制度、监管制度等；获取信贷或其他资金的难易；当地政府对项目的态度和行为；当地其他项目对本项目的影响；通货膨胀率的影响。影响机构可持续性的内部因素，主要有利率、规模、还贷率（贷款质量）、管理效率、清偿力（现金流动能力）等。

如何衡量机构可持续性？从狭义小额信贷机构可持续性的概念看，还没有一套公认的标准指标体系。传统上多采用"自足"（self-sufficiency）指标来衡量可持续性：一是实现可持续发展的最低标准是经营上可持续性（OSS），它反映了在给定的期间内小额信贷机构用其所有的营业收入补偿其出现在利润表中所有的营业费用的能力；二是财务可持续性（FSS），它反映小额信贷机构在盈利性水平上运营的能力——实现财务自足的小额信贷机构能在接受很少或完全不接受捐赠的情况下提供可持续性的服务。Yaron（1992）提出了补贴依赖指数（SDI）作为衡量可持续发展的指标；CGAP（1999）仿照商业银行提出了衡量小额信贷机构可持续发展能力评价的 CAMEL 体系；Morduch（1999）则提出了用操作可持续比例（OSR）和经济可持续比例（ESR）作为小额贷款组织可持续性的衡量指标。要注意的是，一些新发展的指标体系是基于传统衡量指标而来的，但另一些则并非如此，因此，可持续性的衡量指标之间没有太大的重叠，一个可行的策略是综合运用这些指标。

小额信贷产业界所接受和使用的衡量机构可持续的指标在第一章第四节已经有所论述。

第一，补贴依赖指数

补贴依赖指数（SDI）衡量的是一个小额信贷机构在其持续经营中对补贴依赖的程度。补贴依赖指数的直接含义是在其他条件不变的情况下，要抵付给定的条件下机构所收到的补贴数量，或为了达到完全的金融自负盈亏（经济上可持续性），借贷利率需要上升多少百分比。补贴依赖指数的表达式参考第一章第四节。

第二，可持续性机构的利率

利率是小额信贷机构可持续发展所必需的。只有以对客户借贷征收的有效利率所得到的信贷收益才可以支付机构的所有成本，以实现机构的可持续发展。现代小额信贷机构普通采用了一种可覆盖所有贷款成本的可持续利率（R）的计算公式：

$$\text{利率}(R)=\frac{AE+CF+LL+K-II}{1-LL}$$

AE 为管理费用率，由某一年损益表中的经营费用总和（除资金成本和贷款损失），除以该年度的平均贷款余额。反映了发放贷款的人工费用和设施使用的日常成本，包括租金、折旧、水电费、工资、培训以及福利。

CF 为借贷资金成本率。反映小额贷款机构融资和管理贷款资产的成本，包括储蓄存款和债务的利息、通货膨胀对机构净资产的影响。需要用加权平均资金成本计算资金成本率。当期平均存款余额乘以存款利率、平均商业负债乘以借款利率、平均净资产（不含固定资产）乘以通货膨胀率，将这些成本加总，然后除以平均贷款余额，即得到资金成本率。

LL 为贷款损失率＝给定时期贷款冲销额÷同期平均贷款余额，如果贷款冲销额没有在贷款报告中列出，那么就必须利用损益表和资产负债表计算冲销额：

冲销额＝贷款损失预提费用（期间）＋贷款损失准备金余额（期初）－贷款损失准备金余额（期末）。如果贷款没有被冲销，则期末贷款损失准备金余额＝期初贷款损失准备金余额＋期间贷款损失预提费用。

K 为资本化率＝净利润和净资产增长额÷平均贷款余额。

II 为投资收益率＝当其投资收益÷平均贷款余额。由于必需利率必须由贷款产生，而除贷款之外的所有其他金融资产虽然有收入但降低了必需利率，所以在公式中要减去投资收益。

5.4 小额信贷机构及其影响评估

以服务弱势群体为宗旨的小额信贷，在世界范围内取得了令人瞩目的绩效，在中国正以多样化的模式迅速发展。但是，怎么评价小额贷款机构及其影响？小额信贷机构怎么进行社会绩效管理？将是本章讨论的中心。

5.4.1 小额信贷机构评估

5.4.1.1 小额信贷机构评估的内涵

根据国际小额信贷领域内的相关研究，对于小额信贷机构的评估是小额信贷财务透明度问题的一个重要的内容。财务透明度是指与小额信贷机构财务业绩相关信息的产生、监测、传播和使用。整个序列从小额信贷机构收集和报告准确信息开始，逐步经过核实信息，分析、比较和判断信息所反映的业务及表现，最后达到监管小额信贷机构环节以保证其符合相关的适用标准(图 5-2)。作为初期步骤,管理信息系统(MIS)和内部控制是由小额信贷机构本身负责,其余的步骤则要由外部机构来完成。外部审计机构只是审核小额信贷机构财务报表中的信息,评估和评级则是分析和衡量或评价这一业绩表现,有时会利用行业数据库把小额信贷机构与类似机构进行比较。监管机构——通常是政府部门——负责保证业绩可以达到接受的水平。

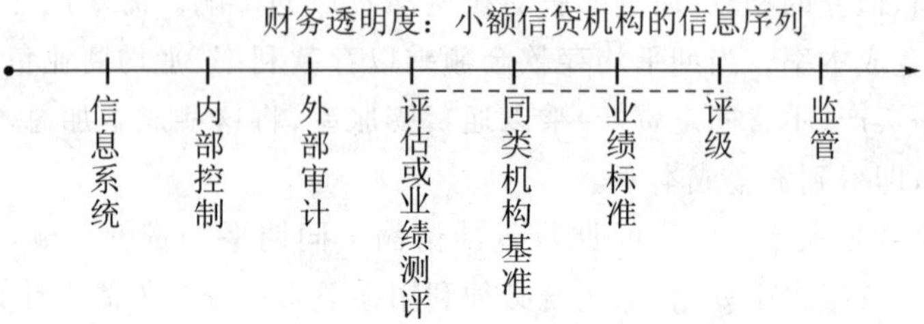

图 5-2　小额信贷机构财务透明度序列图示

在此讨论的小额信贷机构评估指的即是在上述序列中从“评估/业绩测评”至“评级”的内容。它是基于小额信贷机构收集和报告的相关信息而进行的对于小额信贷机构的全方位的业绩评价。这样的评估结果既可为小额信贷机构的经营者改善经营、改进业务提供依据,那么评估的结果更侧重于为被评估的机构出具一份详尽的能够反映其经营状况、潜在问题等内容的评估报告;也可成为投资者、捐赠者提供投资、捐赠的重要参考,那么评估的最后一个环节将是对机构进行评级,给出一个简单的、让潜在投资者易于理解的级别,便于他们决定是否参与具体的小额信贷机构。

从国际小额信贷领域内进行的评估活动来看,评估在类型和目的上各不相同,例如,行动国际(ACCION)的 CAMEL 方法是用来加强管理并产生一个通用的框架,在保密的基础上比较各国间附属机构的业绩。信贷联盟世界委员会(WOCCU)开发了自己的定量分析 PEARLS 系统,以监测信贷联盟的业绩,尤其是在其强化机构程序中使用。印度小型企业发展银行(SIDIB)使用 M-CRIL 的评估作为其向小额信贷机构捐款和贷款前的尽职调查。尽管如此,它们有许多共同的分析因素。评估通常包括定性的和定量的分析。大多数评估是对小额信贷机构管理上的关键内容进行检查,如资本充足率、贷款质量、流动性、盈利性和整体的资历等。

评估是建立在许多输入信息基础上的,包括已经审计的财务报表、业务和资金规划、机构的先期估价、贷款年限、对机构信息系统的分析、监管结构、经营和人员配置、客户访谈以及经济和市场环境。

评估的目的是发现缺点，提出改进建议。不像外部审计，评估不是对是否合规的评估，而是对整体业绩的评估。

5.4.1.2 小额信贷机构评估方法

在国际小额信贷领域内，关于小额信贷机构评估的讨论已经持续多年，也出现了多种不同评估方法，虽然其评估的类型与目的各不相同，但是均是对小额信贷机构自身的监控及管理方面的评价，涉及对小额信贷项目和机构进行监督和评估的指标，机构自身是否能够有效地监督、控制和管理，是否能够沿着良性的轨迹运行，是小额信贷机构评估的重要内容。本节将重点介绍有关小额信贷机构评估的方法。

1. 世界银行扶贫协商小组(CGAP)小额信贷机构评价格式

世界银行扶贫协商小组小额信贷机构评价格式是一个模板，专门用于小额信贷机构经营、管理以及监督的细节性审核。这个模板最初是作为扶贫协商小组投资决策时对小额信贷机构进行评估的内部使用工具。但是捐资机构、小额信贷机构捐赠人以及小额信贷机构本身(这些机构需要内部诊断工具)频频提出评估方面的需求，所以这种工具就被出版发表了。

评估格式从4个方面组织信息：

(1)制度方面：管理、领导、人力资源管理、组织结构、管理信息系统、内部控制以及审计。

(2)服务/客户/市场：小额信贷机构的财务及非财务服务、小额信贷机构覆盖面幅度、客户贫困水平、留成比率、服务质量以及小额信贷机构市场与竞争。

(3)策略目标：小额信贷机构的近期与中期任务、目标及实现前景的方案。

(4)财务能力：已经调整的财务报表与有关收益率、效率、贷款质量、贷款收益、筹资成本、保本点以及资本变现管理的财务分析。

评估格式不是利用公式计算积分或得出结论，而是一张评估清单，这张清单所产生的结论依赖于有经验的分析师的判断。分析师的判断在某种特定情况下也确定该格式所需信息中由哪些在资料上是相关的。

2. ACCION的CAMEL方法

行动国际(ACCION International)成立于1961年，目的是通过提供小额贷款缓解南美和北美洲的贫困状态，它在15个拉美国家、4个非洲国家和29个美国城市中拥有会员机构。ACCION在信贷方法、商业计划、财务管理及市场营销等领域位会员机构提供建议，其总部位于麻省的波士顿。

北美的银行监管机构采用原始的CAMEL方法评估美国的商业贷款机构。根据这一方法，ACCION在1993年开发了自己的工具，用以评估小额信贷机构的业绩状况。ACCION 运用 CAMEL 方法评估已经是或计划成为其网络成员的小额信贷机构。同时，ACCION 将其 CAMEL 方法传授给了银行监管机构和二级(批发级)发展银行的银行家。ACCION 主要是将 CAMEL 作为一项内部评估和管理工具来使用。人们普遍认为，CAMEL 为想成为像正规金融中介那样的合法小额信贷机构指明了方向。ACCION 使用 CAMEL 方法已经将近 50 次，除了在非洲和印度各有一次尝试外，其余全部用在拉丁美洲。

CAMEL 这个名称来源于小额信贷机构业绩五个主要方面的英文首字母的缩写：C 代表资本充足率(capital adequancy)，A 代表资产质量(asset quality)，M 代表管理(management)，E 代表盈利(earnings)，L 代表流动性管理(liquidity management)。

(1) C 资本充足率：即总资本与总资产之比。

(2) A 资产质量：主要考察风险资产的数量，预期贷款的数量，呆账准备金的充足状况，管理人员的素质，贷款的集中程度以及贷款出现问题的可能性。

(3)M 管理：主要考察业务政策、业务计划、管理者经历与经验及水平、职员培训情况等一些非定量因素。这方面的评级是比较困难的，因为没有量化指标和比率，一般情况下是通过其他量化指标得出相关结论。

(4)E 盈利：主要考察在过去一、两年里的净盈利情况。

(5)L 流动性管理：主要考察机构对借入资金的依赖程度；可随时变现的流动资产数量；资产负债的管理、控制能力；借入资金的频率以及迅速筹借资金的能力。

在采用 CAMEL 方法进行评估时，小额信贷机构被要求提供以下的信息用来骆驼评级法的审查：①财务报表，②预算和现金流的预测，③投资组合账龄分类表，④资金来源，⑤董事会的信息，⑥业务/人员，⑦宏观经济信息。其中，财务报表是骆驼评级法定量分析的基础。小额信贷机构被要求提供最近三年经过审计的财务报表和最近 12 个月的中期报表。其他的需要的材料提供纲领性的信息并反映一个机构的演变。这些文件材料给骆驼分析法的分析人员提供了贷款业务的水平和结构以及小额信贷机构的基础设施和人员的质量。

一旦财务报表编制好，就要做出调整。这些调整出于两个目的：首先，他们将小额信贷机构的财务报表放在金融中介，之后对比行业中的不同机构。骆驼分析法执行 6 个调整，分别是在小额信贷活动范围，贷款损失准备金，贷款注销，显性和隐性补贴，通货膨胀的影响，应计利息收入方面。

骆驼评级法分析和评定 21 个关键指标，每个指标都有自己的权重。8 个定量指标占评级的 47%，13 个定性指标占剩下的 53%。CAMEL 考察的财务指标见表 5-6 所示。基于调整后的财务报表结果以及和小额信贷机构管理层和工作人员的访谈,21个指标也有1到5的评级,然后再做相应加权。骆驼评级法的综合评定结果是一个0～5之间的数,5是最好的。这些数字评级和按字母顺序排列的评级也是对应的(AAA, AA, A; BBB, BB, B; C; D; 没被评级)。

表5-6 CAMEL财务指标

指标	公式	标准
资本充足率(CAR)	资本/经过风险加权后的资产	＞8%
贷款损失准备充足率(LLRA) Loan loss Ration of Adequacy	实际贷款损失准备/按法律要求计算的贷款损失准备	＞100%
风险贷款比率(PaR)	逾期贷款余额/全部贷款余额	＜10%
贷款损失率(LLR)	注销贷款/平均的全部贷款余额	＜3%
操作效率比率(OER)	(管理成本 + 贷款损失准备)/平均的全部贷款余额	＜20%
资产回报率(RoA)/净资产回报率(RoE)	净营业收入/平均资产 净营业收入/平均资产净值正值	正值
现金比率(CPR)	(现金 + 短期金融投资)/总资产	＞5%
现金准备率(CRR)	(现金 + 短期金融投资)/短期存款	＞50%

具体而言,"A"类级别表明机构在所有考察的关键领域都表现出强劲的财务业绩,并且这样的财务业绩具有可持续性。取得这样成绩的原因是基于机构有着良好的发展政策与规划。"B"类表明机构由于有些负面因素在影响其正常的财务业绩而经历困难时期。"C"类表明机构在信贷管理方面存在基础性的问题,在各个关键指标上都存在一定的弱点。这样的机构需要基本的技术援助克服一些发展上的问题,需要资金资助以维持生存。"D"类表明机构正经历严重损失,即使有新的资金进入,也需要管理方面的重大转变(表5-7)。

表5-7 CAMEL最终评估结果说明

复合字母评级		含义	综合数值评级得分
A类	AAA	机构在各方面都表现优异,可以承受任何经济周期的变化和不可预见因素的影响	4.6～5.0
	AA	机构在总体上被认为很好,但是在某些方面的得分略低	4.3～4.59
	A	较好的机构,在某些方面有些弱点	4.0～4.29

续表 5-7

复合字母评级		含义	综合数值评级得分
B类	BBB	机构需要在管理资源方面进行某些调整，以避免长期财务业绩下降的风险	3.67～3.99
	BB	机构在财务管理与运作效率方面存在缺陷，通过调整可以弥补	3.33～3.66
	B	机构在财务资源管理方面存在基础性问题，使得其增长与效率都面临问题	3.0～3.32
C类	C	机构在信贷管理方面存在基础性的问题，在各个关键指标上都存在一定的弱点	2.0～2.9
D类	D	机构不应进行放贷。机构很可能正经受着严重的损失，即使有新的资金注入也需要在管理方面进行根本性的改变	0～1.9

整个的评估过程可以如图 5-3 所示。

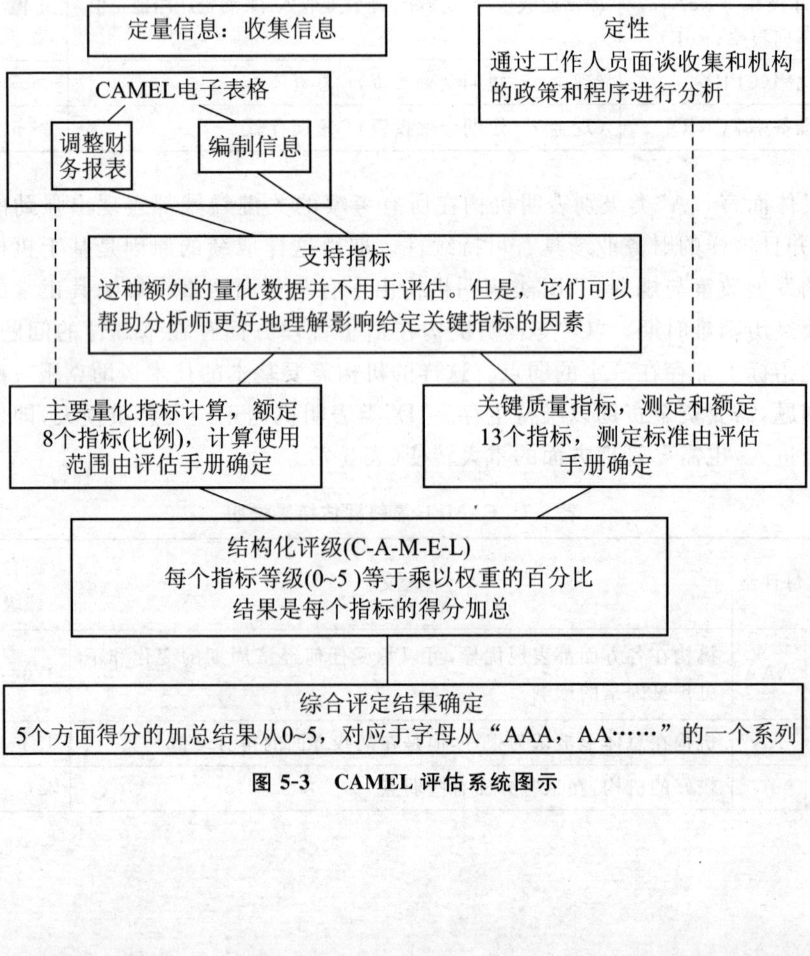

图 5-3　CAMEL 评估系统图示

尽管CAMEL方法给出的是类似于等级的复合分数，但它并不意味着衡量信贷风险。最终的分数范围是从0到5，或者从D到AAA。分数低于2的小额信贷机构不应从事贷款业务。2～3说明小额信贷机构存在必须校正的根本缺点。

从评估程序上来看，CAMEL评估通常由来自ACCION波哥达和波士顿总部的2～3为分析家组成的小组参与。他们会提前发给附属机构一份财务业绩调查问卷和一份所需文件列表。现场评估主要是在总部和分支机构与管理层、员工和客户进行面谈，并听取管理层和主管有关初步结果的汇报做出最后结论。最终评定结果是一份详尽的评估报告和等级分数。现场评估的平均时间是10天，整个评估过程要花费1个月左右。

CAMEL的结果是保密的，只有在被定级的小额信贷机构和ACCION国际公司均予批准的情况下才会公开。一些私营投资机构、捐赠机构和监管机构可以看到该结果。

3. 世界信用联盟理事会(WOCCU)的PEARLS

总部位于威斯康星州麦迪逊的世界信用联盟理事会(World Council of Credit Unions，简称WOCCU)，是一个致力于促进金融合作发展的非营利组织。它拥有36 000多家信用联盟会员机构，它们分布在91个国家为1亿8百万个成员服务。虽然WOCCU并不专门从事小额信贷，但是它的成员机构中有五分之三位于发展中国家，很多这样的信贷联盟为大量贫困客户服务。

WOCCU开发出PEARLS监控系统，提供了一套评价指标体系和系统标准(表5-8)。PEARLS是评估和监控WOCCU属下各信贷联盟财务稳定的一套财务比率，共44个。这些比率分属于财务业绩的6个方面：

表5-8 世界信贷联盟(WOCCU)小额信贷PEARLS监控系统指标和标准

P-E-A-R-L-S比率		优秀标准
P保护		
1.	对贷款损失(拖欠)大于12个月的补偿率	100%
2.	对贷款损失(拖欠)在1～12个月之间的补偿率	35%
3.	拖欠大于12个月的贷款注销	100%
4.	年度贷款注销额度/平均贷款余额	最小化
5.	可收回的累计注销额/累计注销额	100%
6.	偿付能力(净资产价值/股份总额及存款)	大于等于110%

续表 5-8

P-E-A-R-L-S 比率		优秀标准
E 有效地资金结构		
1.	净贷款/总资产	70%～80%
2.	流动资产/总资产	最大不超过 20%
3.	金融投资/总资产	最大不超过 10%
4.	非金融投资/总资产	0
5.	存款储蓄/总资产	70%～80%
6.	外部贷款/总资产	最大不超过 5%
7.	成员的股本金/总资产	10%～20%
8.	机构的资本/总资产	不低于 10%
9.	机构净资本/总资产	不低于 10%
A 资产质量		
1.	总拖欠/总贷款余额	低于 5%
2.	非运营资产/总资产	低于 5%
3.	零成本的资金/非运营资产	大于 200%
R 收益率和成本		
1.	贷款纯收入/平均净贷款余额	企业利润率
2.	流动资产收入/平均流动资产	市场利率
3.	金融投资收入/平均金融投资	市场利率
4.	非金融投资收入/平均非金融投资	大于或等于 R1
5.	资金成本:存款储蓄/平均存款储蓄	市场利率
6.	资金成本:外部贷款/平均外部贷款	小于或等于 R5
7.	资金成本:成员股本金/平均成员股本金	大于或等于市场利率
8.	毛收益率(利差)/平均资产	覆盖 R9 和 R10 并增加资本金
9.	操作费用/平均资产	3%～10%
10.	风险资产的准备金/平均资产	能够弥补可能的贷款损失
11.	其他收入或费用/平均资产	最小化
12.	纯收入/平均资产	足以实现 E8 的目标

续表 5-8

P-E-A-R-L-S 比率		优秀标准
L 流动性		
1.	流动资产/总储蓄	不低于5%
2.	偿付准备金/总存款储蓄	10%
3.	非运营流动资产/总资产	小于1%
S 年度增长率		
1.	贷款	足以实现E1目标
2.	流动性的投资	足以实现E2目标
3.	金融投资	足以实现E3目标
4.	非金融投资	足以实现E4目标
5.	存款	足以实现E5目标
6.	外部贷款	足以实现E6目标
7.	股本金	足以实现E7目标
8.	机构资本金	足以实现E8目标
9.	机构净资本	足以实现E9目标
10.	成员股本	大于12%
11.	总资产	大于通货膨胀率

资料来源:《A Technical Guide to PEARLS : A Performance Monitoring System》,www. woccu. org。

(1) P代表保护(protection),对资金的保护是通过将贷款损失风险准备金与拖欠贷款的数量进行比较而测得的。有关贷款损失的规定是抵御机构面临意想不到的风险的第一道防线。最关键的指标是测量小额信贷机构能否对所有超过12个月的拖欠贷款提供100%的资金以及能否对所有在1～12个月的拖欠贷款提供35%的资金。

(2)E代表有效地财务结构(effective financial structure),PEARLS系统对下属方面的金融结构进行测定:贷款、投资、储蓄、股金和机构资金。

有效地财务结构是影响增长、盈利能力和效率最重要的变量。财务结构总是不断变化需要精心管理,尤其在机构快速发展的阶段。一个机构如果能够从资产运营中产生足够的收入以支付商业渠道获得的资金利息、覆盖机构运营成本并保持资本充足率,那么就意味着它拥有一个有效地财务结构。

(3) A代表资产质量(asset quality),PEARLS系统将小额贷款机构的资产划分为可生产和不可生产两类。不可生产类的是指不能产生收益的资产。拖欠贷款的比例是测量其财务结构缺点的最为重要的指标。

(4) R代表收益和支出的比例(rates of return and costs),PEARLS系统对全部净收入进行分解以帮助管理者计算投资收益和对运营成本进行评估。这种方法能帮助管理者断定哪种投资获利更大。通过比较财务结构与收入,小额信贷提供者可以测定自己将生产资源投入到投资项目上可获得最大收益的效果。

(5) L代表流动性(liquidity),PEARLS系统以存款资金的百分比的方式,对以流动资产的形式投资到小额贷款机构或以其他形式在中央银行或与之相当的其他银行的存款以及在其他活动账户和简单的存款账户上的限制或非盈利资金等进行分析。

(6)S代表增长迹象(signs of growth)。PEARLS测量诸如资产、贷款、存款、股金、机构资金和成员等方面的增长状况。

资产负债表结构对效益和利润有着直接的影响。PEARLS系统中的这些内容,对小额信贷机构运营效率和持续性起关键的影响。

PEARLS方法着眼于财务业绩表现。WOCCU认为,定量结果能够最好的衡量机构的整体表现。因而,PEARLS并不明确强调管理,尽管财务业绩能够在很大程度上反映其管理水平。在这些监控指标中,关键的指标有13项,包括P1、P2、E1、E5、E6、E9、A1、A2、R7、R9、R12、L1、S11。

PEARLS主要是供管理层内部使用的一种早期预警系统。但是,信用联盟监管者发现他也很有用。它不需要通过对通货膨胀或补贴的复杂调整来修改财务报表,但是,它又确实分析了受通货膨胀和补贴影响的领域,以至于管理层能够凭此信息做出正确决策来改善财务业绩。

大约200家信贷联盟——其中一般在拉美地区——每月或每季度向WOCCU提交PEARLS信息。尽管WOCCU不会去核实每一份报告的准确度,但是,信贷联盟会员所提供的信息通常都是经过外部审计的。

PEARLS报告只对理事会成员机构、成员机构所在国家的协会和在WOCCU内部公布。

4. 小企业教育促进协会(SEEP)财务和管理比率指标

The SEEP Network是一个由50多个北美的私营或志愿机构组成,以帮助发展中国家的微型和小型商业及金融企业的发展为目的的机构。其宗旨是为了推动其成员,国际合作伙伴和其他从业者在小型,微小型企业发展中的实践。

(1)"SEEP16"。对于小额信贷行业的标准的需求从20世纪90年代初期开始逐渐被认可。1995年,SEEP编制了一份有关小额信贷机构金融比率分析专论,给出了小额信贷机构监测的 16 套比率标准(被称为“SEEP16”)。它可以帮助小额信贷机构的经理回答三个最基本的持续性问题:第一,机构是否有财力资源在未来能持续地为人们提供服务?第二,机构能否以最低的成本利用资源服务于尽可能多的人口?第三,机构能够有效地管理最重要的资产吗?为了回答这些问题,一般采用三组指标,分别反映金融持续性、运作有效性和存贷款业务质量。

财务持续性的指标(表 5-9),是分析机构的财务可持续性。如果机构希望提供长期服务,财务自立至关重要。自立是一个机构在不依靠外部帮助的情况下,满足客户需求的能力。这种独立性可形成本地而非外部的需求和控制机构,财务比率为经理提供了朝着方向努力地关键信息和可能遇到的障碍。

表 5-9　SEEP 财务持续性指标

1	运营资产回报率	金融收入/平均运营资产	反映贷款服务和投资活动的额金融效率
2	金融成本比率	金融成本/平均运营资产	反映资金成本,受净资产、软贷款和商业贷款的综合影响
3	贷款损失准备金比率	贷款损失准备金/平均运营资产	表明目前贷款业务对准备金的需求
4	操作成本比率	操作费用/平均运营资产	是反映借贷成本有效性的关键指标
5	资本机会成本比率	指维持机构净资产价值的成本	反映维持净资产和软贷款获得权力(价值)的成本
6	捐助和赠款比率	捐助和赠款/平均运营资产	表明机构运作对外部资金的依赖性
7	操作自负盈亏	金融收入/金融成本+运作成本+贷款损失准备金	反映机构以内部产生的收入弥补操作成本的能力
8	金融自负盈亏	金融收入/金融成本+运作成本+准备金+资金机会成本	反映机构长期弥补全部操作成本和保持资本价值达到持续性的能力

运作有效性指标(表 5-10),这组比率是分析机构的有效性。由于贫困的大量存在,经理们必须考虑以其有限资源服务于尽可能多的人口。财务比率着重于运作和财务的有效性。利用这方面的信息,经理们可以做出关于人员、项目设计和增加收入以及资源分配方面的初步决策。

表 5-10　SEEP 运作有效性指标

1	借出单位资金的成本比例	操作成本/贷款总发放量	反映发放贷款的效率(以资金衡量)
2	每笔贷款的成本比例	操作成本/发放贷款笔数	反映发放贷款的效率(以借款人数衡量)
3	每个贷款员负责的贷款人数比例	借款人数/贷款官员人数	反映贷款官员的表现和借款方法的效率
4	每个贷款官员的业务量比例	贷款余额/贷款官员人数	反映贷款官员潜在的金融生产率

业务质量指标如表 5-11 所示,这组比率是帮助经理们监督其贷款质量。如果贷款处于不良状态,机构就无法生存。如果机构是以客户的存款为贷款的来源,就必须对这些存款负责。通过贷款业务质量监督可使经理们知道机构的贷款控制机构是否运转正常。

表 5-11　SEEP 业务质量指标

1	贷款拖欠比例	拖欠的还款额/贷款余额	显示逾期未还贷款数额
2	风险贷款比例	有拖欠行为的贷款余额/总贷款余额	反映有拖欠行为的业务量数额
3	贷款损失比例	坏账数额/平均贷款余额	显示逾期不能收回的贷款程度
4	储备金比例	贷款损失储备金/贷款余额	反映储备金与业务量相比的适宜程度

SEEP 财务比率分析指标的明显特征是:试图以最少和最简单明了的指标概括出整个机构的运作情况,对每个比率不设定统一的标准,而主要是通过趋势变化,判断机构的发展轨迹,可以适用于不同模式的小额信贷项目的监督和管理。

(2)"SEEP18"。在 2002 年,小额信贷机构,SEEP,小额信贷评估机构以及赞助机构共同参与其中完成了小额信贷机构指导方针共识:精选小额信贷机构财务术语定义,比率及调整。其中最著名的是金融定义指导方针。该方针是经过艰辛的讨论,协商及折中才最后编制了普遍接受的行业定义。其目的是选择出最适用的金融术语并且给出相关财务比率计算方法。SEEP 基于该框架,发展了原有的财务比率指标体系,被称为"SEEP18"。

SEEP18 分为下列 4 组:利润性和可持续性、资产/负债管理、贷款质量、效率及生产力。其指标体系如表 5-12 所示。

表 5-12　SEEP18 指标体系

序号	术语	计算公式	解释
		营利性和可持续性	
R1	经营自足率	财务收入/(财务费用＋贷款损失＋营业费用)	反映小额信贷机构通过营业收入及支出支付成本的能力
	财务自足率	财务收入/调整后的(财务费用＋贷款损失＋营业费用)	反映小额信贷机构当考虑到对营业收入和支出实施调整后支付成本的能力 其盈亏平衡点是100%
R2	资产回报率 ROA	(营业净收入－税金)/平均资产	测量小额信贷机构利用其资产产生回报的能力。这个比率是指移除营业外项目和资助后的税后净值资产回报率应该是正数
	调整后资产回报率 AROA	(调整后营业净收入－税金)/调整后平均资产	
R3	净资产回报率 ROE	(营业净收入－税金)/平均所有者权益	对当期平均净资产回报率的计算。由于分子不包括非经营性项目和资助，并且是税后净值。因此被广泛用来测量其商业生存能力。管理者应该努力实现几年中净资产回报率的趋势为正增长
	调整后净资产回报率 AROE	(调整后营业净收入－税金)/调整后平均所有者权益	
		资产/负债管理	
R4	总贷款收益率	从利息、佣金、手续费等中收取的货币资金/平均总贷款	反映小额信贷机构通过贷款产生的利息、服务费和佣金中收取现金的能力。不包括所有应计但尚未支付的现金
R5	资产组合率	总贷款/资产	反映出小额信贷机构在从事贷款活动中资产的分配情况，即管理者将资源分配到小额信贷机构最主要的营利性经营活动(即发放小额贷款)的能力该比率按月考察时最为有效
R6	融资成本率	融资负债的财务费用/(平均存款＋平均借款)。	对小额信贷机构债务融资的混合利率的计算。调整后的比率通常会升高时因为被资助的融资成本调整的影响
	调整后融资成本率	调整后融资负债财务费用/(平均存款＋平均借款)	

续表 5-12

序号	术语	计算公式	解释
R7	债务权益比	负债/所有者权益	测量一个机构的财务杠杆以及其在偿还所有债务后吸收损失的缓冲能力这个调整后的比率使用了由于调整而降低的所有者权益通常是用来衡量一个小额信贷机构的资本是否充足的指标，显示了机构通过财务杠杆扩大资本的能力，通常被称为杠杆比率
	调整后债务权益比	负债/调整后所有者权益	
R8	流动比率	(货币资金＋交易类投资)/(短期存款＋短期借款＋融资负债的应付利息＋应付款和其他短期负债)	反映了小额信贷机构使用现金或现金等价物支付短期负债的能力。短期是指任何一年内到期，或较容易在 12 个月内变现的那一部分资产或负债
		贷款质量	
R9	风险贷款比率(PAR)	(逾期 30 天以上的风险贷款＋重议贷款)/总贷款	这是最普遍使用的测量贷款质量的指标。国际上对风险贷款最常见的衡量标准为逾期 30 天以上和逾期 90 天以上调整后的风险贷款通过核销调整减少了总贷款
	调整后的风险贷款比率	(调整后逾期 30 天以上的风险贷款＋重议贷款)/调整后总贷款	
R10	核销比率	核销坏账总额/平均总贷款	反映了小额信贷机构贷款中由于不太可能被收回而被核销的坏账占总贷款额的比率。不同小额信贷机构的坏账核销政策可能不同。因此建议管理者采用调整后的数据进行计算。
	调整后核销比率	(已核销的坏账总额＋核销调整)/调整后的平均总贷款	
R11	风险覆盖率	贷款损失准备/逾期 30 天以上的风险贷款	反映了小额信贷机构通过使用贷款损失准备来抵消风险贷款的能力调整后的比率融合了贷款损失准备调整和核销调整风险覆盖率一般不应低于 100%
	调整后的风险覆盖率	调整后的贷款损失准备/(调整后的逾期 30 天以上风险贷款－核销调整)	
		效率及生产力指标	
R12	营业费用率	营业费用/平均总贷款	展示了与贷款活动相关的人事和管理费用，它是最普遍使用的衡量效率的指标当考虑到资助影响后该调整后的比率通常会增加，这个比率越低，意味着小额信贷机构效率越高。
	调整后的营业费用率	调整后的营业费用/调整后的平均总贷款	

续表 5-12

序号	术语	计算公式	解释
R13	每名活跃客户的成本	营业费用/平均活跃客户数	有效测量效率的指标,反映了维系当前每名活跃客户的平均费用,当考虑到资助影响后该调整后的比率通常会增加。通过将每一活跃客户的成本与当地的人均国民收入总额(GNI)进行比较可以观测出一个当地劳动力市场中劳动力成本的概况。
	调整后的每名活跃客户的成本	调整后的营业费用/平均活跃客户数	
R14	每名信贷员负责的借款人数	活跃借款客户数/信贷员人数	测量了每名信贷员的平均工作量(管理贷款客户的平均数量)
R15	每名员工负责的活跃客户数	活跃客户数/工作人员的总数	反映了小额信贷机构的工作人员在管理贷款客户、存款客户、自愿储户以及其他客户上的全部生产力
R16	客户流失率	(起初活跃客户数+期内新增客户数-期末活跃客户数)/平均现有客户数	反映了一个时期内,曾经使用小额信贷机构服务,现在不再使用的客户比率。通常小额信贷机构希望保持较低的客户流失率
R17	平均现有贷款额	总贷款/现有贷款笔数	测量了每名贷款客户的平均贷款规模。该比率是一个利润驱动,用来反映每名客户可使用的贷款额度。这个调整后的比率包含核销调整
	调整后的平均现有贷款额	调整后的总贷款/调整后的现有贷款数	
R18	平均已发放贷款额	已发放贷款额/已发放的贷款数	测量已发放贷款的平均额度,经常用来预测贷款的发放情况。该比率或者R17可以用来与人均国民总收入进行对比

5. 沛丰评级 PlaNet Rating 的 GIRAFE

沛丰评级(PlaNet Rating)是沛丰金融(PlaNet Finance)的分支机构。沛丰金融(PlaNet Finance)是一家国际性的非营利组织,总部设在巴黎,其目标是利用国际互联网的潜力促进小额信贷的发展。沛丰金融把国际互联网作为平台向小额信贷机构、非政府组织和其他风险投资方提供服务,同时也作为一种工具让世界范围内的专家能够联网一起工作。

沛丰评级(PlaNet Rating)提供四种基本服务:评级(使用 GIRAFE 评估定级

方法)、在国际互联网上公布评级结果(须征得小额信贷结构和捐赠者的同意)、GIRAFE 方法及基准方面的培训以及面向机构总部的咨询工作。

GIRAFE 方法的 26 项指标分属于风险的 6 个方面:

(1) G 代表管理和决策制定过程(governance and decision making process)。

(2)I 代表信息和管理工具(information and management tools)。

(3) R 代表风险分析与控制(risk analysis and control)。

(4) A 代表包括贷款余额在内的资产(assets including loan portfolio)。

(5) F 代表融资(股本和负债)(funding＜equity and liabilities＞)。

(6) E 代表效率和营利性(efficiency andprofitability)。

其中 E 和 F 是该评估中最重要的两个因素,其次是 G。GIRAFE 更多的是基于定性因素(57%)而非定量因素(43%)。每个因素都经度量后给出一个分数。PlaNet Rating 为 6 个方面的每一个方面都设定一个分值范围,从 0 到 5。

GIRAFE 最重视"信用"风险,比如说,如何监管一家机构,该机构是否会由于系统、程序和组织上的不健全而无法达到投资者和股东的期望。该方法更多的关注管理而非风险。最终结果是一份详尽的支持所定级别理由的评估报告。

具体而言,这一过程分为两个阶段:

第一阶段:现场评估。经过前期准备(主要是向待定级的小额信贷机构发放一份调查问卷),两个顾问(一个是当地顾问)将花费 1～2 周时间到小额信贷机构所在区域进行。在此,对区域特色很了解的当地顾问的存在对 Girafe 评级方法是很重要的。评估会考虑该机构的财务业绩,对小额信贷机构的财务报表进行分析,对财务报表进行必要的会计调整(主要是对通货膨胀和补贴进行调整)。同时,通过与管理层、员工、客户进行面谈获取更多的定性信息。实地访问的目的是验证财务文件和更加灵敏的接触机构的业务,用更严格的方法对会计和财务进行调整以规范账目和重新融入各种隐性成本。

第二步:整体评估,打出评级分数。基于 26 个定性和定量因素表,以及利用详细的调查表,评估小组给每个因素都有一个 0(最低级)到 5(最高级)的等级。在给 26 个因素一个粗略的等级后,每个因素都会给一个权重,以产生六个评估领域的加权评级(表 5-13)。在分数和评估报告的基础上,沛丰评级的评估委员会给出一个最终的评级。

表 5-13　GIRAFE 综合评级表

领域	定性因素数目	定量因素数目	总数	定性因素权重	定量因素权重	总权重
G	4	3	7	11%	7%	18%
I	3	0	3	12%	0%	12%
R	2	0	2	12%	0%	12%
A	3	2	5	14%	9%	23%
F	1	1	2	6%	6%	12%
E	1	6	7	2%	21%	23%
———	14	12	26	57%	43%	100%

GIRAFE 方法的最终评级结果主要体现在以下两个方面：

其一是被称为"全球评级"的结果，表现为从"G1"到"G5"若干等级（表 5-14），它主要给了投资者或者捐赠者以"推荐投资"、"有条件的投资"、"不推荐投资"的三种建议与意见。

表 5-14　GIRAFE 方法评估结果的全球评级等级划分

<table>
<tr><th></th><th>等级</th><th>含义</th></tr>
<tr><td rowspan="3">推荐</td><td>G5 *</td><td>在任何评估领域都很杰
出该机构可以实现财务和业务上的自给自足
最小的风险，该机构可以面对任何风险</td></tr>
<tr><td>G5</td><td>总体表现优秀
良好的技术和财务自给自足
风险有限</td></tr>
<tr><td>G4 *</td><td>较高的业绩，然而其中一个评估领域有缺陷
先进的专业能力，技术上自给自足。
低风险，和可控的制定领域相关（见综合评定）</td></tr>
<tr><td rowspan="2">有条件的
投资/减让
性资金</td><td>G4</td><td>良好的整体表现，一些评估领域有缺陷
在技术上是自给自足，但很脆弱
中等风险，和一些领域有关（见综合评定）</td></tr>
<tr><td>G3</td><td>在评估的若干领域的有一些弱点
制度化正在进行
中度严重的风险，支持投资，须由技术援助完成</td></tr>
</table>

续表 5-14

	等级	含义
不推荐	G2	不佳的机构，不够足够成熟融资 各项活动的可预测性低 高风险
	G1	在评估的所有领域存在严重缺陷 很大的风险，即使在短期内(体制和信贷风险)

其二是被称为“综合评定”的结果，分数从 a 到 e。这是基于“G”、“I”、“R”、“A”、“F”、“E”6 个评估方面，与同类机构相比的结果。A 表示是行业的基准，b 表示是平均价值部门，可以使机构在短中期内运作，但是没有有长远的真实可预测性，c～e 表明状况依次恶化。

评估的最终结果是一份详尽的支持所定级别理由的评估报告。

到 2009 年底，PlaNet Rating 已经在十个国家中进行过 30 多次评级活动。其主要客户是捐资机构(法国发展机构、巴西国家开发银行)、私营投资机构(蓝果园＜Blue Orchard＞、财务银行＜Financial Bank＞)、国际性的非政府组织[主要是 CARE(CARE 可以直译为“关爱”，是一个关注贫困妇女的国际性扶贫机构)和 VITA(Volunteers in Technical Assistance，是美国的一个小额信贷网络，主要给微小企业提供有效的金融支持)]以及小额信贷机构本身。

PlaNet Rating 几乎没有固定的从事小额信贷机构评估的专业人员。它正在与地方审计机构合作以期解决这一问题，目的是增强对本地的了解并降低评估成本。借助外部审计机构的做法会增加曲解评估标准的风险。为了避免这一风险，PlaNet 正在培训地方审计人员并发给合格者执照，以此组建一个专家网络。

如果被定级的小额信贷机构和客户同意，报告结果会在网上公布。这样一来，被定级的小额信贷机构就能够在世人面前曝光，引起国际关注。这些报告可以从 PlaNet Rating 的网站上免费下载。

6. MICRORATE 和 M-CRIL

(1)MICROTATE。Microrate 是一家有限责任公司，是最早专为小额信贷机构业绩评估而成立的组织，总部设在华盛顿。它是 1996 年由瑞士国际发展公司(Swiss International Development Agercy)投资成立的，其主要客户是捐赠机构、小额信贷机构及私营投资机构。虽然越来越多的小额信贷机构愿意为评估机构本身付费，这明显表明他们已经发现评估对提供运营水平或是吸引外部融资都非常有用，但是，MicroRate 所做的大部分评估仍然是应捐赠机构的要求而进行的，因为捐赠机构将它作为决策依据的一部分。到2008年年底,MicroRate已经做过大约70份评估,其中大部分都在拉丁美洲。

尽管机构的名称是MicroRate,但它不提供真正的评级服务,而只是提供判断某一小额信贷机构信用程度的基础依据。MicroRate同时提供同业机构之间的比较,其依据来自拉美30家主要小额信贷机构收集到的在最近5年每半年一次的基准数据。由于MicroRate正寻求再起营业地区内获得法律许可,所以它正在与国际性信用评级机构GCR合作,共同开发一套适用于小额信贷机构的评分系统。

MicroRate的方法重点关注小额信贷机构各种运营风险如何影响其信用程度。该方法的主要组成部分是:①识别主要的风险领域及其原因;②在已调整的基础上比较小额信贷机构和同类机构的业绩表现;③在可能的情况下将这一信息公布于市场。

为了做到这些,MicroRate要考察3个主要方面:贷款操作和贷款质量,组织结构和管理信息系统以及财务业绩表现。评估的主要因素是效率、资产质量、增长能力以及获利能力。另外,管理和监控质量也考虑在内。最后,MicroRate给出关于信用程度的意见,归纳为"推荐"、"观察"或是"警告"。

MicroRate方法在财务趋势分析和同业机构基准评价上做得很好。报告形式总的来说既照顾到了实际情况,又考虑了业绩能力分析。报告是和机密的管理信函在一起的。MicroRate认为其评估方法术语私有财产,不予公布。

MicroRate的现场调查平均时间为5天,由两位分析家主持进行,评估最终以听取小额信贷机构管理层汇报的形式结束。

MicroRate评估最终交给客户的结论是一份简短的报告,内容包括被评估小额信贷机构的优势和劣势、与同行机构进行的基准比较以及信用意见。尽管整个评估报告是保密的,只有MicroRate、被评估小额信贷机构及该机构允许的第三方才可获悉,但是,MicroRate会在其网站上公布长度为一页纸的报告摘要。小额信贷机构在最新财务信息的基础上可以要求更新报告。

(2)M-CRIL。小额信贷评级与担保印度有限公司(Micro-Credit Rating and Guarantees India Ltd,简称为M-CRIL)是一家公共有限公司,同时也是EDA乡村系统(EDA Rural System)的附属机构。EDA乡村系统是总部位于印度Gurgaon的一家发展管理顾问公司。M-CRIL成立于1998年,从事小额信贷评级服务,同时也进行专门针对小额信贷产业的分析研究。它是亚洲唯一的小额信贷评级机构,其主要客户是批发级贷款机构、小额信贷机构、私人投资公司和捐赠机构。

福特基金会为M-CRIL方法的初期发展和测试提供了支持。除去为开发其方法而进行的是十四项对小额信贷机构的研究,至今为止,M-CRIL将上述评级过程中收集到的信息汇编成了一个数据库，利用这个数据库它在《M-CRIL2000 年度报告》中分析南亚小额信贷的业绩表现。

具体的评估程序如图 5-4 所示。M-CRIL 的评估形成一个关注信贷风险和还款能力的定级意见。其焦点集中于 30 项指标，按照标准进行分析，最终形成不同的等级。这些指标覆盖了三个主要方面：组织和监管方面、管理和资源实力以及财务业绩表现（包括贷款能力和资产质量、资金动员能力、流动性、可持续性以及盈利率）。这些指标加权后得到合成分数。M-CRIL 报告也包括对小额信贷机构优势和劣势的分析以及提出改进建议，同时附有与 M-CRIL 数据库中小额信贷机构在一些主要参数上的基准比较。

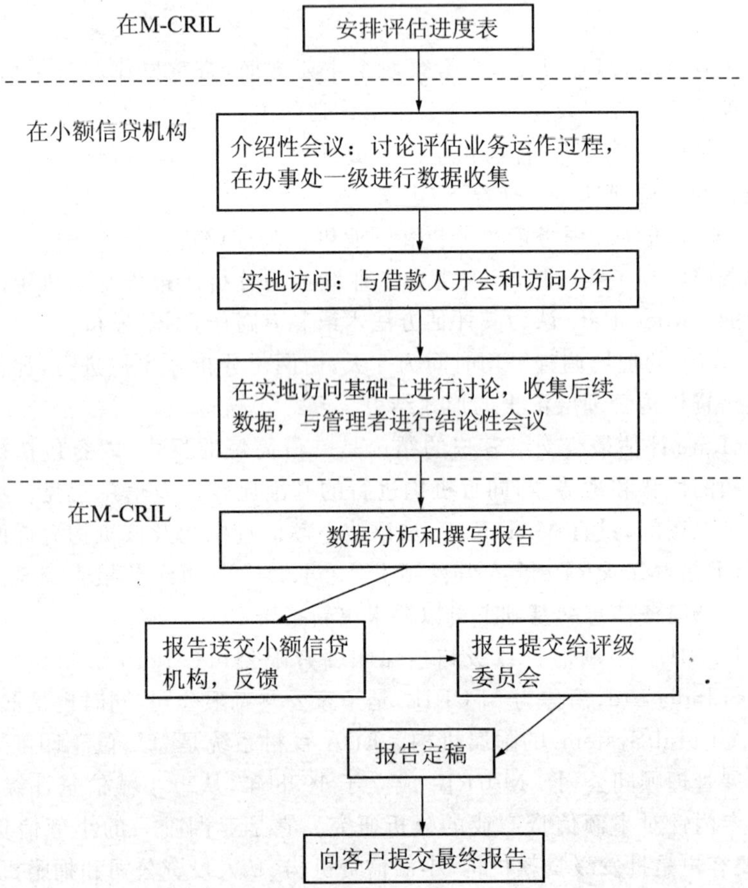

图 5-4　M-CRIL 评估程序图示

评估主要以与小额信贷机构管理层、员工和客户的现场讨论为中心，以听取该机构汇报为结束。整个过程通常需要18个工作日，现场调查一般有两位分析家用四到五天时间完成。对于较大规模或地理分布较广的小额信贷机构，上述时间和人数可能会加长或增多。

与MicroRate一样，M-CRIL认为其评估方法是私有财产，不予公开。评级报告是保密的，只分发给经小额信贷机构同意的对象。

5.4.2 小额信贷影响评估

5.4.2.1 小额信贷影响评估的概念

开展小额信贷项目是发展中国家努力减少贫困最重要的措施之一。随着小额信贷机构的数量和规模、客户数量以及援助机构的资助拨款都有了快速的增长。在援助资金的帮助下，以减少贫困作为其使命，大量的小额信贷机构（小额信贷机构）在积极开展各种信贷活动。然而，这些小额信贷项目实施的效果如何？对众多参与者分别产生了怎么样的影响？这些逐步成为人们关心的问题，因此，有必要对小额信贷的影响展开评估：即利用科学的方法对小额信贷项目或小额信贷产品对其各方参与者所产生的影响进行评估。

影响评估领域发展迅速，尤其是小额信贷的影响评估。这些进步多发生在影响评估的构思、设计以及评估过程中采用的工具和方法等方面。小额信贷的影响评估得到了更多的关注，人们普遍认为，小额信贷影响评估是进一步提升小额信贷服务质量、促进小额信贷创新的关键因素。

在小额信贷影响评估中，有3个关键问题常被提及：

(1)为什么要进行小额信贷影响评估？在市场评估代理机构完全可以判断客户是否从小额信贷机构提供的金融服务中受益的前提下，进行小额信贷影响评估难免被认为是一种资源浪费。

(2)小额信贷影响评估是否都能归功于小额信贷机构的工作？由于不同客户的生活状况和外部环境的复杂性，事实上很难验证这种影响，而且，评估方法复杂，评估成本高昂，再加上市场评估代理机构的存在，这些因素致使很多人认为没有必要进行影响评估。

(3)小额信贷影响评估满足了谁的需求？以往的影响评估主要是满足援助机构的需求，在评估影响的同时实现小额信贷项目资源的优化配置。那么，通过小额信贷影响评估的设计，是否能使从业者加深对客户的理解？在现有基础上提高小额信贷机构的服务质量进而扩大其积极影响？如何满足客户等其他利益相关者的需求（Anton Simanowitz，2001）。

通过微型企业影响评估(AIMS,Assessing the Impact of Microenterprise)项目、小额信贷高峰论坛、小额信贷机构和研究者们多年来的努力,针对以上问题已经开展了大量的讨论和实证研究,特别是对小额信贷影响评估过程的设计和评估方法的选择取得了重大突破。小额信贷影响评估的发展和逐步完善将进一步促进小额信贷机构提高金融服务质量,为小额信贷的发展做出贡献。

5.4.2.2 小额信贷影响评估的目标

对小额信贷影响评估的研究越来越受到援助机构的欢迎,同时也日益成为受援机构的重要活动。随着小额信贷影响评估的发展,一些机构更加重视小额信贷干预的结果,而不仅仅是资金上的投入与产出。小额信贷影响评估的目标也更加明确:一是要验证影响,二是要改进小额信贷的干预方式(表5-15)。

表5-15 小额信贷影响评估的目标

项目	证实影响(proving impacts)	改进实践(improving practice)
初始目标	准确地测度一种干预带来的影响	理解干预的过程和影响并改进干预方式
主要参与者	研究人员、政策制定者、评估部门、项目经理	项目经理、援助机构工作人员、非政府组织人员、其他利益相关者
主要方法	客观评估、背景研究、实地调研、长期追踪、信心水平	主观实践、市场调研、短期追踪、可信度水平检验

资料来源:David Hulme(1997)。

很明显,影响评估的设计者和项目实施者共同推动了小额信贷影响评估的进程,他们可以对现有的成果展开继续研究以提高效率。另一方面,通过小额信贷影响评估,设计者可以获得比实施机构更多有关项目效率方面的信息。对于援助机构来说,小额信贷影响评估在落实政策要求和驳斥反援助言论方面具有重要意义。虽然受援机构得益于影响评估,但是,由捐助机构单独发起的小额信贷影响评估,由于参与方单一,不仅开展难度大,而且在某些方面还限制整个项目实际意义。一家得到大量援助资金并从事大量小额信贷影响评估的大型亚洲小额信贷机构指出:"援助机构对小额信贷影响评估的实施很满意,但我们操作起来却困难重重。"

另一个问题是,经济合作与发展组织(OECD)下属的一些机构认为,由于研究人员数量不足、缺乏历史数据、交流困难等问题的制约,在发展中国家做出准确影响评估的难度要大于发达国家。因此,建立标准化的小额信贷影响评估体系也尤为重要。

传统小额信贷影响链模型见图 5-5。

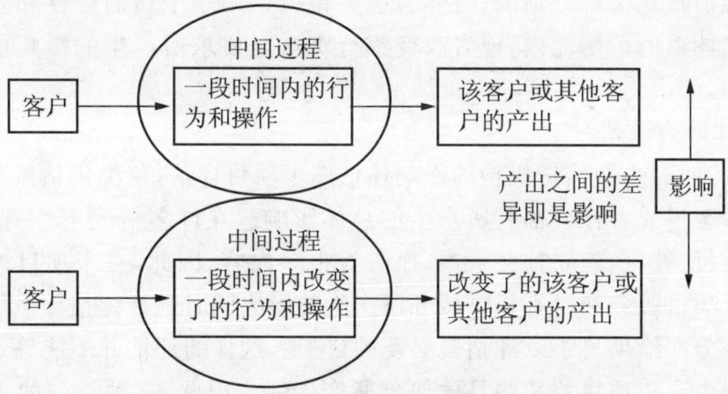

图 5-5　传统小额信贷影响链模型

资料来源：Hulme，David(2000)。

5.4.2.3　小额信贷影响评估的类型

小额信贷影响评估有三种类型：项目评估、产品或过程评估以及政策评估。世界银行通常将各国小额信贷项目分为三类：①项目贷款，要么先贷款给国有银行，再由国有银行直接向微小型企业放贷，要么发放二次贷款，放款给私人或者公众，再由非政府机构或者金融机构向中低收入群体放款；②通过技术支持帮助小额信贷机构降低其经营成本，扩大对外宣传，并最大限度地扩大影响；③公共政策支持，如创建和巩固征信机构，建立和加强对储蓄和资本金要求的监管。一般来说，前两种贷款援助或者技术支持是比较容易评估的，而公共政策的实施特别是监管却很难全面地评估。在了解政策影响评估时我们可以对一些案例进行讨论(如信用局)，我们注意到一些干预措施(尤其是国家层面实行的干预措施)很难甚至不可能得到公正的评估。

首先，项目评估是指研究小额信贷机构开展的某一项目在改善客户福利方面是否有效率。在世界银行发放二次贷款的案例中，这样的评估通常被用于受援机构身上。显然，这不是对世界银行贷款的直接评估，而是对受援机构的直接评估。

其次，产品或程序评估是指评估一个特定的小额信贷机构在推广不同产品之间的相对实施成效，或者不同过程的相对实施成效。如果世界银行贷款在技术上援助了小额信贷机构，则不需要对所有的技术支持展开评估，而只需针对特定的主题展开评估即可，诸如教育培训，集团责任与个人义务，员工激励计划等。

最后，政策评估中的政策多指宏观政策，如银行业监管和信贷局的设立。通常，这些宏观政策需要一些微观层面的实施，例如，怎样从微观层面利用诸如利率敏感性和信贷局管理这类措施来研究政策的影响。然而，一些宏观政策的影响可以说是不能清晰地予以评估的。例如，中央银行采用一个新的硬件和软件系统不在影响评估体系的范围之内，或者改变银行资本金要求所产生的影响也是不可能准确评估的。

1. 项目影响评估

一般来讲，对小额信贷机构的影响评估属于项目评估，这类评估试图估计一家金融机构对客户或者社会福利所产生的总体影响。在许多情况下，一揽子的项目服务包括信贷、教育、建立社会资本、保险等很多内容，因此，一个项目评估需要对提供一揽子项目服务和没有提供服务所产生的影响同时进行评估。虽然对这些资源是否应该分配给项目予以评估是必要的，但是，这样的评估并不能确定这些影响是不是由一个成功项目的某些具体部分所产生的。因此，这种类型的项目评估并不能告诉哪些过程和机制可以模仿和推广。

在评估二次贷款的影响时，虽然这一政策可能影响很多人，但是仍可以进行一种直线式的项目评估。由于向银行或小额信贷机构贷款的目的在于帮助银行和小额信贷机构扩大业务范围，因此，为二线银行提供资金支持的诸多组织机构可以通过评估客户福利增长情况来衡量其贷款产生的影响[1]。

2. 产品或过程影响评估

一些小额信贷机构通过少量志愿客户和部分经过筛选的客户的参与(对比)来评估新信贷产品的影响。但是，这种方法对借款者来说是有风险的，而且，关于这种新产品会带来一定好处的观点也是误导性的。其实，这种评估方法不能帮助人们确定是不是因为产品的创新或改变导致了小额信贷机构的发展。因此，(在产品或创新与机构的发展之间)建立因果关系就十分重要了，这不仅可以了解小额信贷机构实施后的变化，还可以帮助政策制定者和其他小额信贷机构是否应该实施类似的变化提供依据。从商业运营的角度看，使用随机控制试验(randomized controlled trials,RCTs)方法的风险较小(长期成本最低)，是进行小额信贷影响评估的最优选择。

利用随机控制试验来评估小额信贷机构、产品或程序创新的例子不胜枚举。例如，一些研究主要用这种方法评估对机构的影响。在菲律宾的一个研究案例中，一家银行将集团的一半负债(GB 银行模式)转换为个人负债。研究发现，客户的还款情况并未因此发生变化，但是，老客户的忠诚度有所提高，新客户也增加了很多(Giné 和 Karlan,2006)。在南非，消费金融贷款机构常会进行利率敏感性评估

〔1〕 这样的评估假定所发放贷款资金并不纯粹是基于银行的信用而发放的。

(Karlan 和 Zinman,2006c;Karlan 和 Zinman,2006a)以及不同营销方法下个人贷款有效性评估。Bertrand、Karlan 和 Mullainathan(2005)发现,一些无成本的营销方法,如只介绍一种贷款而不是同时介绍几种贷款,或者在邮件上贴上好看的照片与每月贷款利率降低 4%一样都是富有成效的方法,世界银行正在巴基斯坦进行着一些评估工作——Xavier Giné 和 Ghazala Mansuri 正与一位贷款人一起检验不同的奖励计划和对信贷人员加强培训产生的影响。与此同时,在印度的小额信贷中心(CMF),Erica Field 和 Rohini Pande 正对不同期限贷款的相对优点和支付频率进行检验。在菲律宾,一些研究人员对一种新型承诺储蓄产品(为客户设立一个带有储蓄目标的专门储蓄账户,客户的存款在达到设定目标之前将不能被支取)以及附带的存款服务进行影响评估,通过比较选择不同储蓄产品的客户间储蓄余额的方式实现(Ashraf,Karlan 和 Yin,2006)。

3. 政策评估

影响评估也可以用来估计公共政策的影响,如评估监管政策和信贷局的影响。典型的监管政策包括利率上限、储蓄监管和政府实施的存款保险计划。事实上,很难设计一种评估方法来对这些宏观政策造成的影响进行系统的评估。但是,可以通过两种微观途径来评估宏观政策的影响。首先,宏观政策的实施势必会对具体的行为产生影响,因此,可以通过微观层面的干预评估其影响;其次,可以通过估计小额信贷项目非参与者的状况来估计宏观政策对全社会的影响,这通常需要一个大样本才能生成相应的变量,然后再估计对项目非参与者的溢出效应。而这种评估方法是否可行仍需进一步验证。

第一种方法的典型例子是在 Guatemala 对信用局有效性的研究(de Janvry、McIntosh 和 Sadoulet,2006)。两位作者曾在非政府组织(Genesis)里工作,他们随机指定了一些接受过信用重要性及获得信用贷款机会培训的客户,这些客户均被告知贷款的激励约束规则,例如,逾期还款会影响信用度,而按时还款能够帮助其获得低利率贷款。研究发现,经过培训后客户的还款率提高了,而且,有了良好信用记录的客户也能在其他地方获得贷款。这种研究方法也适用于政策评估和产品或程序评估,而区别在于后者旨在描述 Guatemala 信用局运行有效性的特定程序。类似的方法还可以应用到各种政策评估中,如储蓄监管、利率政策、ATM、智能卡等金融基础设施以及手机银行业务。通过对是否使用产品或服务的客户进行随机控制试验(RCTs)则可以对这类干预的影响进行评估。

关于储蓄监管的影响,有两个问题已经得到评估:①当客户选择储蓄方式时,安全储蓄和规范储蓄对他们有区别吗?②如何调整受储蓄影响较大的小额信贷机构和客户之间的关系?这两个问题都是宏观政策需要理解的。当然,并不包括整个宏观政策,因此不应该被看做是对一国储蓄监管政策的决定性影响。但是,它可以提供很多已经产生和可以预见的特定结果的重要信息,这有助于规范对存款的管理。

关于利率政策,政策制定者应该对其涉及的两个领域十分感兴趣,并且具备成熟的条件来采用随机控制试验(RCTs)进行准确评估:①利率上限;②消费者保护。在利率敏感性、总体需求以及利率水平与客户类型间的对应关系(富裕、贫穷、风险、安全)等方面,我们还缺乏系统全面的数据。三篇对南非和孟加拉国的研究论文指出,现实中客户对利率的敏感性要比估计的大得多(Dehejia、Montgomery 和 Morduch,2005;Karlan 和 Zinman,2006)。然而,我们却没有足够的证据证实在一定利率水平下贷款如何变化,特别是在不同的国家预测这种变化[1]。关于消费者保护,许多国家将制定法律规范企业向客户的收费行为,而不仅仅关心收费金额。然而,一个简单的利率问题可能带来巨大的混淆。举例来说,一些贷款人通过递减余额法收取利息(在发达国家十分常见),而另一些贷款人则基于客户的初始贷款额来收取利息。问题在于,客户能理解这两种计息方法的差别吗?当市场提供某种选择时,客户能恰当地选择适合其现金流且成本最小的贷款吗?对这类问题的研究将引导我们去了解不同的贷款条件是如何影响客户行为的,这有利于形成合理有效地保护消费者的一系列公共政策。

5.4.2.4 小额信贷影响评估方法

1. 随机控制试验(RCTs)概述

(1)随机控制试验的概念。随机控制试验是一种科学的实验方法,它通常被用于测试医疗服务、治疗技术的作用效果和效率。随着该研究方法的发展,随机控制试验得到了高度关注,并应用于诸如司法,教育,国家及区域发展和社会科学的研究工作中。随机控制试验是将不同形式的干预(治疗手段或约束条件)随机分配到参与者。只要参与者的数量足够多,随机化是一个平衡各试验组之间的混杂因素的有效方法。经典的随机控制试验通常要求研究对象患单一疾病,采用标准治疗和单一干预措施,从而评价干预措施在理想状态下的特异性功效或效果。而这些干预措施可能包括预防战略、诊断测试、检查和治疗方案等。

通常情况下,随机控制试验旨在衡量和比较的参与者接受到干预措施之后所存在或不存在的情况或结果。所有的结果都需要进行测量和分析,因此,随机控制试验被视为一种定量研究方法。此外,由于随机控制试验常被用来比较两个或多个的干预措施带来的结果,也被认为是一种比较研究。也有一些随机控制试验研

[1] 这里只提到了利率的需求方,供应方也必须考虑制定合适的利率政策。

究只关注结果类型的数量，但不包括各组比较分析，这些研究被称为非比较研究。通常，严格的评价治疗方案的试验主要是采用随机控制试验，也称可控临床试验(controlled clinical trial)，即将研究对象按随机化的方法分为试验组与对照组，然后，试验组给予治疗措施，对照组不给予评价的措施，即给予安慰剂(placebo)，常规治疗，或者不治疗，前瞻性观察两组转归结局的差别。

因为调查人员可以控制干预措施的数量和类型，以及干预方案(数量，路线和频率)，因而随机控制试验是一种实验。强调这方面是因为研究中还有一个调查人员不能控制和干预的观察组，调查人员不测量的其结果，而是试图解释他们的自然环境中的情况(这类研究被称为定性研究)。随机控制试验是定量研究，是一个调查小组研究了一系列参与者在随机接受到两个或两个以上的干预措施后的比较和控制实验。

(2)随机控制试验的类型。随机控制试验的设计要遵循3个基本原则，即设置对照组(Control)，研究对象的随机化分组(Randomization)和盲法试验(Blind)。而随机控制试验的类型分类也就是盲法试验的分类，其主要包括单盲试验(Dingle-blinded)、双盲(Double-blinded)试验甚至三盲(Triple-blinded)试验等。

①开放性试验。当然，在介绍盲法试验之前，有必要了解与盲法试验相对的开放性试验。简而言之，在开放性试验中，研究人员和试验的参与者都明白此次试验的所有细节，包括各种干预方式。这种试验是对于偏见的一种挑战，而不会设法去降低选择性偏见。然而，有时候这种偏见是无法避免的，因而这类试验不常用。

②盲法试验。第一，单盲试验。医疗试验中，单盲试验是仅研究人员知道每个病人用药的具体内容，而病人不知道。单盲试验虽可以避免来自病人主观因素的偏见，但仍不能防止来自研究者方面的影响。第二，双盲试验。双盲试验是一种临床试验设计，即研究人员和病人都不知道每个病人分在哪一组，也不知道哪一组接受了哪种试验治疗。此法的优点是可以同时避免来自受试者与研究人员的偏见。第三，三盲试验。由于盲法试验的优点在于可以消除多方参与者的主观性偏见，因而三盲甚至多盲试验更有助于得出较为准确的结果。在三盲试验中，除了研究人员、参与者不知道干预细节之外，可能连药剂师也无需知道治疗用药。治疗结束后测量和评价疗效，对数据进行分析时，测量人员也可以被盲，也就是不能然他们知道自己检查的病人是治疗组的还是对照组的，以免产生偏见。关于结局，比如说试验组和对照组各有多少病人，治疗组痊愈的多少人，对照组痊愈的多少人等，从而统计那个组痊愈的人多，看看所研究的药物疗效和对照组比较有没有统计学上的显著性差异，从而比较准确地评价该药的疗效。双盲和三盲的区别在于在双盲试验基础之上增设了一些额外的预防措施，它意味着一个额外的安全层，以防止其他

直接参与这项研究的人的研究结果造成影响。

(3)随机控制试验需要注意的问题：

①外界压力。诸如政策指导、试验成本和学术界压力都会对试验结果产生一定的影响。很多试验需要花费大量的资金，研究人员总是用尽办法来控制所有的干扰、减轻所有的偏见，这使得两组之间不同的因素只有干预措施，这样就导致了研究的难度和成本。而国内大多数RCTs不可能都得到基金的支持，所以开展起来有一定的难度。其次，有时某项研究可能也会关系到一个政治问题，比较MMR疫苗的试验，或涉及既得利益者。在这种情况下，有很大的外界压力来左右对于试验结果的解释，因而必须严格强调研究人员做出维持试验事实的结果报告。

②统计误差。许多统计学的检验假设都是以随机抽样为基础的，所以随机控制试验RCTs的试验结果最适合χ^2检验、t检验，但是随之出现时统计误差是需要特别注意的。现行的很多研究都采用零假设和备择假设。这种分析最后将提供一个基于事实的统计可能性，看是否能拒绝了零假设。不过，这仅仅是一个统计的可能性，因此，假阴性(false negatives)和假阳性(false positives)都有可能。往往一般结果是处于可以接受的水平。但是，这种风险(错误的统计结果，1%的失败率)是累积的，因此，如果200次试验完成约2次试验将显示相反的结果。

③盲法试验的局限。在理想情况下，研究应该设盲，但现实中很多盲法不能有效设定，比如在医疗上，有些外科手术、针灸等治疗不能使用盲法，有时候涉及伦理学问题，不能设置安慰剂，不擅长对药物安全性的评价等。因而，一些医疗上的治疗方法可以根据其性质进行，避免进行受到蒙蔽的研究。

(4)随即控制试验在微型金融中的应用。一批研究国家发展战略的经济学家正在使用随机控制试验来衡量一些干预措施对于的国家乃至世界发展的影响。很多在Jameel扶贫行动工作组和扶贫创新行动(IPA)等机构的发展经济学家利用RCTs来衡量扶贫和健康项目在发展中国家开展的成效，特别是一些微型金融领域和扶贫项目的研究。研究人员利用大量的调查数据来分析和研究诸如扶贫贷款、小额信贷项目对贫困地区的影响，大到涉及小额信贷项目的发展战略问题，小到一个信贷产品对局部地区居民生活生产带来的变化。此外，随机控制试验也可以非常有效地进行政策评价，因为它使得研究人员将一个特定项目所产生的影响同其他可能带来影响的因素分离，例如在某个地区同时开展的其他项目、宏观经济增长带来的影响、短期事件的影响等。随机控制试验也有助于控制个人素质的差异(一个人比另一个成功)对整个实验结果的影响。通过确定参与者并将其随机分配到控制组和试验组，进行不定期检测，研究人员能够测量该地区居民的收入、健康、教育情况或其他贫困地区的积极变化与某个特定扶贫项目的相关性。就发展经济学家而言，相对于其他研究方法采用随机控制试验的主要优势在于随机化分配克服了选择偏见。

2. 项目评估的随机控制试验法

评估一个小额信贷项目的影响需要估计参与项目服务（通常是信贷，有时是储蓄）以及不参与项目的反事实所产生的影响。与评估新产品或政策（将在下面讨论）相比，项目评估的随机控制试验可能更加困难，因为对照组（control group）必须来自与小额信贷机构没有任何关系的非项目客户群。在这里我们将对评估小额信贷项目的三种不同方法予以讨论。评估的对象需要事先选定，并将潜在客户随机分配到试验组和对照组。在评估整个项目的影响时，试验组和对照组都必须选取潜在的且接受过项目服务的客户。

(1)试验信用评分法（Experimental Credit Scoring）。信用评分已经成为一种提高小额信贷机构运营效率和信贷速度的有效工具（Schreiner，2002）。试验信用评分法是根据申请人违约的可能性进行信用评分，在此基础上批准或者拒绝其贷款申请——这是常规的信用评分，但是，对随机挑选的客户是否给予授信的问题却存在困惑（按照银行的标准，如信用记录、就业、储蓄存款余额等，不能轻易地批准或是拒绝这些客户的贷款申请）。我们采取的方法是，将随机获得授信的客户中间组所产生的结果与未获得授信的客户中间组进行对比。这种分析方法并不检验那些随机客户之外所产生的结果。但这却有一个重要的暗示：该方法只估计对那些信誉良好的边际客户的影响。如果因为其他原因导致获得贷款的机会有限，这可能导致低估或高估该项目的平均影响（信誉较好的客户可能从参与项目的过程中获得更多的好处，但是，信誉不好的人也有可能获得好处）。另一方面，如果小额信贷机构的主要贡献是帮助那些难于在其他金融机构（如银行）获得贷款的客户取得贷款，那么这种方法对绝大多数人来说都是适用的。换言之，如果信誉良好的客户拥有其他平等的贷款机会，那么，对他们来说项目的开展就没有影响。因此，在评估的初始阶段必须明确受益最大的客户群体。需要注意的是，如果样本量足够大，在运用该方法时并不一定需要随机分组。如果起始阶段单个客户数量足够多，也可以进行回归间断设计处理（Regression Discontinuity Design）[1][2]。

此外，试验方法还具有操作上的优势：它为贷款人提供了检验边际客户偿还率这一低风险的方法。通常，贷款人可以设定一个信用评分门槛，随机地允许这些贷

〔1〕 通过将回归间断点设计和PROGRESA项目评估进行比较，Buddelmeyer 和 Skoufias（2004）发现当间断点偏离程度达到一定距离则不会对项目影响评估产生影响。

〔2〕 如果一些个体得到改善自身和越过贷款门槛的机会，那么回归间断点方法的运用可能会失败。

款人降低其制定的信用评分门槛，但同时限制处于相应水平客户的数量。而且，该方法允许贷款人灵活调整信用评分的方法。但是，如果贷款人采用不考虑信用低于一般水平客户的贷款申请的保守信用评分方法，那么，贷款人可能永远不知道自己是因为害怕风险而错过了获利机会。

这种方法被运用在南非的小额消费贷款和菲律宾的微小型企业贷款项目的研究中。南非的贷款机构已经建立了一个信用评分系统，并侧重对那些通常被拒绝的贷款申请者进行试验（在菲律宾的试验如上所述，且没有设定明确的信用门槛）。在南非，贷款人不会随意拒绝那些不能在银行获得贷款的客户[1]（Karlan 和 Zinman，2006）。通常，提高边际客户的信用额度会带来增加就业、减少贫困和饥饿等明显的好处。此外，对边际客户的贷款也会给贷款机构带来收益。

（2）随机项目安排法（Randomized Program Placement）。其实，客户的随机选择并不是总是可行的。例如，在执行一组贷款项目时，往往很难在一个村庄的范围内随机地指定一些村民去参加集体贷款项目，而不过问其他村民的需求。同样，对于一个创新产品的检验，就不应该随机地指定一些经过信用教育的客户参与试验而对同一个贷款集体的其他客户不予过问，而应该把这个贷款集体作为一个整体进行检验。但是，如果让一些指定的客户在整个检验结束后留下来单独继续评估，这也不是什么好做法。例如，如果你给试验组客户上了一堂市场营销技巧课，他们可能会私下一起交流，那么，没有上课的对照组客户也可能通过观察学会新的营销技巧。由此引发的溢出效应是巨大的。但是，如果在试验设计和估计过程中简单地忽略了这一问题，分析就会出现偏差。如果存在这种溢出效应，就有必要对它进行估计，因为这样做不仅能消除直接影响评估中的偏差，而且提供了估计间接影响的方法。这样，项目的总体影响就是直接影响和间接影响之和[2]（Miguel 和 Kremer，2004）。

在印度，微型金融中心（CMF）、麻省理工 Jameel 扶贫行动工作组（J-PAL）和扶贫创新行动（IPA）正在海德拉巴贫民窟开展一项小额信贷影响评估工作。印度

〔1〕 样本框事先排除了背负过多债务和涉嫌欺诈的客户，其他被拒绝的贷款申请者会以一定的概率随机授予事先确定的信用门槛水平。

〔2〕 迄今，学术研究还没有成功地估计小额信贷的这种溢出效应，但有一些试验性估计方法。也许最好的办法是将实验组按照地域随机化（如在某一地区聚集较多的信贷员），因此该地区涉足的领域比其他地方多。那么，人们自然会衡量给予放贷和不能给予贷款的人。例如，有两个集市。在一个组里，贷款机构在每个集市指派了两名信贷员；另一组，贷款机构在每个集市指派了一名信贷员（并指定每个信贷员只能为固定数量的客户提供服务）。那么，在拥有两个信贷员的集市里，没有取得贷款的人的数量是否比只有一个信贷员的集市的数量少呢？由于竞争压力，也许这两组实验的结果会发生变化，因而会得出不同的结论，这就是溢出效应带来的负面影响。

小额信贷机构 Spandana 将其选取的样本贫民区数目扩大到120个。研究人员 Abhijit、Banerjee 和 Esther Duflo 把这些贫民区随机分配到试验组和对照组[1]。在完成了对每个贫民区的基础调查后，Spandana 尽可能多给试验组里的人提供贷款，并在一年后将试验组和对照组的家庭进行对比。

菲律宾也正在进行一个类似的试验，这个试验是对早期关于个人与集体责任研究工作的扩展（Giné 和 Karlan，2006）。在这个研究中，银行对菲律宾的农村居民进行筛选以确定他们是否有资格获得贷款。通过这种筛选，银行可以确定村里是否有足够多的微小型企业家以及他们能够接受的贷款利率，同时确保村长能配合银行展开工作，并提供相应的服务。研究小组随后将这些合格的农村居民随机分为四组：三个试验组和一个对照组。三个试验组里包含了不同的贷款设计，用以估计不同变量与个人和集体责任间的相关性，而对照组则不提供任何贷款服务。然而，对照组的存在可以让研究者估计有信贷服务与没有信贷服务对村庄、个人和微小型企业结果所产生的影响。

如果以村庄为单位的随机分配能起作用，那么似乎应该顺理成章地问一句：为什么不选用更大的单位作为划分依据进行随机分配？例如，以地区为单位。虽然这种方式从理论上讲很好，但是，如果结果在地理区域间是高度相关的，那么，这会极大地限制有效样本的观测数目。然而，实际上不可能有足够大的样本使这种划分成为可能。相反地，简单地比较一个接受处理和另一个没有接受处理的地区并不是可取的策略。如果存在一个外生的收入冲击，那么就不可能分辨出到底是这种处理方式在起作用还是由于地区的不同，例如，结果可能来自农业丰收或者一个新企业给该地区创造了更多的就业，或者一个特别优秀（或者糟糕）的分公司经理所产生的影响。

（3）激励设计法（Encouragement Designs）。在激励设计中，通常鼓励试验组的客户积极参与项目（例如，将项目产品销售给他们），但是并不要求他们必须参与。与此同时，项目产品没有销售给对照组客户，但如果他们选择参与项目，则也能参加。因此，在所有希望参与项目的人都能获得服务的情形下，激励设计很有用处。

在激励设计中，至关重要的问题是如何处理分配而不是处理本身，在分析结果时用以区分不同的群体。换句话来说，试验组中没有参与项目的客户仍然属于试验组，对照组中有参与项目的客户仍然属于对照组。然而，值得注意的是，参与对

---

[1] 注意对于试验评估，基础调查是并不必要的。只要样本足够大，大数定律可以产生统计性质类似的实验组和对照组。但基础调查确实可以提供进一步地统计精确度，以及从更多方面测量不同的处理效应的能力。

照组的客户越多，用来检查项目影响的必要样本容量也就越大。需要进一步的了解这种方法及其例子，请参考 Duflo 和 Saez(2004)以及 Ashraf、Karlan 和 Yin(2006)的研究。

(4)随机评估中需要考虑的道德因素(Ethical Considerations)。尽管对准试验设计方法的可靠性存在怀疑，但随机评估方法仍然在国际发展中得到了普及(Duflo 和 Kremer，2003)。然而，一些观察人士和决策者对向受益者随机分配服务的想法感到并不满意，尤其是在扶贫项目中。在某些情况下，在项目正效应比较明显的地方，评估的需求可能会遭到质疑。然而，最好是先评估其影响，并确定相对于次优选择该项目实际上是否有积极影响，然后再确定对于各类客户哪些干预的效果最好。虽然小额信贷的负面影响看起来较小，但存在一个非常现实的可能性，即通过负债和服务收费的方式可能使小额信贷的客户在干预结束后情况变得更糟。高利率在小额信贷中非常普遍，但是，并不是所有的客户都有相应的金融知识了解自己在企业或投资上的收益状况。是否有可能缺乏适当的记录而导致一些客户继续借贷(因为随着信贷而增长的现金流以及扩大的营运资本)，即使他们实际利润很低？在假定给予干预之前，这些问题都需要考虑。

值得注意的是，随机评估是建立在对任意客户提供服务的基础上。常用的解决办法是随机地选择项目向各个地区扩展的顺序。因此，随机化仅仅是利用了评估情况下缺少组织约束。虽然在项目干预情况下有比以前更多的人获得了服务，但是，通过将随机因素纳入分配过程可能会产生一个额外的影响。这种方式仅适用于正在发展并对未来几年发展目标有长远规划的小额信贷机构。在前面讨论的其他方法(如激励设计)详细内容见 Duflo、Glennerster 和 Kremer(2006)的研究。

3. 产品和项目的准试验评估法

准试验评估法(Quasi-experimental Methodologies)是在干预之前预先选定试验组和对照组进行预评估，也可以是在干预之后再确定对照组进行回顾性(retrospective)评估。通常，试验组的成员是随机从小额信贷机构的客户名单中抽取的。在一般的评估中，参与者只对干预前和干预后的情况进行对比，称为“前后评估(pre-post)”。然而，这并不是一种有效的比较方式，因为最终结果的变化可能是由许多因素导致的。例如，虽然参与者的收入可能增加了，但是，这可能是由于该地区总体经济好转了，或者也可能简单地认为是由于参与者随着工龄的增长而获得更多的固定收入。在某种极端情况下，如某个国家的人均 GDP 下降了，即使项目获得了成功，前后评估也会表现为产生的消极影响，因为参与者仅仅只是比没有参与者显得不那么穷困，因此即使参与者收入下降了，该项目也确实会产生积极的影响。我们认为，这种前后评估不应该被称为“影响评估”，而应称做“客户监督工作”或者“客户跟踪工作”，因为尽管他们提供了客户生活状况变化的信息，但却无法评估小额信贷项目对他们生活变化产生何种因果关系的影响。

小额信贷评估者用了许多技术去识别对照组。让对照组充分地去模仿试验组，这种模仿行为是主观的。通过小额信贷评估很难找到类似非参与者的对照组，因为这些非参与者应该有同样特殊的(往往无法观察到的)决心和能力，这些因素促使客户参与小额信贷项目。通过比较客户(那些有特殊决心的人)和非参与者，这种评估方法可能会高估项目的影响(假设这种决心或者创业精神导致了最终业绩的提高)。这种高估(或低估)项目的影响就是非试验方法存在的自选择偏差问题。该方法另一个相关的缺陷是将项目村庄所产生的结果与非项目村庄的结果进行比较时非随机项目配置的偏差。这种方法的问题在于，项目选择的对象是有经营运作原因的。例如，他们可能选择最贫困的村庄，也可能在扩大他们的范围之前，谨慎选择较富裕的客户。因此，这种源自非随机项目配置的偏差，取决于项目村庄与非项目村庄相比是(甚至是不能观测到的)更加富有还是更加贫穷。

正如前面所述，随机控制试验可以解决上述问题。然而，更有必要同时进行试验评估和准试验评估，通过比较其结果可以准确地知道小额信贷项目试验评估和准试验评估之间的差别。[1] 如果准试验评估不存在较大的偏差，那么评估人员在方法的选择上可以更加自由。

鉴于存在潜在的风险，确保试验组与对照组在尽量多的方面相同就显得至关重要。对照组的选取技术如下：

• 调查目标地区(无论是与试验组生活相同的地区，还是人口统计类似的地区)以确定所有的家庭都在非正式部门就业，然后从中随机选取；

• 随机游走法——从一个地区的某一点开始，向左走 X 个房屋，向右走 Y 个房屋，一直重复下去，然后将选中的家庭登记作为对照组。

这种准试验方法是从评估微小型企业服务的影响(AIMS)中逐渐发展出来的，随后通过比较现有的客户和将来的客户的方式进一步简化了这种调查方法，这种方法表明，两组结果间的差异反映了该项目的影响。Karlan(2001)讨论了这种方法的一些缺陷，发现如果一些经营失败的客户中途退出，那么，这种方法类似于忽略失败

[1] 一些学者已经做过了类似的比较。LaLonde(1986)发现，在劳动力培训项目中准实验评估的结果与随机控制实验并不相符。Glewwe 等(2004)发现，准实验评估高估了活动挂图(flip chart)在肯利亚学校的影响。然而，Buddelmeyer 和 Skoufias(2004)发现，在评估 PROGRESA 的影响中，一种非间断回归(regression discontinuity)设计与实验评估在十二种方法中有十种结果都是一致的。

者而仅评估了那些成功者[1]。此外,也许还有一些无法观察到的原因导致将来的客户与那些最早登记在项目中的客户出现差异。例如,一年前他们可能害怕参加项目,可能是因为没有商机,可能是因为已有工作,或者是因为他们遇到了养育子女的难题,或者他们较晚才参加项目。那时小额信贷机构没有选择他们可能是由于当地的基础设施(如道路和电话)太差了,或者是因为这里的生活条件太好了。按照AIMS的分析,一旦忽略了这些原因,这种方法将会导致评估的影响存在偏差。一个经常用于对这种方法进行辩解的理由是:“因为每一个人都是客户,他们都有企业家精神。”但是,这种说法是站不住脚的,它忽略了决定参与项目的具体时间,并且假设企业家精神是个人固有的特性。正如前面的例子所展示的,这很容易让人以为,一个人一生中决定参与小额信贷项目的时间与其固有的特征一样多。

Alexander和Karlan(2006)证实,考虑上述问题是有意义的。通过AIMS的代表性方法反复研究一组纵向数据(这组纵向数据来源于一个名为Mibanco的秘鲁小额信贷机构的AIMS“核心影响评估”),他们发现在现有客户和未来客户之间存在着显著的差异,尽管这些结果的偏差方向并不相同:新参与者更有可能取得正式的经营场所,这将低估项目的影响,但他们同时也会在家庭支出(household measure)花费更多,如教育支出,而这又将高估项目的影响。

Coleman(2002)采用了一种新方法控制自选择偏差(selection bias)问题,他选用潜在客户作为对照组,这些来自于泰国北部的客户在参与村镇银行项目前就已经签订了合同。这种技术(后文称为“管道匹配”(pipeline matching))使他可以将对影响的评估与通过比较项目参与者和非参与者后得到的评估进行对比。这种评估高估了参与所获得的收益,因为参与者从一开始就比非参与者富裕。Coleman没有发现项目对销售、储蓄、资产和学校支出有影响的证据,但他发现,项目对医药支出和负债的增加有负面影响。然而,如果泰国北部的客户没有达到信贷饱和状态,那么应在结果上应考虑更多的因素。在村里被调查的家庭中,63%的家庭已经成为泰国农业与农业合作银行(BAAC)的客户,BAAC是一家国家银行,比村镇银行提供的贷款更多。

Pitt和Khandker(1998)对控制自选择偏差和非随机项目安排问题进行了大量富有成效的研究。基于对三家孟加拉国小额信贷机构(Grameen银行,BRAC和RD-12)的1 798户成员与非成员家庭进行调查,在这3个项目中,Pitt和Khandker都将成员资格限制在那些土地面积少于半英亩的客户上,计算后发现:

[1] 正如后面将要讨论的,退出项目的客户包含了“辍学者”和“成功毕业者”。用以区分这两类的有限证据表明,那些退出了小额信贷项目的客户的平均情况都倾向于变得更加糟糕。

女性借款者每额外获得100塔卡的借款，其家庭消费将会增加18塔卡。他们的模型（“加权外生抽样最大似然法——有限信息最大似然值——固定效应”）有一个前提，即土地面积超过半英亩与少于半英亩的项目成员的收入是连续的，尽管是否参与小额信贷机构是不连续的（因为土地超过半英亩的人会被这个项目所拒绝）。

从Pitt和Khandker的发现中，我们得出的结论是，由于依赖于特殊的同一性假设，因此，在实际应用中该方法不能推广到其他设定中（当然从业人员也无法采用该方法，因为这涉及计量经济学）。Morduch(1998)对Pitt和Khandker研究中的计量经济模型和同一性假设提出了挑战。通过采用双重差分模型，他没有找到消费增加的证据，却发现随着季节的变化消费的方差在减少（这意味着消费的波动性降低了）。Khandker(2005)利用面板数据的优势改进了其早期模型，这些数据解决了Morduch(1998)提出的许多问题。在最新的评估研究中，Khandker发现存在非常小的客户边际影响。这部分是因为改进的模型降低了对小额信贷影响的估计，部分是因为随着时间的推移顾客信贷的边际报酬递减了（1991年2月进行的第一次调查，1998年9月进行了第二次调查）。Khandker发现影响有所增加：给女性借款人的贷款额每借100塔卡，其家庭消费增加量从早前研究中的18塔卡增加为20.5塔卡——这是因为，增加的影响来自两部分，其中，4.2塔卡来源于现在的借款，16.3塔卡来源于以前的借款。他们还发现，客户越贫困影响越大，同时，借款给男性客户没有显著的影响。

4. 创新产品和程序的随机控制试验法

在随机控制试验中，通过将客户随机分配（或潜在客户）到试验组和对照组，将一个项目设计与另一个加以比较。如果是一个“附加的”或者是可以转换的项目设计，那么这个设计往往比较简单：小额信贷机构随机分配新产品给现有客户。那么，研究者可以比较那些参与到新项目和保留原来项目的客户的最终利率结果。类似的方法也可以应用于新客户，虽然这会有点困难。这里我们将讨论怎样改变现有产品或者过程，详见Giné、Harigaya和Karlan等(2006)。

图5-6列举了对机构和客户的产品或过程创新效果评估的3个阶段。小额信贷机构的创新往往先进行小型试验然后全面推广（阶段1和阶段3），但不进行全面试验。此外，将客户随机分配到试验组和对照组有助于正确地估计产品变化与机构和客户所产生结果之间的因果关系，但研究者通常会放弃这一做法。常见的两个阶段评估工作包括：新产品如何用于解决运营问题和利率调整的一个小型试验以及接受这种新产品的顾客满意度。如果该产品发挥了作用，那么小额信贷机构将向所有的客户推广这种产品。在获得这些信息后，小额信贷机构可以对是否继续全面推广这种创新以及是否改变产品或者政策做出明智的决定。

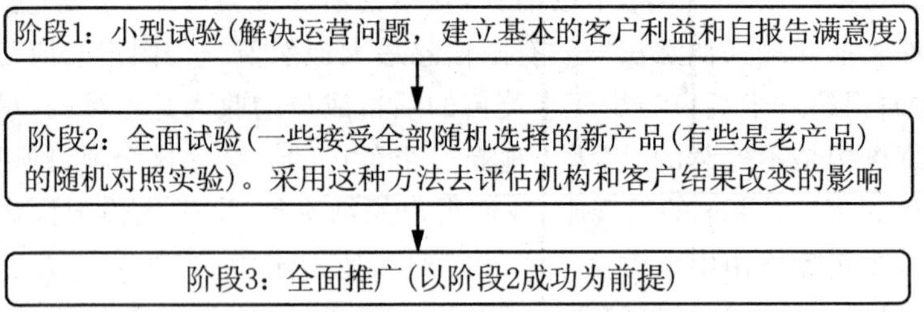

图 5-6　产品或过程创新效果评估的 3 个阶段

产品创新旨在解决现有产品的一些问题或者提高产品的影响及其可行性。第一步是通过定性过程确认现有产品的问题和可能的解决方案。这应该包含检验历史数据，举行客户与全体员工参加的小组讨论会和头脑风暴会，并和其他有类似问题的小额信贷机构进行交流。一旦确定了一个可行的方案，就应该着手规划操作方案和小型试验。一个操作方案应该包含用来反映变化的所有必要且具体的操作步骤。例如，包含培训教材的编写、全体员工的培训、内部会计软件升级、补偿机制的设计等。

为了解决操纵问题和变化的复杂性，应该紧接着进行一个小型试验。这种试探性的试验可以在小范围内进行，以达到检验项目设计变化能否成功操作的目的。然而，这样的努力并没有解决小额信贷机构或顾客影响的问题。这更多的是解决操作问题，以确保全面试验能准确地反映真实的影响。

在确认了解决方案并进行了一个小型试验后，“检验”并没有结束。产品创新对机构(偿还率、顾客忠诚度、经营成本等)和顾客(福利、消费、收入、社会资本等)的影响也需要加以确认。为了得到正确的估计结果，我们不能只跟踪参与者并报告他们的变化，还需要一个对照组进行相同的检验。

通常，解决方案包含了跟踪客户的主要变化以及关注需要解决的其他问题。例如，在秘鲁的 FINCA 项目中检验教育信贷时，需要选择教育的类型；当检验客户的个人能力时，需要确定最优的贷款规模。一个谨慎的试验设计应该从一开始就在评估中包含了对子问题和试验失败的检验。这些问题应该经常在头脑风暴会议中被提出，任何有争议的决定都非常适合这种分析方法。

5. 需要考虑的其他问题

(1)样本大小的选择。样本规模的最低值取决于预期效果的大小(例如，一个将增长 10%的收入)、结果的方差和相对于显著性统计结果的误差容忍度(以及内部集群相关性(intra-cluster correlation)，如果采用聚合随机(clustered randomization)，如随机项目安排)。一般来说，可以检测到的差异越小，方差越大，对误差的容忍度越低，样本容量就应该越大。小额信贷评估的结果可以同时是连续的（如收入的变化）和二元的（如不在贫困线以下）。采用二元方法可能更容易得到结果，因为在数学上方差完全取决于平均值。当预期效果大小按固定比例增长时，拥有平均值为 0.5（方差因此是 0.25）时结果的影响力是最弱的（例如，以 10 个百分点从 0.5 增加到 0.6 和从 0.1 到 0.2 增长，其方差是相同的），但这不是按百分比增长（例如，以 10%的速度从 0.5 增加到 0.6 和从 0.1 到 0.2 增长，其方差是不同的）。我们推荐采用软件 Optimal Design 帮助决定样本规模，或者采用经常使用的统计软件，如 Stata，也可以提供一些基本的计算功能[1]。

(2)退出者。小额信贷机构并不限制参与项目的人数。我们预期，客户能利用小额信贷机构的服务，并会在其充分利用完产品后退出该项目。通常，对小额信贷机构提供的产品理解越到位，预期客户在项目中获得的"成长"就越多。一般来说，退出小额信贷机构的客户有两类：一类是小额信贷机构已无法满足其需求的人（"毕业者"，他们希望能获得商业银行的服务），另一类是并没有从参与中获得较大收益的人（"退出者"，他们不是因为对项目不满意，而是无法支付小额信贷机构的服务）。

如果没有对这些客户进行深入分析，就很难区别这两类客户，并且，有经验的项目评估者都清楚在其分析中考虑项目退出者的重要性。一些小额信贷评估手册（如 AIMS 提供的）并没有建议评估者考虑这些退出者。Alexander 和 Karlan (2006)指出，没有考虑这些退出者会使影响估计出现偏差。他们发现，在考虑了退出者后一些估计影响的方法都会发生显著地改变。例如，基于 AIMS 的代表性方法得出参与项目后微小型企业年利润增加了 1 200 美元，但在考虑了退出者后年利润的估计量反而减少了 170 美元。

在任何评估中，若没有考虑到足够多的参与者会导致的损耗性偏差——尤其是没有找到客户与那些追踪到的客户间的不同，那么评估结果将会受到影响。那些属于该项目的客户比那些退出者更容易被追踪进而做后续调查，而且也更愿意参与调查。无论退出者是否很少受到积极影响，如果不同类型的客户退出倾向存在差异（例如，较富裕的客户参加每周还款会议的成本比贫困客户大），那么，通过计量经济学的技术可以缓解这类问题。

(3)目标。尽管对超出小额信贷机构范围的贫困客户进行影响评估是不必要的，但在评估项目设计的改变对现有客户影响时，考虑到那些由于设计的改变引起的选择过程影响仍然是十分有用的。有两个方法可以解决这个问题：一种较为简

[1] 对于客户和非客户可以采用贫穷测量工具。详细信息见 http://www.povertytools.org.

单的方法是将试验组和对照组的人口特征进行比较,可以得出项目的变化导致了不同客户特征;另一个更有效的方法是将试验组和对照组的家庭进行一次人口普查,并就试验组和对照组客户的分布与该地区整体的分布情况进行对比,这使得小额信贷机构可以决定项目设计中所需的总体人口比例,同样也可以决定新设计的人口比例。

(4)干预强度。干预强度(intensity of treatment)可以在处理的时间长度和服务数量上加以改变。大量的研究关注的是顾客成为项目成员一年或者两年后甚至十年后的影响。什么时候估计项目的影响是主观决定的,也可能取决于干预手段的不同(信贷、储蓄或者其他产品)。对于一年时间是否足以显现出信贷的影响是颇具争议的,因为客户是需要时间去开办或者发展他们的业务。那些认为在一年时间内项目对顾客没有影响的研究应该承认这种现实:项目并非没有影响,只是在一年后逐步弱化。但是,时间越长,就越难采取随机控制试验,因为必须在更长的时间里保持对照组在整个研究中的稳定性。如果内在的"激励"对成为客户的可能性有持久的影响,那么,前面讨论的激励设计法在长期研究中得到有效的运用。然而,如果随着时间的推移整个对照组都经过了处理,那么,激励设计法将不能像预期那样能有效地估计项目的长期影响。因此,时间的长短必然会直接影响估计结果。

5.4.2.5　小额信贷影响评估指标

小额信贷可能会对客户的经营、福利、家庭以及社区产生影响。一项全面的影响评估将描述这些方面的影响。在企业或家庭中,货币可以很容易地在不同企业间或不同家庭成员间流动,并且,信用被认为是可以替代的,这意味着,由于一些特殊原因借给某个特定家庭成员的钱将只由他自己使用并用于既定目的的假设是错误的。例如,贷给自己雇用的人的贷款可能经常被转化为其他更急切的家庭需要,如食品、医疗、学费。那么,即使小额信贷机构的目标是面向妇女的,其贷款也很有可能转移给丈夫使用。因此,在评估一个信贷项目时,只估计客户公司的变化将是不够的。

1. 企业收入

参与小额信贷项目最直接的结果是家庭收入和商业利润的改变。小额信贷机构喜欢与那些在非正式部门工资和没有规律性工资的客户合作。因此,在很多发展中国家的影响评估中对消费的估计可能比估计收入更容易些。

商业回报本身不应该作为影响评估的一个指标,因为借款客户需要获得的收入远远高于他们需要偿还贷款的收入,否则即使商业回报增加了,影响也会是负面的。因此,在估计对企业的财务影响时,研究者更乐意选择估计商业利润。其他商业影响还包括企业的法定所有权以及雇员的数量，在没有正式记录的情况下度量这些指标是相当困难的。虽然有几种方法可供选择，但没有哪一种是完美的。在时间允许的情况下，允许调查者粗略了解企业家现金流的灵活性调查是有必要的，开始时需要记录所售商品的每一项成本（或者是生产产品的成本），然后是记录销售的频率。为了弄清楚企业的净利润，不妨选择关注从企业撤回的投资以及向企业注入的投资。如果家庭消费的是一些企业存货（如一些小型杂货店），使用这个方法会有些困难。类似的，当存货水平相当多样化时，估计企业的投资可能也会变得困难。因此，当企业和家庭的界限明确并且存货相对稳定时，可以谨慎地使用这个方法。

2. 消费和收入水平（贫困群体）

在影响评估中，往往需要确定脱离贫困客户的数量。这当然需要针对一个标准的贫困线对收入或者消费加以估计。为此，Zeller(2003)发展了以住户情况、财产等指标进行加总统计的估计方法。世界银行的核心福利指数调查（World Bank's Core Welfare Indicator Surveys）则使用了一组递减的消费代理变量，利用这种贫困关联关系比估计收入更简单，尽管这将约束估计的结果和将小额信贷机构与其他扶贫计划加以比较的可靠性，但这可能是现存方法中最好的选择(Deaton，1997)。世界银行的生活水平测量研究调查项目（World Bank Living Standards Measurement Study Surveys，LSMS）对世界各国消费模块的调查同样是有用的，Deaton(1997)也曾讨论了很多LSMS所使用的方法及其优缺点。

3. 消费平滑

除了估计收入的变化，对风险变化的估计也是很重要的。有人认为，可以将信用作为一种保险帮助吸收一些消极的冲击(Udry，1994)。消费平滑可能是很难估计的，因为它要求通过频繁的观察估计总体消费在不同时间的变化，或者是需要特殊的证据，例如，可以把对“饥饿天数”的估计看成是一个个体的经验，或者是询问一些特定的不利冲击情况（疾病、死亡、遭窃等）并询问这些个体如何应付这些情况。尽管这些最新方法的应用使调查的程序会简单一些，但是它却需要区分个体面对的风险类型及其来源。如果这组个体更善于应付这些冲击，那么就预示着在信用的使用上会有积极的影响。

4. 其他影响

参与小额信贷的非货币影响（区别于收入的变化）通常被认为是“其他影响”。一些重要的例子包括孩子的教育、营养、住房、授权以及社会资本等。但是，这些结果也会涉及收入的变化，而其他结果（如妇女的决策权）可能源自对项目本身的参与和自信的女人从经营及资本运作中的获利。例如，Ashraf、Karlan和Yin

(2006b)在菲律宾的研究发现,给妇女提供一个用其姓名登记的委托储蓄账户一年后,会促使她在家庭中的决策权力增加,并且,这种权力的增加会导致妇女购买更多的家庭耐用品。这种估计其他影响的试验设计与估计收入或贫困的变化有很多相同之处,这些结果所使用的数据通常可以在相同的调查中收集到。很多其他影响可以用多种方法进行估计,但是这可能不会立即反映出不同指标间的重要差异。例如,对年龄—身高和年龄—体重的估计(用 Z-scores 或者标准差估计)是对营养状况的估计,但它们具有明显不同的情况。年龄—身高(矮小)是长期营养失调的一个更好的估计指标,而年龄—体重(消瘦)能更好地反映急性的营养失调。

此外,其他的反映营养和教育状况的指标包括:

· 每周或者每月特定营养食品的消费量,如肉类、鱼、奶制品、蔬菜等
· 小孩的入学率(Pitt 和 Khandker,1998)
· 小孩接受教育的程度
· 治疗孩子疾病的能力
· 医疗支出(Coleman,1999)
· 房屋价值
· 干净的饮水或者卫生设施的使用情况
· 家庭理财方法的使用
· 在当地或者国家选举中的投票权

5. 溢出效应

调查参与者和非参与者的对照组是非常简单的,如果限制我们对这些对照组进行分析可能会错误地描述项目的影响,因为这些项目也会对非参与者产生影响,这就是所谓的溢出效应。溢出效应可以同时是正的(通过经济活动导致社区收益的增长)和负的(如果参与企业的创造或者扩张只是简单地增加销售)。溢出效应的存在使得估计变得更加复杂,因为我们并不知道社区中的哪些人将会受到这个项目的影响。

在这种信息缺失的情况下,最好的评估方法就是比较整个村子(而不是部分村民)的情况,并将样本随机地分配到试验组和对照组。我们不应该简单地比较试验组中的参与者与对照组中的非参与者,因为这样做会出现选择性偏差(selection bias),而应该将选择加入和没有加入项目的个体进行比较,因为我们并不知道在试验组的村子里谁会加入项目,但我们可以比较每个村子中客户与非客户情况的差异。这种方法估计了参与小额信贷项目的直接影响。从一个社会的角度看,有人可能认为这种方法更好,因为这允许我们可以适度地估计小额信贷在宏观层面的影响。既然这种意向处理效应(intent-to-treat effect)在估计时同时包括了参与

者和非参与者,那么在处理某个特定的个体时,估计的影响将会比预期要低,但是,通过区分不同的参与情况,这种方法可以获得当地平均处理效果同比例增加的概率。如果有充分的基础数据可以用于预测试验组,那么,估计也可以通过倾向评分匹配(propensity score matching)来提高精确度。这是通过将参与者的概率在试验组与对照组中重新划分权重的一种技术,它是对通过分配更多权重给那些更可能加入的人的分析方法的改进。

6. 对小额信贷机构产生的影响

当新产品的效果或小额信贷机构的政策改变时,可以直接从小额信贷机构的日常数据中收集需要的数据。小额信贷机构的影响结果主要体现在以下几个方面:

· 偿还率
· 客户保持率
· 新客户加入率
· 平均贷款额
· 储蓄余额
· 收益率
· 客户组成(人口统计学角度)

在评级过程中,可以通过各种各样的方法来估计上述指标。例如,收益率是财务上的自给自足,运作上的自给自足;资本的回报,调整后的资产收益率等。只要在介入前后统一上述各种指标的定义,所选择的定义就能提供一个有效的影响指示。如果使用标准的定义和融资率,小额信贷机构可以估计它在同龄组成中相对其他人的绩效。小额信贷信息交换机构(Microfinance Information Exchange)界定了四种与小额信贷业相适应的财务指标定义。有一些对小额信贷机构的影响可能被认为是“中性”指标,即当这些指标是小额信贷机构的重要产出时,却不能对客户显示出一个积极的结果。例如,新客户注册数增加预示着将有更多的人有机会获得项目提供的服务,但是只有提高了客户的福利才被认为对客户产生了积极的影响,这种福利可以通过不同的指标(如收入)估计。尽管如此,对项目来说它应该被认为是一个积极的指标,因为它具有服务客户的目标。

世界银行扶贫战略报告(World Bank's Poverty Reduction Strategy Paper——PRSP)区分了投入、产出及其成果。投入与产出对项目成果有重要的影响;投入(如资金)对产出也有贡献(如发放贷款的数量)。产出与成果之间的不同在于,产出是完全在项目控制下的,而成果不是。例如,一个小额信贷机构可以控制自己发放贷款的人,但是不能通过客户所经营的生意来“创造”影响。

在一些例子中，估计项目产出的指标同样也可以用于估计客户的成果。例如，将平衡的储蓄作为贷款资金来源对小额信贷机构来说是有用的，它也是客户融资稳定性的指标。当投入、产出和成果的区别得以明确时，我们就可以继续保留使用"小额信贷机构的影响"这个术语表示产品或政策改变时投入或产出的效果。在对客户的影响存在的情况下，小额信贷机构的影响需要在有无改变的情况下进行比较。

7. 评估的时机

很多研究都在思考这样一个问题：在什么时点进行评估？什么类型的结果更容易观察？一般来说，负债可能是最普遍的结果。如果试验组和对照组有相同的债务水平，那么，可以得出直接的证据说明个人可能不受信贷约束（试验组可以轻易地从其他地方借到钱）。一个中间结果（可能需要六个月到一年的时间）可能是关于营运资本或商业上的固定资本（这些也可以在短期内观察到）；而在小额信贷机构的业绩增加、雇佣关系和组织发展方面，可能需要更长的时间（一到两年或者更多），可以从企业的发展中观察这些影响。而且，如果资金不是用于企业投资而是用于消费，那么可以直接观察到对消费的影响。另一方面，如果资金是用于企业并且将利润用做再投资，那么，在企业家撤走商业资金并增加消费之前得出相应的结论需要花费更多的时间。

5.5 小额信贷社会绩效管理

5.5.1 企业社会责任与小额信贷机构的社会目标

5.5.1.1 企业的社会责任

在小额信贷机构以外，社会绩效经常与企业社会责任相关，社会绩效也常常被称为公司责任、企业公民、社会企业、可持续发展或是企业道德。一般来说，企业社会责任指的是公司在所有业务和活动中考虑所有利益相关者的责任。它包括一系列对企业和决策者来说具有战略意义的多层面、多视角的考虑，例如，卫生、安全、多样性、性别平等、人力资源政策、人权、供应链、环境和可持续发展。

从这个意义上讲，企业社会责任是当今企业的第三重底线（目标）。第三重底线反映了对社会、环境和经济三者相互依存下企业经营业绩的综合理解。提出第三重底线的目的是要使企业行为对社会负责、对环境无害以及在经济上可行。

企业社会责任不仅关注哪些公司获得利润，而且关注他们如何获得利润。企业的社会责任超越了以慈善事业和以法律或法规规范的方式来解决的企业管理中的经济、社会和环境影响的问题以及在所有关键领域中利益相关者之间关系的问题。现代企业社会责任的出现,反映和推动了企业朝着他们所期望扮演的社会角色转变。今天的企业面临着发展(engage in)公私伙伴关系(public-private partnerships)的新要求。股东和利益相关者——包括员工、客户、供应商(suppliers)、当地社区(local communities)、政策制定者、环境乃至整个社会,都要求公司不仅透明而且要为公司的社会绩效负责。例如,在20世纪初,继大公司丑闻和欺诈行为之后,企业社会责任倡导创造了一个新的缩写字:ESG——环境(environmental)、社会(social)和治理(governance)——用ESG反映了对更高的社会透明度的普遍要求。

需要说明的是,将企业社会责任置于合适的背景下有三个重要的有利因素。首先,这不是一个新概念,尽管有不少关于这个概念的炒作和错误宣传。第二,源自做好事(doing good)的企业社会责任(企业社会责任的标准情况)和源自开明的(enlightened)自我利益的企业社会责任(企业社会责任的商业案例)有明显的区别。一个企业承担企业社会责任(doing CRS)的原因将反映这些动机的不同组合。第三,虽然人们普遍认为企业社会责任与商业的社会义务有关,但人们对于这些责任义务的性质和范围却一直有不同的看法。

5.5.1.2 小额信贷机构的社会目标

通常,小额信贷机构的社会目标包括3个方面:

(1)以可持续的方式扩大和深化对中低收入群体和被正规金融机构排斥群体的服务。

(2)通过对目标客户的具体需要进行系统的评估,以改善对目标客户的服务质量和便利程度。

(3)为小额信贷客户及其家庭和社区创造利益:包括改善其社会资本(social capital)、社会关系(social links)和资产,减少家庭经济的脆弱性,增加收入,使小额信贷客户能获得必要的服务,并满足他们的基本需要等。

5.5.2 社会绩效(SP)与社会绩效管理(SPM)的概念

5.5.2.1 社会绩效

社会绩效有好几种定义。小额信贷领域一直未达成关于小额信贷社会绩效的一致定义,利益相关者对其准确的定义仍充满着争论。然而,这些争论中有两个共同点是可以确定的:

(1)社会绩效涵盖了机构和社会其他成员的关系。这种关系不仅包括该机构及其业主的关系，也包括其他的利益相关者。关键的利益相关者包括客户、捐助者、投资者、员工和小额信贷机构所在的社区。机构之间、业主之间以及利益相关者之间的关系不仅反映在该机构的财务绩效上，而且反映在机构的社会成果中。

(2)社会绩效将机构的社会成果与机构的社会使命和目标联系起来，在确定一个机构的社会使命和目标时，应该明确考虑利益相关者的观点和利益。

基于上述两点考虑，由不同利益相关者组成的小额信贷任务组(Task Force)在世界银行扶贫协商小组(Consultative Group to Assist the Poor，CGAP)的帮助下，确定了这样的社会绩效定义：小额信贷机构的社会绩效是指小额信贷机构将其社会使命向实际的行动、正确的措施和结果的转化(图 5-7)。社会绩效并不只是衡量结果，而且也包括达到这些结果的行动及正确的措施。

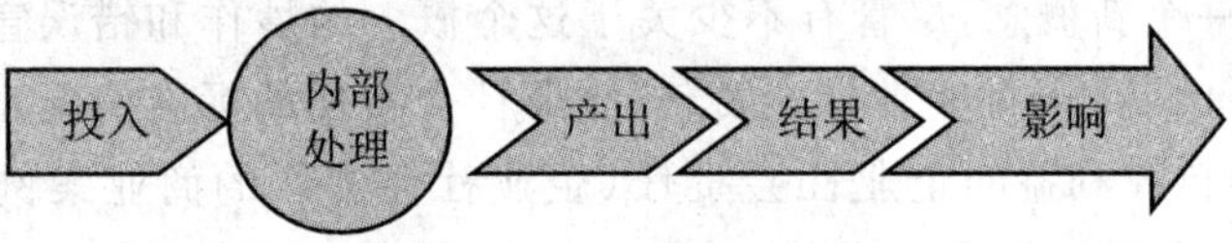

图 5-7　社会绩效因果链(casual chain)

资料来源：Foose，L.，Woller，G.，Simanowitz，A. and Verhagen，K.(**2006**)。

上述社会绩效概念不仅注重最终的影响，而且还提供了一个框架以了解社会目标得以实现的过程，如表 5-16 所示。

表 5-16　社会绩效流程图

社会绩效的各阶段	各阶段的主要内容
目的和设计	什么是小额信贷机构寻求实现的(其使命和社会绩效目标)？为此绩效目标如何开展服务和设计服务？
活动	服务如何通过建立具体的组织结构以传递到机构具体的客户？
产出	提供什么服务？它们有多好？它们应该对谁提供？服务的广度和深度有多少？服务的可持续性怎样？
结果	使用了所提供的服务后有什么变化：是扩展了业务？增加了收入？还是技能有所发展？
影响	提供服务后有什么长期而持续的变化：例如，减少了贫困吗？有什么意想不到的后果？

资料来源：IFAD(2007)。

这个流程图有助于将小额信贷机构绩效管理的各方面概念化(conceptualize)，从而实现该机构的长期社会目标。明确地了解这些流程有助于更好的理解每个过程中的各阶段、需要分析的信息以及信息使用的方式。为了完成机构的使命，小额信贷机构需要持续不断的调整，而不只是在最后阶段简单的做个评估。每个阶段的绩效评估应该允许进行信息的反馈以进行持续的改进。

5.5.2.2　社会绩效的构成

关于社会绩效的构成至少有两种不同的观点：

1. ACCION 的六维度社会绩效

2005 年，ACCION 建立了一个 6 个维度的社会绩效框架（Reddy，2007）。这个工具被命名为“SOCIAL”，是作为这个工具的基础的社会绩效 6 个维度英文单词首字母的缩写，这 6 个维度分别是：社会使命、覆盖面、客户服务、信息透明和消费者保护、员工以及与周围社区的联系，具体如表 5-17 所示。

表 5-17　社会绩效的六个维度

维 度	主要内容
社会使命	社会使命的清晰度（articulation）；对员工的职责和理解；社会使命的完成程度
覆盖面	覆盖广度和覆盖深度；客户的人口统计和贫困信息；对覆盖达到没有金融服务覆盖的人群所尽的努力
员工	人力资源政策；员工发展；反馈机制
客户服务	努力提高客户满意度；产品和服务；反馈机制
与周围社区的联系	社区与非财务服务工程；社会责任和环境政策
信息透明与消费者保护	透明的价格/报告；消费者保护政策

2. AMAP 的四维度社会绩效

AMAP（Accelerated Microenterprise Advancement Project）研究了定义社会绩效的 4 个方面（François Doligez 和 Cécile Lapenu，2006）。

（1）惠及中低收入群体和被正规金融机构排斥的客户。小额信贷机构一般都力求惠及到被商业金融体系排斥的客户。小额信贷机构有目标达到贫困或被正规金融机构边缘化的客户和被当地的银行体系所拒绝的客户（除了那些必然不是中低收入群体和被社会边缘化的人群），或是在一个银行体系不存在的地区提供金融服务。

（2）适应不同目标客户需求的产品和服务。简单地定位一个特定的人群是不够的。小额金融服务已过于频繁的(frequently)标准化(standardized)。小额信贷机构必须研究目标人群和发展金融服务以使他们能够适应客户的需求。关键在于处理服务的多样性、服务的质量(及时性,便捷性,透明度和适合度)和非金融服务的可及性(access)。

(3)与客户间建立信任关系,增强他们的政治和社会资本(political and social capital)。对于小额信贷机构,客户和小额信贷机构间的相互信任能降低交易成本和提高回报率(rate of repayment)。这有利于集体(collective)行为,减少搭便车行为和投机行为,并降低风险。对于客户来说,加强他们的社会和政治资本可以增强其社会组织(集体行为、信息共享等)和自信心,这样会使他们的经济和社会发展更加容易。

(4)机构对于其员工、客户和所在社区的社会责任。一项承担社会责任的行为需要社会意识。社会责任需要人力资源政策与小额信贷机构文化与社会经济和文化背景相适应。

5.5.2.3 社会绩效管理

社会绩效管理(SPM)指的是将社会使命付诸实践的制度化(institutionalized)过程,包括制定明确的社会目标、管理达到社会目标的过程以及利用信息以提高绩效和实践(Foose, L., Woller, G., Simanowitz, A. 和 Verhagen, K.,2006)。内部产生的信息还可以向外部的利益相关者报告。为了社会绩效的有效性,社会绩效信息必须融入小额信贷机构的工作、运作程序和价值系统以影响业务和战略层面的决策。因此,社会绩效管理是将使命转化为实践的制度化进程(这包括制定社会目标和绩效目标)。建立社会绩效管理制度使小额信贷机构能确保这一进程仍然有效,并且这也是社会绩效的管理的一个内在组成部分。如图 5-8 所示为社会绩效路径。

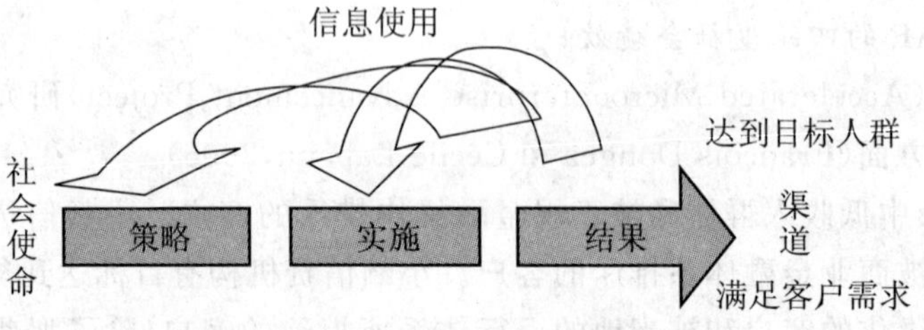

图 5-8 社会绩效路径

资料来源:Foose, L., Woller, G., Simanowitz, A. and Verhagen, K.(2006)。

Foose 等(2006)认为,简单地说,社会绩效管理是关于达到社会目标和负社会责任的过程。SPM是在对客户贫困和脆弱性更深的理解下，使小额信贷机构能够使他们的策略计划和实施体制相一致的一个过程。从更广泛的意义上来说，因为小额信贷机构与中低收入群体和经济脆弱的人群打交道，他们有一种保护客户免受到伤害和尊敬地对待员工和客户的隐性责任。

5.5.2.4　社会绩效管理的构成

同样，关于社会绩效管理的构成也有两种不同的观点：

1. Imp-Act 的三维社会绩效管理

Imp-Act 认为，社会绩效管理有3个组成部分：

(1)制定明确的社会目标并制定一个周密的战略，以实现这些目标；

(2)监督和评估实现社会目标的过程；

(3)利用社会业绩信息提高机构的整体绩效。

2. AMAP 的六维社会绩效管理

AMAP 认为，社会绩效管理由六个维度构成，这六个维度将社会绩效管理置于一个成本效益的框架中(Gary Woller，2005)。如表5-18所示。

表5-18　社会绩效管理的六个维度

维　度	定　义
覆盖价值(worth of outreach)	为客户愿意支付的意愿
覆盖成本(cost of outreach)	为计价格和不计价格的(price and non-price)交易成本
覆盖深度(depth of outreach)	产品和服务能达到的社会经济底级阶层的程度
覆盖广度(breadth of outreach)	由客户数量界定
覆盖长度(length of outreach)	供应产品和服务的时间长度
覆盖范围(scope of outreach)	不同类型产品和服务的供应量

根据这个六维度框架，社会净福利由两部分组成：客户价值和社会价值。客户价值是客户从金融和非金融服务的消费所获得的私人价值，由覆盖价值、覆盖成本和覆盖范围确定。社会价值是来自与社会金融和非金融服务的消费超出了客户价值的增加的价值，由覆盖广度、深度和长度确定。净社会福利是由6个方面相互影响决定的。没有哪个方面或其中的一部分能脱离其他方面而考虑。每一个方面是如何影响总净社会效益取决于每个方面是如何衡量和它与其他方面的相互作用。

5.5.3　社会绩效管理的意义

社会绩效管理对于客户和业务来说都是有好处的，它应当被视为一种良好的商业实践的核心部分。如果能满足小额信贷市场的需求以及客户发展的需要,那么就可以改善服务。这样就能建立忠诚,降低失误,并增加储蓄、信贷和其他服务的需求。社会绩效指数能对有关问题进行预警,并有助于机构未来的社会绩效和财务绩效。显然,客户的成功是小额信贷成功的基础。

影响评估研究主要是为捐助者的利益服务,对于小额信贷机构的帮助往往不大。它们通常过于复杂、耗时而且昂贵,没有产生及时、定期、可靠和有成本效益的信息以帮助小额信贷机构自身的社会绩效管理。因此,小额信贷的社会绩效管理制度化方面取得的进展比它的财务绩效管理制度化方面的进展要慢。

在两种方式下,小额信贷机构定期地界定社会目标并评估其绩效的改进是大有裨益的:

第一,在成功地实现和服务目标市场方面提高透明度将有助于投资者和捐赠者较好地使用小额信贷资源和资助发展项目(funding development programmes)。

第二,社会绩效信息有助于小额信贷机构了解客户的需要、制定更适当和有效的服务。

简单、常规、自我导向的小额信贷机构的社会绩效评估方法的发展为其提供了一个前进的方向。通过对社会绩效管理投资,捐赠者可以确保社会回报增加并使更广泛和更发展的社区意识到这个回报。

(1)小额信贷机构有责任以一种合理而透明的方式追求社会绩效。小额信贷机构认为,社会影响、获取资金和投资是以社会绩效为基础的。这就要求小额信贷机构要为其社会捐助者、投资者和其他利益相关者考虑的社会责任。

(2)对确保小额信贷机构社会使命来说社会绩效管理是不可或缺的。社会绩效管理深刻地影响了机构的价值观和行为。因为在评估和管理小额信贷绩效时,财务绩效的考虑往往左右社会绩效的考虑。社会绩效的重要性存在逐步减少的危险。社会绩效管理对于确保小额信贷机构继续保持其历史性的社会使命来说是必要的。

(3)社会绩效管理使小额信贷机构的客户收益提高。社会绩效的管理过程潜在地为客户带来许多好处,包括提供所需要的更适合的服务、更多的产品选择、更好的客户服务以及在项目运作和政策上有更大的发言权。

(4)社会绩效管理有助于小额信贷机构创造更加以客户为中心和需求导向(more demand-driven)的产品和服务。一个社会的绩效管理体系将有助于小额信贷机构实现很多其他目标:第一,细分市场(segment its portfolio)确定其市场定位(identify market niches)、机会和问题;第二,监控客户如何使用服务,以确定他们对在现有能力下服务的满足程度;第三,验证方案变化的结果,以确定是否有所作为;第四,对客户及其家庭和社区的预期的和意外的影响进行跟踪,以了解小额信贷机构在促进这些影响上所起的作用。

(5)社会绩效管理可以促进更好的财务业绩。通过提高对潜在客户的吸引力和通过管理和回应项目中客户的经验等方式管理和改进社会绩效,将使小额信贷机构提高客户的保持率继而提高项目的增长率。

(6)社会绩效管理允许小额信贷机构管理人员在财务绩效和社会绩效之间权衡。小额信贷机构是追求财务和社会效益双重目标的机构。有时,财务目标和社会目标相冲突,这就需要管理人员加以权衡。一个社会绩效管理系统能产生一个机构需要的信息,以更具战略性和有效地做这些权衡。在危害发生前,社会绩效管理还将有助于尽早管理和查明项目有效性的问题。

(7)社会绩效管理有助于建立社会业绩基准。作为小额信贷绩效管理系统的一个部分,社会绩效信息在让小额信贷机构、捐助者、社会责任型投资者(socially responsible investors)以及其他利益相关者比较不同机构间的性能、环境以及国家来说是必要的。这相应地(in turn)就需要建立社会服务的标准和基准(benchmarks)。

(8)社会绩效管理允许面向社会的小额信贷机构向其捐助者和投资者展示"综合回报"。在缺乏广泛认可的社会业绩计量工具的情况下,捐助者和有社会责任感的投资者总是仅仅通过财务绩效做出拨款决定。因此,资金往往不协调地流向那些"高责任性的(high-profile)"的小额信贷的比例很小。社会绩效管理使得小额信贷机构能展示其社会表现,让捐助者和投资者重新分配一部分资金给这些向社会提供更高或更具有竞争力"综合回报"的小额信贷机构。

5.5.4 社会绩效管理的原则

5.5.4.1 客户是社会绩效管理的中心

1. 小额信贷机构必须理解客户的需求并做相应的回应

小额信贷机构为不同年龄、性别、经济情况和生活情况的客户提供服务,这就需要它能全面了解客户的需求并在机构的宗旨下提供合适的服务。

2. 中低收入群体是很脆弱的,这给小额信贷机构带来了风险

应当在理解客户处境的基础上提出一个能提高其生活水平的策略,这样,小额信贷机构不仅能减少客户的风险,而且也能减少机构的财务风险。

3. 客户保护是社会绩效管理的基础

客户越是脆弱,就越需要有效的沟通、公平的价格、员工的道德准则和监管的制度。

5.5.4.2 平衡社会绩效管理以应对客户的脆弱性

1. 目标清晰是关键

社会绩效管理始于机构的目标：期望覆盖哪些目标客户、提供什么样的产品和服务、对客户的生活会有怎样的影响以及怎样礼貌地对待客户的理解。

2. 衡量机构的价值

信息是社会绩效管理的试金石。关键在于鉴别哪些信息可靠，并系统地分析和使用信息完成研究报告、改进实践。这并不意味着许多额外的工作，因为系统中的数据总是有用的。

3. 实施社会绩效管理意味着要与机构的管理系统融合

使用社会绩效来管理机构的服务，这意味需要关注机构行动的所有方面，包括市场营销、招聘、培训、奖励、组织文化和董事会结构。

5.5.4.3 使用信息是社会绩效管理的核心

1. 平衡决策，实现双重目标

成功的社会绩效管理承认进行社会绩效和财务绩效管理的必要性，并认识到其产生的影响及可持续性不是自动产生的。

2. 社会绩效管理是一项战略决策(strategic decision)

通过明确社会目标和获取你需要的信息以了解客户的生活，董事会和管理层能够做出明智的和战略的抉择来平衡社会和财务目标。

3. 社会绩效管理是关乎日常业务决策

管理者们做出影响客户的日常业务决策时确保客户所关心的利益是所有决策的核心。

4. 外部报告的基础是一个能促进内部决策的系统

外部报告和评级现在包括社会绩效的管理、结果以及财务绩效。

5.5.5 社会绩效评估

5.5.5.1 社会绩效评估的概念

社会绩效评估(SPA)是指小额信贷机构对其社会使命和目标以及利益相关者的道德行为完成情况的评估。社会绩效评估包括两个广泛的工具(broad levers)：

(1)社会指标：包括投入、产出、结果和影响。

(2)内部流程：小额信贷机构将投入转变为产出、成果和影响的运作过程。

一般的，社会绩效评估经常采用如下两个方法：

第一，以指标为基础的方法。采用定量的或绝对的指标来衡量社会业绩的各个方面。

第二,以审计为基础的方法。利用社会审计来评估社会影响以及机构对于其目标和利益相关者的道德行为。

5.5.5.2 社会绩效评估的方法和工具

小额信贷机构的社会绩效评估可以用不同方式在不同程度上实施。采用何种方法或工具取决于经常被利益相关者影响的整体社会绩效管理目标。事实上,每一阶段的社会绩效评估都有其特殊的挑战。

1. 评估"如何(how)"

为了评估小额信贷机构是否有适当的设计和机制(cystom)使它能达到所需要的社会成果,重点在于小额信贷机构的社会目标、明确性(clarity)、小额信贷机构的系统及其服务和传导机制。通常,对机构的审计或评估能提供这方面的信息。

2. 评估"什么(what)"

产出阶段的评估涉及了覆盖的广度和深度、服务的质量以及服务是否适当等方面;客户评估和市场调研工具提供的是服务的质量以及是否合适的信息;而贫困评估和客户管理则提供了所服务客户的信息。

3. 评估"什么样的影响(what impact)"

客户端(client level)的结果和影响的评估关注客户端的社会指标如客户情况的改变、客户的经营、客户的家庭和社会范围下的影响的改变。监测系统、调查、焦点小组讨论(focus group discussions)和其他定性研究方法提供了客户经历影响后的结果的信息。影响评估提供了更细致的(rigorous)有关客户和社区的长远利益的信息。

在强调小额信贷机构利益相关者的不同优先次序时,重要的是要注意通常有一些重叠的优先事项。值得注意的是,在回答有关结果、影响以及适用性等问题方面许多研究方法将提供严格的(rigorous)信息。因此,为不同的目的,巧妙设计的小额信贷绩效管理结合方法(combines methods)建立了一个适度的严格(an appropriate degree of rigor)、取得了成果和最大化了使用一系列简单信息的可能性。

5.5.6 社会审计

5.5.6.1 社会审计的定义

社会审计(social auditing)的确切定义因不同的人或组织而存在差异。尽管这些定义是不同的,但有一点是相同的,即社会审计是组织考虑其社会绩效对利益相关者的影响并努力改善其未来社会绩效的过程。下面重点介绍几种不同的定义。

(1)SEEP 在其拟定的"社会绩效词汇表"(Social Performance Glossary)中指出,社会审计是对记录、报表和内部流程以及机构社会绩效流程的一项检查,它被认为是对机构承诺的社会绩效质量和意义(meaningfulness)提供了保证。

(2)Social Economy Network 认为,社会审计是一个促使组织和机构评估和展示其社会、社区和环境效益(benefits)与局限性的过程,是一种衡量机构承诺的共同价值观和目标实现程度以促进其改进的方式。

(3)Inter Praxis 认为,社会审计包括社会会计(accounting)与审计,是一种衡量和报告机构的社会和道德绩效的方式,通过了审计的小额信贷机构是透明的,并且对利益相关者来说是负责任的(accountable)。

(4)Social Audit Network 认为,社会会计和审计是建立一个灵活的框架以促进机构考虑其社会、环境和经济影响的一个过程,也是报告绩效和提供未来行动的关键信息以提高绩效的过程。

5.5.6.2 社会审计的用途

社会审计在多方面拥有优势,因此也有许多潜在用途:

(1)监视社会和道德影响、机构的业绩以及对利益相关者的影响;

(2)确定该机构如何达到它所认同的使命和价值观;

(3)以一种为社会负责的方式形成管理策略的基础,并在机会和潜在问题发生前就识别出它们;

(4)有利于机构学习如何提高社会绩效;

(5)促进机构的管理战略,包括对机构和社区的影响力和社会影响的关注;

(6)告知(inform)社区、公众和其他机构,是如何分配他们的资源(时间和金钱)的,这涉及责任问题(issues of accountability)和道德(如伦理投资)等;

(7)提高机构对其服务的群体和所依赖的群体的责任感(accountability)。

5.5.6.3 社会审计的方法

社会审计有 4 种不同的方法:国际开发署的社会审计工具(SAT)、小额信贷中心的质量审计工具(QAT)、社会审计网(SAN)和全球报告倡议组织(GRI)的方法。全球报告倡议组织认为,还应花时间阐述保证的流程(assurance process)和保证问责标准 1000(Account Ability 1000 Assurance Standard)。

对这 4 种社会审计方法而言,它们有以下 5 个共同的步骤,如表 5-19 所示。

表 5-19 社会审计的5个共同步骤

步骤	内　容
1	建立社会会计(social accounting)
2	搜集和关注相关背景/证明文件和社会会计(审计准备)
3	和众多利益相关者(stakeholders)一起实施审计
4	股东的反馈
5	审计结果的传播

社会审计的第六个步骤是,将社会审计的结果和发现融入到机构的管理和运行中去。需要指出的是,社会审计的第六个步骤并不是严格的社会审计的一部分,但无论如何,它是审计发挥预期作用(社会绩效的提高)的关键。

5.5.7 社会绩效的质量评估工具(QAT)与社会绩效指数(SPI)

5.5.7.1 社会绩效的质量评估工具

1. 社会绩效的质量评估工具

质量评估工具是用来核查和改善社会绩效管理有效性的工具。其他的社会绩效评估工具是衡量普通社会指标或实践的程序规定和标准。质量评估工具的不同在于,其重点是放在一个组织机构的目标及实现这些目标的有效性上。

质量评估工具有4个重点:第一,过程管理;第二,核查内部系统;第三,评估社会绩效管理制度现状及其有效性;第四,确定提高社会绩效的必要的行动。

2. 使用质量评估工具管理社会绩效的原因

小额信贷行业逐渐认识到,小额信贷机构不应该仅仅管理其财务成果,还要确认其社会目标的实现。小额信贷机构的社会使命是服务特定的客户群——中低收入群体、被边缘化的人或无法得到正规金融服务的人——满足他们的需要,改善他们的生活。此外,他们还将在工作中以一种道德和负责的方式与有关工作人员、客户、社区和环境共处。这些因素构成了小额信贷机构的社会绩效。

社会绩效管理中的质量评估工具是一项低成本的工具,这有利于那些致力于管理社会业绩的小额信贷机构。质量评估工具为管理人员提供了一个能全面深入地了解机构有效性信息的特殊手段,促进机构履行其社会使命。通过将各类利益相关者融入机构之中,质量评估工具提供了一种切实可行的机制,以此促进小额信贷机构对社会业绩的关注,实现更大程度的理解和参与。

Imp-Act Consortium[1]认为,社会绩效管理和质量评估工具是一致的。小额信贷社会绩效管理是一个机构确定其社会目标和目的,并根据社会目标进行决策从而改善其社会业绩的过程。小额信贷机构的日常管理决策与其管理系统的设计和质量对其社会使命的实现有直接的影响。同样的,质量评估工具使小额信贷机构能评估社会绩效管理系统的现状并确定必要的行动以提高社会绩效。

质量评估工具对于机构管理人员、支持者及投资者的作用如表5-20所示。

表5-20 质量评估工具对机构管理人员、支持者及投资者的作用

利益相关者	管理人员	支持者	投资者
QAT对小额信贷利益相关者的作用	这个工具能衡量哪些社会管理是有效的和确定需要优先解决哪些弱点	这个工具提供了对小额信贷机构绩效管理系统与社会绩效之间一致性的情况和有效性的评估。突出了它的优缺点,在理解和优先金融机构的需要以及确定如何采取行动以改善机构上给予支持	该工具提供的信息让投资者能评价一个机构的社会绩效管理方法的强度,验证机构自己报告的社会绩效信息的可靠性,以及使机构之间进行比较或作为基准

资料来源:Microfinance Centre for Central and Eastern Europe(2007),p4。

3. 质量评估工具的实施

质量评估工具的一个独特优势是它鼓励各级组织参与从而改善社会绩效管理。因此,它的成功需要机构所有评估和实施的工作人员的参与和承诺。

第一,内部和外部辅助人员的作用。内部和外部辅助人员的作用如表5-21所示。

质量评估工具的实施团队必须对机构及其系统保持客观的立场,必须有熟练的分析能力以理解社会绩效管理的关键要素,并能综合审核过程中存在差异的各种看法。

〔1〕 Imp-Act Consortium是一个致力于促进和支持小额信贷机构进行社会绩效管理的全球性组织。其使命是:(1)鼓励和促使小额信贷机构更有效地将自己的社会使命转化为实践;(2)使捐助者和政策决策者能更有效地了解和评估自己以及其他机构工作的社会绩效。其目标为:发掘小额信贷达到其社会目标的潜力。Imp-Act Consortium正致力于以下工作:①培养和支持小额信贷机构实施小额信贷绩效管理;②能力建设(build capacity)以支持小额信贷进行绩效管理;③分享经验教训以及良好的实践(practice);④促进社会业绩报告。资料来源:www. ids. ac. uk/impact / consortium / index. html。

表 5-21　质量评估工具实施人员的作用

实施者	内部评审者	外部协调者
作用	内部顾问能帮助确定得到管理层和职工的承诺；对机构及其系统有高度的认知；熟知报告观众的需要和喜好	对质量研究的熟练能确保合适的探究；公平和独立地保证机构系统的核查（review）和信息的可靠；对复杂信息的处理分析

资料来源：Microfinance Centre for Central and Eastern Europe(2007)，p5。

内部评审者应对机构、系统有一个广泛的认识，还要怀着自信与尊敬与高级管理人员交流。外部协调者会将专业的技能和客观的观点带到机构，机构的工作人员可能有非常不同的自我感觉。

第二，QAT 的实施步骤。QAT 的实施包括四个步骤，如图 5-9 所示。

图 5-9　QAT 的实施步骤

资料来源：Microfinance Centre for Central and Eastern Europe(2007)，p5-6。

第一步，差距分析。差距分析显示了用来评估社会绩效管理的详细的问题，这些问题可以简单的回答为“是”、“反对”或“部分”。此外还需要简短的说明。差距分析作为最初的审核是和高层管理人员一起制定的(conducted)。

第二步，深入的后续行动。包括收集更详细的资料，以核实和更好地理解差距分析。这包括与工作人员和不同层次客户的交流，查阅管理报告、研究报告、管理信息系统报告和评估程序(如信息流等)等。从不同来源获得的三方信息(triangulation of information)以看清存在的问题，并获得细致的结果。

第三步，分析和报告草案。评审员汇集一切材料并制定一个报告草案，突出在差距分析中分析的机构优势和各方面的弱点。这份报告要反映不同利益相关者的观点，使这些观点可以在小组会议中讨论。

第四步，审计座谈(panel)。主要的机构投资者关于评估者的调查结果的会议，并在适当情况下包括各类客户和工作人员。通过对这些发现进行详细的讨论，最终产生审计报告。

5.5.7.2 社会绩效指标

指标是用来评估变化的标准或措施。小额信贷机构必须使用各种财务和社会指标，以显示其财务和社会方面的业绩和对目标受益者的影响。

小额信贷机构已经有一套标准化的财务指标，使财务绩效能得以评估，但社会绩效指标通常更为复杂。这是因为在同一个项目中几乎会产生无数的变化，并且每个可能的变化可以由不同的指标反映。然而，对于小额信贷机构来说，只要遵循几个简单的步骤，就能制定和应用一套能遵循特定目标的指标。

其实，指标没有正确与错误之分，社会绩效评估指标必须适合机构特定的目标及其所提供的产品和服务。而且，一个项目的指标并不一定适用于另一个项目。因此，指标的选择不能脱离实际，而是需要根据当地环境来采用。

1. 社会绩效指标的种类

衡量社会目标实现的指标可分为几类，如表 5-22 所示。

表 5-22　衡量社会目标实现的指标

序号	指　标
1	覆盖次贫或贫困人群
2	覆盖中小企业
3	覆盖欠发达地区
4	覆盖妇女
5	覆盖社会边缘和被正规金融排斥的群体
6	间接效果——支持就业
7	成果——客户或家庭生活的变化
8	成果——当地社区的变化
9	其他社会目标

2. 使用社会绩效指数原因

可以从以下几个方面解释使用社会绩效指数的原因：

第一，它是标准化的；

第二，适应于不同的小额信贷机构和当地的情况；

第三，易于使用和允许小额信贷机构进行内部自我评估；

第四，每项指标都简单并且直接归于小额信贷机构；

第五，他们依赖于小额信贷机构能准确地获得数据，并且能简单地通过外部审计核查；

第六，它的结果能表现小额信贷机构的社会绩效，并可以与其他微型金融机构相对比；

第七，SPI是免费提供的，可以从CERISE网站（www.cerise-microfinance.org）下载。

3. 选择和使用社会绩效指数的方法

社会绩效指标首创小组（The Social Performance Indicators Initiative，SPII）认为有3个战略目标，如表5-23所示。

表5-23 SPII推荐的3个战略目标

目标	内容
目标1	发展小额信贷机构发展一个界定社会业绩的概念框架
目标2	制定了一套指标来衡量小额信贷机构不同方面的社会业绩
目标3	现场测试指标并制定一套与行业业绩广泛相关的指标

遵循第一个目标，SPII的概念框架提出调查小额信贷机构的结构及其在当地和广泛的社区的行为。在这个框架内，SPII界定了四维的社会绩效。如表5-24所示。

表5-24 SPII界定的四维社会绩效

维度	含义
维度1	推及到中低收入群体和被正规金融排斥的人
维度2	适应目标客户需求的产品和服务
维度3	改善社会和政治资本，或在一定程度内给予小额信贷机构的客户话语权
维度4	社会责任，或在多大程度上小额信贷机构适应它的社会经济和文化背景，和有足够的人力资源政策促进平衡的员工客户关系

遵从第二个目标，SPII通过与18个小额信贷机构的慎重的决策，在四个方面制订了49个社会绩效指标。选择指标的标准如表5-25所示。

表 5-25 选择指标的标准

标准	含 义
标准 1.	涵盖社会绩效的四方面
标准 2	可由经理或信贷员自己报告
标准 3	已存在或可能被纳入小额信贷机构的管理信息系统
标准 4	简单、迅速地通过外部审计核实

5.5.8 社会绩效管理系统

社会绩效管理系统通过检查小额信贷过程中的意图、设计、活动、产出、收益和影响来评估小额信贷的社会绩效。本部分主要讨论小额信贷机构如何进行社会绩效评估和管理。社会绩效管理的目标是集合小额信贷的日常工作并评估是否适合其特定的背景和社会目标。该系统通过监控客户的服务范围和地位的变化产生相应的数据,再进一步了解这些变化的原因,然后将这些数据转换成管理决策和实践,以便改善行动。

ARP(Action Research Programmer)提出了五步骤框架的社会绩效管理系统。这个框架强调小额信贷机构内部信息系统的开发,并促进利用信息来满足外部的需求。然而,没有一个系统适合所有情况,因此,小额信贷机构要设计并调整系统以适合组织的使命、文化和资源。具体的,这五步骤框架内容如下。

5.5.8.1 明确小额信贷机构的使命、目标和活动

实施社会绩效管理的第一步是明确小额信贷机构的目标和活动。这些机构将要进行的活动和活动的途径将导致所期望的产出、收益和影响。大多数小额信贷机构有其社会使命,因此他们重点考虑的是如何开展活动完成其使命。小额信贷机构需要审查其目标作为战略、年度规划和预算编制的一部分。这些目标将指导战略决策和资源分配。

对小额信贷机构社会目标的清晰认识将有助于指导活动的设计和预计的方案。例如,一个小额信贷机构可能会预计"参与小额信贷会导致企业增加的固定资产"。在这种情况下,一项调查将检验这个假设。大多数小额信贷机构的使命陈述中包含了关键的假设,但有时这些假设需要表述得更加明确些,从而帮助确定需要采取评估哪些内容,以了解该组织的目标是否正在实现。但是,要做到监控社会绩效的所有方面是不可能的,因此,重要的是要选择少许容易衡量的指标,这些指标将产生最重要的必需资料。指标可以作为一种标志,以帮助展示在一段时间内是

否发生和如何发生改变，并可作为判断目标是否实现的基准。

对许多小额信贷机构而言，指标主要用于结果和影响评估，但是我们必须认识到，我们需要的指标不仅仅是评估成果和影响。确实，许多小额信贷机构通常已经在客户端的配置中使用了评价指标。因此，在尝试制定具体的指标之前，重要的是要明确小额信贷机构需要衡量的内容。

作为一个简单的例子，一个小额信贷机构可以确定其任务是通过提供小额信贷减轻农村妇女的贫困。其目标之一可能是向所有的贫困和特定的区域内易受伤害的妇女提供适当的储蓄和信贷服务。其背后的假设是，利用储蓄和信贷服务可以增加家庭福利。检验假设的指标可以是家庭在食品支出上的变化。

在设定假设和选择指标方面，考虑研究的是哪个层面的影响是非常重要的。人们可以区分为个人层面、家庭层面和企业或农场层面，这取决于小额信贷机构的使命。例如，当使命是改善个人的经营，则影响研究应集中于企业之间变化。除了家庭层面外，影响可能在社区之间、金融机构之间加以衡量。

小额信贷可以影响客户生活的多个方面。对贫穷的多层面理解已经成为干预捐助者的基本因素。因此，影响分析的方法往往倾向于反映贫困的多层面并区分贫困在经济、社会和政治方面的差异，这三个维度中每个维度都包含很多层次，例如贫穷的经济维度，就可以通过评估支出、收入、资产或消费水平来衡量。

5.5.8.2 设计社会绩效管理系统

在这一阶段，小额信贷机构应明确关于社会绩效它究竟想知道什么以及小额信贷机构和其他利益相关者是如何利用这些信息的。在这个过程中需要回答一些基本问题，包括：

①谁使用、谁被排除在服务之外？小额信贷机构达到其目标市场吗？

②客户的特点是什么？为什么有些客户离开或没有充分利用其服务，而另一些客户则经历多年仍维持着活跃状态？

③哪些产品和服务对客户是有用和有效的？

④客户的生活正在发生什么变化？

⑤小额信贷机构如何才能改善其社会绩效？

小额信贷机构需要准确地确定：哪些信息将被收集？收集的频率？由何人收集以及这些信息将如何通报？如何被使用？为报告信息和使用管理信息，需要制定数据收集系统来进行数据处理和分析。为了满足信息和管理的需求，每个机构都需要设计出一套系统，并注意由于相关的人力和财政资源的限制，系统不要过于庞大。根据明确的问题和所需的信息，在合理的人力和财务条件下可以采用的工具和方法。

5.5.8.3 采取常规监测

例行监测系统为小额信贷机构提供了定期的、系统的客户地位信息。这一及时的信息允许工作人员和客户做出决定，以提高他们的工作质量。监测提供的变化特征，可用于向机构提出对问题需要更好地理解或可能被用来组织监测和报告业绩目标的报警信号。监测本身并不产生为什么发生这些变化的信息，但是，当辅以后续研究，可以成为评价和理解变化的重要组成部分。

监测系统需要被设计成可以提供反映客户形象和地位变化的相关信息。通常，这是通过集成一些纳入外地工作人员的日常工作和掌握这些小额信贷框架中的数据管理信息系统的关键指标实现的。可以从所有的客户那里或从一个样本收集到详细的要求分割的数据(例如，信用评分)。例如，牙买加工人银行(Workers Bank of Jamaica)的客户端监控系统提供了关于企业和客户之间已发生变化的信息。监测指标包括：

①有关企业的：利润、价值和固定资产、就业类型；

②有关家庭成员的：性别、年龄、教育程度；

③有关家庭的：收入和资产、食品支出、教育支出；

④收入来源和信贷来源；

⑤住房条件。

管理信息系统通过监测并处理相关数据，最终形成定期报告。它允许同时管理社会和财务绩效，这有助于确保该信息是用于加强整体组织绩效。监测还可以通过其他方式被实现(例如，定期客户面谈，工作人员会议报告)。

5.5.8.4 开发特色评估

监测本身不能提供可能涉及客户变化的信息以及小额信贷机构业务或外部因素的资料。因此，小额信贷机构需要进行研究，以了解有关市场营销、客户满意度以及提供服务的影响等具体问题。这样的研究提供了一个情况的一般了解，并可集中回答紧迫调查的具体问题。通过小额信贷机构的监测系统理解变化背后的原因，有助于小额信贷机构根据它的形式做出反映及改善其服务的有效性。

被观察到的变化可以通过多种方式被理解。在小额信贷机构的工作人员可能会反思自己的经验，并使用外部信息(例如，政府研究)总结可能导致变化的原因，在市场研究、参与、调查和深入访谈的基础上进行后续研究，与外部研究人员签约，或与一个国家或国际网络或捐助者合作进行深入的研究。采取的后续行动类型取决于实现小额信贷机构之间的信息要求、资金量和可承担的工作及其利益相关者的人数的平衡的需要。

5.5.8.5 利用并使社会绩效信息制度化

来自社会绩效管理系统的数据提供有关小额信贷机构目标绩效的信息。当与其他机构的数据相结合(例如,财务数据、工作人员业绩的数据、增长统计),小额信贷机构可以创建对组织绩效更全面的了解。这些信息可以反馈到正在进行的业务和战略规划活动中。还必须考虑如何将信息传递给有关人员,如何采取行动的建议以及如何将其付诸实施。信息往往没有正确地被分析,或无法被使用。根据以往经验,这样的反馈系统将收集、分析和报告过程中使用到的信息转变为制定决策和实施变化中的一部分。甚至实施精心设计的社会绩效管理系统也只有当他们进入的组织结构和日常工作中的时候才有用。社会绩效管理系统需要与其他程序并行,包括人力资源、市场营销、财务管理、预算编制、战略规划以及激励机制等。

5.5.9 创建成功的社会绩效管理系统的步骤

社会绩效管理可以显著提高减少金融排斥和贫困的有效性。有效的社会绩效管理可以增强机构的声誉、竞争力和开发产品和服务的能力,这些服务可以给中低收入群体带来实际利益。许多小额信贷机构现在采取的是更加以客户为中心的办法,发展服务以响应客户的需求。社会绩效管理则是建立在此基础上,提供必要的关注去帮助实现社会目标。

那么,怎样才能建立一个成功的社会绩效管理系统呢?下面,将介绍创建成功社会绩效管理系统的三个关键步骤。但并不意味着一种方法可以适应所有的情况。相反,应该设计与机构自身的使命和文化相适应的系统。正如一些小额信贷机构只是以一种简单的方式从客户那里获取信息,而另一些小额信贷机构则更加系统地监测和评估其社会业绩。每一步的详细程度,取决于各个机构的目标、优先事项和能力。

5.5.9.1 设置社会绩效目标

第一步是要确保小额信贷机构有明确、可衡量的与其使命相结合的社会绩效目标。同样重要的是,要考虑小额信贷机构的活动将怎样导致预期的社会成果。这就 是所谓的“影响途径”。

首先,明确制定切实可行的工作目标。大多数小额信贷机构有社会使命,但很少花时间去想现在的实践活动是为了怎样的使命。在做出任何"是什么"或"如何"监测或评估的决定之前,机构需要决定特定的社会绩效目标是什么。

其次,说明机构的活动将怎样实现其社会目标。通过仔细分析影响途径——机构的服务、产品和使社会目标得以实现的供给机制怎样——设计更有可能产生积极影响的服务。

最后,决定评价社会目标是否得以实现的指标。监控社会绩效的所有方面是不可能的,因此,重要的是要选择一个简单、易衡量、能提供最相关信息的指标。被挑选出来的指标会显示随着时间的推移情况是否和如何发生变化,另外,它们也是判断目标是否正在实现的标准。

5.5.9.2 监测和评估社会绩效

社会绩效评估由两个组成部分:常规监测系统反映客户资料的变化、了解客户的需要以及后续的通过监测所强调的其他问题。

为了弄清机构的表现,有必要确定需要收集什么样的数据及其原因,然后再考虑如何收集、收集的频率和由谁来收集。同样重要的是,考虑这些数据将怎样上报和使用。要做到这一点,需要由机构的管理员和其他工作人员编制数据收集、处理和分析报告。每个小额信贷机构都需要调整系统以适应自身的情况和能力。

1. 收集信息

(1)明确需要什么样的信息。信息将影响在系统设计的许多方面,要考虑的问题包括:谁将使用的信息,是客户、信贷员、经理、高级管理人员、董事会成员还是其他外部利益相关者?每个小组需要什么信息,应以何种形式展现这些信息?提供有关信息的具体指标是什么?信息由谁收集,收集频率是多久?谁应该负责收集信息,信贷员还是外部的研究人员?如何处理和评价信息?如何确保信息被用于机构的决策过程?

(2)确定怎样收集信息。有许多客户评估和监测工具将帮助收集需要的信息,除此之外,也可以使用诸如客户或工作人员的反馈或集思广益的非正式信息来源。收集监测信息以定期形成规则的社会绩效图谱,并作为一项后续行动在其他时间进行研究。重要的是建立现有系统,使内部或外部来源的信息被充分利用。绩效指标将帮助确定应使用哪些数据收集方法。例如,如果需要的统计数字在客户子女的教育模式上有所不同,则可以使用监控系统或定量调查。

(3)确定信息收集频率和对象。通过明确信息需求使信息收集频率和对象成为可能。例如，如果机构为了进行详细的分析需要使用月度数据，很可能所有的客户端都需要定期监测。但是，如果一个组织的年度业绩概览是必需的，它可能更适合进行与客户的每年一次的小样本调查。如果经常通过监控系统收集数据，机构可以得到最新的客户信息，但为了将成本维持在低水平，很可能更详细的信息将不是通过一次性或不定期调查收集的。

(4)考虑由谁收集信息。如果机构期望定期收集信息，由外地工作人员作为其日常工作的一部分参与这一进程通常是有意义的。如果只是偶尔需要数据，则可以考虑外包。利用工作人员收集数据可以降低成本和提高内部学习，但除非任务是保持小规模或累计到现有的工作可能是太大的一个小组织的负担。

(5)决定如何处理和分析信息。如果有大量的数据被收集，接下来大量的工作就是去检查、记录和分析这些数据。但是机构在现阶段没有足够的资源实施，尤其是分析数据。可以做几件事情使这种情况变得更容易一些：

①确保工作人员具备适当的技能，如果必要的话也可以雇佣外部支持；

②如果有大量的数据，将它电子化是有必要的，如果要进行定量分析，或者如果数据需要定期收集以观察其模式和长期趋势。机构可以使用简单的电子表格软件或纳入机构管理信息系统的数据；

③如果有完善的管理信息系统和容易得到的数据，则它将提供一个有力的具有跟踪性能的工具。

(6)考虑如何报告信息。需要找到明确的途径向高级管理人员、职员和客户报告信息，使得这些信息是根据他们的需要转化的，并能带来更好的绩效。

(7)考虑如何确保数据质量和成本效益。建立一个具有成本效益的社会绩效管理系统是用最少的人力和财政资源达到最大效用。这就是说，需要确保机构的信息对于做出决策是足够可靠的，并使外部利益相关者对其有足够的信心。像调查和定性访谈这样的正式研究方法需要特定的质量控制要求，在进行系统设计时认识到这一点是非常重要的。

按照上面的要求，小额信贷机构应设计一个确保质量和效用的系统，同时列出其步骤：

①收集有关指标尽可能少的数据；②从尽可能少的客户处收集数据；③尽量低频率地收集数据；④有目的地收集足够的细节信息；⑤尽量减少数据分析；⑥以简单的格式进行报告。

2. 进行例行监测

(1)为什么例行监测是有必要的。例行监测为小额信贷机构提供定期的、持续的客户情况。它提供及时和适当的资料，以让员工和客户做出决定，改善他们的工作质量。监测使正在发生的积极和消极的变化以及需要被更好地理解的问题更显著，并且可用于报告业绩目标。监测本身没有提供为什么发生这些变化的信息，但却提供了需要被调查问题的信息。

(2)如何进行监测是有用的。监测信息可用于不同的目的。如果清楚地知道想要监测什么以及为什么监测，这将有助于机构做出诸如收集哪些指标、如何收集信息、多久收集一次信息以及是否监测所有客户或一个样本的设计决策。监测资料的主要用途包括：

①对目标的跟踪调查：监测信息可作为机构绩效管理系统的一部分，或只作为年度报告使用；

②预警：查明和应对早期阶段存在的问题；

③组合研究：打破表象去研究不同客户或其他因素的差异。这促进不同市场的理解并允许对问题或机会做出针对性的反应，例如，通过最高退出率确定客户个人资料；

④客户使用的服务：服务是否适合客户的需求？通过监测客户使用服务和对服务的反馈，可以提高服务的质量；

⑤基准资料：监测信息作为深入评估社会绩效的“基准”是非常宝贵的。

(3)收集监测信息作为日常工作的一部分。监测系统应定期从客户那里收集信息。因为它是一个反复的过程，所以将收集到的信息整合到现有的机构实践中通常是最好的，例如贷款申请、小组会议、工作人员访问客户、客户研讨会等。许多机构是使用客户资料和贷款申请表，利用定期联络点收集少量的信息，并将其记录在现有的管理信息系统中。监测信息也可以来源于其他渠道，包括现有客户及产品组合信息、在员工会议或客户研讨会上的定期讨论、客户满意度监测、员工或客户意见箱、客户退场监测表。

(4)进行后续研究。后续研究对于调查和确定监测所强调的问题是很重要的。应该以不同的方式增加对变化的认识，这可能包括工作人员根据自身的知识和经验做出的反应，得出其可能原因的结论。机构也可以使用其他来源的信息，如政府的研究，或者可以使用诸如参与性快速评估、简短的市场研究工具调查和深入访谈会进行研究。切记一点，后续活动类型的选择取决于所提供的资源。

5.5.9.3　使用社会绩效管理系统并使之成为日常工作的一部分

1. 充分利用社会绩效信息

从绩效管理系统获取的绩效信息数据使得机构可以通过比较社会目标来评

估小额信贷机构的绩效。当然，与其他数据（经济数据、员工绩效、增长率数据等）结合起来，对评价机构绩效是有帮助的。这些信息利用到现在的行动和战略的制定中。然而，仔细考虑机构将如何与相关的工作人员进行沟通，如何将建议转化成实际行动，如何对服务和产品进行改进这些问题是非常重要的。事情经常是这样的：信息不能被正确的分析，或者信息不能产生什么实质效果。循环的反馈机制提供了一套为这些议题和可能产生的障碍提供可行的框架。

2. 确保社会绩效管理系统是机构的一个完整的部分

一定要保证社会绩效管理系统和机构的组织架构紧紧地联系起来，即使机构的社会绩效管理系统设计得再好，也只有当它作为和机构的组织架构和日常工作紧密结合的时候，才能显示出它的作用。机构必须保证社会绩效管理系统与其他方面，包括人力资源、市场、财务管理、预算、战略规划、激励、交流、管理相结合起来。

3. 确保获得高级管理人员和董事会成员的支持

对于成功高效的社会绩效管理来讲，一个强有力的、广受支持的管理团队是非常关键的。这个组织架构应该包括来自于不同部门的核心管理团队。一个组织的管理者，无论是股东还是非股东成员，都是最高级别的决策者。因此，如果想要绩效管理取得成功，对社会绩效研究的支持、监测和管理过程显得非常关键。

4. 确保得到员工的支持

也许员工对社会绩效管理不是一开始就显得很关键，但是起码不能让他们成为负担。为了避免这些，机构必须花时间去计划，以及和员工商量组织发生的变化。员工、客户及其他股东应该积极参加会议并给出自己的建议。机构可能需要调整激励体制，来强调对于小额信贷机构而言，社会绩效的重要性。

5. 任命一个员工或一个小组管理和监察绩效管理过程

至少有一名专职工作人员应该协调规则、管理过程并作为组织"领导"。但是，如果社会绩效管理系统给出不同的评价结果，则每个小额信贷机构的成员致力于更好的社会表现是重要的。

6. 不要急于求成

小步骤更能有效地推出新的举措，使系统更易于管理的发展，减少新活动的负担。

7. 如果可能应努力实现早期的一些结果

在建立社会绩效管理的早期可能会产生有用、有趣的信息，甚至在它已经确立之前。这是一个很好的方法，提高工作人员参与社会绩效管理的意愿，因为他们将能够看到自己的工作是有益的。

8. 确保有足够的资源

开发一个良好的社会绩效管理系统虽然在短期内需要投入时间和金钱,但就长期而言,很可能是具有成本效益的。确保绩效管理系统没有超出机构自身时间、金钱和技能的范围。

9. 使用适当的工作人员和外部援助

集合各种合适的人员和助手来建立一个与组织相关的系统,但是这并不代表内部人员必须对任何事情负责。正如上面提到的,日常管理可能变成员工日常工作的一部分,但机构可能会想雇佣外部更有经验的顾问从事更加深入的研究。

10. 定期审计社会绩效管理系统

社会绩效管理系统必须随着时间的发展予以加强和改进,以满足客户及小额信贷机构变化的需要。同样,保证社会绩效管理系统产生信息的可信性是非常关键的——不管是对于改进绩效或者对外部股东的报告。基于这些原因,保证针对绩效管理系统的定期核查是非常重要的。这也可以在年度计划或者预算制定中作为一部分来表现。这个核查过程应该考虑绩效管理的反馈离社会目标差距有多远,考虑信息被用来改善社会绩效的好坏。核查可以作为内部或者外部程序发生。

5.5.10 社会绩效报告

5.5.10.1 小额信贷社会绩效报告的概念

社会绩效报告是小额信贷绩效管理的成果和总结,是评估单位体的小额信贷在既定的时间内对整个经济体甚至社会效益的总体评估。学会如何写好社会绩效报告在整个工作中具有极其重要的作用。优秀的绩效报告应当具有语言的陈述性、行文的单向性、成文的事后性、双后沟通性等特点。

5.5.10.2 小额信贷社会绩效报告的构成要素

2006 年小额信贷信息交换机构(MIX)发布了社会绩效标准报告,公布了社会绩效任务委员会挑选的 22 个核心指标[1]。整个报告包含六个部分:社会绩效标准框架及描述、社会绩效标准报告的第一部分和第二部分、贫困评估表、有效利润

---

〔1〕 自 2009 年以来,MIX 在全球范围内收集有关小额信贷机构的社会绩效信息,当年共有 212 家小额信贷机构报告了其社会绩效,详见 www.themix.org/standards/sp-reports。2009 年 5 月,CGAP 牵头对全球小额信贷机构的社会绩效报告进行评奖,见附件 1;2009 年 11 月,CGAP 公布了评奖结果,见附件 2。

率计算器以及术语表。

5.5.10.3 小额信贷社会绩效报告的方法

小额信贷社会绩效报告主要采用指标法。第一部分包括13个指标,主要关注小额信贷机构的使命、产品及提供的服务、对于客户及员工的社会责任、客户拓展。第二部分包括6个指标,主要关注于就业、对于社区及环境的责任、儿童教育。最后,贫困评估包括贫困等级的3个指标。小额信贷机构希望能够改变已有的社会绩效指标,可以仅仅报告第一部分中13个指标的内容。对第二部分中的6个指标和贫困评估表中的3个指标,报告的复杂较第一部分而言明显高一些,因此,近年来MIX主要是对它们进行一个试验。这就意味着,MIX更加鼓励那些部分或者完整报告的小额信贷机构在报告中包含更多的内容,但是并没有强制要求。这些指标遵循一种着眼于社会影响产生过程的框架。该框架包括对机构目标的分析、内部系统的有效性、为达成目标所从事的工作、相关产出以及对客户生活产生的积极影响等方面的内容。并且,小额信贷机构可以在相关指标的评论栏中补充任何与指标相关的信息。

5.5.10.4 小额信贷社会绩效报告的形式(表5-26)

表5-26 小额信贷社会绩效报告在各个不同阶段的形式

标准		相关描述	在报告中的位置
目标	使命及社会目标	社会绩效是指小额信贷机构将使命付诸实践。社会绩效的评价与小额信贷机构的使命和社会目标相关联。这一指标评价其对社会使命、目标市场及发展目标做出的承诺	第一部分
	管理	管理是指董事会成员领导一个集体完成企业使命的过程。这一指标旨在评估并披露董事会成员责任及服务方式。该指标也评价董事会的组成及其成员的专业能力,同时也会披露公司如何提高董事会成员各方面的能力以到达社会绩效的要求	第一部分
	产品及服务范围	一旦确定了目标客户,小额信贷机构必须设计相关的金融产品和服务以满足客户及监管部门的需要。这一指标通过综合评价小额信贷机构提供的金融或者非金融的服务或者产品来做出评价	第一部分

续表 5-26

	标准	相关描述	在报告中的位置
策略及系统(内部系统及行动)	社会绩效培训	针对员工展开社会绩效方面的培训有助于帮助他们了解其工作如何帮助组织完成机构的社会使命。小额信贷机构可以借助培训这个机会获取员工的反馈,发现一些对于完成社会使命不利的因素并做出必要的改变。该指标评估小额信贷从业者是否在报告年度内获得过社会绩效相关知识方面(甚至所有方面)的培训	第一部分
	工作人员考核和激励	为了保证报告中数据的有效性和绩效管理相关工作人员的表现,必须有针对工作人员的考核标准。小额信贷机构还应该建立激励机制,以促进机构社会目标的达成。该指标评价小额信贷机构在实现社会绩效目标过程中采取的针对社会绩效人员的考核和激励机制	第一部分
	针对客户的市场调查	小额信贷机构可以使用标准的市场调查技术去识别客户的需要。通过这样的市场调查能够让自身重新审视已有的产品并更好的开发新产品。这对于满足客户的需要、维持客户忠诚度、开发新客户都是大有好处的。该指标旨在评价小额信贷机构怎样从事针对客户的市场调查以及调查的频率	第一部分
	评估客户流失情况	除了客户满意度,客户流失率也是社会绩效的重要指标。对客户流失情况的调查,有助于小额信贷机构更好的找出客户流失的原因。该指标评价小额信贷机构的客户流失情况	第一部分
	贫困评估	小额信贷机构为了完成其社会使命,必须采用与客户、发展目标、现实环境相符合的贫困评估策略。机构可以采用评价工具去评价其客户的生活条件是怎样逐步得到改善的。诸如 PPI 和 PAT 这样的工具可以用简单、有力、易量化的指标去评估家庭财富状况。该指标评价机构采用的跟踪客户贫困状况的工具	第一部分

续表 5-26

	标准	相关描述	在报告中的位置
政策及其执行(内部系统及行动)	对客户的社会责任	对客户的社会责任是小额信贷机构社会绩效的基本内容。该指标基于以下6个原则评估为低收入客户群体提供的服务的合理性:避免过多的负债;透明的定价;合理的储蓄;工作人员的行为道德;投诉机制的建立;客户信息的保密性	第一部分
	客户服务的支出	利润率应该确保能维持机构的可持续性及服务的长期有效性,但同时机构也应该经常关注怎样减轻客户的负担。该指标旨在评价主要贷款产品的有效利润率、从其他机构或者放债人处借贷的客户比例	第一部分
	对员工的责任	对员工的公平待遇是人力资源政策非常重要的一部分。同样,关注雇员的满意情况并提供了解员工需要的通道是很重要的。该指标旨在评价小额信贷机构对员工责任的履行情况	第一部分
	对社会的责任	小额信贷机构是通过自身为客户提供的服务以及对政策和法规的执行等来支持社会发展的。该指标旨在评价小额信贷机构在这方面所做的努力	第二部分
	对环境的责任	微小型企业对环境的影响特别大,因为他们往往缺乏技术支持、缺乏管理、缺乏配套设施及服务。该指标旨在评估小额信贷机构在制度和措施上是否要求所服务的企业减少对环境的影响	第二部分
社会目标的成就(产品及成果)	地理范围	在不同的地理位置提供金融服务可以为那些服务水平低下的城乡客户创造收入和就业机会。该指标旨在评价在不同地理位置覆盖的客户数以及在国家平均发展水平下的客户数,同时也评价小额信贷机构在那些没有任何金融机构提供服务的地方为客户服务的能力	第一部分
	女性客户的拓展	如果小额信贷机构将女性作为其目标市场,那么应该有一些措施反映女性客户的实际增长情况。该指标旨在评价机构中女性客户(借或贷)的增长情况	第一部分
	客户拓展	客户拓展是指由小额信贷机构服务带来的客户种类及数量的增长。该指标旨在评价机构占有市场份额的能力,并评价贷款方式拓展的客户量	第一部分

续表 5-26

	标准	相关描述	在报告中的位置
	成果	客户拓展不仅仅包括因为金融产品而吸引的客户，也包括通过产品设计满足了客户其他方面的需求而带来的客户。该指标旨在评价通过非金融服务而拓展的客户。如果可能的话，也需要作为成果的一部分来展示项目对目标市场产生的效益	第二部分
	就业机会	从社会角度来看，微小型企业可以创造更多的就业机会，总体来看有利于提高社会总收入。该指标旨在评价服务的企业所创造的就业机会数量	第二部分
	客户小孩教育情况	从微小型企业获得更高的收入可以帮助贫困人群给自己小孩提供更好的教育。该指标评价在那些中学或者小学教育普及率低于90%的地区可以享受教育的客户小孩数量	贫困评估
	评估贫困或特别贫困的客户	为了评估客户的贫困等级，小额信贷机构应该合理的利用贫困线。该指标评价贫困线以及用来估算贫困线下50%客户所占比例的工具	贫困评估
	持续关注贫困人群	对小额信贷机构来说，在客户初次来访时评估其贫困状况并实时跟踪客户状况，是提高客户幸福指数的重要保证。该指标旨在评估3或5年前成为机构客户且仍然处于贫困线下的人所占的比例	贫困评估
	脱离贫困的人群	通过采用合理的贫困评价工具并长期的跟踪调查，小额信贷机构可以判断客户是否已经脱离了贫困。该指标旨在评价3或5年前成为机构客户且已经摆脱贫困的人所占的比例	贫困评估

资料来源：MIX(www.themix.org/services/standards)。

5.6　中国小额信贷发展及其主要类型

5.6.1　中国小额信贷发展的阶段性

5.6.1.1　中国小额信贷的发展阶段

小额信贷在中国"早期的项目试验"可以认为是中国小额信贷发展的序幕，如果认为中国社科院引入孟加拉国乡村银行小额信贷模式是现代小额信贷在中国大地上的真正"登陆"，那么直到"只贷不存"小额信贷机构试点的启动，中国小额信贷走上正规化发展道路，中国小额信贷的发展可以大致分为 3 个阶段：

(1)1994—1998 年，NGO 小额信贷试验阶段，从社科院引入小额信贷到中国人民银行在农村信用社领域内推出农户小额信用贷款之前，这段时期小额信贷在中国的发展主要集中在扶贫领域，无论是国际机构、非政府组织的项目是操作，还是结合国家扶贫部门、金融机构或政府的小额信贷实践，均是以扶贫为主要目标。

(2)1999—2004 年，正规金融机构的小额信贷探索与发展阶段。中国人民银行在全国农村信用社领域内引入小额信贷的操作技术，开始开展农户小额信用贷款和农户联保贷款业务，这是将扶贫领域内的小额信贷运用扩大的一个阶段，开始在农村金融这一更大范畴内运用小额信贷这项信贷制度与技术创新手段。当然，同时扶贫领域内的小额信贷也在进一步发展。

(3)2005 年开始，小额信贷的多元化推进阶段。首先，2005 年，中国人民银行开始在川、黔、陕、晋、蒙五省区进行"只贷不存"小额信贷机构试点，引入新的机构开展小额信贷业务，推动了中国小额信贷正规化发展道路，也是农村金融改革的重大举措，因为开始在农村金融领域内引入一个新的机构，这在以往的改革中都是从未见到的，也意味着农村金融市场真正意义的开放的第一步。同样，进入这一阶段后，扶贫领域及农村信用社领域内的小额信贷也在同步发展。其次，邮政储蓄机构探索小额信贷业务发展。第三，政府推进新型小额贷款机构的发展。第四，政策性银行、商业银行多种方式探索小额信贷。

5.6.1.2　中国小额信贷各发展阶段的特点

针对中国小额信贷发展的 3 个阶段，小额信贷在不同阶段的目标群体、运作机构、方式等方面都存在着区别(表 5-27)。

表 5-27 中国小额信贷在各个发展阶段的特点

	第一阶段	第二阶段	第三阶段
起始时间	1994 年	1999 年	2005 年
目标群体	贫困户	中低收入农户	微型金融需求者
服务领域	扶贫	农村金融	农村金融
典型运作机构	非政府组织、国际机构、社会团体、政府扶贫机构等	农村信用社	“只贷不存”小额信贷机构
机构属性	非政府组织为主	金融机构	金融机构
资金来源	捐款、扶贫资金	存款	机构自有资金
信贷方式	小组贷款为主，较严格的遵守 GB 模式	个人信用贷款联保贷款	个人信用或联保等多种方式
利率水平	以社科院位代表 8%	银行贷款利率	银行贷款利率
还款方式	分期还款为主	灵活确定	灵活确定
储蓄	强制储蓄	自愿储蓄	不允许吸储
监管	不纳入金融监管	金融监管	金融监管

中国小额贷款发展历程及多元化见图 5-10。

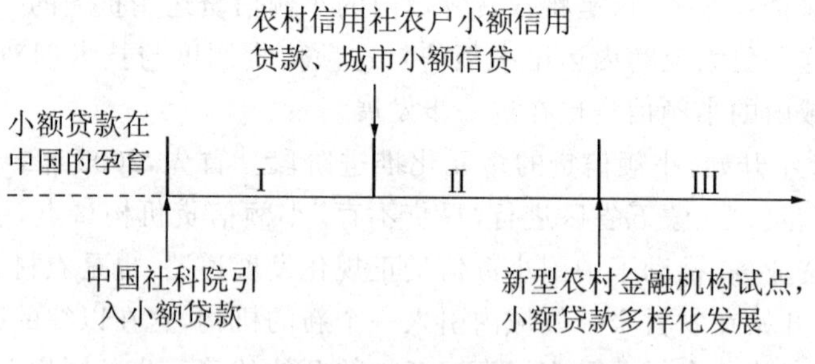

图 5-10 中国小额贷款发展历程及其多元化

5.6.2 中国小额信贷的类型及其发展

中国的小额信贷经历了十余年发展，从最初引入孟加拉国乡村银行小额信贷模式之后，经历与中国经济社会现实的碰撞，出现了许多创新与发展，中国小额信贷的类型已经相当丰富，大致可以分为三大类：民间非政府组织小额信贷、政府部门操作的小额信贷、金融机构操作的小额信贷。中国各种类型小额信贷存在时间见图 5-11。

5.6.2.1 非政府组织等民间组织操作的小额信贷

非政府组织等民间操作的小额信贷是小额信贷进入中国选择的一种主要组织

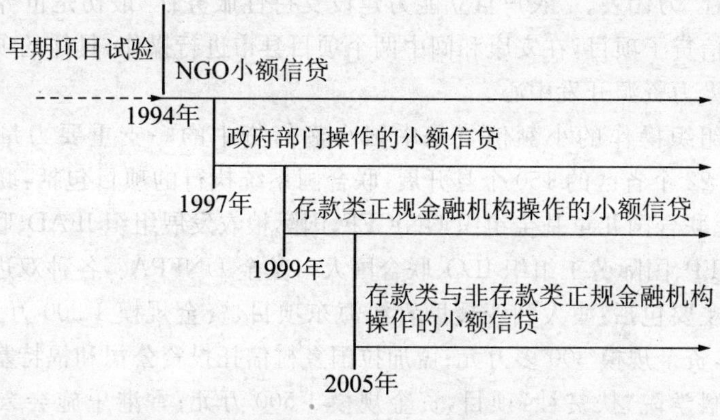

图 5-11 中国各种类型小额信贷存在时间

形式,也是迄今中国小额信贷发展的一个重要力量。中国的非政府组织小额信贷存在两种基本类型:

1. 非政府组织操作的专业小额信贷

通常由一个社团机构作为载体,利用国际赠款、扶贫资金等各方筹集的资金来开展小额信贷业务,他们以提供小额信贷为主要任务和目标,并希望通过有效运作之后实现机构的自我生存与发展。具有代表性的包括:中国社会科学院贫困问题研究中心管理的3个扶贫合作社、中国扶贫基金会管理的贫困农户自立能力建设服务社以及联合国开发计划署与中国国际经济技术交流中心管理的部分乡村发展协会。

2. 非政府组织操作的包括小额信贷部分的项目

即在一个综合性目标的项目中,小额信贷仅作为其项目目标之一存在。这种类型通常只是利用小额信贷方法来实现扶贫和其他项目目标。如香港乐施会的部分项目、国际渐进组织和鹤类基金会支持的草海项目、中国计划生育协会等运作的"幸福工程"、中国妇女报等支持的"农家女"项目等。

作为非政府组织等民间机构操作的小额信贷,其在运作的过程中可以准确地贯彻小额信贷的原则(主要是GB模式),还款率也较高;但是却面临着组织成本较高、规模相对小、组织机构经营金融业务合法性问题以及难以实现可持续发展等挑战。

中国非政府组织小额信贷主要通过3种方式产生:①在国际和国外组织支持下进行的研究性小额信贷试验,以中国社会科学院建立的扶贫合作社为代表。②由一些小额信贷扶贫项目直接转变而来的非政府组织小额信贷,具有代表性的如联合国开发计划署的仪陇乡村发展协会、赤峰等乡村发展协会。③在小额信贷项目基础上派生出来的非政府组织专业化小额信贷。以中国扶贫基金会的"农户自立能力建设支持性服务社”为代表。“农户自立能力建设支持性服务社”最初是世界银行秦巴扶贫项目小额信贷子项目，在安康和阆中两个项目县市进行操作，具体的项目执行单位是中国西部人力资源开发中心。

非政府组织操作的小额信贷是中国小额信贷中的一支重要力量，据统计，到1998年底在22个省区的150个县开展，联合国系统执行的项目包括：联合国发展计划署UNDP、联合国儿童基金组织UNICEF、国际粮农发展组织IFAD、联合国世界粮食计划署WFP、国际劳工组织ILO、联合国人口基金UNFPA。各种双边机构和民间机构的项目主要包括：澳大利亚援助青海海东项目，资金规模1 200万元；加拿大援助新疆项目，资金规模300多万元；孟加拉国乡村信托投资公司和福特基金会等支持的中国社会科学院“扶贫社”项目，资金规模1 500万元；香港乐施会云南和贵州项目，资金规模120万元；德国技术咨询公司的江西山江湖项目，资金规模60万元；加拿大合作金融机构帝亚鼎项目，资金规模100万元。2000—2002年间中国扶贫基金会小额信贷项目见表5-28。

表5-28　中国扶贫基金会小额信贷项目

执行时间	项目规模	资金规模(万元)	受益人数
2000	阆中、安康、晴隆、东兰、通江、开县、	2 697	79 138人
2001	阆中、安康、晴隆、东兰、通江、开县、左权、福安	2 297.6	30 265户 151 325人
2002	阆中、安康、晴隆、东兰、通江、开县、左权、福安、六枝	6 270	44 702户 223 510人
合计	9县	6 270累计放款 2 908.62进账资金	44 702户 223 510人

资料来源：http://www.fupin.org.cn/105.htm。

除此之外，民间还广泛存在着其他小额信贷试验。社区发展基金、例如，具有完全民间意义的临县湍水头镇的民间小额信贷基金会活动。

而在其他领域内，最典型的试营运于城市领域内的、针对解决下岗职工再就业问题的小额信贷，在许多城市都已经成立了相应的小额信贷机构，在为下岗职工提供再就业需要的资金。

同时，还有一些虽不以小额信贷名称命名、但实则的从事者类似小额信贷的活动，已经引起人们关注的比如活跃在吉林梨树地区的农户资金互助基金，在当地这样的基金相当活跃，并且已经在解决农户贷款难中发挥了相当的作用。另外，随着邮政储蓄系统的改革，伴随邮政储蓄银行的成立，新的邮政储蓄银行也在酝酿着从小额信贷入手开展贷款业务。这些新的小额信贷形式的发展，极大地丰富了中国小额信贷的内容。

5.6.2.2 政府部门推动操作的小额信贷

中国政府小额信贷扶贫,大体经历了3个发展阶段:

(1)1994—1997年上半年,基本处于观察阶段。在这一阶段中央和地方政府的扶贫部门对由国际机构和国内的非政府组织开展的小额信贷试验,主要作为旁观者进行观察、研究和学习。第一阶段政府没有大规模介入小额信贷,这也给国际机构和非政府组织开展的小额信贷扶贫试验项目以相对充分展示其优缺点与扶贫作用的有利条件,为后来政府利用小额信贷扶贫提供了冷静观察和思考的机会。在这期间中国政府主管扶贫工作的各层官员,对小额信贷试验进行过考察,并通过其他方式如会议、媒体报道、基层汇报等,学习和理解小额信贷扶贫的组织制度安排和实现机制,为下一阶段的到来打下了基础。

(2)1997年下半年至1999年上半年,积极参与阶段。通过第一阶段的学习与观摩,政府逐渐认识到了小额信贷对于扶贫的重要意义,因此由开始的“旁观”转变为了积极参与。

政府操作的小额信贷资金主要利用扶贫专项贷款,采取的方式是在原来非政府组织小额信贷基础上进行了一定的简化与调整,如基本保留了小组联保、中心会议、分期还款、小额连续贷款的原则。但在其他方面做了较大的调整,如改变2-2-1模式为一次性放款;由以妇女为贷款对象改为贷款对象不分男女;小组自愿组合的原则在一些地区被改为穷人自愿为主适当考虑干部帮扶;每周还款改为灵活还款,还款周期可以为10天、半个月、1个月甚至一个季度,相应的中心会议的频率也做了调整;一些地区政府小额信贷将中心会议还款,改为由中心主任和小组组长上门收款等,当然这样的调整也会存在一定的问题。

(3)从1999年开始,政府小额信贷扶贫转入发展的第三阶段。1999年4月20日,中国农业银行总行颁布《中国农业银行“小额信贷”到户贷款管理办法(试行)》,明确规定“小额信贷扶贫到户贷款,由贫困户与农业银行直接签订贷款合同,不得由任何中介组织承贷或转贷”。《管理办法》同时提出,“县(市)支行可根据自觉自愿、互惠互利原则选择愿意为‘小额信贷’扶贫到户做工作的乡镇扶贫合作社(站)或农村信用社及其他扶贫服务组织代管代收小额到户扶贫贷款,签订委托代管催收协议书,按协议规定,各行其责”。

《管理办法》的出台,标志着原来政府小额信贷中由扶贫机构承担承贷承还使命的终结。《管理办法》的出台,不仅改变了扶贫社和其他类似扶贫社性质的政府小额信贷机构的信贷扶贫组织的功能,使扶贫社面临着重新定位的选择,而且也使农业银行直接面对千家万户,不得不进行相应的组织创新。事实上,政府小额信贷发展进入第三阶段，这是一种发展上的倒退，小额信贷的优势作用完全被打破，又回到了扶贫贷款投放的最初状态。

(4)从2005年开始在川、黔、陕、晋、蒙五省区进行的“只贷不存”小额信贷机构试点，一个新的金融机构被允许成立、并且被准予开展小额信贷业务，这极大地推动了中国小额信贷正规化的发展道路。无论是农村信用社还是“只贷不存”小额信贷机构操作的小额信贷，都是小额信贷在中国的创新与发展，必将极大地推动中国小额信贷事业的发展。

5.6.2.3 正规金融机构操作的小额信贷

在中国参与小额信贷运作的正规金融机构主要有：中国国家开发银行、中国农业银行(包括农业发展银行曾运作了一段时期)、邮政储蓄银行、农村信用社和新被允许成立的“只贷不存”小额信贷机构。但是三类机构操作小额信贷的模式却不同，对于农业银行(含农业发展银行)，其主要是作为政府操作小额信贷的一个辅助机构而参与小额信贷的，因此从其本质来看，应该属于政府操作小额信贷的类型。所以，真正属于金融机构操作的小额信贷主要有两类：

一是从1999年开始的在农村信用社领域内开展的农户小额信用贷款业务，这是正规金融机构第一次引入小额信贷业务。

二是商业银行的小额信贷。一些商业银行在城市领域针对下岗失业人员开展的再就业担保小额贷款、针对个体工商户开展的小额信用贷款等。邮政储蓄银行的小额信贷，最初基于借款人的存单质押，因此风险相对较小。后来，逐渐探索并发展了小额信用贷款、联保贷款等。

三是国家开发银行、农业发展银行等政策性银行进行的批发性小额信贷。这些政策性金融机构把信贷资金批发给农村信用社、邮政储蓄银行以及其他小额信贷机构。

四是新型农村金融机构的小额贷款。村镇银行、贷款公司和农村资金互助社小额信贷。

5.6.3 中国NGOs小额信贷的困境及其原因

国际主流观点认为，各种模式的小额信贷，均包含两个基本层次的含义：一是为大量中低收入人口提供金融服务，即小额信贷项目一定规模地展开和服务于目标群体；二是保证小额信贷机构自身的生存与发展，即小额信贷机构的可持续发展。这两个相互联系又相互矛盾的方面，构成小额信贷的完整要素。

在中国，以扶贫项目方式推进的NGO小额信贷有300多个，但是，这些小额信贷，一是覆盖面较小；二是自身的可持续发展难度较大。比较大的机构和项目的覆盖面达到5 000左右的农户，小的不到1 000户。在这300多家小额信贷机构和项目中，能正常运行的不到1/5〔1〕。真正能达到操作可持续性的机构较少，能达到财务可持续性的机构〔2〕更是微乎其微。不少小额信贷机构面临严重的挑战，贷款资本金在不断缩小。如果没有进一步的外来的资金支持，大多数的非政府小额信贷机构和项目都会陷入困境，停止运行。其重要原因在于以下几方面。

5.6.3.1 缺乏发展小额信贷的政策环境

小额信贷发展比较好的国家，政府都有一定的支持小额信贷长远发展的制度框架，不仅给予小额信贷机构明确的法律地位，而且对小额信贷有严格的外部监管框架。小额信贷机构发展到一定阶段后，其金融服务范围可以扩大，直至可以开展存款、结算、代理甚至是小额保险等多种金融产品。随着小额信贷机构金融服务范围的不同，外部监管机构采取从非审慎监管、注册登记到审慎监管等多重有针对性的监管措施。此外，政府还对经营良好的小额信贷机构给予"提供批发资金"之类的资金支持。

而在中国，直到2011年，小额信贷机构的法律地位仍不明确，其业务被限定在贷款业务范围之内，不仅如此，对小额贷款机构的贷款利率的限制也有一定的影响；对于NGOs小额信贷的外部监管尚不完备，大部分依靠组织内部的自查，缺乏外部监管必然导致信息披露缺乏透明度。

5.6.3.2 资金来源不具可持续性

NGOs小额信贷的资金来源基本上依赖国内外捐赠，以国际捐赠为主；贷款本金、运作费用、技术支持费用基本靠捐赠和部分地方政府的配套资金投入。在20世纪90年代中期，当时捐赠机构捐赠目标主要是以社会发展作为目标，没有将小额信贷机构的可持续发展作为项目的重点。所导致的直接后果就是大多数NGOs小额信贷项目没有后续资金安排。如果小额信贷的营利性较高，像玻利维亚的BancoSol、印尼的人民银行一样，那么也可以通过资本市场进行外源融资，而在基本的操作可持续性都难以达到的情况下，是难以争取进资本市场融资的。

5.6.3.3 实行的贷款模式比较单一

主要是GB银行模式（少数项目采取了村银行模式，如草海；村级信贷员模

〔1〕 程恩江，徐忠. 中国小额信贷发展报告[DB].《财经》网络版。

〔2〕 所谓操作可持续性是指即剔除补贴后，利息和其他收入可以补偿操作成本，呆账损失和带有补贴性的资金成本；而所谓财务可持续性是指即剔除补贴后，利息和其他收入可以补偿操作成本，呆账损失和按市场利息率计算的资金成本。

式，如海东中国农业银行项目)，而没有因地制宜的针对当地自然条件、社会、文化、经济状况设计出有针对性的运作模式。事实上，孟加拉国与中国情况相差很大，例如团体贷款的模式在中国被接受的程度就与其他国家有较大差别，而且贷款对象的流动性要明显大于国外。而且模式一旦确定后，很少进行改变〔1〕。

5.6.3.4 大部分小额信贷机构都缺乏独立性

中国大多数的非政府小额信贷机构并不是真正独立于地方政府的，而是在实质上从属或受制于地方政府，这主要是指县级和地区级的政府部门，如政府办公室，农业局，扶贫办，妇联等机构。而要谋求机构的可持续发展，独立性显然是必需的。

小额信贷机构缺乏独立性的另一方面表现就是管理人员不具独立性，部分地区 NGOs 小额信贷组织的管理人员是当地政府正式的工作人员兼任，他们主要是对政府负责，而不是对 NGOs 小额信贷机构负责。在这种情况下是无法建立起对管理人员有效的激励机制的。

5.6.3.5 小额信贷的中介服务行业缺位

在中国，既没有行业评级机构和公布其经营业绩增加透明度的平台，也没有小额信贷咨询和培训的专业公司，更没有经过注册的小额信贷行业协会之类的自律组织。小额信贷的中介服务行业缺位与小额信贷机构法律地位不明确和自身财务可持续发展较差密切相关。

---

〔1〕 在乡村银行模式下，在中国执行的一般是在县级设办公室，在乡设分支，下有信贷员的三级的操作模式。这就形成机构的固定成本高。加上每个县的资金规模小，形成单笔贷款的成本高，直接影响到机构的财务可持续性。

第 6 章　农业保险

随着农村改革的深入和农村商品经济的发展，中国旧的以政府救灾为主体的风险保障体制已不能适应农业、农民和农村发展的需要。在自然灾害和市场风险面前，尤其面临 WTO 带来的挑战，建立新的农业保险体系成为一项势在必行的工作。本章从经济学的角度分析农业保险。

6.1　农业风险及风险管理

6.1.1　农业风险概念

农业风险，是指在农业生产或经营过程中损失发生的不确定性。这种不确定性表现在三个方面：一是损失是否发生的不确定性；二是损失何时发生的不确定性；三是损失程度的不确定性。这些不确定性与农业生产决策者的预期目标会有偏离或差异，其偏离程度通常被用作衡量风险的程度。

农业风险还蕴藏着潜在的机会和利润，农业经营者可通过认识、分析风险，采取正确的决策，对风险进行有效管理，减少风险损失并获得风险收益，做到在承受同样的风险下获得最大的收益或在同样收益水平下承担最小的风险。

6.1.2　农业风险的分类与特点

对于农业风险的分类，既要考虑其产业特点，也要考虑风险管理的需要。为此，本教材以风险产生的原因为标准将农业生产经营面临的风险划分为自然风险、市场风险两类。

6.1.2.1　自然风险

自然风险是指由于来自自然界的某些突发事件（随机事件）给经济造成损失的可能性。由于农业生产一方面是劳动产品、劳动力、生产关系等经济现象的经济再生产过程，同时又是动植物繁衍及其与自然界进行物质与能量相互转换的自然再生过程。这一特殊性决定了农业对自然过程、自然环境等自然因素具有强烈的敏感性和依存性。依存于自然，必然受制于自然，加之人类对自然界认识的局限性，使得自然界的无常变化必然导致农业生产具有很大的不确定性。自然界的各种灾害都会在不同程度上给农业生产造成损失，轻则减产减收，重则劳而无获，从而对农业生产构成极大的威胁。

农业生产面临的自然风险主要有农业气象灾害风险、农业生物灾害风险、农业地质灾害风险和农业环境灾害风险等。

(1)农业气象灾害风险。主要是由于农业气候条件的异常变化所引发的。按照形成风险气候条件的不同，农业气象灾害包括暴雨与洪涝、干旱、寒潮、霜冻、低温冷害、寒露风、干热风、台风和冰雹等风险。这些风险在中国非常普遍，不仅频率高、强度大，而且分布广、影响面大，对中国农业生产的威胁最大。中国历史上就有“三岁一饥、六岁一衰、十二岁一荒”之说，是对这种气象灾害频繁发生的写照。

(2)农业生物灾害风险。农业生物灾害风险是发生频率较多、危害较重的一种自然风险，它主要是由病、虫、草、鼠等在一定环境条件下暴发或流行造成农业生物及其产品巨大损失的自然变异过程。它对农业生产的危害既有机械性破坏，也有生理性损害，但以生理性损害为主。其危害后果有两方面：一是使农业生物产量降低甚至绝收；二是引起农产品品质下降，二者均导致农业产出功能的下降和农业劳动者收益的减少。具体包括农业病害、农业虫害、农田草害和农业鼠害。

(3)农业地质灾害风险。是在自然变异和人为因素作用的影响下，地质表层及地质体发生变化并达到一定程度时，给农业生产造成的危害。地质灾害对农业的危害既有对农业基础设施及农业生物体的机械性剧烈破坏，也有对农业生物体的生理性缓慢损害，但以机械性剧烈破坏为主。包括地震、崖塌、滑坡、泥石流、渍水、地冷害与地热害、土地沙化与沙漠化和盐碱化等。

(4)农业环境灾害风险。是因自然生态和环境破坏或生态恶化对农业生产造成的危害。包括物种资源衰竭、水土流失、水土污染和温室效应。自然环境与人类的关系非常密切，它向人们提供生产与生活赖以进行的物质资源与活动场所，作为国民经济基础产业的农业，更是离不开自然环境。但是，由于人类不当的社会经济活动破坏了自然生态平衡，酿成了多种对农业具有巨大破坏性的环境灾害。

农业生产面临的这些自然风险概括起来有以下特征：

(1)破坏性。在较低的农业生产力水平条件下，无法抗御较大的自然灾害，因而它的破坏性特别突出。一场冰雹，可能导致颗粒无收；一场水灾或旱灾可造成大片农田被淹没或禾苗干枯以致大幅度减产。

(2)不可预测。尽管科学技术发展到今天，很多大的气候环境形成的机理仍然没有被解明，对变幻无常的自然灾害的预测能力极为有限，难做到有效的事先预测。

(3)区域性。从地理上讲，不同区域面临不同的自然灾害，如山区就有山洪暴发之灾，沿海地区面临海啸、台风之险，内陆地区则有旱灾时常发生。

(4)内部差异性。农业内部包括农、林、牧、渔，种植业又可分为粮食作物、经济作物、其他作物等，各种农业生产部门的生产特性不同，所面临的自然风险就有差异，农作物易遭水、旱灾之险，畜牧业多遇疾病之险，森林则易遭火灾。

(5)季节性。农业生产具有季节性，加上某些自然现象的发生也具有时间差异性，两者共同作用，导致农业自然风险有明显的季节性特点。

(6)自然风险的多重性。某些自然灾害的发生具有并发性，一个灾害的发生往往诱发其他灾害同时发生。如旱灾与病虫灾以及病灾时常同时发生，还有台风—暴雨—洪涝—滑坡形成的灾害链，造成农业风险的多重性。

补充资料

中国自然灾害的几个主要特点

中国是世界上自然灾害最为严重的国家之一。伴随着全球气候变化以及中国经济快速发展和城市化进程不断加快，中国的资源、环境和生态压力加剧，自然灾害防范应对形势更加严峻复杂。

(一)灾害种类多。中国的自然灾害主要有气象灾害、地震灾害、地质灾害、海洋灾害、生物灾害和森林草原火灾。除现代火山活动外，几乎所有自然灾害都在中国出现过。

(二)分布地域广。中国各省(自治区、直辖市)均不同程度遭受过自然灾害的影响，70%以上的城市、50%以上的人口分布在气象、地震、地质、海洋等自然灾害严重的地区。三分之二以上的国土面积受到洪涝灾害的威胁。东部、南部沿海地区以及部分内陆省份经常遭受热带气旋的侵袭，东北、西北、华北等地区则旱灾频发，西南、华南等地的严重干旱时有发生。各省(自治区、直辖市)均发生过5级以上的破坏性地震，约占国土面积69%的山地、高原区域因地质构造复杂，滑坡、泥石流、山体崩塌等地质灾害频繁发生。

(三)发生频率高。中国受季风气候的影响十分强烈，气象灾害频繁，局地性或区域性干旱灾害几乎每年都会出现，东部沿海地区平均每年约有7个热带气旋登陆。中国位于欧亚、太平洋及印度洋三大板块交汇地带，新构造运动活跃，地震活动十分频繁，大陆地震占全球陆地破坏性地震的三分之一，是世界上大陆地震最多的国家。此外，森林和草原火灾也时有发生。

(四)造成损失重。1990—2008 年 19 年间,平均每年因各类自然灾害造成约 3 亿人次受灾,倒塌房屋 300 多万间,紧急转移安置人口 900 多万人次,直接经济损失 2 000 多亿元人民币。特别是 1998 年发生在长江、松花江和嫩江流域的特大洪涝,2006 年发生在四川、重庆的特大干旱,2007 年发生在淮河流域的特大洪涝,2008 年发生在中国南方地区的特大低温雨雪冰冻灾害,以及 2008 年 5 月 12 日发生在四川、甘肃、陕西等地的汶川特大地震灾害等,均造成重大损失。

在全球气候变化的背景下,极端天气事件发生的几率进一步增大,降水分布不均衡、气温异常变化等因素导致的洪涝、干旱、高温热浪、低温雨雪冰冻、森林草原火灾、农林病虫害等灾害可能增多,出现超强台风、强台风以及风暴潮等灾害的可能性加大,局部强降雨引发的山洪、滑坡和泥石流等地质灾害的防范任务将更加繁重。随着地壳运动的变化,地震灾害的风险有所增加。

摘自:中华人民共和国国务院新闻办公室 2009 年 5 月 11 日发表的《中国的减灾行动》白皮书。

6.1.2.2 市场风险

市场风险是指由于外部经济环境的变化,导致农业生产经营的实际损益与预期损益发生背离的可能性。这种背离的可能性主要来源于市场方面的各种环境变化,主要有价格因素以及非价格因素,如竞争、信用和信息等。其中尤以价格因素导致的市场风险突出。

与其他领域面临的市场风险相比,农业领域面临的市场风险有其特殊性:

(1)市场经济是通过价格与供求关系的相互影响、相互调节来决定整个社会生产什么、生产多少和如何生产。由于农业生产的周期长,使生产的决定与产品的销售在时间上被分割开了,因而农产品供求受价格变化的影响往往需要一个过程,有一定时滞,极易出现蛛网理论所描述的那种特殊的市场运行过程,致使农业对市场变化的应急能力低下,更易遭受市场风险。

(2)农业生产具有显著的地域性。生物尤其是植物的生长繁殖,对于气候条件的依存非常强,这就形成了专业化的农业生产区域。这种区域化生产若遇有交通阻隔、流通不畅等因素就会遭受价格波动的市场风险。

(3)由于农业生产以单个农民家庭为单位,过度分散,缺乏一定的组织。面对农产品市场的起落,往往做出同步反应,总是同时退出或进入某种农产品,使农产品价格的起落更为剧烈,一旦受损,损失也将更加严重。此外,农业具有生产及供给的季节性和农产品鲜活易腐的特点,使得农产品进入市场一般都表现出很强的集中性,也极易导致市场价格波动,面临较大的价格波动风险。

(4)在农产品市场上,农业生产者面临的竞争风险主要表现为两个方面:农业生产者之间(卖者之间)的竞争和农业生产者与消费者之间(买者与卖者之间)的竞争。随着农业生产的发展,中国农产品的供给能力大大提高,除少数农产品外,绝大多数农产品市场已经由卖方市场转为买方市场,从而加剧了农业生产者之间的竞争性;同时,中国农村有两亿多小农户分散经营,提供的基本上可视为同质无差别的农产品,其组织化程度低,在交易过程中,难以形成统一协调的产业力量,对农业生产资料、农产品市场的价格走势影响甚微,在市场上无论是作为买者还是卖者,总是处于价格接受者的被动地位,农业生产者的利益得不到应有的保障。

随着国际经济一体化进程的加快,农业生产者不仅面临国内的市场风险,面临的国际市场风险也会不断增加。

6.1.2.3 农业风险划分为自然风险与市场风险的意义

对风险的分类有多种方法,主要根据研究任务来划分。本章的主旨是研究农业保险,是研究风险转移与风险管理的。从风险管理的角度看,农业风险分为自然风险与市场风险,有重要的现实意义:

(1)从风险的概念来看,风险的后果大体可归为两类,一是只有损失的可能性;二是既有损失的可能性,又有获利的可能性。农业自然风险只有损失的可能,在风险主体范围内,没有人能够从农业自然灾害中获利。对社会来讲,农业自然风险的发生,只会造成社会整体福利的减少。而农业市场风险则既有损失的可能性,又有获利的可能性。当农业市场风险发生时,风险主体可能是全部受损或全部获利,也可能是一部分遭受损失,另一部分获利。对社会来讲,并不意味着整体福利的减少,也存在着整体福利增加的可能。风险的不同后果对风险主体和社会的不同福利影响,要求政府在介入农业风险管理时,必须正确地识别风险,根据不同的风险后果,选择不同的风险管理战略,制定不同的对策。

(2)从风险的属性来看,农业自然风险属于静态风险、纯粹风险和基本风险的范畴;农业市场风险属于动态风险、投机风险和特定风险的范畴。作为静态风险,农业自然风险的发生具有个别性和偶然性,但总体上符合一定的概率分布;而作为动态风险,农业市场风险的发生规律性并不明显。作为纯粹风险,农业自然风险适用于大数法则,为可保风险;而作为投机风险,农业市场风险不适用于大数法则,为不可保风险。作为基本风险,农业自然风险不是由个人的过错造成,不在个人的控制之下,应该由社会而不是个人来承担后果;而作为特定风险,农业市场风险与个人的决策行为息息相关,其后果主要由个人承担。

总之,风险的类型和来源不同,决定了风险管理方式的不同。

6.1.3 农业风险管理

农业风险管理是指运用适当的手段对各种农业风险进行有效的控制，以减少农业生产的波动，并力图以最小的代价使农户获得最大安全保障的经济管理活动。

世界银行(2000)针对风险管理曾提出了一个整合的分析框架，在该框架中，世界银行将风险管理的策略分为风险回避、风险控制、风险分散与转移及风险处理四种。

6.1.3.1 风险回避

风险回避是有意识地不让个人和家庭面临某种特定损失风险的行为。例如，选择那些风险较小、收入相对稳定或者价格有政府保证的农业生产项目，而不选择市场价格波动大的产品；或者避免使用风险较高的新技术，而采用已经习惯的常规方法进行生产等。

从某种意义上说，规避风险使受损失的几率大大降低，甚至降到零。然而回避并不总是可行的，有时即使是可能的，也不会取得令人满意的效果。因为当一项风险被避免，其潜在的收益和成本也就一并消失。而且，有一些风险几乎是不可能回避的。所以，回避风险并不是风险管理的有效方法，有效的风险管理应该是积极应对风险，包括风险控制、风险转移及风险处理等。

6.1.3.2 风险控制

控制风险与规避风险不一样，因为控制风险时仍然在从事引起特定风险的活动，而在活动中有意识地做出一些安排以减少损失的可能性和(或)降低损失发生时可能产生的损失。减少火灾发生的几率是降低频率的措施，救火是减轻损失程度的措施。也有一些办法既能降低特定风险引起的损失概率，又能降低特定风险引起损失的严重性。这些措施包括：针对不同风险所采取的工程或技术措施。例如，在农业工程方面兴修水利、进行水土保持，能对旱、涝等风险起到积极的预防作用；依靠高科技农业能够解决农业资源的污染问题，如采用高效、低毒、低残留、具有选择性的新农药，可以增加食物的安全系数；将生物技术用于生产抗虫害、抗除草剂作物，能减少杀虫剂的用量，降低杀虫剂及其残留物对食物链、水体造成的污染，从而有利于保护生态环境；通过拓宽物种范围、生物固氮、病虫害的生物控制、生物能源的开发利用、工厂化无公害生产等技术的推广应用，可以节省某些敏感的短缺资源，阻止农业资源质量的下降等。

6.1.3.3 风险的分散与转移

风险的分散与转移是指一个组织或个人为了避免承担风险引起的损失，有意识地将损失或与损失有关的财务后果分散、转嫁出去的一种风险管理方式。主要方法有：

(1)多元化经营。多元化经营包括两个方面：一是农业生产的多元化，如种植作物种类的多样化和种植模式的多样化；种植业与养殖业的结合等。这种方法不仅可以减轻产量风险，同时也能减少价格风险。由于不同作物及家畜的价格不会呈完全相关的上下波动，通过多样化经营就可以使得一些经营活动的收入降低被其他经营活动的收入提高所抵消。这种传统的风险管理策略不仅在发展中国家普遍存在，即使在发达国家也被广泛使用。比如在美国，"玉米＋大豆"、"玉米＋肉牛＋猪"等都是较普遍的组合方式。二是将非农经营引入家庭，从事与农业相关性较弱的多种收入创造活动。例如投资农业以外的项目，或者从事非农就业，赚取非农经营收入来实现收入来源的多元化，从而实现风险分散的目的。

(2)市场合约、期货、期权市场的利用。市场合约(订单农业)和期货、期权市场被认为是应对市场风险的有效工具。市场合约(订单农业)的主要功能在于通过订单将农户面临的市场风险分散和转移给订单企业，帮助农户获得稳定的收益；同时又确保农产品加工(流通)企业可以获得稳定的农产品原料。销售合约由于条款简单易懂，便于农户操作，成为许多农户分散风险的有效市场策略。农户既可以单独与企业签订合约，也可以通过广泛存在的合作经济组织与买方签订销售合同，在收获之前甚至种植时将价格固定下来，以回避价格波动的风险。

农产品期货、期权市场的功能在于为众多分散经营的农产品加工(流通)企业提供一种有效的避险工具，将包括农户通过订单转移过来的各种市场风险转移和分散给农产品期货市场的投机者，获得稳定的收益[1]。此外，由于农产品期货市场还具有价格发现的功能，能对农产品的生产、加工和流通提供科学合理的价格指导，从而有助于减少农业生产的盲目性，实现风险管理的目的。

(3)农业保险、农业灾害救济制度。农业保险作为一种特殊的经济补偿制度，是进行农业风险管理的重要措施。农业保险运行的基本原理是共担风险，分摊损失，通过交纳保险费使风险在农业生产者之间或者农业生产者与社会之间分散和转移，为农业生产者提供一种有偿的风险保障。

农业灾害救济制度是在发生重大灾害损失的情况下，政府向农民提供救助，帮

〔1〕　即使在美欧这些发达国家的农民也很少直接使用期货期权市场，运用期货期权市场交易的主要是大规模的粮商和食品加工企业。中国也一样，尽管存在农产品期货市场，但农民并不能直接用它作为防范市场风险的工具。一是因为农民经营规模太小，而期货合同是标准化合约，合约交易量大，二者差距悬殊；二是一般农民少有参与期货市场的渠道和知识，学习这些复杂的合约也过于浪费时间和金钱。但他们可以通过与粮商和食品加工企业签订市场合约来间接地利用期货期权市场，以规避未来的销售风险。

助农民恢复生产和生活的一条重要渠道，政府的灾害救济措施主要包括：抢救、转移和安置灾民；调拨救灾物资，发放救灾粮款；帮助灾民重建家园、恢复生产；提供优惠或补贴贷款等。它与农业保险制度一样，都是非常重要的自然风险管理工具。

但是农业灾害救济的免费补偿性质，却对农业保险有着一定的负面影响，容易使农民滋生依赖思想，降低参与农业保险的积极性，使农业保险参与率不足，进而加剧农业保险的高赔付率和高损失率。如何解决农业灾害救济与农业保险之间的冲突，成为困扰各国政府的共同难题。

6.1.3.4 风险处理

当风险已经发生，收入已经下降，农户为防止家庭消费低于正常水平而采取的策略就是处理风险的“事后”策略，它是农户对风险所导致的实际收入低于预期收入的滞后反应。农村存在多种非正规的风险处理手段与机制[1]，主要包括：

(1)动用储备与周转。收入下降后农户的首先反映是通过储备来应付支出。当存在储备时，即使短期的收入波动，农户仍能维持其消费水平。储备表现为多种形式：可以是谷物等粮食、现金和银行存款以及珠宝等，也可以是生产资料比如牲畜、农具和土地等。如果单个农户的储备不足以应付消费支出，农户还可以通过村内其他方式来分散风险，例如动用集体储备以及其他非正规的手段，以使农户的消费波动小于其收入波动。这一策略没有增加当年的收入，而是将储备资产从高收入年份转移到低收入年份来消费。

(2)信贷。信贷是重要的消费平滑机制，信贷使农户可以用将来的潜在收入来满足当前的消费支出困难。所以，信贷在农业风险管理中发挥着重要作用。但是由于发展中国家农村借贷市场信息非对称过于严重，借贷市场一直没有发展起来，借贷的风险应对作用受到较大的限制。

(3)非正规的相互援助。尽管农村缺乏有效的信贷市场，但是农村存在着许多非正规的相互援助安排，这些安排可以在一定程度上降低消费波动。这些安排主要有村内互助基金会、一定范围内农户间的相互借贷、互助小组以及社会和家庭“关系网”。这些非正规的安排为平稳消费提供了非常有效的保障，尤其是在风险损失仅仅影响部分农户的时候更是如此。但这些机制在整个社区均遭受风险损失时的效果比较差。

总之，风险因素是指导致不利后果的所有因素。通过风险规避，农户可以避开一些危险因素。但是没有人能完全避开所有的风险因素，这些风险因素有一个积

〔1〕 Townsend，R. M.(1994)、Fafchamps，Marcel(2003)曾对农村非正规风险管理机制进行了系统、深入研究。

累和暴露的过程，通过风险控制手段能够减少风险损失发生的几率和发生后的损失程度。但风险控制也不能完全防止特定风险的爆发。为减少总损失，一个常用的方法是风险的转移和分散，分散化后损失能被控制在某一个局部，处于可承受水平。应对这种“被控制在某一个局部”的风险的方法即是风险处理，也即当损失发生后，采取对策缓解风险对个人和家庭福利的冲击。如果风险处理策略失败，农户则进入“听天由命”的状态，最终导致贫困和脆弱性。

6.1.4　巨灾风险及管理

农业巨灾就是指小概率且一次损失大于预期、累计损失超过承受主体（主要有农户、农业保险公司或政府）承受能力的事件。根据国际上流行的划分标准，把单项灾害一次经济损失的总额大于当年 GDP 的 0.01%定性为巨灾。

中国由于特殊的地理位置、地形及地貌，加之全球气候变暖等因素的影响，使得中国面临日益严峻的农业巨灾风险，成为世界上因灾害造成经济损失最严重的国家之一。据中国《减灾规划》的统计数据显示，中国每年约有 4.5 亿亩农作物受灾，占全国农作物播种面积的 1/4，每年因自然灾害导致的农业损失约为 850 亿元，占国内生产总值的 3%～6%，占每年世界平均农业灾害损失（3 500 亿元左右）的 1/4，成为继日本和美国之后的第三大农业自然灾害损失最为严重的国家（庹国柱、王德宝，2010）。

巨灾风险由于发生概率小、损失巨大，传统的管理手段对此无能为力，需要有特殊的制度安排来对应，中国仍然是个空白。根据发达国家经验看，应对措施主要包括以下几个方面：

(1)建立和完善农业再保险体系。国际上绝大多数开展农业保险的国家和地区通行的做法是通过农业保险立法的形式对农业保险再保险业务进行政策性补贴，同时成立专门农业再保险公司负责具体运作。

(2)设立农业巨灾风险基金。农业巨灾损失的补偿，往往无法单纯地通过再保险机制加以解决。发达国家的巨灾风险大都采用设立巨灾风险基金的办法来应对，一旦出现大的灾害损失，由国家巨灾风险基金赔付，不足部分由国家财政兜底。因此，建立以政府为主体的农业巨灾损失基金，对遭遇巨灾损失的个体提供一定程度的补偿，将是维系农业巨灾保险体系可持续发展的重要制度保障。

(3)发行农业巨灾风险债券。巨灾风险证券是指保险人将其承保的农业巨灾风险与资本市场结合起来，通过资本市场上保险风险与证券的联结，从而产生了一种新的金融衍生品——保险联结证券，并通过在资本市场上买卖保险证券产品的方式筹集资金来分散和化解农业的巨灾损失。与农业巨灾损失相比，资本市场资金规模庞大，如果能将资本市场资金引入到农业巨灾保险，对推动农业巨灾保险发展具有十分重要的意义。

另外，指数保险、巨灾风险证券化（巨灾期货、巨灾期权、巨灾债券和巨灾互换）等创新产品对巨灾风险管理也有明显效果。

综上所述，农业风险管理的内容如图 6-1 所示。

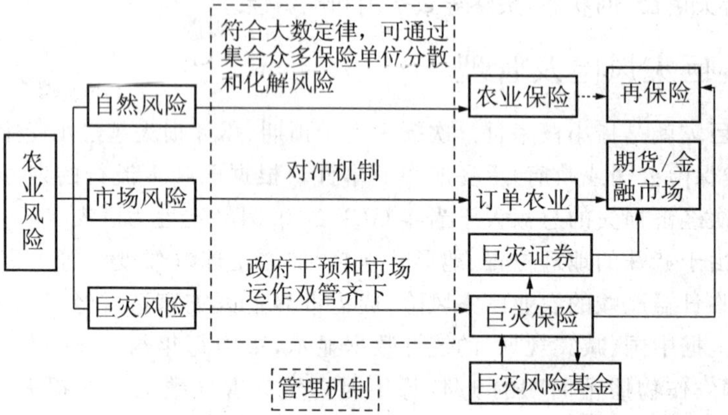

图 6-1　农业风险管理示意图

6.2　农业保险市场失灵

6.2.1　农业保险的概念与特点

6.2.1.1　概念

根据《中华人民共和国保险法》，保险是指“投保人根据合同约定，向保险人支付保险费，保险人对于合同约定的可能发生的事故因其发生所造成的财产损失承担赔偿保险金的责任，或者当被保险人死亡、伤残、疾病或者达到合同约定的年龄、期限时承担给付保险金责任的商业保险行为。”农业保险属于前者，即财产保险的范畴。

农业保险有狭义和广义之分。联合国贸易与发展委员会曾给过一个广义的农业保险概念：农业保险涉及农业的整个过程，它不仅包含了生产过程中的保险，还包括了农产品在储藏、加工、运输等整个过程的相关保险，甚至包括农村的财产及人寿保险。狭义的农业保险是指农业生产者以支付小额保险费为代价，把农业生产过程中由于灾害事故造成的农业财产的损失转嫁给保险人的一种制度安排（庹国柱、李军，2005）。也就是说狭义的农业保险仅限定在农业生产的过程中,主要指种植业保险和养殖业保险。本教材是在狭义的意义上使用农业保险概念。

6.2.1.2 特点

农业保险是保险的一种类型,因此具有一般保险具备的基本特征,即经济性、法律性、互助性和科学性。

经济性:通过农业保险,可以将未来发生的不确定性损失转变为确定性的成本,保证未来可以获得平均收入。

法律性:投保人和保险人之间以合同约定双方权利、义务、责任,投保人按照合同缴纳保费,保险人依据合同规定发生损失时给予赔偿。

互助性:众多投保人资金汇集成保险资金“蓄水池”,部分投保人发生约定风险损失时由保险资金“蓄水池”赔付。

科学性:农业保险是以科学的方法分散农业风险的有效措施,其经营以概率论和大数定理等科学的数理理论为基础,坚持风险分散和等价交换的原则。

风险分散理论要求风险在时间和空间上分散,保险人要在足够广大的地区开展业务,使局部地区发生的风险在广大区域内分散;同时要求在足够长的时间内开展业务,使长期预期总收益和总支出保持平衡。依据大数法则,如果农业保险的经营规模不够大,就不可能在时间和空间上分散风险,一旦发生较大灾害,将会造成很大的赔付率,使保险人无以为继。等价交换原则是指在农业保险交易中,保险人承担的风险责任与缴纳保费相一致的原则,这就要求保险人按照风险程度制定科学合理的费率。

6.2.2 风险的可保条件

保险是处理风险的重要方法,但农业风险生产是多种多样的,并不是所有的农业风险都是可以保险的。可保风险是指那些能够利用保险的方法来分散、减轻或转移的风险。当一个农业生产者想要避免某一风险可能造成的损失时,能够通过保险市场来有效转移这一风险时,我们就说该风险是可保风险。

具体来说,能够通过保险市场有效转移的风险需要具备以下条件:

(1)大量同质风险存在,满足大数法则。保险经营的首要原则是要满足大数法则,即大量同质风险的存在,它是指同一风险要达到足够数量方可分散风险,而且这些事件应当是相互独立的。通过众多独立分布的风险数据,加以一定的统计方法,计算和预期同类农业风险的损失概率,找出风险发生的规律性,从而确定该保险的纯费率。

(2)风险具有较高的不确定性。风险是否发生、何时发生、造成的损失都是不确定的。一般来说，风险发生的概率在50%时，这种不确定性达到最大；偏离50%时，不确定性减弱；概率为0或100%时，风险一定不发生或肯定发生，此时也就不适宜用保险手段来分散。

(3)风险是一种纯粹风险而非投机行为风险。即被保险人在保险灾害损失时并不能从中获得额外的收益。所以，相对于农业生产所面对的市场风险而言，其面对的自然风险更适合于通过保险来转移。

(4)风险造成的损失足够大，以至于影响到其投资和收入。随着农民务工收入占其总收入比例的提高，农业收入比例下降，农业风险造成的损失对其收入影响减弱，部分农民选择土地出让甚至撂荒，对通过保险来转移风险的需求自然就会减低。

(5)风险不易通过其他手段来规避。比如可以通过灾害防治、品种改良等方式规避的风险，就不适宜于保险。

(6)可保风险的经济性。在不确定性风险发生后，计算得到的保险费率不应过高，以至于超出了农民的承受范围。

6.2.3　农业保险市场的失灵

市场失灵的概念是由巴托(F. M. Bator，1958)在《市场失灵的剖析》一文中首次提出的。他认为，市场失灵是指价格—市场制度不能维持“合乎需要”的活动或不能阻止“不合需要”的活动的状态。农业保险市场就是这么一个市场。

农业保险，具有分散农业风险、稳定农民收入、为整个经济带来有益的乘数效应等功效，这些功效的发挥要么增加国民收入，要么促进国民收入的合理分配，无论从哪一个角度看，都会提高社会的经济福利。因此，农业保险自然属于“合乎需要”的活动。但如果用市场来调节则往往以失败告终，出现市场失灵。纵观世界，无论是发达国家还是发展中国家，凡是以商业方式经营农业保险的大多以失败告终。

Hazell(1992)把商业性保险公司持续发展的条件界定为$(A+I)/P<1$。其中，A为平均管理费用，I为平均赔款支出，P为平均保费收入。该条件的含义为：保费收入必须大于赔款支出和管理费用之和，保险人才能盈利，否则就会亏损。Hazell(1992)对巴西、哥斯达黎加、日本、墨西哥、菲律宾和美国的$(A+I)/P$比率进行了计算(表6-1)。从表6-1可以看出，这些国家农业保险赔付率(I/P)、管理费用率(A/P)都相当高，导致保险公司的总成本费用率[$(A+I)/P$]分别达到4.57、2.80、4.56、3.65和2.42，说明这些国家的农业保险都不符合商业化经营的条件。这些国家的实践也证明，如果作为商业性保险来运营，必然导致“供给不足，需求有限”的市场失灵境地(包括美国、日本最初的农业保险试验也是如此)。

表6-1 5个国家的农业保险的经营情况

国家	时期	I/P	A/P	$(A+I)/P$
巴西	1975—1981	4.29	0.28	4.57
哥斯达黎加	1970—1989	2.26	0.54	2.80
日本	1985—1989	0.99	3.57	4.56
墨西哥	1980—1989	3.18	0.47	3.65
美国	1980—1989	1.87	0.55	2.42

资料来源:OECD,1999, Agricultural Finance and Credit Infrastructure in Transition Economies

6.2.4 农业保险市场失灵的原因

研究表明,农业风险的弱可保性、信息不对称和正外部性是各国农业保险市场失灵的一般成因。

6.2.4.1 农业风险的特殊性——弱可保性

保险是处理风险的重要方法,但农业生产风险是多种多样的,并不是所有的农业风险都是可以保险的。可以保险的风险一般必须满足一些条件:大量同质风险存在,满足大数法则;损失发生具有意外性;损失必须是可以确定或测定的;保险对象的大多数不能同时遭受损失;保险费必须合理,费率不能过高。根据这些条件看,农业风险的可保性比较差。

(1)农业风险具有高度相关性,风险不易分散。意外性、偶然性的同质农业风险虽然大量存在,但农业风险事件之间具有高度的时间和空间的相关性,再加上农民投保的需求不足,导致农业风险在时间和空间上不能充分分散,难以满足大数法则的要求。一场农业风险事故,诸如旱灾 、洪灾、流行性疫病,一旦发生,往往波及多个县以至于多个省,使得农业风险单位(即风险范围)过于巨大,以至于在一县一省甚至于一个国家之内都难以得到有效分散,造成某一地区参加农业保险的农户越多,风险越不容易分散的情况。因此,相对于其他风险,农业风险的转移与分散对保险市场的要求更为苛刻:一是覆盖范围不能太小,必须大面积开展,在一个省以至于一个国家内方能适当分散;同时,在一国以至于在世界性范围内进行再保险将是十分必要的。这些苛刻要求降低了农业风险的可保性。

(2)农业风险损失难于评估。就农业风险造成的损失而言,农业生产受自然、地理等因素影响,点多面广,季节性强,各地在受灾频率、程度及灾害种类方面还各不相同;农作物在每一个生长阶段,其价值都不相同,甚至同样品种的农作物,生长在同样土地和同样的气候条件下,使用同样的肥料,而由于一些管理上的差异，它们的单产也会有较大的差距。这样，就使得农作物在遭灾后的损失估计异常困难。

就农业风险造成损失的原因而言，其确定也有较大的难度。一方面，农业风险具有广泛的伴生性，一种风险事故的发生会引起另一种或多种风险事故的发生，比如在雨涝季节，高温会诱发农作物病害和虫害，如果只保自然灾害风险，而病虫害风险不属于保险责任范围时，则在理论上就很难分清责任；另一方面，农业风险损失与农民的防灾防损措施关系极大，比如加强农作物的田间管理，精耕细作清除杂草可以减少损失，当发生病虫害后，如果采取积极措施杀灭病虫，可以大大降低损失程度。而如果放松防灾防损，则损失的程度就会大幅上升。

对农业进行保险，其损失程度和原因的确定有较大的难度，保险费率难以合理厘定，影响了农业风险的可保性。

(3)农业风险期望损失大，保险费率偏高。风险标的要适合于承保，一个重要条件是必须满足经济上的可行性，即所支付的保险费应合理，不宜过高。而农业保险从可保性上看面临的最大问题就是保险费率过高。

首先，农业保险对象同时遭受损失的概率极大，高损失率必然带来高赔付率，农业保险的保费也必然飙高。一般情况下，农业保险费率是普通商业财产保险费率的10倍甚至几十倍以上，财产保险的费率一般在万分之几，而农业保险的费率却在2%～15%(黎已铭，2005)，如果按全部农业保险成本确定保险费用，农民根本无力承受。

农业保险的高费率不仅体现在高损失率上，而且也体现在高费用率上。由于农业保险标的在地域上非常分散，而承保、理赔等工作的季节性又很强，点多面广，时间比较集中，地域比较广阔，工作难度大。而且中国许多农村地区交通不便，通讯落后，如要实施有效的风险控制和业务管理措施，保险人必须投入大量的成本。国内外开展农业保险提取的农业保险费用一般占了理论纯保险费的15%～25%，高的可以达到35%～40%(黎已铭，2005)，由于农业保险费率中包含的业务费率较高，必然进一步加大农民的保费支出负担，进而影响农户对农业保险的投保。

所以，农业风险的特殊性导致农业风险不符合传统的理想可保风险的准则，致使其不能单纯通过市场化方式有效分散，需要政府的相应支持。

6.2.4.2 农业保险的双重外部效应——农险产品“需求不足，供给有限”

农业保险是一种具有正外部性的准公共产品。农业是中国的基础产业，农业稳定，农民甚至整个社会都会从中受益；农业歉收，不仅农民受损，还会波及全社会的每个成员。农民购买农业保险,保险公司提供农业保险,可以保证农业生产顺利进行,可使全体社会成员享受农业稳定、农产品价格低廉的好处。

英国著名经济学家庇古早在20世纪初就对外部性进行研究,他提出了系统的生产外部性理论。他认为,生产厂商边际私人净产值和边际社会净产值不一致现象,就是生产的外部性。如果边际私人净产值大于边际社会净产值,则出现边际社会成本,称之为"外部不经济";如果边际社会净产值大于边际私人净产值,则出现边际社会收益,称之为"外部经济"。在研究中庇古还发现这种外部性不仅仅存在于生产活动中,还存在于消费活动中。农业保险的边际私人成本大于边际社会成本,而边际私人收益却小于边际社会收益,出现双重的正外部效应。对于农业保险的投保人即农民而言,购买农业保险所得的个人利益小于其为整个社会所提供的利益总量;对于农业保险的经营者保险公司而言,提供农业保险所得的个人利益小于其供给成本。农业保险出现了购买和供给双重的正外部性,而社会其他成员虽然未支付任何费用,却享受着农业稳定、农产品价格低廉和国民经济稳定的益处。农业保险的购买者和供给者成本－利益失衡,从而缩小了农业保险的供给和需求规模,使其小于社会最佳规模,造成市场失效。从某种程度上可以说正是农业保险消费与生产的正外部性,导致农业保险的"需求不足,供给有限"。

假定在没有农业保险的条件下,农产品供给曲线是曲线 S_0,需求曲线为 D,此时消费者剩余 P_1AP_0(图6-2)。农民购买农业保险后,由于农业保险的保障作用而使农产品的供给增加和价格降低,供给曲线必向右下方移至 S_1,又由于农产品的需求缺乏弹性,则供给曲线向右下方移动使农产品价格由 P_0 降至 P_2。此时,消费者剩余增加 P_0ABP_2,价格降低使生产者的剩余由 P_0AO 变为 P_2BO;对全社会

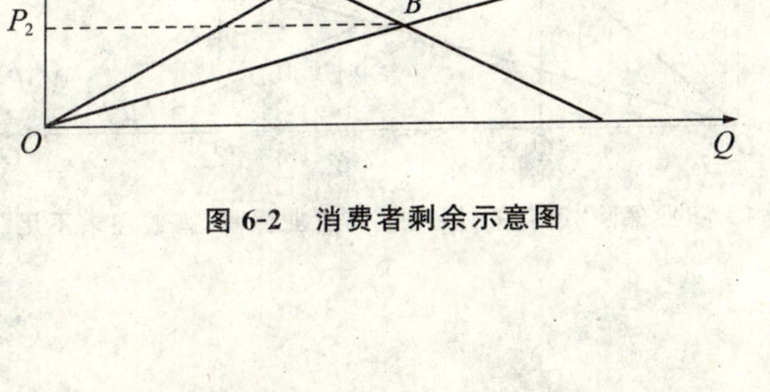

图6-2　消费者剩余示意图

而言，社会福利（图 6-3）即社会剩余（消费者剩余和生产者剩余之和）的增量为△ABO，而△ABO 是大于 0 的，这意味着农民购买农业保险后产生收益外溢，提高了全社会的福利水平。也即农民购买农业保险，全社会将随之受益。

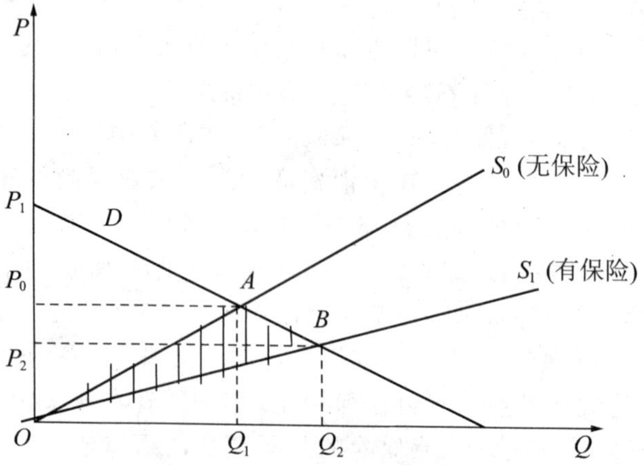

图 6-3　农业保险社会福利分析示意图

1. 农业保险“消费”的正外部性与“需求不足”

作为投保人的农民来说，农业保险的一部分利益由其自身直接享有，但另外一部分利益则由全体社会成员所共享，造成投保人的边际私人收益小于边际社会收益；如果没有政府对保费的补贴，农民将承担购买农业保险的全部成本，其边际私人成本将大于边际社会成本，由此产生了农业保险需求方面的正外部效应（图 6-4）。图 6-4 中，MPC、MSC 分别表示边际私人成本和边际社会成本；MPR、MSR

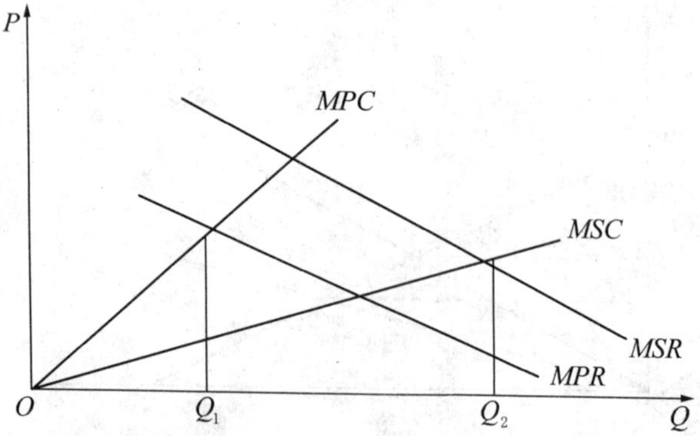

图 6-4　农业保险“消费的外部性”与农业保险“有效需求不足”分析

分别表示边际私人收益和边际社会收益。农民和社会分别按照边际成本等于边际收益原则来确定农业保险的均衡量为 Q_1 和 Q_2，结果必然是农民私人需求量小于社会需求量，即 $Q_1<Q_2$，出现农业保险的有效需求不足。

2. 农业保险"生产"的正外部性与"供给有限"

作为保险人的保险公司来讲，由于系统性风险、信息不对称以及展业、承保、定损、理赔的难度较大，使得农业保险的赔付率和经营成本较高，私人边际收益极低。由此出现了农业保险供给方面的正外部效应。MER 表示边际外部收益(图 6-5)，不考虑正外部性时，$MSC=MPC$(边际社会成本等于边际私人成本)代表保险人农业保险的供给曲线，MPR(边际私人收益)代表需求曲线。供求曲线交点 E_1 决定了产出的均衡点 Q_1。实际上由于农业保险正外部性 MER(边际外部收益)的存在，MPR 应当上升至 MSR(边际社会收益)，MSR 与 MSC 的交点 E_2 决定产出水平 Q_2。由此可以看出，对于保险公司来说，从利润最大化角度考虑，提供 Q_1 产量是理性的。如果价格仍然保持 P_1，而提供社会所期望的产量 Q_2 必然导致保险公司的经营亏损。

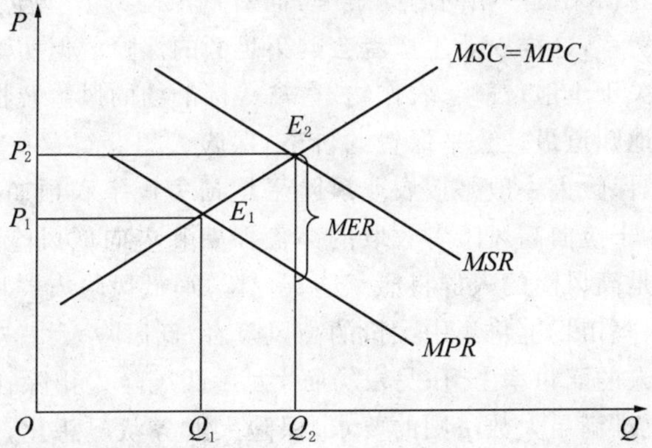

图 6-5　农业保险"生产的外部性"与保险公司的"有效供给有限"分析

因此，在没有政府补贴的情况下，农业保险的正外部效用将会产生以下两种结果：一是在同样价格(成本)的条件下，保险公司的预期供应量与社会期望的供应量产生了差距，社会期望的供应量多于生产者的预期供应量。在这种情况下，如果按照商业保险公司的预期供应量进行生产，就必然产生农业保险供给的不足。二是如果按照社会期望的供给量提供农业保险，保险公司的经营必然亏损，最终导致农业保险业务萎缩或者保险公司退出农业保险领域。

6.2.4.3 农业保险市场信息的非对称—逆选择和道德风险

与其他市场一样，农业保险市场也存在着信息不对称问题，而且由于农业生产的特殊性，这一非对称性问题尤为严重。

农业是一个经济再生产过程与自然再生产过程交织在一起的产业部门。农业生产一方面是劳动产品、劳动力、生产关系等经济现象的经济再生产过程，同时又是生物有机体同自然环境之间进行物质和能量相互转换的自然现象的自然再生产过程。其中自然再生产过程是农业区别于其他产业的特殊性，这一特殊性决定了农业生产对自然过程、自然环境等自然因素具有强烈的敏感性和依赖性。而自然因素变化无常、难以控制，这无疑增加了农业保险经营者获取农业保险标的物的信息成本，农业保险经营者限于边际成本的制约，不可能无限度地加大信息搜寻投入，从而加剧了农业保险市场因信息不对称引起的逆选择与道德风险。

1. 农业保险市场的逆选择

一般来讲，不同的农业生产者面临着不同概率的农业风险，有的风险高，有的风险低。假设信息是完全的，则保险人可以根据公平精算原理分别对高风险的农业生产者收取与其损失概率相同的高费率，而对低风险的农业生产者收取与其损失概率一致的低费率，这样农业生产者会购买足额的保险。但实际上，投保人比保险人具有更多的关于土地、气候、农作物、畜禽等标的物的风险及损失信息，他们也比保险人更确切地知道最佳公平保费的价格，保险人想获得这些信息必须付出高昂的成本。因此，保险人一般是按农业风险平均损失概率和预期损失制定保险费率，其费率水平介于应向高风险者收取的高额保费和应向低风险者收取不足额保费之间。其结果是高风险的人群将愿意购买保险，而低风险人群将拒绝购买保险。这样一来，农业保险市场上将集中大量的高风险者，低风险人将被排除在外。其结果一方面使保险人的赔付率上升；另一方面，大量低风险人排除在外，减少了风险单位，使保险人更难满足大数法则的要求，保险人财务状况恶化，引起农业保险供给减少。而当保险人提高保险费率后，必然会引起更大的逆选择，造成保费和风险之间的恶性循环，使可保风险变为不可保风险。最终农业保险市场不断萎缩，保险人经营亏损，退出保险市场。

2. 农业保险市场的道德风险

农业保险的道德风险是指双方当事人签订保险合同之后，被保险人的行为会改变其风险的损失概率或损失幅度。

首先，投保人在防损方面的行为会产生背离。农业保险的保险利益是一种难以事先确定的预期利益，其标的是活的动植物。动植物生长、饲养的好坏在很大程度上取决于农业生产者管理照料精心与否。同一风险等级下同等土地上生产相同农作物，其品种选择、耕作方式、照料精心程度的差异必然带来产量差异。比如在种植业中使用不当的农作物经营措施，在不易耕种的土地上种植作物，随意改革耕作制度、盲目引进新品种；选择质量不高的种子、下种不足、施肥不当，减少作物病虫害防治投入；对农作物物化投入不足或不按时收割；在养殖业中忽视养殖场所设备、卫生环境、安全性等方面的投入、减少牲畜疾病疫防开支、降低饲料质量标准，放弃或减少原来行之有效的风险管理措施等，都会增加赔偿的可能性。

其次，投保人在减损方面的行为会产生背离。农业保险标的物是活的动植物，在其生长期具有自身的调节和再生能力，保险事故发生往往并不意味着最终损失发生。疾病灾害的损害在被保险人(农业生产者)的适当照料下可以消除或减轻，甚至可以重新恢复正常的生长发育。例如，棉花在花蕾期遭冰雹袭击后，造成落花、落蕾、断枝断叶，此时若及时中耕施肥，利用棉花再生的特性，可使受灾棉花重新枝叶繁茂、结桃，保持一定的产量。

但是，由于已经投保，农作物发生自然灾害后，投保人会怠于灾后田间管理、不及时采取灾后补救措施，使农作物产量损失得不到应有控制；对于畜禽疫病发生来说，不及时救治，特别是发生疫情时不及时采取疫情报告、隔离、封锁、禁止移动、捕杀销毁等防治手段控制疫情蔓延，都会增加牲畜死亡率，扩大保险损失。

道德风险的存在改变了投保人的风险管理态度，使得农业保险供给前后的损失概率、损失程度发生偏差，保险人的收支产生不平衡，农业保险的供给产生危机。

总之，农业风险的特殊性导致了农业风险的弱可保性，构成了农业保险的特殊性：超高的交易成本与赔付率，这既限制了保险的供给又抑制了保险需求。农业风险难以满足传统保险理论对风险的要求，更难符合私人保险公司市场化经营的条件。

6.2.5　纠正农业保险市场失灵的方法

虽然农业风险具有弱可保性的特征，并在一定程度上存在着农业保险市场的失灵。但这决不意味着农业保险就不能开展而只能偃旗息鼓。事实上，根据世界各国农业保险的经营实践，采取一些有效措施加以规避和补救，是可以使农业保险有效持续经营的。

1. 实行法定强制保险

针对关乎国计民生的主要农作物、牲畜、林木等，可通过实行农业保险的强制保险，以实现在足够大的领域内分摊风险，并可以有效地防范道德风险和逆选择，避免防灾等方面的“搭便车”行为，降低农业保险的费率，增加和壮大保险基金的规模。

2. 扩大和分散农业保险的经营区域，避免实施范围的过度集中

保险区域狭小和过度集中，比如仅在一个乡或一个县推广，会导致风险过于集中而无法分散，而尽可能扩大和分散农业保险的经营区域，比如在全省以至于全国推广则可以保证存在尽可能多的独立保险单位，从而使得农业保险的可保性大大增强。

3. 对投保农民和保险经营机构给予政策性扶持或补贴

由于农业保险自身具有高费用率和高赔付率的特征，其可保性较弱，导致农民不愿投保，保险公司不愿经营，但如果政府能在保费及经营费用上给予一定的补贴和支持，则农业保险的费率可以大大下降，农户的保费负担也会减轻。

4. 发展单一风险农业保险，控制农业多重险或一切险的经营风险

发展中国家由政府提供补贴的农业保险普遍采用多重风险保险模式，即以一份保单保障涝灾、旱灾、冻害、风灾及病虫害等多项自然灾害风险。多重风险保险扩大了风险池，因而有利于降低农业保险费率。但是，由于多重风险或者一切险的保险责任较为宽泛，出险后不易分清保险责任和除外责任，在统一费率的框架下，保险人无法精确区分各种风险与损失的对应关系，一方面会引发道德风险，另一方面极易因关联损失导致在同一地区同一时间出现大量赔付。因此，以多重风险保险来全面覆盖农业风险的做法将放大保险人的承保风险，降低农业风险的可保性。

因此，开展农业保险，一方面要尽量在条款上明确保险责任和除外责任，同时要强化保险期间和理赔环节的风险控制；另一方面则需大力开发单一风险保险或只承保包括少数几种主要风险的多重风险农业保险〔1〕。

5. 风险分区，合理确定保险费率

克服逆选择的有效方法是尽可能精确划分风险单位，进行风险分区，针对不同的地区实行不同的费率。这是因为农业灾害有明显的区域性，不同地区风险表现不一样，这时如果实行统一费率，各投保户之间转嫁风险的权利与支付保费的义务就不对等，极易诱发逆选择行为。

6. 积极创新农业保险产品，最大限度地抑制道德风险与逆选择的发生

比如，设计激励相容的保险契约，运用免赔额条款以及共保条款等方案让被保

---

〔1〕 Hazell(1992)曾对印度(1985—1989)、巴西(1975—1981)、墨西哥(1980—1989)、菲律宾(1981—1989)实施的多重风险农业保险进行过评估，结果显示，四国的农业保险综合成本率均在360%以上，最高者甚至接近600%，保险经营基本不具有可持续性。与此相反，作为指定风险保险的雹灾保险在北美与欧洲已有100多年历史，由于风险单一、便于管理、理赔流程独特，即使在未得到财政补贴的情况下依然能够健康经营。因此，Skees(2008a)专门对这一问题进行了研究，指出相对于多重风险保险，指定风险保险在风险控制上效率更高。

险人承担一部分风险损失，从经济角度促进被保险人减损防损，防止道德风险的发生与扩大。免赔额条款规定保险人从损失赔偿金中扣减预定的固定金额。共保条款规定从损失赔偿金中扣减预定的百分比。这两种规定都要求一部分损失由被保险人承担，从而为被保险人减损、防损努力提供了经济上的激励。

另外，发展区域产量保险也是有效的方法之一。发展中国家开展的农业保险主要是个人产量保险，即依据每位被保险人的具体情况进行承保，通过勘察被保险人因灾造成的农作物产量损失进行赔付。由于信息不对称，个人产量保险易引发严重的逆向选择与道德风险，同时，实地勘察的理赔方式增加了经营管理成本。

与个人产量保险相对应的是区域产量保险。在区域产量保险的模式下，划定区域内的农户所得到的保险赔付并不基于其实际损失，而是基于区域内农作物的平均亩产量与该农户实际平均亩产量之间的差距。该模式被证明可以有效地克服农业保险市场中的逆向选择与道德风险，并大幅降低管理成本[1]。区域产量保险以指数作为损失变量的思路为克服农业保险市场失灵、降低农业保险经营成本指出了新方向。

一些国家开始使用的天气指数保险也是抑制道德风险与逆选择的有效方法。天气指数保险能有效地降低道德风险和逆向选择，是因为对于农户的保险赔付是根据降雨量、气温等的变化，而不是根据农户农作物实际产量的多少进行赔付，并且农户并不比保险公司拥有更多的信息，他们也不能影响指数。在这种情况下，道德风险和逆向选择的空间就大大缩小了。

7. 建立农业保险的再保险体系

由于农业保险风险单位巨大，且不易分散，因此建立省级和国家级的农业风险基金及实施农业再保险是必不可少的一环，可使不易保险的风险通过再保险的方式而具有可保性。

6.3 农业保险的种类及作用

6.3.1 农业保险的种类

农业生产种类繁多，加之承保责任范围的差异，致使农业保险险种构成了一个庞大的保险家族。从农业保险经营角度来看，农业保险可以主要划分为种植业保险和养殖业保险两大类。

---

〔1〕 Miranda(1991)对这个问题进行过系统的研究，可参照。

6.3.1.1 种植业保险

种植业保险，是指以植物生产为保险标的，以生产过程中可能遭遇的某些危险为承保责任的一类保险业务的统称。它又分为农作物保险和林木保险。

（1）农作物保险：指以林木以外的人工栽培的植物为标的物的保险，它是种植业保险的主要组成部分，也是各国农业政策保险的主体内容。

按照保险标的的差异，农作物保险通常又被划分为粮食作物保险、经济作物保险、其他作物保险。其中，粮食作物保险的主要险种有水稻保险、制种保险、小麦保险、玉米保险等；经济作物保险的主要险种有棉花保险、烤烟保险、苎麻保险、油料作物保险等；其他作物保险则主要有蔬菜保险、饲料作物保险等。

按照生产周期的不同，农作物保险又可分为生长期农作物保险和收获期农作物保险。

生长期农作物保险是农作物保险的主体内容，它主要承担农作物在生长期间的种植危险责任，包括农作物收获价值的损失保险和农作物生产成本的损失保险；收获期农作物保险是指以粮食作物或经济作物收割后的初级农产品价值为承保对象的一种短期保险，其承保责任是农作物收获后处于晾晒、脱粒、烘烤阶段中的损失危险，如麦场火灾保险、茶叶加工保险等。

（2）林木保险：指以各种用材林或经济林等为标的物的保险。包括：森林保险、果树保险和园林苗圃保险等。

森林保险主要以人工林场为承保对象，以林木生长期间因自然灾害和意外事故造成的林木价值损失和营林生产费用的损失为承保责任，森林保险承保的危险主要是火灾，包括人为火灾和雷击起火等。

果树保险的承保对象是常绿果树和落叶果树及其果产品，其保险责任主要是各种气象灾害所造成的损失，即承保生长期间因果树受灾所造成的损失，亦承保结果期间的相关损失。

6.3.1.2 养殖业保险

养殖保险，是指以各种处于养殖过程中的动物为保险标的、以养殖过程中可能遭遇的某些危险为承保责任的保险。它一般可分为牲畜保险、家禽保险、水产养殖保险以及其他养殖保险类别。

（1）牲畜保险：指以役用畜、肉用畜、乳用畜或其他生产用途的牲畜为保险标的保险。其中又以大牲畜保险较为普遍，保险人对大牲畜饲养过程中因疾病、自然灾害或意外事故造成的伤残或死亡即发生恶性流行病而强制屠宰、掩埋所造成的经济损失负赔偿责任。小牲畜保险则主要有养猪保险、养羊保险及养兔保险等。在牲畜保险承保中，保险机构通常会对牲畜的健康状况、饲养管理状况等进行调查，牲畜保险的保险金额可以牲畜的种类和经济价值为基础，采用定额承保和估价承保两种方式确定。

(2)家禽保险：与牲畜保险一样，也是一种死亡损失保险。其保险责任包括因自然灾害、意外事故或疾病等原因造成的损失，但对零星死亡的现象一般规定免赔率和免赔只数。家禽保险业务主要有养鸡保险、养鸭保险、养鸽保险等。

(3)水产养殖保险：保险标的主要是以商品性生产的人工养鱼、养虾和育珠等水产养殖产品。主要险种有淡水养鱼保险、对虾养殖保险和育珠保险等。

(4)其他养殖保险：包括家畜家禽和水产养殖保险未能包括的养鹿、养豹、养狐等经济动物的保险和养蜂、养蚕保险。保险责任是在养殖过程中因疫病、自然灾害和意外事故造成的死亡或产品价值的损失。

6.3.2 农业保险的作用

从微观上看，政策性农业保险的基本功能与其他财产保险一样，就是转移、分散农业生产过程中由自然灾害所导致的产出风险，除此之外，还具备资金融通、储蓄、防灾防损等派生功能；从宏观上看，农业政策性保险已经成为世界各国政府支持农业生产、促进社会经济发展、维护社会安全的一种手段，其社会管理的作用愈来愈引起人们关注。

6.3.2.1 转移和分散自然风险

政策性农业保险本身并不能消除农业灾害事故，但是可以对农业实施合理有效的保护，减轻自然灾害对农业生产的不利影响。从转移风险的角度看，在政策性农业保险活动中，投保人以较小的代价，将自身在农业生产经营中所面临的自然灾害损失，通过参加政策性农业保险转嫁给保险人，从而避免或减轻自身农业风险损失的不确定性，保证农业再生产的顺利进行。从分散风险的角度看，政策性农业保险可将农业风险在受灾地区与非受灾地区之间进行空间分散，也可在受灾年份与其他年份之间进行时间分散，通过在空间上和时间上的分散，降低某地某时发生的集中灾害损失影响，为保障农业生产和农民生活稳定创造良好的环境。

6.3.2.2 促进农业防灾防损

政策性农业保险贯彻“防灾、减灾、救灾，以防灾为主”的风险管理方针，在保险的条款、费率、理赔处理等方面，都把防灾防损工作贯穿到工作的各个环节中。特别是保险公司从减少赔款、提高经济效益的考虑出发，主动承担农业防灾减灾责任的积极性较高。通过采取保前检查、开展安全宣传、制定并落实防灾预案、奖励对防灾有突出贡献的单位和个人等一系列措施来减少灾害的发生。同时，还借助当地气象、农业、畜牧兽医等部门的技术和力量，积极开展气象预报、人工影响天气、动植物病虫害检测和防治等工作，努力降低农作物损失和畜禽发病的死亡率。当灾害发生后，保险公司还通过对保险标的进行施救等措施来减少灾害所带来的损失。

6.3.2.3 提高农业综合生产能力

(1)开展政策性农业保险可以加快农业产业化的进程。众所周知，多种经营是一种非常重要的农业风险管理策略。无论是小规模经营的农户，还是大规模生产的农业企业，通过多种经营可以规避财产同时遭受损失的风险，从而回避可能的灭顶之灾。但这一策略显然与农业产业化相冲突。因为农业产业化，实际上是农业生产专业化不断发展的过程。如果缺乏有效的风险管理制度安排，农业生产者较大的风险预期就会促使农业生产者采取多种经营的风险对应策略，从而制约农业产业化的进程。而农业保险，可在一定程度上降低农业生产者的风险预期，促进土地等农业资源的合理有效配置，推进农业生产的专业化、规模化进程。

(2)保费支出作为农业经营中的部分必要的成本费用，通过计入生产成本转由社会承担，可以依靠社会力量逐步建立起一种可靠的农业风险保障、农业灾害补偿经济制度，稳固农业产业基础。

(3)在农业科技应用方面，农业高新技术的应用往往与风险相伴而生，受此影响，一些农业新品种、新技术难以得到有效推广。农民参加政策性农业保险后，可以大胆尝试一些农业新品种、新技术和新的生产方式，为农业科技成果的推广应用创造有利环境，提高农业科技贡献率，促进传统农业向现代农业发展。

6.3.2.4 改善农业生产者的经济地位和信贷地位

农业自然灾害的多发性和损失的不确定性，是制约金融机构向农村贷款和农业生产者还贷的重要因素。因为一旦农业生产的灾害损失得不到补偿，不仅原贷款无法按期偿还，而且还要增加新的投资恢复生产，使得金融机构信贷收支短期失衡。这是金融机构不愿向农村贷款、资金从农村严重流出的重要原因之一。而有了政策性农业保险，农业生产损失可由保险公司及时提供补偿，减轻金融机构因受灾而新增的贷款压力。同时，农业生产能力的恢复又可增强农业生产者的还款能力，降低信贷风险，促进农村金融业发展。所以，发展中国家，如印度、菲律宾等都采取了农业保险与农业生产贷款相联系的金融创新，取得了良好效果。

6.3.2.5 增强农村社会保障能力

长期以来，农民的社会保障是以土地为中心的非正规社会保障，其保障功能主要是体现在土地产出和农业收入两方面。因农业是受自然灾害影响最大的行业，所以政策性农业保险的意义不仅仅体现在支持农业发展上，更重要的是在农村社会保障体系不健全的情况下，通过保障农业生产，稳定农民收入，使政策性农业保险在一定程度上可以起到社会保障的功能，尤其是对低收入农户的生产、生活保障，效果更为明显，将成为农村社会保障体系的有益补充。

6.3.2.6 扩大财政补贴的支农效果

世贸组织把对农业的国内支持政策分为三类：对贸易无扭曲或最小扭曲的支持政策被纳入"绿箱"，免除削减承诺；最具扭曲效应的支持政策称为"黄箱"政策，需要分阶段削减；在限产计划下给予的直接支付通常被称为"蓝箱"政策，扭曲程度介于两者之间。政府对农业部门的所有投资或支持，如对科技、水利、环保、保险等方面的投资，由于不会对产出结构和农产品市场发生直接显著的扭曲性作用，因而被称为"绿箱政策"，相对而言，对粮食等农产品提供的价格、出口或其他形式补贴，通常会对农产品市场造成直接明显的扭曲性影响，被称为"黄箱政策"。

其中，农业保险因属于免于削减的"绿箱政策"，日益受到各国政府的重视。例如，在美国，农业保险是实施农业保护的一项非常重要的手段和方式。为减轻自然灾害给农民可能造成的风险损失，美国政府对从事农业保险的机构提供大规模的保费补贴，从而使农民能以较低的费率普遍参加农业保险。美国于2000年6月通过《农业风险保护法》，在5年内提供总计82亿美元的财政支出，用于补贴农业保险；2002年5月通过新《农业法案》，要求政府在未来10年内对农业提供高达1900亿美元的补贴，其中大多数是通过农业保险的方式来资助农业。

中国对农业的保护政策主要是对农民直接补贴。对农民直接补贴，操作简单直观，容易激发农民的种粮积极性，从而得到了大多数地方政府和学者的赞同。但与对农业保险进行补贴相比，农业保险补贴的政策性优势则更为显著：

(1)农业保险补贴属于"绿箱政策"，任何国家均可免除削减义务。而对农民直接补贴，实质上是政府对农产品的直接价格干预和价格补贴，属于WTO规则中的"黄箱政策"，有削减义务限制。发达国家的"黄箱政策"补贴不得超过农业总产值的5%，发展中国家的"黄箱政策"补贴不超过农业总产值的10%。

(2)农业保险补贴具有杠杆作用。对农民直接补贴，的确可以提高农民的种粮积极性，但在发生灾害损失的情况下，补贴数额相对较少，很难让农民恢复再生产。而对农业保险进行补贴，可以提高农民的缴费能力，鼓励农民购买农业保险，在发生灾害损失的情况下，由保险公司进行赔付，赔偿金额可以接近农民的再生产启动资金。有了再生产保障，不仅可以降低农民的投资风险预期，降低农业贷款机构的信贷风险预期，还可以加速中国农业产业化的进程。所以，在一定程度上，农业保险补贴已经超出了它本身的数量意义，具有“四两拨千斤”的作用，对农业发展和国民经济可能产生一种杠杆式的撬动作用。

(3)农业保险在绝收情况下更具优越性。对农民直接补贴有一种方式是差价补贴，即按照农民当年向国有粮食购销企业交售的粮食数量进行价差补贴。但如果发生了灾害事故，农民绝收，将得不到任何补贴。农业保险则不同，只要灾害事故符合保险理赔的规定，即使在绝收的情况下农民依然可以收到一定补偿，对进行再生产具有较大的帮助。

6.4 天气指数保险

6.4.1 天气指数保险的概念[1]

农业天气(气象)指数保险是指把一个或几个气候条件对农作物的损害程度指数化，每个指数都有对应的农作物产量和损益，保险合同以这种指数为基础，当指数达到一定水平并对农产品造成一定影响时，投保人就可以获得相应标准的赔偿。

以水稻干旱指数保险为例，假如以降雨量100毫米为基点，在保险期限内降雨量不足100毫米且在50到100毫米之间时，每个保险单位每毫米水量赔付20元；降水量小于50毫米时，保险赔付为2 000元。那么，假如保险期限内降水量为70毫米时，保险公司赔付额为(100－70)×20元，即600元；降雨量为30毫米时，赔付额为2 000元。可见，气象指数保险不是依据气象灾害导致的实际损失作为保单设计的基础，而是基于天气事件与经济损失风险之间的估值。

6.4.2 传统农业保险与天气指数保险的比较

传统的农业保险根据实际的损失进行赔付，由于农业生产的多样化和复杂性、农业保险市场信息的严重非对称性，查勘定损成本高昂，常常需要动用大量的人力和物力，并且还常常会因损失的严重程度产生纠纷，制约了农业保险更深层次的发

[1] 气象指数保险或称为天气指数保险最早出现在20世纪90年代后期，相关研究在国际上比较丰富，国内研究则处于起步阶段。于宁宁 陈盛伟(2009)、陈盛伟(2010)等对国内外的相关研究进行过较系统的整理，可参考。

展。很多国家的农业保险计划就因为不能解决逐个理赔的高额成本问题而以失败告终。

天气指数保险完全颠覆了以实际损失进行赔付的理念，与传统农业保险相比有如下优势：

第一，不存在逆向选择。当被保险人拥有保险人所不知道的有关保险标的损失可能性和严重性的私有信息时，便产生了逆向选择问题。由于指数保险依据的是公开的信息，损失的可能性和严重性与私人信息没有关系，从而也就不存在逆向选择问题。

第二，不存在道德风险。众所周知，道德风险是困扰保险领域的一大难题。当被保险人有能力改变最终损失的可能性或者严重性时，传统保险就会产生潜在的道德风险问题。由于指数保险最终的赔付与实际的指数有关，人为无法控制或改变，所以指数保险天然地不存在道德风险的问题。

第三，降低了管理成本。由于天气指数保险的赔偿金与实际损失无关，保险经营对投保、承保、理赔等经营环节所需的信息相对简单，承保人也没有必要根据风险差异对投保人进行分类。就信息数据获取的难易而言，许多国家都有来自本国各地气象站的长期系列数据，获取相对较容易，由此降低了高额的管理成本，缩短了理赔周期。

第四，易于再保险。由于天气指数保险合同标准化程度高，保险金额可以根据需要进行分割或加总。因此，相对于传统农业保险，天气指数保险合同更易于通过再保险分散风险，也适合在资本市场上以证券化方式来化解农业保险的巨灾损失。

第五，可获得性和可转让性。由于指数保险合约是标准化的、透明的，所以指数保险单很容易在二级市场上进行交易。这些市场将产生流动性，允许保险单流向其价值被高估的地方。当指数公布时，个人可以购买或出售保险单。因此，指数保险合约对各种各样的组织，包括农民、农村地区的信贷机构、交易者、农产品加工者、生产资料供应商、店主、消费者、农业工人等，都是可以获得的，为融资与保险的结合等提供了广阔的前景。

第六，较好的风险保护。与传统的根据个人产量进行赔偿的农业保险相比，指数保险提供了更好的风险保护。因为传统保险的提供者要附加大量的免赔条款。免赔基本上意味着保险单只有在损失非常大时才可能获得赔偿。免赔和部分赔偿通常用来应对逆向选择和道德风险问题，由于指数保险不会有逆向选择和道德风险问题，所以就不需要免赔和部分赔偿条款。

正是因为以上这些优点，指数保险得到了世界银行等国际机构的青睐。世界银行一直大力推动发展中国家指数保险的发展，以帮助这些国家的低收入人群脱离贫困的深渊。

6.4.3 天气指数保险的局限性

虽然有诸多优点，但指数保险也不是完美的，存在一定的局限性：

第一，依赖长期历史数据。天气指数保险产品设计较为复杂，必须精确计算当地主要天气灾害风险与农作物产量的关联度，进而需要搜集当地长期的气象与农业数据。对于一些缺乏相关长期历史数据的地区，天气指数保险的精确性将受到影响，这可能导致投保户利益得不到充分保障或保险公司赔付率偏高。

第二，指数测量的非一致性。在一些地区天气变化极为复杂，降雨量局部分布不平衡，可能导致当地气象站测量到的天气指数与农田的实际天气指数不一致，造成保险赔付的准确性下降。因为指数保险赔付是根据地区天气事件进行的，所以指数保险单持有者可能遭受了农场产量损失但却不能得到赔付，也可能没有遭受农场产量损失但却得到了赔付。指数保险作为一种风险管理工具的有效性取决于农场产量损失与现在的地区天气指数的正向相关程度。一般来说，已知的天气指数越能代表农场的天气事件，指数就越有效，越能作为农场产量风险管理的工具。

第三，风险覆盖的非全面性。对于农业生产而言，天气指数保险虽然能够防范最直接、最主要的天气灾害风险，但并非全面覆盖农业风险。对于一些难以通过指数精确量化的自然灾害（如病害、虫害等），天气指数保险则无法对其提供有效保障。

因此，Skees（2008b）认为，天气指数保险的经营应严格遵守其设计要求，保证保险费率与触发条件的科学性与精确性，切勿为了扩大市场规模而放宽承保责任范围、放松精算要求，否则将造成农业保险过度指数化，进而影响天气指数保险的可持续性。

6.4.4 农业气象指数保险在发展中国家的应用

2002年，发展中国家的首个农业天气指数保险产品在墨西哥实施，许多发展中国家已开始将天气指数保险引入农业保险市场，开发了针对多种天气的指数化保险产品，如印度、墨西哥、马拉维、埃塞俄比亚和坦桑尼亚开办的干旱指数保险，孟加拉国与越南开办的洪水指数保险，加勒比群岛开办的飓风指数保险以及蒙古开办的大型牲畜巨灾指数保险等。其中，印度、蒙古、马拉维等国的天气指数保险已初见成效。

2003年印度开始发展降雨量保险。印度的最大创新之处是将指数保险和微型农村金融机构连接起来，将天气指数保险镶嵌在贷款合约中并与强制储蓄账户联系在一起，用于保障天气事件致使农贷抵押作物歉收条件下，农户持续低利率农业贷款的安全性和延续经营。这种产品设计了降水量指数，在坏年份向所有的被保险人按每单位保险支付相同数量的赔偿金；在好年份则不进行任何支付。由于降水量指数保险适应了印度农业自然风险的防范要求，天气指数保险产品推出后，覆盖范围、风险类别和作物种类不断扩大，合约内涵也不断改善。2005年时，已有25万户小农家庭购买了各种类型的天气指数保险。

蒙古的指数保险试点得到了世界银行的支持，旨在帮助牧民应对严冬所导致的大规模牲畜损失。在试点的第一年即2006年，商业保险公司向2 400户牧民家庭提供以牲畜为保障对象的指数保险，投保人数将近有参保资格牧民的10%，超过了预期。指数是依据蒙古国家统计局统计的牲畜死亡率（以县为单位）而设计的，而不是根据具体的天气事件。另外，蒙古的指数保险试点明确地划分了商业保险和政府保障的各自领域：商业保险销售基础保险产品，补偿试点县牲畜死亡率在7%～30%的经济损失；当牲畜死亡率超过30%时，政府通过巨灾保险提供损失补偿。没有购买基础保险的牧民在支付小额的管理费用后可以加入政府的巨灾保险计划。两家农村信贷机构为购买基础保险的牧民提供享受利率折扣的小额贷款。

马拉维在2005年世界银行为其设计了一款指数保险的试点方案，帮助种植花生的农民应对干旱导致的经济损失。该试点方案的另一预期目标是要提高农民获得农业贷款的机会，两家农村金融机构同意为购买指数保险的农民提供贷款，农民可以利用贷款购买改良种子等更高质量、更加先进的农业生产资料，这将有助于提高农作物的产量。

秘鲁作为美国国际开发总署（USAID）项目下的一个子项目，指数保险试点方案得到了当地银行和保险监管部门的许可。ENSO保险是以秘鲁海岸海平面温度指数为基础，当温度异常时则支付保险金。当太平洋显著变暖时，秘鲁北部地区经常面临极端强降雨和洪水，从而导致农作物大量减产以及基础设施和农村经济的损失，最终可能引发农民无力还贷现象的增加。当灾害发生时，由于不良贷款上升，农村信贷机构不得不增加准备金，经营成本也相应提高。与此同时，灾害发生后，储户提款也增多，而穷人们则要求更多贷款以应对危机。于是，USAID开发设计了ENSO保险为当地金融中介组织（包括小额贷款机构和其他农村信贷机构）提供风险保障。

6.4.5　中国天气指数保险的实践探索

鉴于传统农业保险在实践中存在的难题以及农业气象指数保险的突出优势，2007年起以安信农业保险股份有限公司在上海市进行的西甜瓜梅雨强度指数保险项目为起点，中国开始试探性地探讨研究天气指数保险的应用问题。

2008年4月，农业部和联合国世界粮食计划署（WFP）以及国际农业发展基金（IFAD）签署了“农业脆弱地区天气指数农业保险合作项目谅解备忘录”，合作项目计划在此后两年里以安徽省为试点为当地农民订做天气指数农业保险产品，试验成功后向其他地区推广。

2009年，中国有多个省份启动了对农业天气指数保险的探索，如福建省对台风气象灾害指数保险项目的探索，浙江省杭州市余杭区对水稻保险气象理赔指数研究及应用平台建设的探索，内蒙古对气象灾害指数保险项目的研讨，广东省对橡胶甘蔗风力指数保险项目的研讨，以及陕西省对苹果气象指数保险项目的研讨等。从实践看，国内农业气象指数保险项目已形成了国家气候中心、国家农业部、国内保险公司、国际农业发展基金、联合国世界粮食计划署等多方参与的局面。

在多个省份开始的探索中，安徽省农业天气指数保险的实践力度比较大。自2008年4月始，安徽国元农业保险股份公司与国际农业发展基金、联合国世界粮食计划署和中国农业科学院农业环境与可持续发展研究所等机构合作，共同研发天气指数保险产品，并于2009年开发出了以长丰县为样本的水稻种植天气指数保险产品，随后在2009年5月通过中国保监会备案。该产品设计了累计降水量指数Ⅰ、累计降水量指数Ⅱ、累计高温差指数等三个风险指数。2009年度，安徽国元农业保险股份有限公司与长丰县水湖镇颜湖村签订了1 270.78亩水稻种植天气指数保险合同，参保农户482户，保险金额达381 234元[1]。

安徽的指数保险试点是中国农业保险在承保干旱风险方面有益的探索和创新之举。当然，中国广泛推广指数保险还面临着诸多问题，各地的气候条件很不相同，如何设计因地制宜的产品，需农业、气象和保险各方专家的广泛参与。此外，为了保证指数保险的有效性，一定密度的气象观测站点、长期完整的气象统计资料等硬件建设也是必不可少的。

6.5 中国农业保险的发展情况

6.5.1 中国农业保险的开展[2]

新中国成立后，中国的农业保险经历了开办、撤销、恢复、萎缩和重新试点与发

[1] 国元农业保险启动天气指数保险试点．中国保险网，2009．09．15。

[2] 冯文丽（2004）、谢家智（2009）等对中国农业保险历史沿革做了系统回顾，可参考。

展等一系列阶段。

6.5.1.1 农业保险的开办期(1950—1958年)

新中国成立之初,1949年10月20日,政府首先建立了中国人民保险公司,之后在各地建立分公司,为了促进农业生产的恢复和巩固土地改革的成果,成立不久的中国人民保险公司(简称人保),建立初始就开始试办农业保险,于1950年首先在北京郊区、山东商河、重庆北碚试办牲畜保险。农民投保一头牛,一年只出10~15千克小米做保费。到1951年底,全国已有600多个地方办理了牲畜保险,承保牲畜近600万头。到1952年底,牲畜保险承保数量达到1 400万头,其中40万头牲畜在死后得到保险补偿。此后,中央指示在农村实行机构精简,集中力量搞好农业生产,给农民以休养生息的机会。于是,1953年决定停办当时并非迫切需要的农保业务。从1954年起,为了配合农业合作化,中国人民保险公司决定重点回复办理农村保险业务。

为了配合国家扩大种植经济作物的政策,1951—1952年中国人民保险公司还在一些地区试办了农作物保险,如先后在山东、山西、江苏、四川等36个地点试办了棉花保险,还小规模的试办了小麦、水稻、甘蔗、烟草等作物保险。1950—1952年农业保费共4 800多亿人民币(旧币),约合当今人民币4 800多万元,付出赔款1 800多亿元,约合1 800多万元当今人民币。

1953—1956年,中国完成了生产资料所有制的社会主义改造,确立了公有制经济的主导地位。从1957年下半年开始,掀起了人民公社化运动为代表的限制和取消商品生产的高潮。1958年10月,全国财经会基于“公有制经济内部不存在商品货币关系”的理论,得出:“人民公社化以后,保险工作的作用已经消失,除国外业务必须继续办理外,国内业务应立即停办”。同年12月,全国财政会议正式决定立即停办国内保险业务。自此,农业保险进入了长达24年之久的停办期。

在这历时8年的实验时间里,中国人民保险公司取得了大量保费,并及时向受灾的投保农民进行了补偿,对发展农业经济做出积极的贡献,为开展农业保险积累了一定的经验和教训。

6.5.1.2 农业保险的恢复期(1982—1992年)

由于十一届三中全会后家庭联产承包责任制的推行,使得农民必须独立地面对农业风险,在这种情形下,党中央、国务院就做出了发展农业保险的决定。1982年国务院批准中国人民银行《关于国内保险业务恢复情况和今后发展意见的通知》,指出要逐步试办农村财产保险、牲畜保险等业务。当年,中国人民保险公司立即恢复农业保险业务,先从畜禽保险开始积极试办,主要是由于当时农民对饲养牲畜和家禽的热情很高，各级政府十分重视，同时开办牲畜保险比农作物险更加简便易行。从 1982 年起到 1983 年 11 月，全国共有 25 个省、自治区、直辖市建立试点站或试点县、试点地区，险种不断增加，服务领域扩大。1986 年，农业保险试点达 102 个县，试点县成立了救灾保险互济会，国家从救灾款中拨给每个县 50 万～100 万元启动资金，为推动农业保险起了积极作用。1987 年，全国农业保险保费收入突破 1 亿元，比上年增长了 28.59%。同时，赔付率则由 138.96%下降到 1987 年的 126.96%，实质上扭转了大干大赔的局面。1990 年保费收入突破 2 亿元，赔付率继续下降至 80%，进一步巩固了在“收支平衡、略有结余、以备大灾之年”轨道上的良性循环；根据“同舟共济”的原则，探索出“独立账、结余留在当地保险公司，作为当地两业保险的基金，实行以丰补歉的原则，遇有大灾之年，不足赔偿时向上级公司拆解”的经营模式。在这段时间，中国人民保险公司承担了政策性保险公司的职能，不以营利为目的，业务达到了顶峰。到 1992 年，中国人民保险公司在全国 29 个省、自治区、直辖市的分公司和 15 个计划单列市公司中基本设立了农业保险机构，大部分农村乡镇设立了保险所。

6.5.1.3 农业保险逐渐萎缩期(1993—2006 年)

1992 年 10 月，中国确立了建立社会主义市场经济体制的改革目标。在此宏观背景下，中国人民保险公司也逐渐转向商业化经营。1993 年农保保费收入为 5.61 亿元，占当年财产保险保费收入的 1.5%。到 2001 年时，农业保险保费收入只有 3 亿元，占当年财产保险保费收入的 0.44%。2002 年，农业保险保费收入仅为农业生产总值的 0.04%，占全国财产保险保费收入的 8.82%，占总保费收入的 0.6%。从商业保险公司的经营收益上看，1982—2001 年中国人民保险公司农业险的总保费收入为 70 亿元，总赔款为 62 亿元，平均赔付率为 88%，还有大致 20%的经营费用，共计亏损 6 亿多元。多年来坚持农业保险业务的另一家公司——中华联合保险公司，自 1986 年开办农业保险以来，平均赔付率达 81.59%，共计亏损 717.86 万元。出于对自身的经济效益及生存发展的考虑，两家保险公司开始进行战略性调整，撤销部分分支机构、缩减农业险的险种，由最多时的 60 多个险种减少到不足 30 个。

进入 21 世纪以来，中国政府已意识到农业保险的重要作用，发展农业保险的步伐逐渐加快，相继在各地进行了多处试点工作。2000 年 3 月，法国安盟集团向中国提交了农业保险业务营业许可申请。2004 年 7 月，保监会批准吉林省安华农业保险公司筹建。2004 年 9 月，保监会批准中国第一家专业性农业保险公司——上海安信农业保险公司开业。同年，保监会在黑龙江垦区引进相互制农业保险公司模式，还在江苏等地实行政策性业务由商业保险公司代办的试点。

全国9个省、区、市的农业保险试点工作于2004年10月全面启动，2004年11月中国第一家相互制保险公司——阳光农业相互保险公司获准筹建并于2005年1月正式开业。

6.5.1.4　农业保险快速发展期(2007年以后)

可以说，在很长的一个时期内，由于政府支持不到位，中国农业保险一直处于“农民买不起、保险公司赔不起”，农业保险的有效供给和有效需求同时不足的“供需双冷”状态，严重影响了农业保险转移风险与分散风险功能的发挥。

为此，2004年中央1号文件明确提出：“加快建立政策性农业保险制度，选择部分产品和部分地区率先试点，有条件的地方可对参加种养业农户给予一定的保费补贴。”之后2005—2011年连续7年，中央政府下发的涉农1号文件中都有针对发展农业保险的重要论述。正是在政府政策的鼓励下，中国农业保险逐渐摆脱了“供需双冷”的徘徊局面，开始进入稳步发展阶段。2004—2006年，全国农业保险原保费收入分别为3.94亿元(比上年减11.7%)、7.68亿元(比上年增加94.9%)、8.46亿元(比上年增加10.2%)，保费收入有了明显增加。

农业保险取得了实质性进展的是2007年。该年中央财政首次列支21.5亿元开展农业保险保费补贴试点，2007年全国农业保险保费总收入从之前一直不到10亿元上升为50多亿元，农业保险保费收入剧增515.4%。2008年、2009年全国农业保险保费收入继续增长，分别达到110.7亿元(比上年增加112.6%)、133.9亿元(比上年增加21%)。随着农业保险保费收入的增加，其占全国保费收入的比重也大幅上升(图6-6)，2009年发展成为全国财险业第三大险种，从国际际范围看，农业保费收入规模已居全球第二、亚洲第一。

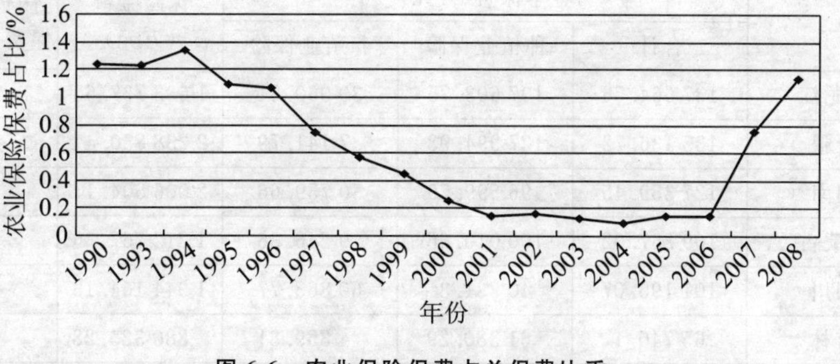

图6-6　农业保险保费占总保费比重

数据来源：国家统计局网站

同时，在品种上，2009年试点险种新增加了育肥猪保险和森林保险，政策性险种从2008年的7个扩大到9个。除了农业生产保险外，涉及农民生活的小额保险试点也得到大力发展和稳步推进。2009年，小额保险保费收入2.3亿元，为871万人提供风险保障1364亿元。小额保险由于便宜实用，非常受农民欢迎，中国保监会一直将其作为发展农村保险的突破口，2009年小额保险的试点工作已经扩展到19个省区。

农业保险的经营主体也在逐渐增多，2003年以前，国内只有中国人保财险和中华联合两家财险公司经营农业保险。2004年以后，经营农业保险的公司数量迅速增加，2005年有7家、2006年有9家、2007年有14家、2009年上半年达到20家，以全国性保险公司和专业保险公司组成的农业保险经营网络初步形成，以中国人民财产保险股份有限公司、中华联合财险股份有限公司、安信农业保险股份有限公司、安华农业保险股份有限公司、阳光农业相互保险公司为主体的经营格局基本确立。在诸多经营主体中，中国人保财险公司的农保业务占有显著优势。《中国保险统计年鉴2009》数据显示，2004—2008年中国人保财险公司的农业保费收入占全国农业保费收入比例分别为42%、22%、26%、51%、51%，5年的平均比重为38.2%，在中国农业保险市场中具有重要地位。

从各省情况来看，农业大省、经济实力雄厚的省区农业保险发展迅速，从表6-2可看出表中所列14省(区)市农业保险保费所占比例达到全国农业保险总保费规模的86.5%，而这些省市要么是农业大省、要么就是经济发达地区，这说明农业保险的推广有其特定的基础，需要适应当地的经济状况以及农业发展需要。从表中还可以看出，中国农业保险还有很大的发展空间，全国其他省份可以借鉴成功经验逐步推广。

表6-2　2008年全国各省市自治区农业保险情况

	签单保费(万元)			保险金额(万元)	保费占全国保费比重(%)
	合计	种植业保险	养殖业保险		
黑龙江	137 664.56	107 603.75	30 060.81	1 633 737.65	12.4
新疆	135 136.72	127 994.93	7 141.79	2 238 850.4	12.2
湖南	127 359.45	96 599.79	30 759.66	2 006 504.1	11.5
内蒙古	109 257.02	100 010.66	9 246.36	1 212 267.35	9.9
四川	101 195.07	40 331.3	60 863.77	1 944 164.13	9.1
吉林	65 740.1	61 380.29	4 359.81	886 325.28	5.9
湖北	51 071.34	36 170.11	14 901.23	825 573.99	4.6
河北	47 051.97	27 698.98	19 352.99	999 840.99	4.3

续表 6-2

	签单保费(万元)			保险金额（万元）	保费占全国保费比重(%)
	合计	种植业保险	养殖业保险		
河南	43 454.01	16 490.15	26 963.86	789 545.45	3.9
山东	31 473.51	23 385.1	8 088.41	1 419 281.02	2.8
江苏	30 971.76	26 401.77	4 569.99	610 366.67	2.8
安徽	30 768.46	18 777.47	11 990.99	641 132.76	2.8
北京	24 603.86	8 072.15	16 531.71	576 833.24	2.2
上海	21 141.12	12 041.66	9 099.46	502 310.59	1.9
…	…	…	…	…	13.5
全国合计	1 106 863.22	736 977.38	369 885.84	23 974 201.65	100

资料来源：庹国柱专题，中国部分地区农业保险试验的现状和制度比较，首都经济贸易大学，2009年6月22日

6.5.2 中国农业保险试点的主要模式

随着政策性农业保险试点的推广，各地出现了多种经营模式，有代表性的政策性农业保险经营模式有以下四种。

6.5.2.1 政府主办模式

这种模式即由地方政府出资成立专业性农业保险股份公司，如上海安信农业保险股份有限公司、吉林安华农业保险股份有限公司等。

该模式的优点是有利于对农业保险进行统一的规划和管理，可以借助行政力量推动农业保险的有效运行；缺点是这种模式的运行和监督成本较高。新成立的农业政策性保险机构专门经营农业保险业务，不仅要设立新的机构和遍布全国的网络体系，还要聘用大量的人员，经营管理费用和保费补贴较多，政府财政负担较重。

6.5.2.2 政府主导下的商业保险公司经营模式

大部分试点省份的经营模式都如此，如河北、北京等。

该种模式的优点是：政府可以充分利用商业保险公司的现有资源、高效运行机制和网络体系，节省制度建立或转换的成本，节约管理成本。其缺点在于：商业性保险公司追求盈利的本质属性如何与不以营利为目的的政策性农险业务相匹配则是一个难题，商业性保险公司往往追求利润最大化，这样就与薄利甚至亏损的农业政策性保险将产生冲突。

6.5.2.3 政府支持下的互助合作经营模式

这种模式如黑龙江阳光相互农业保险公司。在中国主要有两种具体的组织形式,即农业保险合作社和农村统筹保险互助会,均为非营利性的。一般以乡、县为基础成立该组织,在地市、省级建立联社和总社,统一规划和协调农险业务,并建立再保险机制以分散风险。

其优点是:①自愿互利基础上建立农业保险合作社,自负盈亏、风险共担、利益共享,经营灵活,保费不会太高。②有保险人与被保险人集于一身的特点,由于信息掌握相对准确完善,能很好地避免道德风险和风险逆选择。③经营成本费用低,监督成本也不高,还可享受税收优惠政策。

缺点是:①经营范围限于一个乡镇,难以有效分散风险。②缺乏费率厘定、定损理赔、风险管理等方面的专业技术管理人员。③筹集资金相对较困难。

6.5.2.4 政府和保险公司联办共保模式

这种模式以江苏省为代表,即政府与保险公司合作,按照“政府推动、商业运作、节余滚存、风险共担”的原则,由政府和保险公司按照一定比例进行联办共保,保险业务由保险公司按专业化管理和运作,并设立农业保险专用账户;发生保险责任赔付,政府与保险公司双方按比例分摊赔款。政府部分的结余,留作地方政府农业风险基金,保险公司部分结余,按相关规定提取准备金。

浙江省的“共保体”经营模式基本上也可归为此类。二者主要区别在于江苏省是由政府与一家保险公司(人保、中华联合、太平洋)联办共保,而浙江省则是政府与多家公司(2009 年精简到 5 家)组成保险联合体共保(这里的共保其实有两层含义:一是 5 家商业保险公司共保形成共保体,二是政府与共保体“共保”)。

按照“政府推动+市场运作+农民自愿”的原则,浙江省采用“共保经营”和“互助合作”两种方式开展试点。共保经营是主体形式,由在浙 10 家商业保险公司组建“浙江省政策性农业保险共保体”,实行“单独建账、独立核算、盈利共享、风险共担”的管理核算制度,共同经营政策性农业保险业务,其中占最大比例的人保财险受共保体委托具体经营日常业务。

浙江省的共保体模式,是指两家及两家以上商业保险公司根据省政府授权,经营运作全省政策性农业保险项目,按照章程约定的比例,分摊保费、承担风险、享受政策,共同提供服务的保险组织形式。共保体成员由“首席承保人”和“共保人”组成,以商业保险运作模式,实施对农业保险的承保、理赔、结算、风险准备金提存等。在保险对象上,共保经营主要面向具有一定规模的种养大户,鼓励各类农业龙头企业、农业专业合作组织统一参保投保;互助合作的参保对象主要是自愿入会、自愿缴费的会员。在试点品种上,浙江省已确定11个种植、养殖业品种作为试点险种,包括种植业的水稻、大棚蔬菜、西瓜、柑橘、林业,养殖业的生猪、奶牛、鸡、鸭、鹅、淡水养鱼等。试点地区初步确定杭州萧山区、宁波慈溪市、温州瑞安市、嘉兴桐乡市、湖州德清县、绍兴上虞市、台州温岭市、金华金东区、舟山定海区、衢州龙游县、丽水缙云县等11个县(市、区)为农业险试点县(市、区)。每个试点县(市、区)按“1+4”模式进行试点承保,即水稻(必保)+4个品种(选择)。至于理赔方式,实行赔款不超过全省范围内农业保险保费收入的5倍封顶政策。当全省农业保险赔款不超过所收农业保险保费的5倍时,共保体按核定的赔款赔付;当全省农业保险赔款超过所收农业保险保费5倍时,则按比例赔付,由此实现最高承担农业保险保费5倍的赔付责任。同时,按照不同的风险区域实行差异费率,以体现收费和风险的对价公平。考虑到农业保险涉及加强农业基础地位的政策性保险业务,浙江省还将对“共保体”的赔偿责任进行相应的财政扶持。依照试点方案,赔款总额超过保费2~3倍的部分,“共保体”和政府将按1∶1的比例承担赔偿责任;3倍以上则以1∶2比例分担。

“共保体”模式运作过程中政府作用主要体现在:①农险保费财政补贴;②“以险养险”配套支持;③税收优惠政策;④政府按约定比例承担赔付责任。

浙江省“共保体”的独有特征:①多家保险公司组成经营主体,共担风险,但比例不同。②共保体不属于独立的法人机构,但在运作上,拥有共保体各成员公司同等的经营资格和业务范围。③多种逆向选择并存。④抗风险能力。对于商业保险公司来说,地处沿海的浙江省,台风、洪涝、干旱等自然灾害较多,农民保险经营风险极大。同时,农业险若完全商业化运作,广大农民也很难承受得起。

“共保体”的初步成因:农业保险的经营模式可能成为农户参保与否的重要决策因素。因此,面对自然灾害频发的现实,面对农户对待自然风险的保险意识淡薄,政策性农业保险是调动农户参与农业保险的重要保障,由此形成“共保体”模式。进一步对于现阶段“共保体”成因进行定性分析,从而为寻求最优“共保体”模式提供理论依据。

江浙农业保险模式的优点在于,增加了政府这样一个责任分摊主体,有利于保险公司控制赔付风险。这一点在江苏模式中体现为保险公司与当地政府按比例分享保费、分摊赔款(2010年这一比例调整为5∶5)。而在浙江模式中则体现得更为明显,对于2倍以上3倍以下的超赔责任,由政府与保险公司以1∶1的比例分担,超过3倍到5倍的赔款责任由政府和保险公司以2∶1的比例分担。

缺点则在于,政府与公司(或公司共保体)联保,使得在农业保险的微观经营中,政府行为与公司行为掺杂在一起,不利于明晰二者的责任边界,可能存在制度性缺陷，比如，即使大灾不属于保险责任范围，政府出于稳定大局需要，会利用其强势地位迫使保险公司进行赔付，从而违背了商业原则。另外，政府介入农业保险的微观经营，必然使得在推进政策性农业保险经营过程中，基本上都是以行政推动为主，提高了地方政府的操作成本。最后，由于业务的开展主要依托于保险公司的服务网络和管理资源，在微观经营中保险公司处于信息优势地位，有可能出现套取政府赔款的机会主义行为。

以上各模式的运作方法虽然不尽相同，但都具有一个共同特点，即商业保险公司作为经营主体承担各地的政策性农业保险业务，按照市场要求运作，盈亏自负，各级政府则对试点险种给予一定的财政补贴。

6.5.3 各地农业保险的主要做法

6.5.3.1 鼓励保险公司市场化经营农业保险业务

承保农业保险的商业保险公司的数量和股本结构是反映农业保险市场化运作的重要指标。从承保农业保险的公司数量看，2003 年前有 2 家公司经营，增加到 2009 年的 20 家，其中包括 5 家专业性农业保险公司，经营农业保险的公司数量在迅速增加。经营公司数量的增加反映了市场竞争和市场活跃的程度，经营农保业务的公司越多，农保市场就越活跃。不仅如此，在同一试点地区一般会有多个保险公司参与试点，提高了农业保险市场的竞争程度。从股本结构看，除了中国财险公司等个别公司属于国有控股企业性质外，其他经营农业保险的公司都是非国有控股企业，法国安盟保险公司成都分公司则是外资企业，这样的股本结构决定了保险公司要按照市场要求经营农业保险。

6.5.3.2 财政资金高比例补贴保费

与以往发展农业保险的措施不同，2004 年启动的农业保险试点工作之所以得到快速发展，与得到各级财政的倾力支持是分不开的。由表 6-3 可以看出，2008 年中央和地方财政补贴占保费比例已达到 73％左右，大比例补贴保费，无疑是农业保险的快速发展的一个重要原因。

表 6-3 2008 年全国农业保险试点及保费补贴状况

	种植业	养殖业	种养业保险合计
承保数量（万亩、万头）	40 922.76	7 462.33	48 385.08
参保农户（万户次）	6 788.7	2 005.07	8 793.77
保险金额（亿元）	1 012.67	677.79	1 690.48

续表 6-3

	种植业	养殖业	种养业保险合计
签单保费(亿元)	66.64	35.65	102.29
赔款(已决+未决)(亿元)	38.10	22.08	60.20
赔付率(%)(赔款/签单保费)	57.17	61.94	58.85
理赔受益农户(万户次)	816.25	209.41	1 025.66
中央财政补贴(亿元)	26.01	12.27	38.29
地方财政补贴(亿元)	23.24	13.18	36.43
补贴占保费比例(%)	73.90	71.39	73.05

数据来源:庹国柱所作专题,中国部分地区农业保险试验的现状和制度比较,首都经济贸易大学,2009年6月22日。

6.5.3.3　各省区农作物保险的做法各具特点

首先,从各地农业保险的实施方案看,在试点险种、保险金额、保费补贴、保险责任等多个方面差异明显,这一点我们可以通过表 6-4 看出。虽然 2007 年中央提出选择小麦、水稻、玉米、棉花和大豆五种作物作为补贴险种,2008 年又增加了花生和油菜。但实际上各省并不是举办五种作物的保险,有的只补贴一种,例如新疆,只补贴棉花一种作物,有的省例如四川,补贴水稻和玉米两种,河北补贴玉米、小麦、棉花保险三种。最多的省是江苏,水稻、小麦、棉花、油菜、玉米五种作物都补贴。这与各省的作物布局和财政状况有关。

其次,从具体补贴政策来看,各省也有区别。中央财政和省级财政在 2007 年是各补贴 25%,2008 年中央提高到 35%,省级财政 25%,市县也有补贴,但各省政策不完全相同。而且,江苏省省内政策(苏南、苏中和苏北)也不一样(表 6-4)。

第三,各省选择保险风险和保障水平都很慎重。有的只保大灾,有的只保几种灾害。特别值得注意的是除安徽和吉林外,都不保旱灾[1]。

第四,大部分省区没有统一的管理机构,没有做风险区划和费率分区,全省一个费率,逆选择严重。根据实地调研,只有浙江省实行了简单的风险区划和费率分区。

〔1〕 这与旱灾的发生频率有关。据统计,1997—2006 年,旱灾对农业的影响占所有灾害影响的 54%,属于频繁发生的自然灾害,让市场化运作的保险公司"敬而远之"。

表 6-4　主要省区农作物保险的主要做法

省份	保费补贴比例分摊	补贴险种	保险责任	保险金额
江苏	主要种植业险种，各级财政保费补贴原则上不低于 70%。其中，中央财政补贴 35%，省级财政补贴 25%，差额部分由市、县财政补贴；对于养殖业保险，能繁母猪保费补贴比例原则上不低于 80%，奶牛保险保费补贴比例原则上不低于 60%，其中，省级财政补贴比例为：苏南地区 20%，苏中地区 30%，苏北地区 50%	水稻、小麦、棉花、油菜、玉米	全省发生较为频繁和易造成较大损失的灾害风险，如水灾、风灾、雹灾、冻灾、雨灾等自然灾害	原则上为农业项目的直接物化成本，有条件的地区可适当提高保障水平 5 个主要种植业保险金额可分若干档确定，最高保险金额不超过 500 元/亩；其他种植业保险品种按市场价格的 60%左右确定保险金额
河北	中央 40%省 25%市 7.5%县 7.5%农户 20%	玉米、小麦、棉花	风灾、雹灾	小麦 300 元/亩，玉米 260 元/亩，棉花 400 元/亩
吉林	中央和省财政分别补贴 25%，试点县(市、区)政府和龙头企业补贴 30%，参保农户承担 20%	玉米、水稻、大豆	无法抗拒的自然灾害，包括暴雨、洪水(政府性蓄洪除外)、内涝、风灾、雹灾旱灾、冰冻霜冻及障碍性低温	以作物物化成本确定保险金额：玉米 200 元/亩，水稻 266.7 元/亩，大豆 166.7 元/亩
湖南	中央财政补贴 25%，省级财政 25%，市州和县级财政承担比例不少于 10%	水稻、棉花	暴雨、洪灾、内涝、风灾、雹灾、冻灾，干旱为附加责任	水稻 240 元/亩；棉花 300 元/亩
四川	中央与省级财政：25%：25%，对于中央财政和省级财政补贴之外的保费缴纳比例，原则上确定为：市、县财政负担 15%～20%，受益农业企业和农户 30%～35%	水稻、玉米	洪水(政府性蓄洪除外)、风灾、内涝、雹灾、冰冻等，旱灾为附加责任	原则上为农作物直接物化成本：基本险(一般灾害)水稻 282 元/亩；玉米 276 元/亩。附加旱灾险 100 元/亩

续表 6-4

省份	保费补贴比例分摊	补贴险种	保险责任	保险金额
新疆	中央财政补贴保费 25%，自治区财政补贴 25%，地州和县市级财政、棉农与棉花受益企业共同承担保费总额的 50%	棉花	风灾、冰雹、霜冻、洪水（政府性蓄洪除外）、旱灾为附加责任	直接物化成本确定，为 400元/亩，各地可根据农户实际承受能力适当增加或减少保额
内蒙古	中央财政承担 25%、自治区财政承担 25%、盟市财政承担 15%、旗县财政承担 10%，参保农户承担保费原则上每亩不超过 2 元，其余由保险公司承担	玉米、小麦、大豆	暴雨、洪水（政府性蓄洪除外）、内涝、风灾、雹灾；旱灾和冰（霜）冻为附加责任	以农作物直接物化成本确定保险金额：玉米 230 元/亩，小麦 300 元/亩，大豆 170 元/亩

数据来源：各省农业保险工作年度总结报告。

6.5.4 农业保险试点中存在的主要问题

自试点以来，中国政策性农业保险在多个方面都有了长足的发展。但是，仍存在诸多问题，制约着政策性农业保险的进一步发展。

6.5.4.1 保险公司的盈亏空间与市场进出如何调控仍是“盲点”

由于对农业保费实施高比例的财政补贴，再加上地方政府的行政推动，中国现行农业保险的经营规模迅速扩张，规模扩大摊低了保险公司的运行成本，风险汇聚，大数法则也会降低保险赔付率。事实上，2004—2008 年，中国农业保险的赔付率分别为 75.2%、77.43%、69.7%、53.9%、62.3%，总体上呈明显下降趋势，就 2007 年、2008 年来说，农业保险赔付率甚至与同期其他财险赔付率（51.2%、60.7%）基本持平，这改变了历史上农险赔付率长期高于财险赔付率的局面（陈盛伟，2010）。农业保险业务开始变成一个更具吸引力的义务，如果允许保险公司自由进出该市场，不排除会引起诸多财险公司某年度逐利进入该市场，又在某年度因亏损退出该市场的短期行为，这种短期进出行为必然会引起农业保险市场的波动，增加市场风险。因此，需要对保险公司的盈亏空间及市场进出问题进行研究，通过制度规范对可能出现的短期行为进行抑制。

6.5.4.2 政府职能定位不准

从调研省区来看，地方政府对于发展农业保险的热情普遍很高。各级政府都不遗余力地通过政策、资金等手段进行大力扶持，从制定政策、宣传发动、统计数据、支付补贴，直到发放赔款，各个环节政府的参与程度都较高，江苏有些地方基层村级组织具体承办投保事务时，为了省事和提高参保率，甚至直接为农户代交了保费，虽然减轻了农户负担，但破坏了市场机制作用的发挥，不利于培养提高农户的保险意识。

地方政府的介入在短期内虽然推动了农业保险的大力发展。但是，从长期来看，政府的这些越位行为却干扰了保险公司的业务开展，影响了保险公司的产品创新冲动。业务缺乏创新、保险品种单一、农村基层业务体系建设缓慢等问题已在显现。

6.5.4.3 缺少法律的有效保障

地方政府在推动农业保险发展过程中，之所以屡屡“越位”，一个很重要的原因就是缺乏相应的法律规范。实地调研中，保险公司与保险监督管理部门呼声最高的也是针对农业保险的法律法规的建设问题。

2009 年新修订的《中华人民共和国保险法》是一部商业保险法，而农业保险带有明显的公益性，属于政策性保险，与商业保险的经营目标大相径庭，用现有的《保险法》规范农业保险会存在许多问题。2002 年修订的《中华人民共和国农业法》也只是“鼓励商业性保险公司开展农业保险业务”。实际农险的组织体系、经营范围、经营管理、费率厘定、赔付标准等缺乏法律规范，农险业务的开展实际上尚处于法律盲区。

农业保险作为一种农业发展和保护制度，其本身的政策属性，对相关法律的依赖程度就很高。由于农业保险的范围广、投保农户高度分散，展业、发生灾害后的查勘定损和理赔业务十分复杂。加之信息的严重非对称，政策性农业保险运营中的道德风险非常突出，农户、保险经营机构、基层政府都存在触发道德风险的可能，这在其他商业保险领域是不多见的。这就要求制定专门的法律法规来规范。

另外，农业保险涉及财政、农业、保险等多个相关监管部门，在没有法律法规规范的情况下，监管难以统一实施，各自为政的监管难免存在监管真空状态。例如，保险监管部门只能监督和管理商业保险公司的偿付能力、市场行为和公司治理结构，但是对商业保险公司以外的从事农业保险的机构、组织、有关政府部门的监管就显得无能为力了。监管问题如果解决不好，不仅公共资源得不到合理利用，农户的利益也难以得到真正保护，农业保险制度就有“夭折”的危险。

6.5.4.4 巨灾风险管理机制亟待形成

政策性农业保险的健康发展，离不开对巨灾风险的管理，因为农业保险巨灾损失的发生，很可能会使经营农业保险的机构甚至政府陷入财政困境，最终损害投保农户的利益，挫伤他们的投保积极性。加拿大自1959年开始推行政府经营的农业保险，从1959年到1985年里经营一直很顺利，但1986年和1988年两年的大旱使几个省的农业保险公司发生巨亏，其债务在后来10多年里才还清。如果是商业性经营，那就只有破产了。中国有的省份农业保险试验不过几年，已经不止一次遇到了这种大大超出准备金积累的巨额赔款。

实践表明，农业保险巨灾损失情况发生的几率比一般财产保险高很多。所以，为了农业保险的健康和持续发展，有必要专门建立巨灾准备金，或者设计其他包括再保险在内的巨灾损失发生之后的融资机制或者分散风险的方式。

6.5.5 推进农业保险健康发展的政策建议

6.5.5.1 建立健全农业保险法律法规体系

农业保险离不开国家的有关政策和法律，实践证明凡是农业保险比较成功的国家均制定了单独的农业保险法，因此，立法部门应尽快制定和颁布《农业保险法》。一是明确农业保险的性质、范围、经营方式、政府职能作用、经营主体资格、会计核算制度、业务监管等，以促进政府支持农业保险业务发展制度化、规范化；二是明确对关系国计民生、关系国家粮食安全的农作物实施强制性保险；三是明确政府对农业保险资金支持范围，包括财政补贴、税收减免政策等；四是条件成熟时，可将政策性农业保险业务从商业性保险公司中分离出来，单独组建政策性农业保险公司，专司农业保险业务。

6.5.5.2 确立“以赢补亏”的机制，确保农业保险业务的稳定性

需要综合研究保险公司的盈亏问题，既要研究不同时期盈亏之间的平衡问题，也需要研究非农险业务与农险业务之间的盈亏平衡问题，通过“以丰补歉”、“以险养险”机制的设计，促使保险公司农险业务的长期稳定性。虽不可能出现保险企业争先进入农业保险领域进场的情况，但可能会出现保险企业因巨灾赔付而集体退场情况。因此，也可通过制度制定明确保险公司进入农业保险市场后的最短经营时间，以确保农业保险供给市场的稳定性。

6.5.5.3 采取各种措施，进一步扩大农业保险的覆盖面

保险公司之所以缺乏经营农业保险的积极性，主要原因是农业保险的高风险、高成本、高费率的特征，而扩大农业保险的覆盖面是解决这一问题的有效途径。

保险经营的数理基础大数法则告诉我们，风险单位越多，保险风险越容易分散，保险经营也就越稳定。农业保险的风险单位比较大，这种特殊性决定了农业保险不能仅仅局限于某些地区、某些农户或某些品种，而应该是尽可能广泛地覆盖农村地区，以发挥风险的汇聚效应，从整体上降低保险经营者面临的风险。为此，可考虑从以下几方面入手：

(1)强化农业保险与其他惠农政策的协调配合，提高农业保险的参保率。为了提高参保率，可以考虑将农业保险与其他惠农政策结合起来开展：一是将政策性农业保险与财政支农奖补资金、贴息等优惠政策结合起来，对参保农民和资助、组织农民参保的农业龙头企业、专业合作社给予配套的政策支持。二是积极推广全国部分省区试点的“信贷 ＋ 保险”运作模式，鼓励和引导金融机构为参保农民提供较低利率的小额贷款，帮助参保农民筹集更多的生产资金，形成保险与信贷的合力。三是探索将政策性农业保险与农村财产保险相结合，增强承保机构自我调节和自我发展能力。

(2)增加中央财政补贴的力度，扩大政策性农业保险的品种与覆盖面。从政策性农业保险的品种上讲，中国从2007年开始推行由中央财政支持的政策性农业保险，初期确立了玉米、水稻、小麦、棉花、大豆等5个主要农产品为承保品种。2008年，承保品种增加了两个，即花生和油菜，使承保品种达到7个。2009年，又新增加了育肥猪保险和森林保险两个品种，至此，中国中央财政支持的政策性农业保险险种已达9个。如果算上2007年就在全国范围内启动的能繁母猪保险，总共也就是10个品种。这与美国承保超过100个品种相比，实在相差深远。承保品种的明显不足，体现了中国政策性农业保险的落后性。

各种调研表明，增加政策性农险险种是广大农民的迫切需求。特别是各地的支柱产业和特色农业，例如，江苏的高效农业、渔业(包括渔船、渔民人身)；河北的梨、桃、葡萄等，农户都有强烈的投保意愿。以北京市为例，该市举办的政策性农业保险已经涉及包括小麦、玉米、豆类、西瓜、苹果、桃、梨、葡萄、柿子、蔬菜、猪、牛、鸡、鸭等14个险种，农民仍然要求增加其他品种。因此，无论从保险公司经营稳定性视角，还是从农民收入保障、农业生产发展的视角，增加政策性农业保险的险种都是很必要的。

农业保险产品少，主要瓶颈是地方政府的财力规模限制。中央财政近三年对农业保险保费补贴预算的增长速度是可观的，2007年20.5亿元，2008年增加到60亿元，2009年进一步增加到79.5亿元。因为各省财政是按照25％或20％的保费比例进行配套补贴，所以，保险品种的增加就意味着地方财政补贴的相应增加，对于那些财力不宽裕的中西部省份(比如实地调研的河北省)，压力是比较大的，建议中央财政对他们的补贴比例可以更高一些。

从政策性农业保险的覆盖面上看，尽管31个省、直辖市和自治区都在试验政策性农业保险，但得到中央财政支持进行试验的省份只有16个，还有15个省、直辖市和自治区没有纳入中央政策补贴的范围。中央财政对北京、上海等发达省份可以不予或少量补贴，但还有不少中西部省份财力有限，很希望纳入中央财政补贴范围，以便快速推进和扩大本省的政策性农业保险的发展。那些即使已经纳入中央财政补贴试点行列的省份，也还面临扩大本省试验地区的问题。囿于中央和本地财政补贴资金有限，各地政策性农业保险试验一般只选择了本省的部分地区和部分重要作物、牲畜，需要扩大的作物和种植养殖类保险标的很多，没有纳入试验的地区的农户也很多，试验地区之外的那些农户就觉得不公平。今后应当有计划地向中西部区域倾斜中央财政补贴力度，发挥财政补贴的杠杆作用，迅速提高政策性农业保险的覆盖面。

(3)实行适度"强制保险"制度，提高参保率。中国自然灾害频繁及农业的小规模经营导致逆向选择问题较为突出，必然使实际损失率和赔付率升高。实践表明，财政保费补贴对提高农险参保率的作用是有限的。提高参保率的一个十分有效的手段是实行强制性投保。中国农户购买农业保险的经济能力和积极性受到农业产出效益、农民收入水平、收入来源多样化以及农民对风险的认识程度和保险意识等的影响，有效需求明显不足，参保率很低。因此，中国政府在实行财政补贴农业保险的同时，也应该采取强制性、区域性的投保措施，对于关乎国计民生的主要农作物、牲畜、林木等，可由国家指定的专门保险公司采取强制投保的方式承保，以保证必要的参保率。通过强制投保，可以在足够大的领域内分摊风险，避免逆向选择，降低农业保险费率。

6.5.5.4 完善巨灾风险保障机制和再保险体系

一是建立巨灾风险准备金。中央、省、市、县各级财政每年按财政收入的一定比例安排巨灾风险准备金，并逐步拓宽筹资渠道，逐年流动积累，同时明确界定各级财政对巨灾风险赔付的分担比例。二是督促承保机构建立巨灾风险准备金，每年农业保险经营盈余、减免税等政府补偿资金全部转入巨灾风险准备金。三是探索建立再保险体系。承保机构向中国再保险集团或其他专业再保险机构申请再保险，运用市场化手段促进巨灾风险的化解。

此外，发展农业气象指数保险，建立农业保险监管机构与经办机构的联席会议制度，提高理赔服务水平等，也是推动农业保险可持续发展的有力手段。

第7章 小额保险

7.1 小额保险概述

7.1.1 小额保险的定义

根据国际贫困扶助协商组织(CGAP)的定义,小额保险主要是指面向中低收入人群,按照风险事件的发生概率及其导致损失的程度,按比例定期收取一定的保费,旨在为中低收入人群提供风险保障的一种保险。

7.1.2 小额保险的特征

与传统的商业性保险相比,小额保险具备以下特性:

(1)服务对象为无力购买高额的保险保障、但又有转移风险迫切需求的低收入人群。这部分群体拥有的资源少,倘若灾难一旦降临,在没有外界支持的情况下,短期内很难单凭自身的努力从灾难的阴影中走出来,其中有一部分人还会因灾致贫、返贫。但是值得强调的是,小额保险的目标群体只包括一般贫困阶层、极端贫困和脆弱非贫困阶层的一部分。赤贫阶层由于收入太低无力支付保费,而必须由社会救助项目扶持;中等收入和富裕阶层则具备购买一般性商业保险的能力无须参加小额保险。小额保险的目标群体涉及第一章谈到的农户层次中的相当贫困农户、较贫困农户、脆弱的已脱贫农户。

(2)保险金额较小、费率较低,保障程度有限。由于小额保险的目标群体主要是低收入者,一般支付能力有限,因此其在成本、期限、承保范围和保障机制方面有不同于一般性商业性保险的特性,具有缴费少、费率低、保障适度的特点。

(3)投保和理赔的手续比较简便。为了控制和节约成本,提高效率,小额保险一般采用便利的销售渠道,统一保费金额,大多会采取统一投保和支付的方式。同时,在理赔程序方面也比较简单,通常都采用快速处理机制。

(4)风险集中。特别是针对农村、农业和农民开设的小额保险产品,在实务操作中，相对于固定的地理范围内，其风险的高发性、危害的同质性、逆选择的集中性和理赔的冲突性普遍存在。

(5)利润水平较低或很难实现盈亏平衡。一方面由于小额保险的展业和售后服务成本相对较高，另一方面由于风险的高发性和危害的同质性产生的高赔付，很难依靠保费收入聚积起足够防范巨灾风险的准备金，甚至都很难达到企业经营的盈亏平衡。

(6)需要政策扶持。由于小额保险的保障范围基本上是属于社会保障或者社会救助范畴的补充，具有较强的政策性。因此，小额保险的健康发展需要依法制定的政策扶持。据此，小额保险与商业保险的区别见表7-1。

表7-1　小额保险与传统商业性保险的区别

比较项目	商业性保险	小额保险
服务对象	中上收入阶层	低收入群体(贫困、极端贫困和脆弱非贫困)
费率和保障程度	费率高、保障程度高	费率低、保障有限
投保和理赔手续	投保限制多，理赔手续复杂	为了控制成本，投保理赔比较简便
经营风险	承保规模大，因而风险较低	由于地理限制，承保面小，因而风险相对集中
利润水平	高	低，甚至不能实现盈亏平衡
政策扶持	不需要或很少	需要

7.1.3　低收入群体的风险及其风险管理措施

低收入家庭通常把以下几点作为他们生活质量降低的最主要原因：疾病或者伤害、家庭成员的去世、自然灾害和盗窃事件。

以上这些风险从两个方面对低收入家庭产生影响：首先，家庭遭遇风险事件可以导致潜在的货币收入持久性降低；其次，家庭暴露在损失可能发生的不确定性风险中。对低收入家庭来说如果损失了值钱的资产或者谋生来源，造成的经济损失是明显且持久的；而不确定性风险造成的损失可能会更大，因为家庭面临的不确定性风险越大则越不可能会利用致富的机会(例如投资新的技术或者增加资本等)。低收入家庭主要面临6种不同的风险种类(图7-1)。

(1)生命周期性的支出需求(life cycle needs)：低收入家庭经常面临着生命周期性质的支出需求，例如子女的教育费用、家庭生活品的补充、子女结婚费用或者为停止工作后进行储蓄等，这些需求在家庭收入现金流小于支出时更加凸显。对于低收入家庭成员来说生命周期性支出不足有时会产生比较严重的影响。

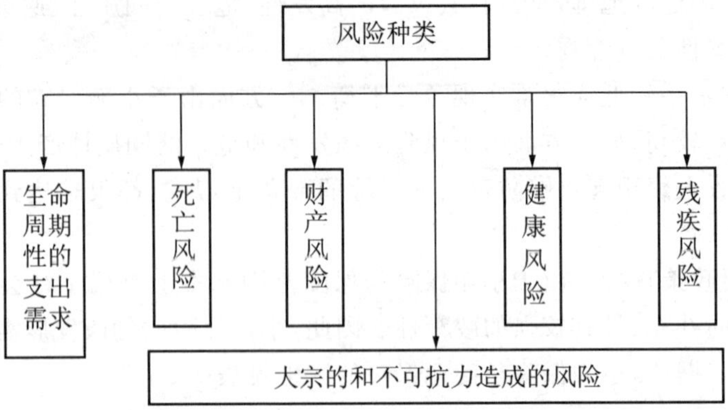

图 7-1　按风险发生的不确定性程度和造成的损失程度划分的六类风险

(2)死亡风险(death risks):死亡风险包含了家庭成员因为这类风险所产生的损失。死亡风险的不确定性程度要比生命周期性风险要高,但是要小于其他类型的风险。家庭遭受的死亡损失包括一次性损失(包括葬礼和去世者的欠款)和持续性损失(如去世者生前对家庭收入的贡献)。

(3)财产风险(property risks):财产风险包括导致家庭资产减少的事件如偷盗、损坏、丢失或毁灭等。对于低收入家庭来说,这些事件有如农作物的歉收、家畜的疾病或死亡及火灾等。由于低收入家庭资产价值不同,所面临的特定风险面临程度不同,同时,各个家庭面对的财产风险因家庭和地理位置不同而有所差别。一般来讲,财产风险的不确定程度要比上述两种风险的不确定性程度要大。

(4)健康风险(health risks):除了生命周期需求以外,健康风险例如意外事故、疾病等是低收入家庭最关心的方面之一,这些事故都需要家庭为医疗服务付费。这些健康风险基本上都是一次性的支出;而且,如同财产风险一样,损失可大可小,可以小到只购买简单的药物,也可以大到做复杂的外科手术。健康风险的发生频率和家庭很难为这类风险做出预测的性质决定了健康风险要比其他类型的不确定性程度要高。

(5)残疾风险(disability risks):残疾风险的原因与健康风险的原因几乎是一样的,但是对于家庭来说,残疾风险对家庭造成的损失要比健康风险大得多。一个残疾的家庭成员除了最开始的医疗费用外,还需要持续的治疗成本支出。而且,对于家庭来说由于残疾的家庭成员无法继续工作而必须寻找新的收入来源。这种情况在残疾的家庭成员是年轻人的时候更加严重:不能继续为家庭创造收入,反而需要持续的医疗照顾。对于低收入家庭来说,这种情况的发生比健康风险更加难以

应付。

(6)大宗的和不可抗力造成的风险(bulk & force majeure risks):大宗的和不可抗力造成的风险是由于类似流行病爆发,自然灾害或者战争等事件造成的,可以在同一时间内对大范围的人群造成巨大的损失。大宗的和不可抗拒力造成的风险可以归类于以上几种风险之中。死亡、财产损失、疾病和残疾等都可与大宗的和不可抗拒力造成的风险有关。这种风险被单独考虑是因为:这种风险相当困难乃至不可能被预测;这种风险在同一时间内影响了大量的人群,而且造成的损失使得保险服务很难有能力对所有的风险进行有效的理赔;这种风险所造成损失相对其他种类风险的损失更加巨大。

低收入群体在进行风险管理时,经常运用到五种类型的措施,即规避风险、降低风险、吸收风险、共担风险和转移风险等。如图 7-2。

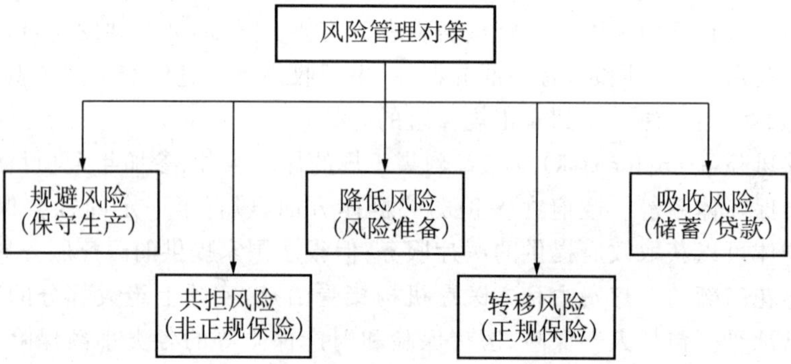

图 7-2　低收入群体通常采取的五类风险管理措施

资料来源:McCord MJ. (2001). MFIs and risk management tools for the poor: an introduction to microinsurance. A powerpoint presentation to the Fifth Annual Conference of Micro-Lending Institutions in C&EE and the NIS, 16 - 18 May 2002, Budapest, Hungary.

规避风险(avoid risk)主要的做法是:家庭收入多样化,诸如同时种植多种作物、从事多种生产活动以分散风险等。这样尽管可以规避风险,但根据“风险收益对称原则”,低收入群体的创收能力会因此而受到限制。

降低风险(reduce risk)的措施多种多样,主要体现为:分散收入来源;通过储蓄、囤粮及建房等方式积累资产;注重营养保健;加强社交活动,参加各种互惠性的储贷组织;控制消费,量入为出;拓展借款渠道以备不时之需等。

吸收风险(retain risk)则有如下做法:比如当风险来临时调整消费;变卖家产、动用储蓄、借款、获取别人的资金帮助;增多家庭打工人数以增加家庭收入等。与

前述两种做法相比，该对策显得略为被动。

通常，上述三类做法（规避风险、降低风险和吸收风险）又可以概括为自我保障机制（self-insurance）。一般来说，自我保障是人们最常用的措施。而借款又比其他手段更为常用；即使动用存款的成本比借款的成本要低，但人们还是倾向于借款，因为他们认为储蓄是用来购买资产的，而不能用于其他用途。自我保障采取的最后对策是变卖资产，这样就容易导致家庭生产能力的丧失，使承受个体变得更加脆弱。

共担风险（share risk）指的是参加各种非正式的保险组织。很多以互惠互利为基本原则的福利组织就属于这种范畴。这种机构内部一般都制定了比较完善的制度，规定会员要定期交纳会费以保持其会员资格。其优点是应对风险速度很快，信息不对称现象较少；然而，单个的福利机构由于其规模小、资金受限，因此只能提供单一种类的保险产品；而且其资金流动性主要取决于会员交纳会费的情况，因此很容易因资金缺乏而无法满足资金需求者的需要。另外，针对共发风险，非正规保险就显得苍白无力。同时，有一部分群体，由于收入水平过低交不起会费或因其弱势地位（妇女）而无法享受到非正规保险的好处。

转移风险（transfer risk）意味着购买正规的保险服务、参加年金项目或参与类似的社会保障体系等。政府在保护弱势群体方面，履行了一定的社会保障职能。低收入群体可以获取政府提供的医疗服务；但很多国家提供的医疗服务质量低劣，人们情愿花高额的医疗费去私人医疗机构接受治疗，实际上绝大部分的医疗费由居民自己承受。包括人寿保险、医疗保险和财产保险等的各类小额保险产品在亚非拉地区正展开试点。其特点是：低收入群体、弱势企业或组织事先交给保险机构一定数量的保费，当在未来的某一时期因发生保单规定中的风险而遭受损失时，可以获得比保费更多的赔偿。

总体来说，越贫困的群体越倾向于采用自我保障和非正规保险手段，而较少有人参与正规保险。最后需要说明的是，在谈论风险管理对策时，还应提到“事先防范与事后应对”的概念，实际上，无论是事先防范还是事后应对，都多少涉及上述五类对策，不同对策的运用组合能反映出低收入个体的脆弱程度和经济状况。

7.1.4 小额保险的产生

强化风险管理，虽然能够对风险起到一定的防范作用，但是，仍存在局限性：如当家庭的偿还能力有限的时候，信贷产品就不能胜任风险规避工具的作用，存款也只能在家庭收入的限制范围内对风险起应对作用；社会保障由于政府介入的不得力，效果也大打折扣。非正规保险与其他措施相比，已体现出一些优势，

即会员只要交纳较少的会费，就能取得比成本多几倍的补偿，因此其保障作用更强，弥补了其他保障方式的不足。但是非正规保险由于规模小、资金实力弱，其发挥的作用也比较有限，如何更好地提供小额保险日益成为世界范围内的重要课题。

作为金融领域一个新的分支，小额保险的历史可以追溯到一个世纪前。早在20世纪初，美国的很多城市里出现了一种叫做“工业保险”的产品，这种保险通过专员在各工厂门口销售。由于销售情况良好，该产品的开发商——大都是人寿保险公司跻身成为世界上最大的公司之一。“工业保险”是对市场需求做出恰当反应的产物：销售渠道特别，通过中介在各大工厂门口进行销售；保险费率厘定以工人的风险特点为依据；保障程度满足工人的特定需求；保费收集方式也贴合实际，发工资那天统一收取，因而效率很高。总之，“工业保险”找到了市场的最佳组合点。随着经验的积累，保费收集方法由在工厂门口个体交纳改进为管理层代为收集统一交纳，最后发展到作为员工福利由雇主为所有工人交纳，经营效率不断提高。从那时候起，诸多发达国家纷纷效仿，开始向工人提供保险，因而保证了该群体的稳定，推动了经济发展的蒸蒸日上。

“工业保险”可以看做是商业性小额保险的前身，其蓬勃发展，部分归功于雇主的作用。然而，今天的小额保险，其目标群体（低收入群体）主要分布在发展中国家，该群体不同于当时发达国家的工人：大多数都是自给自足型，只有一部分在小公司就业，收入水平很低，在市场上很难买到能够满足需求的保险产品。因此，不同于“工业保险”，如何找到有效的销售渠道是小额保险面临的一大挑战。

20世纪90年代末和21世纪初，多家微型金融组织（MFIs）开始意识到客户的保险需求，便寻找商业性保险公司协商合作提供保险产品，自己则愿意承担销售中介的角色；受低端市场潜在利润空间的驱动，保险公司产生了合作的兴趣（同意至少提供保障程度较低的产品）。于是，以合作—代理模式为主要特征的小额保险应运而生[1]。

---

〔1〕20世纪70年代，小额信贷开始兴起，随后微型金融成为了一种全球现象，很多项目都实现了财务可持续甚至盈利。随着经验的积累，微型金融组织（MFIs）的管理者们开始关注到一种普遍的现象：在前几个贷款回合里，贷款客户都能够及时偿还借款；随后，在某次贷款之后，开始遭遇资金困难，结果违约。于是，MFIs展开调研，它们发现导致贷款客户违约的根源在于一些突发性风险的发生，比如家庭成员的死亡、疾病等；尽管有些贷款项目采用了团体联保贷款机制，但当一个成员面临危机时，就会产生连锁反应，波及到其他成员，进而影响到好几笔贷款资产的质量。

后来，有些微型金融组织的管理层认识到，向客户提供保险产品可能会有效降低违约率，保护资产质量。于是，部分机构开始尝试自行向客户提供保险产品；其余机构则想到了通过与保险公司合作来提供保险服务，这样做的优势在于不会分散MFIs对其核心产品的注意力。

当然,小额保险提供主体并不仅仅局限于商业性保险公司。

在发展中国家,尽管商业性小额保险缺乏,但是却广泛并长期存在着一些非正规的保险组织作为替代,比如互助型和社区型保险机制以及一些 NGO 组织。在 20 世纪中后期的几十年里,学者们都将关注点集中在了促进互助型和社区型保险机制的建立上。

也有政府通过某些项目向低收入群体提供小额保险的形式存在。这些项目在帮助低收入群体和赤贫群体规避风险等方面发挥了积极作用,但在数量上还远远不够。

7.1.5 主要的小额保险产品

小额保险产品主要有四类,按产品类型和地区划分的各类数据见表 7-2。

表 7-2 按产品类型和地区划分的小额保险受益群体人数(2005 年底)

	人寿保险	意外死亡及伤残险	财产险及指数险	医疗保险	合计
亚洲	54 158 332	39 180 508	34 557 434	31 697 038	159 593 312
占比	33.94%	24.55%	21.65%	19.86%	100%
非洲	2 036 141	1 603 000	1 600 000	3 053 778	8 292 919
占比	24.55%	19.33%	19.29%	36.83%	100%
拉丁美洲	7 545 057	105 000	600	445 876	8 096 533
占比	93.19%	1.30%	0%	5.51%	100%
合计	63 739 530	40 888 508	36 158 034	35 196 692	175 982 764
占比	36.22%	23.23%	20.55%	20.00%	100%

数据来源:Jim Roth, Michael J. McCord and Dominic Liber (2007), The landscape of microinsurance in the world's 100 poorest countries:25。

人寿保险:从上表可以看出,人寿保险是供给量最大的保险产品,在所有险种中占比 36.22%。原因主要在于它比医疗保险和财产保险更容易经营,盈利空间更大。值得关注的是,人寿保险中的主要组成部分是信贷生命险(credit/life insurance),覆盖约 2 318 万客户,大多数机构提供信贷生命保险的初衷是防止因借款人死亡而导致的贷款损失,而非真正保护客户的利益;人寿保险中的另一主要组成部分是养老保险(pension),养老保险覆盖 3 470 万客户,在人寿保险产品中占比最高,但其绝大部分客户分布在两个国家——分别是中国(约 2 830 万)和印度(约 630 多万)。其余的人寿保险还包括丧葬险、投资险、短期生命险等。

意外死亡及伤残险：该险种供给量仅次于人寿保险，在所有险种中占比23.23%。提供主体一般是商业性保险公司，主要分布在亚洲南部。意外死亡及伤残险的经营年限都不长，特别在南亚，平均年限只有六年。此类保险产品主要集中在一些比较容易判断理赔的险种上，比如失去一部分肢体；而工伤保险因成本高而覆盖面很小。该险种经营简单容易盈利，因此很多保险公司以此为进军小额保险市场的试金石。印度是该险种的最大提供者，部分原因在于2000年以来印度监管层出台的关于要求商业保险公司涉足小额保险市场为低收入群体服务的规定（专栏7-1）。

专栏7-1　印度出台强制性规定，促进保险公司开展农村保险业务

印度保险管理与发展委员会（IRDA）2000年颁布的条例强制性规定保险公司的农村业务必须达到一定的规模。所有在农村地区展业的保险公司必须达到几个条件。即财产保险公司在其展业的第一年，农村业务保费必须达到其总保费的2%，第二年3%，第三年及以后年份5%；寿险公司在其展业的第一年，其农村业务新保单数量必须达到总保单数的7%，第二年9%，第三年12%，第四年14%，第5年16%；此外，寿险公司对城乡低收入群体开展业务，在1～5年内，还必须完成5 000～25 000份的保单数量。

财产保险：财产保险供给量位列第三，占比20.55%。在近3 620万的总覆盖人口里，中国就占了2 800多万，扣除该因素，财产保险的真正供给量仅为800多万。财产保险又可以分为作物保险、牲畜保险、房屋保险及其他财产保险四类。在100个最贫穷的国家里，该险种的平均覆盖率仅为0.7%，原因主要在于财产保险由于逆选择和道德风险高而经营难度较大；另外，大部分财产保险采取个体承保而非团体承保的方式也增加了运营成本，使得人们无力承担保费。有趣的是，78%的财产保险由商业性保险公司提供，而且平均存在年限超过5年，这说明有些财产保险经营是可以实现赢利的。止损机制是财产保险经营中运用较多的方法，但是可能导致保险效果减弱。

指数保险：在发展中国家或转型经济体中，农业是低收入群体的主要收入来源，但是农业受天气影响很大，因而这些国家对农业保险（即农作物保险和牲畜保险）的需求很高，然而经验表明，农业保险的道德风险和逆向选择比其他险种大，财务可持续性很弱。指数保险（特别是天气指数险）的出现，大大克服了道德风险和逆向选择，是财险领域的一大创新。指数保险正处于试点阶段。世界银行正与阿根廷、墨西哥、摩洛哥、印度、马拉维、尼加拉瓜、乌克兰和秘鲁等国合作试点，提供指数保险(专栏 7-2)。

专栏 7-2　指数保险的运作原理

指数保险运作原理如下(以天气指数险为例,假设旱灾是影响某地区农作物收成的因素)

1. 指定降水量的异常为理赔触发因素,并由当地气象局提供降水量的数据。

2. 规定开始理赔的降水量 a 和全额理赔的降水量 b,$b<a$。(即当某地区降水量低于 a 时,客户就可以要求保险公司支付赔偿款;随着降水量的进一步降低,可以得到的赔偿款额越多;当降水量 $\leq b$ 时,客户便能得到保单规定的全额赔偿。)

3. 该保险不再涉及核损环节,以客观因素作为衡量损失的标准并据此支付赔款,从而降低了道德风险和逆选择。

医疗保险:有关调查结果[1]表明,低收入群体对医疗保险的需求最高;然而在实践中医疗保险的供给量是最小的,占比为 20%。而医疗保险主要分布在亚洲和非洲,拉丁美洲的数量相对较少。医疗保险一般和社会保障系统结合紧密,大多数小额医疗保险项目是 CBOs 和 NGOs 提供的基本医疗服务保险,在此基础上由政府提供二级保险。

世界范围内小额保险各险种占比情况见表 7-3。

表 7-3　世界范围内小额保险各险种占比情况　　单位:%

	人寿保险	意外死亡及伤残保险	财产险及指数保险	医疗保险
全球	36	23	21	20
亚洲	33	25	22	20
非洲	25	19	19	37
拉丁美洲	93	1	0	6

7.1.6　小额保险供给主体的类型

现存的小额保险提供主体主要有六种类型,按地区和主体类型划分的各类数

〔1〕 (1)Monique Cohen, Jennefer Sebstad. Reducing Vulnerability: The Demand for Microinsurance. Journal of International Development, 2005, J. Int. Dev. 17: 418。

(2)Jim Roth, Michael J. McCord, Dominic Liber. The Landscape of Microinsurance in the World's 100 Poorest Countries. Appleton: The Microinsurance Center LLC, 2007: 25。

据如表 7-4 所示。

表 7-4　各类小额保险提供主体服务群体及其地区分布(截止到 2005 年年底)

主体类型	合计	亚洲	拉丁美洲	非洲
商业保险公司	37 949 127	28 517 903	7 704 622	1 726 602
NGO 组织	37 409 196	36 827 202	4 581	577 413
互助型	2 474 106	1 380 369	91 035	1 002 702
非正规	332 100	298 100	0	34 000
社区型	323 279	186 418	0	136 861
国营保险公司	11 177	11 177	0	0
其他	518	0	0	518
合计	78 499 503	67 221 169	7 800 238	3 478 096

数据来源：Jim Roth, Michael J. McCord and Dominic Liber (2007), The landscape of microinsurance in the world's 100 poorest countries：19.

从表 7-4 的统计数据可以看出：商业保险公司是小额保险的最大提供机构，覆盖约 3 800 万低收入群体；其提供的小额保险产品种类也是最多的。但相关研究表明，该类主体提供的小额保险产品在质量上差别很大，有些商业保险开发的小额保险产品保费低、保障程度低，但是理赔限制很多，这种保险产品对于客户来说几乎没有价值。

NGO 组织提供总量仅次于商业保险公司。然而，根据相关统计，中国的 NGO 组织〔1〕就覆盖了 2 800 多万人口，扣除该因素，NGOs 提供的保险服务占全世界现有小额保险的 11%。NGO 组织不以赢利为目标，而且其主要服务对象是低收入群体，因此，这类组织在小额保险产品的试验和经营上灵活性较大，产品种类多，敢于提供经营难度较大的产品。NGO 组织是医疗保险的最大提供方，原因在于其非营利性和医疗保险的高需求，另一方面捐赠机构也倾向于支持该领域的发展。

互助型组织(Mutuals)是小额保险的第三大提供机构，集中分布在亚洲。其主要特点是非营利、民主参与，但它们配备专业的管理人员并受政府监管。很多 Mutuals 刚开始是社区型组织(CBOs)，随着经验和资金的积累，逐渐演变成为现在的形态。

社区型机构(CBOs)主要分布在非洲。在马里，存在着 30 多家社区型组织，是

〔1〕 国际小额保险中心将中国零散的小额保险客户统一统计为中华全国总工会(The China Federation of Trade Unions)的会员，认为中华全国总工会是中国的 NGO 组织。

世界上拥有 CBOs 最多的国家。其在产权上和互助保险相似,但在管理上却由成员自主管理且基本未被纳入政府监管;由于区域限制,一般规模较小,产品种类有限。由于规模小、管理弱化,社区型组织的财务可持续性较弱。

其他非正规保险组织:在最贫困的 100 个国家当中,也存在许多其他非正规保险组织。但是这些组织规模过小,如需对其进行研究,需要展开细致深入的调查。比如,FinMark 信托通过调查发现,在非洲南部有 800 多万低收入群体,就是通过一些小规模的非正规组织而获取到小额保险服务。

国营保险公司的存在是印度小额保险的特色,其管理职能较弱,效率较差。由于没有激励机制,这类公司对小额保险的投入可能会随着政府需要而改变。

总之,小额保险提供主体以商业保险公司和 NGO 组织为主。

7.2 国外小额保险经营模式

7.2.1 主要经营模式

小额保险供给主体,按产权结构可以分为两类:股份制和互助制。股份制公司由投资者所有,利润通过股利的形式分享,如商业保险公司;互助型机构由客户所有,扣除准备金后,利润通常按内部规定的相应比例分配给客户(所有者)。

商业保险公司主要通过与中介机构(以微型金融组织为主)建立合作关系提供小额保险,由保险公司充当风险承担者,而机构充当销售中介赚取额外收入。这种模式被称为合作－代理模式。

互助型机构遵循"成员一人一票"的原则;成员是其拥有者同时也是服务的使用者。互助机构有几种变体,主要有三种:

(1)独立互助(或合作)保险公司:多数是大型的互助保险公司,不从属于任何互助机构。菲律宾的 CARD MBA、斯里兰卡的 Yasiru 互助公积金是这一类型的代表。

(2)从属于某个金融合作网络(如储贷合作社,或 SACCOs:Savings and Credit Cooperatives)的保险公司:为该金融合作网络的成员提供保险服务。多数大型 SACCO 网络通过附属的保险公司为其成员提供保险服务。很多此类保险提供商都是国际合作及互助保险联盟(ICMIF)的成员。这种模式被称为合作网络模式或 SACCO 网络模式。该模式在拉丁美洲、非洲和亚洲均有分布,如表 7-5 所示。

表 7-5　合作网络模式的典型案例

国家	机构(包含的合作组织数)	开始年份	覆盖人数(年份)
秘鲁	ServiPeru(86)	1994	94 000(2003)
波兰	TUW SKOK(1 285)	1998	93 000(2003)
危地马拉	Columna(87)	1993	54 000(2003)
马拉维	MUSCCO(57)	1980	56 000(2003)
哥伦比亚	La Equidad Seguros(1 273)	1970	30 000(2004)
印度	Yeshasvini Health Care Trust(25 000)	2002	1 450 000(2004)
斯里兰卡	ALMAO(8 500)	1991	50 000(2004)
贝宁	AssEF(137)	2003	2 000(2004)
多哥	MAFUCECTO(68)	1989	—

资料来源：Craig Churchill. Protecting the poor: A micro-insurance compendium. International Labor Office, 2006:337.

(3)互助保险协会网络：由互助保险协会组成，例如马里的 Union Technique de la Mutualite Malienne(UTM)。这种模式又被称为社区型模式。第二和第三类的主要区别在于：在合作网络模式中，保险是作为附加而非核心的产品；而后者则专注于为其成员提供保险。

另外，还有一类小额保险提供主体——NGO 组织直接参与保险产品设计，为低收入群体提供服务；很多微型金融组织(MFIs)都从属于该范畴，有的仅提供信贷生命保险，有的已拓展到多种保险产品的服务。本书将该模式称为独立经营模式，例如孟加拉国的 Grameen Bank 和印度的 SEWA 就是典型的独立经营模式。

总结起来，各种模式的区别如表 7-6 所示。

表 7-6　不同小额保险经营模式之间的区别

模式类型	产权形式	风险承担主体	销售渠道	营利性
合作一代理模式	股份制	商业性保险公司	代理方：微型金融机构	营利(支付股利)
合作网络模式	互助制	合作网络中的保险公司	合作网络中的合作组织	营利(利润返还)
社区型模式	互助制	医疗互助组织	组织本身	非营利(捐赠机构资助)
独立经营模式	公益型	NGO、微型金融机构	机构本身	非营利(政府/外部资助)

资料来源：笔者根据相关资料整理。

7.2.2 小额保险经营模式的评价标准

小额保险经营模式是否成功,主要的判断标准是该模式能否在扶贫性和财务可持续性之间寻求平衡。扶贫性是指:最大限度地满足低收入群体对小额保险的需求,包括种类、保障程度、费率高低、服务质量以及带给人们的心理安慰等方面;财务可持续性则指保险经营必须做到盈亏平衡,而实现盈亏平衡意味着:收集的保费至少要覆盖赔偿款和经营成本两项主要支出。

7.2.2.1 扶贫性

小额保险与传统的风险管理方法不同,它能够帮助人们以较少的成本购买保单,而在遭受风险(同时达到索赔条件)的时候获得比保费高很多的赔偿,从而抗风险能力大大提高。

尽管从经营个体出发,提供小额保险的目的有非营利的,但更多的机构是为了营利;但从国家甚至是全世界层面看,扶贫性是小额保险最重要的特征之一。因此,才能吸引那么多的国际性专业机构、非政府组织、捐赠机构、技术支持机构和各国政府的积极参与。

对一个模式的扶贫性进行评价的标准很多,比如投保户参保前和参保后收入水平的变化、医疗服务设施利用率的变化、人们心理安全的变化等,但由于众多小额保险产生的年限很短,数据可获得性较差,相关的研究很少。因此,在后面对各种模式的比较过程中,将主要围绕模式本身比较显见的一些特点,如产品种类、保障程度、费率高低、服务质量以及客户满意度等方面展开分析。

7.2.2.2 财务可持续性

前面讲到,盈亏平衡至少要保证保费覆盖所有的赔付款和经营成本,削减赔付款意味着首要目标的违背。因此,要实现财务可持续,关键是控制经营成本,经营成本的最小化有赖于保险经营每个环节的创新。

从经营模式的角度看,包括以下几方面:定价是否科学、销售渠道是否有效、流程是否高效、管理是否专业、硬件设施和技术支持是否充足及监管是否到位。另外,逆选择和道德风险是否被有效克服也是制约经营成败的关键。

除了定性判断,对经营模式财务可持续性的评价,已经存在一套量化的指标,见表7-7。前3个指标是衡量扶贫性的比率;后面5个指标主要用于对财务可持续性的判断。

表 7-7　小额保险经营模式的定量评价指标

指标	计算公式及作用
1. 覆盖率	覆盖率＝投保人数/目标市场人口
	该指标能有效反映一个保险项目营销活动与分销渠道的有效性和人们对保险产品的理解和接受程度，越高越好
2. 续保率	续保率＝定期保单到期后续保数/潜在的续保数
	该指标反映投保人的满意程度。对于自愿参与的项目，若续保率较低通常表明客户的不满意(可能是由于沟通不畅、产品价值不高、对赔付不满意等)。从运营角度看，高参与率的好处在于，更多的保费收入可以回馈给投保人，这可以增加产品的价值
3. 理赔及时性	从事故的报告到完成赔付的平均时间
	该指标反映了保险服务的质量。比如可以将该时间划分为一周内、一周至一个月、一个月至三个月、三个月以上的时间段，较短时间段内完成赔付的百分比越高，理赔及时性越高
4. 引致赔付率	引致赔付率＝引致赔付额/保费收入
	该指标说明小额保险项目对投保人的价值。小额保险的关键就在于保持较高赔付率的同时还能够持续经营。由于与具体情况有关，引致赔付率指标不能主观地指定。通常来说是越高越好；理论上引致赔付额、引致费用(后面会解释)以及净利润应约为 75∶20∶5 的关系
5. 净利润率	净利润率＝净利润/保费收入
	该指标表明小额保险项目的赢利能力，是衡量一段时间内经营成果的重要财务指标。借助该指标可以评价项目的管理水平以及可行性。如果小额保险项目赚取的利润过多，说明没有为客户提供足够的价值；这可能是因为投保人受益程度太低，或者是因为投保人不清楚怎样索赔，等等。这些情况会使小额保险项目最终失去吸引力。CGAP 认为，5%是比较合理的
6. 引致费用率	引致费用率＝引致费用/保费收入
	该指标说明提供小额保险产品的过程是否高效，因为引致费用会侵蚀掉对应期间的保费收入。只有实现较低的费用率才能提高产品价值。在这里，引致费用应当反映会计期间内所有实际发生的费用，包括摊销、折旧以及佣金。但是有专业人士认为固定资产的摊销、员工培训等不应当包括在引致费用中，或至少不应该在成立时反映，否则会形成对项目的悲观看法

续表 7-7

指标	计算公式及作用
7. 偿付能力比率	偿付能力比率＝有清算价值资产/总负债。其中，有清算资产价值应该由监管层列出，具体包括政府债券、现金和现金等价物、高信用等级的证券投资等；总负债包括保费收入、引致费用和储蓄性保险收入等
	该指标反映了财务管理的状况和项目可行性。CGAP 认为偿付能力比率应当高于 115%，当然实际上也取决于项目具体情况。应收保费是否算作有清算价值资产仍然需要讨论；即使监管机构允许包括在内，对于超过 2 个月的应收保费也应当谨慎操作
8. 流动性比率	流动性比率＝可用现金或现金等价物/短期(3 个月以内)应付账款
	该指标决定了小额保险机构支付赔款和费用的能力，通常应至少为 1。因为即使保险机构的偿付比率正常，它在短期中仍可能缺乏流动性。而过多现金又意味着保险项目放弃了投资机会，造成保费过高或保障程度不足

资料来源：CGAP Working Group on Micro-insurance. Performance Indicators for Micro-insurance Practitioners. Luxembourg：BRS，2006

小额保险发展初期，由于数据缺乏，利用量化指标进行评价不太可行；随着数据和经验的积累，定量分析和定性分析相结合能够更全面地对不同经营模式的优劣势进行分析。

7.2.3 合作一代理模式的特征分析

小额保险业务作为一项全新的业务，在专业知识、资金和监管等方面都会产生新的要求。对于中介机构来说，自行经营的风险较大，而通过与保险公司的合作向其客户提供小额保险服务则可以较好地实现目标同时规避风险；对于保险公司来说，通过中介机构可以较快地开辟一个新的市场，是进入低端市场最简单、最快捷、成本最低的方式。

合作一代理模式如今已成为发达国家商业保险公司销售保险产品最常用的模式，并且在人寿险、医疗险、伤残险和财产险等方面取得巨大成功。也有一些微型金融机构开始通过寻找保险公司合作为其客户提供保险服务。

7.2.3.1 组织结构特点

在该模式中，中介机构(主要是 MFIs，也有其他机构充当销售中介的，比如零售商、邮政局等)的角色是代理商，通过网点优势，向已有的客户群宣传并销售保险产品，提供一些简单的售后服务；保险公司的角色是合作伙伴，负责产品设计和风险管理，发挥其在财务、保险经营方面的专业优势，由于其资金雄厚，能够突破中介机构资金不足的瓶颈,在风险准备基金和资本充足率等方面则符合保险监管的要求。

保险公司有时还会与一些服务提供商建立关系,比如在健康保险中,保险公司须将理赔款项支付给医疗机构(而不是支付给客户本人);在丧葬保险中,需将理赔款支付给殡葬机构。

小额保险合作一代理模式的组织结构如图 7-3 所示。

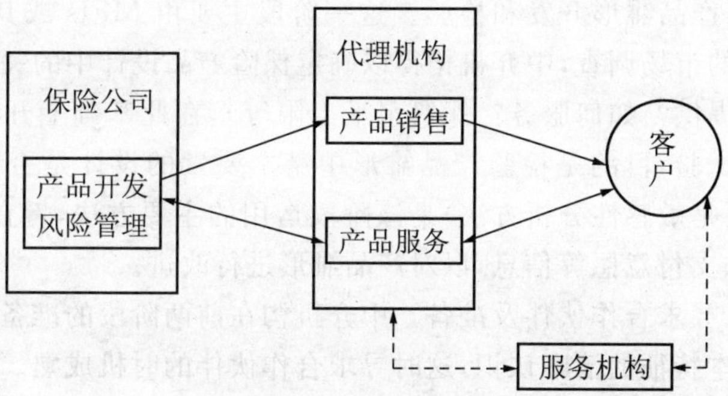

图 7-3 小额保险合作一代理模式的组织结构图

资料来源:Warren Brown, Micro-insurance—the risks, perils and opportunities, Small Enterprise Development, Vol. 12(1):16.

7.2.3.2 运作流程

合作一代理模式各方在向客户提供保险产品之前,需要根据各自的比较优势进行分工,提前对各环节进行协商,并以正式的协议形式存档。"产品开发周期"概念可以较完整地概括该模式的运行特征,见图 7-4。

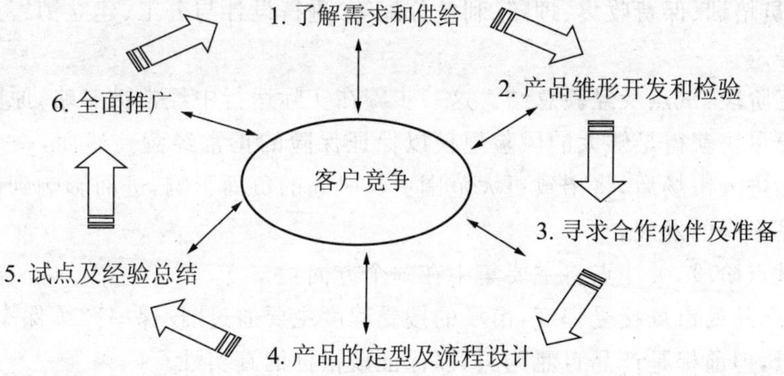

图 7-4 合作一代理模式的产品开发周期

资料来源:Michael J. McCord, Micro-insurance note 4: Product development—making micro-insurance products successful, 2007:3。

第一阶段:了解需求和供给。要保证小额保险产品被目标群体接受,必须由中介机构(主要是 MFIs)首先对客户的保险需求进行调查研究(诸如客户面临的风险?风险管理对策?有效性?客户的收入特征等),进而发掘小额保险可以填补的空白并为产品雏形设计提供依据;同时对保险供给环境的了解也将有助于产品设计和合作伙伴的选择。

第二阶段:产品雏形开发和检验。这一阶段主要由 MFIs 或其他中介机构实施。通过前期的市场调查,中介机构得以确定保险产品设计中的关键要素(比如提供什么?怎样提供?如何服务?保费水平上限等),在此基础上开发出产品雏形,进行小范围的试验,目的是检验产品雏形中基本要素的设计是否符合实际需要。定量分析(主要是敏感性分析方法)是该阶段运用的主要方法,旨在获取诸如保费费率接受程度、支付意愿等信息,以对产品雏形进行改进。

第三阶段:寻求合作伙伴及准备。中介机构在前两阶段的准备工作基础上,已具备对产品基本特征的清晰认识,这时寻求合作伙伴的时机成熟。在这一阶段,中介机构和保险公司必须进行可行性分析:①双方是否具备销售产品与提供服务的能力?②新业务的参与是否能够同时满足客户与机构各自的利益需求?

另外,有关案例研究(印度的 ASA、甘纳的 CARE)表明招标方法可以在保险公司之间引入竞争机制,进而有助于中介机构找到能最大限度满足客户需求的合作方。在准备阶段,合作和代理双方需要确认一些硬件系统(比如计算机,尽可能实现业务处理电子化)的到位,保证资金流和信息流流动的效率。

第四阶段:产品的定型及流程设计。在该阶段,合作方和代理方将共同参与,根据第二阶段的结果共同确定产品的最终定价、对产品销售和服务的各个流程(如签单、人员培训、保费收集、理赔、利益分配等)进行设计与分工、建立销售人员的激励机制等。

第五阶段:试点及经验总结。这一步骤在实际运行中经常被忽略,原因在于保险公司想尽快获得足够大的风险规模以保证保险的正常经营。然而,一个不够完善的产品进入市场后,将招致更大范围更长时间的负面影响,进而影响到该保险机构或产品未来的发展。

在试点阶段,关注点将主要集中在 3 个方面:

(1)产品的市场接受程度:市场的接受程度主要通过“投保率”“续保率”等指标进行衡量,但前提是产品自愿购买,以保证该指标的真实性。

(2)系统和流程的有效性:保险是一种需要信任的商业活动,当系统和流程运行失败时,消费者将对产品失去兴趣和信任,进而对产品将来的发展产生不利影响。因此,有必要在试点阶段就对其有效性进行检测,发现问题及时做出改进。

(3)人员培训和激励机制的有效性：由于目标群体的文化水平较低，因而对保险产品很陌生，而销售人员的素质高低和工作态度的好坏，将部分决定客户对保险产品的接受程度。因此，在试点阶段，对人员培训和激励机制的有效性进行检验和改进至关重要。

第六阶段：产品全面推广。当试点阶段确保产品的市场接受程度高、系统运行有效、人员培训和服务能力到位时，全面推广的时机成熟。在这一阶段考虑的关键要素是要确保以上三方面在更大范围内有序运行。

从理论上分析，合作一代理模式将充分发挥合作代理双方的比较优势，能够带来保险公司、中介机构和保险客户的“三赢”。但在实际运行过程中，优劣势共存。

(1)覆盖面广，产品种类多，但主要集中在人寿保险品种上。通过合作一代理模式提供的小额保险产品覆盖约3 800万低收入群体，是所有模式中覆盖面最大的；这种模式的销售渠道主要是微型金融组织(信贷机构)，因此，其目标群体主要局限在这些组织的借款客户。

该模式提供的产品种类也是最多的。但是，尽管种类繁多，商业保险公司的小额保险产品主要集中在人寿险上，并以信贷生命险、意外死亡和伤残险为主，占商业保险公司小额保险总供给量的67%。养老保险的储蓄性和微型金融组织的存款业务产生竞争，在保险公司找到其他合适的中介机构之前，提供的养老保险产品有限；另外，医疗保险在大多数地区不能作为强制性产品销售[1]，而且其经营难度又高于其他险种，商业保险公司兴趣不大，因此，该模式提供的医疗保险产品也相当有限。

(2)商业保险公司资金实力雄厚，财务可持续性强。商业保险公司一般被纳入监管，具备充足的资本金并建有风险准备；保险管理专业，常常设立专门的小额保险部门负责产品设计、销售、服务等环节；其在硬件设施和技术支持方面限制较少，对外部捐赠的依赖性也较小，因此，合作一代理模式是所有经营模式中财务持续性最强的。

(3)保费费率水平高、保障程度有限。尽管有些项目的理赔率很低，但保费费率水平普遍过高。在进入低端市场的最初阶段，由于保险公司需要在风险判断、数

---

[1] 通过合作一代理模式提供的产品有强制性保险和自愿性保险。强制性保险产品的经营业绩比自愿性产品好。因此，保险公司普遍偏好提供强制性保险产品。强制销售产品的前提是这些产品必须和中介机构自身的产品存在一定关联，比如信贷机构可以要求其信贷客户购买信贷生命保险，而不能其强制要求购买医疗保险等其他产品。

据收集等方面投入较多的成本,因此保费水平会比较高;但是随着对市场的了解度提高,保费水平应该下调。但是,事实是保费水平居高不下。追究根源,是保险公司和销售中介的营利趋向导致了这种局面。

(4)客户满意度较低。商业保险公司进入小额保险产业的时间较晚,产品设计较新,也具备大规模销售保险产品的潜力,但是事实表明,该模式提供的产品普遍在质量和针对性方面存在不足。

理论上分析,客户能够购买到既满足需求又具备支付能力的保险产品,便可以提高自身的风险防范能力,益处显而易见。但是,很多案例研究表明:保险客户普遍反映保险产品进入生活之后,并未带来好处,反而在他们心中留下了负面影响。一方面保费水平过高,服务质量水平较低;另一方面即使获得赔款,也无法直接获得补偿,而是贷款组织受益。因此,很多人认为中介机构向他们提供保险更多是为了保护其自身的资产安全。

(5)中介机构未能充分发挥优势。一方面营销能力不足;另一方面出于赢利损害客户利益。在该模式中,保险公司通过利用中介机构的比较优势,使其成为进入低端市场最简单、最快捷、成本最低的方式。但在实际运行中,中介机构(主要是MFIs)市场营销能力不足,最终导致市场渗透率很低。主要原因有中介机构缺乏保险知识,管理层缺乏对保险代理业务的重视,销售人员积极性不高等。

在合作一代理模式中,在保障低收入群体利益方面,中介机构作为代言人将发挥关键作用。但是在与保险公司的合作过程中,一方面很多中介机构未能对目标市场做出保险需求调查,导致在与保险公司的谈判过程中显得被动,无力对保险产品的设计产生影响;另一方面未能充分引入竞争机制,中介机构原本可以通过招标等市场方法,在保险公司之间建立竞争机制,以选择最适合保险客户的保险产品。其根源是中介机构在服务客户利益和利润最大化之间存在矛盾,结果往往是牺牲客户利益追求利润。

7.2.4 合作网络模式的特征分析

7.2.4.1 合作网络模式的产生

20世纪50—60年代,合作与互助保险在发达国家的低收入人群中发展起来。在加拿大,大萧条时期低收入家庭无力购买保险;在那以后出现了两个合作保险计划,都整合了储贷合作社、营销/供给以及消费合作社、农协以及贸易协会。随后,在发展中国家也出现了很多类似的组织结构。

与合作一代理模式不同,这种安排不是两个独立组织形成的、以合同为基础提供保险产品的合作关系。在合作网络模式中,保险公司作为附属组织和成员机构

（主要是合作社）都归合作网络拥有和控制；由保险公司提供保险产品（下属保险公司的主要目的是为 SACCO 成员个体提供服务，它们也可以为合作社自身服务），而合作社则作为分销渠道。其实质是一种互助保险，整个网络的最后产权人是合作社的成员个体。上述差异对提供给客户的产品服务质量与价格有着重要的影响。

7.2.4.2　合作网络模式的主要特征

1. 组织结构特点

合作网络模式中有两个关键组成部分：第一，风险承担者，通常是保险公司（一般已纳入政府监管），负责设计保险产品并审核承保；第二，金融/非金融的协会或合作社，作为分销网络[1]。图 7-5 简化地描述了该关系：会员是整个组织架构的最终所有者。众多会员组成合作组织，各合作组织则联合形成一个联盟；联盟内部又创建起几家附属机构，这些机构的职能是集中联盟资源或从外部获取或自身提供所需商品，而保险公司就属于这种附属机构，为联盟内的会员提供市场上缺乏的保险服务。

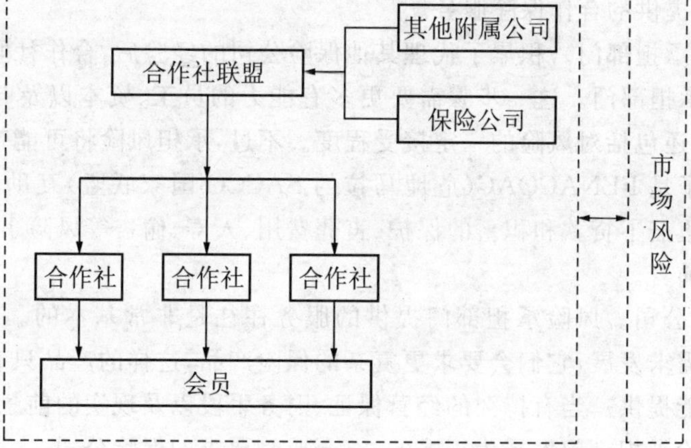

图 7-5　合作网络模式的组织结构特点

资料来源：Protecting the poor：A micro-insurance compendium. Geneva：International Labor Office，2006:396

附属机构的产权形式可以是合作制的，也可以是股份制的（很多是出于监管者

[1] 合作保险公司有时也会使用其他分销渠道，容易被误认为是希望从合作组织中独立出去；其实，这样做并不会稀释合作网络的所有权，就像是私有保险公司使用多重分销渠道不会影响它的所有权一样。

对保险公司的要求)。但该机构的产权最终还是归会员所有,因此并不影响该模式的合作本质。

合作网络模式在大多数发达和发展中国家都以这种基本形式出现。多数这种组织属于 SACCO(Savings and Credit Cooperatives)网络,但该模式在其他类型的合作网络,如农业或消费者合作社中运作也很好。印度的 Yeshasvini 就是通过多行业网络提供小额保险的一个例子。

2. 运行特点:3 个发展阶段

保险的合作网络模式实际上包含 3 种形式,对应于不同的发展阶段。该模式在通过合作网络将服务提供给 SACCO 及其成员的过程中,随着保险机构服务能力的提高、人力以及金融资源的拓展,提供的保险服务也日益正式和复杂。3 个阶段分别是:代理机构、风险承担部门以及保险公司。

(1)代理机构。SACCO 的全国联盟或其分支机构可以建立自己控制的代理保险机构。代理机构将本地包销商(如承担风险的保险公司)提供的保险产品进行零售。代理机构以自己的名义提供服务,从包销商处收取佣金。代理模式的主要优势就是联盟不承担任何风险。一个例子是 1984 年起,牙买加的 NUCS(国家合作协会联盟)提供的合作保险服务。

(2)风险承担部门。积累了代理其他保险公司的经验后,合作社联盟可以设立自有的风险承担部门。这一步骤需要更多有能力的员工、资本以及与再保险机构的合作,当然还包括对风险的一定接受程度。不过,承担风险将可能带来更多的回报。一个例子是 FENACOAC(危地马拉的 SACCO 国家联盟)互助保险服务;它提供的保险覆盖了贷款和积蓄的保护、丧葬费用、人寿、偷盗等风险事件;该部门是 Columna 的前身。

(3)保险公司。风险承担部门提供的服务往往是非常基本的。随着 SACCO 及其成员的需求发展,它们会要求更复杂的保险产品,这样的产品只有受管制的正式保险公司能提供。当有持久的经营保证、财务手段以及现实的前景时,国家联盟会考虑将风险承担部门发展为正式的、符合监管要求的保险公司。

例如,ALMAO 起源于 Sanasa 运动的保险部门和服务于 Sanasa 协会及其成员的一个保险经纪商。在没有捐助支持的情况下,该运动调动了足够的资金和技术力量,分别于 2002 年和 2005 年建立了一个人寿保险公司和一个综合保险公司。

7.2.4.3 对合作网络模式评价

合作网络模式与合作一代理模式不同,这种安排不是两个独立组织之间的合作关系,而是同一个主体下不同子机构之间的优势互补:保险公司由合作网络拥有和控制,为网络成员提供保险产品,而网络成员组织则作为分销渠道。这一点差异对提供给客户的产品服务质量与价格有重要的影响。

(1)覆盖面广,但是产品种类有限、主要集中于贷款保险。合作网络模式在各大洲的广泛存在表明其具有适应不同文化经济环境的全能性。通常SACCO或其他互助网络规模较大,通过成员合作社可接触到上万至上百万人,印度的Yeshasvini在仅仅一年内就接触到了145万客户。由于很大的市场潜力以及牢固的客户基础,保险公司可以利用规模经济,很快地实现盈亏平衡并最终赢利。

然而,该模式提供的产品品种有限。该模式的主体是信贷合作联盟(SACCO),SACCO网络最初建立下属保险公司的目的是补充其提供的金融服务(即存贷款),同时很多合作网络整合程度较低,金融、人力、技术资源也有限,因此,贷款保险是该模式的基本产品。比如在马拉维,保险公司能力有限,合作网络就主要提供基本保险产品,该产品满足了个人成员和SACCO的风险需要。当然,在合作网络及其下属保险公司能力提高时,就会提供更多产品,如在哥伦比亚和波兰,提供的产品种类较多。

(2)服务质量和客户满意度高,低套牢风险是该模式的显著优势。由于合作网络采取合作制的产权形式,因此被保险者(会员)同时也是保险公司的所有者,可以直接参与或通过合作社参与保险产品的设计。这决定了该模式在产品定价和服务质量方面与合作一代理模式存在显著区别。该模式中,保险公司和合作组织之间的交流比较充分,如危地马拉的COLUMNA每年都会对合作组织的销售业绩进行评价,同时商讨产品改进的建议。

另外,低套牢风险是该模式的显著优势。穷人因为持有的社会资本少、又难以用法律维护自身合法权益,特别易受套牢风险的影响。股份制保险公司可能在它们觉得适当的时候因策略上的考虑停止提供服务、歧视客户甚至拒不理赔,这与职业道德无关,而是趋利性造成的。在互助机构中很少出现这种情况,被保险人对公司的所有权可以约束保险公司的行为,使之与所有者的利益保持一致。

(3)具备保险之外的功能。与合作一代理模式相比,合作网络模式的优势还体现在其具备保险之外的功能。首先,通过合作组织联合形成联盟,使得小生产者和消费者将资源集中起来以保证规模经济性;其次作为个体,单个成员一般缺少话语权,但集合起来能形成显著的结果,从而提高个体的市场谈判力;最后,合作社直接或间接持有下属保险公司的产权,保险服务产生的资金最终回馈给合作社成员,能够促进整个社区的发展。

(4)保险公司能够获得合作网络的支持,财务可持续性较强。合作网络模式的财务可持续性较强。有关研究表明,合作网络的下属保险公司的初始资本主要来自于网络成员,通过直接投资,或将资本过户到另一个账户再投资到保险公司,而对外部资本的依赖较小；另外，合作网络中保险公司一般被纳入监管，管理人员比较专业；参与再保险是对许多小额保险公司的严重限制，但合作网络的下属保险公司能够利用上游的联盟机构参与再保险。(ICMIF 在促进其网络成员参与再保险中起了重要作用，多数的互助保险公司都具备参与国际市场再保险的渠道——通常是与其他互助保险公司)。

(5)一些劣势。当然，该模式也存在一些限制，可能影响保险项目的长远发展。具体体现在以下几方面：①管理层治理结构较弱：合作网络模式的治理结构较弱是很常见的，这就造成对代理人的控制力弱，他们因此会随意制定业务扩张战略而忽略对成员财富的保护；②技术支持缺乏：由于该模式下的保险公司服务群体基础较大，因此管理要求和技术要求就比小型的机构高。该模式的长期发展有赖于捐赠机构的技术支持，如员工培训等；③可能存在"防火墙"的漏洞：由于合作网络是一个整体，整个联盟内容易出现将信用风险与保险的风险结合起来的举动，经营失败的可能性大大增加，这个问题必须引起监管者的高度重视；④互助保险公司的成功必须依赖于合作网络的成功：互助保险公司作为一个职能机构存在的目的就是服务于合作网络，尽管其会在网络以外发展业务，但只占整个周转的很小一部分。因此，合作网络本身经营绩效的好坏将对保险公司的成功运营产生重大影响。

7.2.5 社区型模式的特征分析

20 世纪 90 年代中期前，社区型模式就已经出现，成为扩大社会保障范围的有效方式之一。医疗互助组织(MHOs：Mutual Health Organizations)是社区型小额保险模式的主要表现形式，它在西非国家比较流行。例如，乌干达已建立的主要由医院管理和经营、但社区型机构参与产品设计和保费收集的医疗服务体系；坦桑尼亚在全国范围内建立的社区医疗基金体；还有贝宁通过 MFIs 提供医疗保险产品的形式，当然这些 MFIs 本身是社区型机构。

医疗互助组织是互助型保险的表现形式之一，它和合作网络模式有一些相似之处；互助保险的共同特征是成员是其拥有者同时也是服务的使用者，这是它们区别于合作—代理模式的最大差异。但是，与合作网络模式相比，医疗互助组织(社区型模式)在组织规模、资金实力、保险服务的侧重点、监管和财务可持续等方面也存在一些差别。

7.2.5.1 医疗互助组织的产生

医疗互助组织的发展可以追溯到 19 世纪的欧洲，当时为了填补社会保障的空缺，各城市的工会组织自发建立共同基金，以提高工人们获取医疗服务的能力。之后，很多国家采取了这一形式在全国范围内实施。

医疗互助组织产生并广泛存在于西非国家，并非偶然，主要归因于当时的历史背景：①20世纪80年代末，非洲开始民主化进程，各国政府采取各种措施以满足国民的基本生活需求。②1987年世界卫生组织提出的"Bamako Initiative"[1]于20世纪90年代开始在各国广泛实施。③主要来自外部力量的支持：医疗互助组织的产生并非一种"草根现象"，由于西非国家的殖民地背景，20世纪80年代末，很多教堂促成了第一批MHOs的组建；后来，比利时和法国等国的NGO组织（比如法国的CIDR和比利时的World Solidarity）也发挥了重大作用。④如今，国际劳工组织（ILO）也通过其STEP项目[2]对西非的医疗互助组织给予支持。

7.2.5.2 医疗互助组织的主要特征

1. 组织结构特点

如图7-6所示，该模式中一般涉及5个主体，一是发起组织，它一般是在医疗

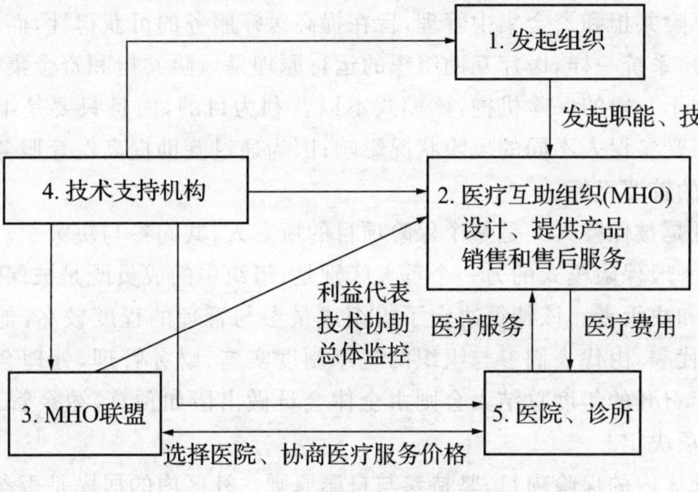

图7-6 社区型模式的组织结构特点

资料来源：Protecting the poor：A micro-insurance compendium. Geneva：International Labor Office，2006：396

---

〔1〕"Bamako Initiative"，即《巴马科倡议》》由国际卫生组织（WHO）和联合国儿童基金会（UNICEF）于1987年在马里首都巴马科提出，号召发展中国家建立农村医疗网点，《倡议》里面提出了3个核心原则：一、乡村的医疗网点财务要具有独立性，医疗费用不能完全依靠政府财政。二、医疗网点必须向农民提供常用的药品，不能提供特殊的昂贵的药物。三、呼吁人们一同来参与这些医疗网点的建设，使之财务透明。许多国家试着建立这样的医疗网点，但是，参与者还是不多，因为去看病还是需要花费农民自己很多钱，农民就有病也拖着不看，医疗网点的利用率很低。

〔2〕STEP是"Strategies and Tools against Social Exclusion and Poverty"的简称。

互助组织(MHOs)成立之前就已经存在,在发现会员存在医疗保险需求之后,提出建立 MHOs 的建议,因此它主要扮演的是发起者的角色,在 MHOs 成立之后,该机构还承担一部分技术支持的职能;二是医疗互助组织(MHOs),负责为会员提供保险服务,具体职能是设计、销售保险产品,并提供售后服务;三是 MHO 联盟(本小节后面会提到),其由十多家 MHOs 联合而成,主要是为了实现规模优势和提高财务可持续性。其扮演的是 MHOs 利益代表的角色,与医疗机构就服务价格进行谈判,还为会员组织提供技术协助,并总体上对各家 MHOs 进行监控以防范风险;四是技术支持部门,该部门或是国家扶助机构或是国际扶助机构,一般在项目初期存在,主要为新的 MHO 联盟或单个 MHO 提供技术协助,当随着经验的积累,联盟具备较强的自我管理能力时,该机构将退出;最后是医疗服务机构,主要是为 MHOs 会员提供医疗服务,并收取费用。

2. 运行特点

(1)通过风险共担和资金集中管理,旨在提高医疗服务的可获得性,而非营利。

和其他保险系统一样,医疗互助组织的运行原理是风险共担和资金集中管理。然而,它又不同于一般的保险机构,该模式不以营利为目的,而且只要是组织成员就给予承保,不受参保人不同的风险状况影响;因为通过互助提高医疗服务的可获得性是该模式的首要目标。

(2)成员既是被保险人又是整个保险项目的所有人,共同参与决策。

该模式与一般保险模式的另一个重大区别是,组织中的成员既是被保险人,同时也是所有者和决策者。该特征决定了组织成员参与管理的程度较高,他们一般通过选举产生代表,由代表们参与组织的规章制度实施、财务管理,处理会员的投诉等工作;每年召开的年度总结大会则由全体会员做出诸如预算、盈余管理、组织长期战略等各项决定。

(3)对于社区内的保险项目,坚持参与自愿原则。社区内的居民是否参加互助医疗保险,是自愿的。这一特征不同于大多数国家或地方层面实施的法定保险项目;但和一些福利性机构的做法相似,个人可以自愿选择是否成为该组织的会员,而从不强迫他们参加。

(4)成员具有某些共性且具有共同利益,彼此熟悉,因而逆选择和道德风险较低。

在大多数的医疗互助组织(MHOs)中,组织内的成员一般具有一些共性。比如,在保险项目实施之前就同属于一个机构、住在同一村庄、从事同一行业等,原因是这些 MHOs 一般建立在已有组织的基础之上,而该组织已具备一定数量的会员。这一特点可以很好地提高 MHOs 保险项目的参保率,以克服自愿参与原则带来的对参保率的负面影响。

由于互助特点,医疗互助组织的成员彼此比较熟悉而且具有一定的凝聚力。这种价值观对于保险经营也很重要,因为成员的相互了解可以有效克服逆选择和道德风险,并有助于提高续保率。

(5)医疗互助组织的其他特征。这些特征因模式运行而来,而非模式固有的特点。

首先,尽管在向会员提供保险服务之前已经存在发起机构,但医疗互助组织的成立意味着新机构的建立。在其他保险模式中,保险服务可以通过现存的机构直接提供(比如通过 MFIs 和保险公司等);而在该模式中,整个保险项目意味着一个新机构的建立,为了保证其正常运行,就需要依赖于原有组织和(或)外部机构的支持。

其次,医疗互助保险组织由提交保费的会员们参与管理。这一特征并不意味着保险项目必须由会员自行管理,但在实践中往往如此。项目的管理人员一般从会员中选举产生,这些代表参与管理出于自愿,因而组织并不向其支付报酬。这种做法可以有效避免受益人和管理层之间产生矛盾,同时也降低了保险经营的成本,但由于管理缺乏激励机制,因而不是长久之策。

最后,前面已经提到,该模式中医疗保险的参保人之间存在某些共性。该特征有助于建立成员之间的相互信任,保证互助组织的运行基础,但同时应该认识到:由于参保人的共性将导致参保风险的同质性,这与保险经营的风险异质原则相抵触,特别是在初始运行阶段,这些不利因素将给保险的成功运作带来困难。

7.2.5.3 对社区型模式的评价

1. 覆盖面窄、一般组织规模较小,赤贫者和较低收入者被排斥在外

由于区域限制,大多数 MHOs 规模偏小,除了个别情况,一般会员数量不足1 000人。这种现象部分受自愿参与原则的影响,但同时也与该模式出现的历史太短、母体组织能力有限不能覆盖到组织之外的人员等因素有关;另外,市场营销问题是制约很多 MHOs 规模扩张的重要因素,尽管它们尽力进行保险宣传和教育,但效果甚微。

其目标群体并不局限于低收入群体,既有农村人口,也有城市人口;既有非正规部门也有正规部门。但经有关调查研究表明,低收入群体占所有客户的大部分。如在几内亚,该模式中有 57.6%的会员没有受过教育,年收入中值为 150 美元/(年·人)[1]。

---

〔1〕 Protecting the poor: A micro-insurance compendium. Geneva: International Labor Office, 2006, 384

也有相关研究表明，在坦桑尼亚，医疗互助组织会员的年平均收入高于非会员的年平均收入，这意味着赤贫者和较低收入者仍然得不到医疗保险服务[1]。

2. 保费费率较低、保障程度也较低

由于目标客户是低收入群体，社区组织的宗旨是让更多的人获得医疗服务，因此该模式保费水平通常较低（表7-8），对应的保障程度也较低，仅覆盖初级和二级医疗服务，这些服务通常由公共卫生机构提供。然而，许多MHOs依然面临着投保率低、续保率低的问题，加上组织的会员基数本来就小，整个组织的可持续发展受到制约。

表7-8 社区型模式的保费水平和保障程度：几个典型案例

	Mutuelle Wer werle(Thies, Senegal)	Mutuelle de Sirarou (Sud Bourgou, Benin)	Mutuelle Leere Laafi Bolem, (Zabre, Burkina Faso)	Mutuelle Tekeye (Boni, Burkina Faso)
保费水平(/人/年)	2 400 FCFA	1个人：2 000FCFA 2～5人：8 000FCFA 6～10人：16 000FCFA 11～15人：24 000FCFA	2 400 FCFA	500 FCFA
保险条款	初级和二级医疗保障(100%)，药物和妊娠(50%)	初级和二级医疗保障(100%)	初级和二级医疗保障(100%)	初级保障(25%)

资料来源：Fonteneau *et al.*, 2004. US$1= 514 FCFA.

3. 客户满意度很高

已有一些研究表明，该模式对低收入群体具有正的影响效果。

2002年在几内亚的一项调查研究（Guinea Conakry 的一个项目，Criel 等 2002.）表明，MHOs提高了目标群体医疗设施的利用率。如表7-9所示。

表7-9 医疗互助组织(MHOs)会员与非会员医疗咨询次数的对比

	MHOs会员	非MHOs会员	会员/非会员
基础医疗咨询次数/(人·年)	1.8	0.5	3.6

资料来源：转自 Craig Churchill. Protecting the poor: A micro-insurance compendium. Geneva: International Labor Office, 2006:392

[1] Protecting the poor: A micro-insurance compendium. Geneva: International Labor Office, 2006, 385

CIDR也得到了一些有趣的结论：比如，在坦桑尼亚和几内亚，MHOs会员的住院率是非会员的两倍；在几内亚、坦桑尼亚、贝宁等国，医疗服务机构指出由于参加了MHOs，会员们在疾病的早期就开始寻求治疗。根据调查结果可以看出：众多MHOs客户的满意度很高，如表7-10所示：

表7-10 医疗互助组织(MHOs)的客户满意度情况：两个案例

客户满意度/%	非常满意	满意	基本满意	不满意
UMSGF（几内亚，2004）	50.5	42.4	2.0	5.1
自我管理医疗组织（坦桑尼亚，2005）	56.8	20.0	10.6	10.6

资料来源：转自Craig Churchill. Protecting the poor：A micro-insurance compendium. Geneva：International Labor Office，2006：393

4. 除了保险功能之外，能给社区带来其他有益影响

作为医疗互助组织，它的功能不仅仅局限于提供小额保险服务，还在其他方面发挥了重要作用。它们会经常对组织的成员进行健康知识普及；代表会员提高谈判力、与医疗服务机构进行沟通以提高服务质量、降低收费；有时还代表会员的利益与政策制定者进行协商等。

5. 财务可持续性较弱

社区型模式与合作网络模式之间很大的区别在于规模和管理。该模式由于区域限制，一般规模较小，产品种类有限；组织成员在自愿和选举的基础上参与管理，且整个组织基本未被纳入政府监管；由于规模过小、管理弱化，社区型组织的财务可持续性较弱。

由会员自行管理（并且无薪）的做法，尽管有助于满足成员保险需求，但对组织整体的有效运行带来了困难。自愿管理原则不能保证管理人员的稳定，而且管理人员并不具备专业的管理技能，导致了该模式管理基础的脆弱性。另外，该模式尽管保费水平通常较低，然而，许多MHOs依然面临着投保率低、续保率低的问题，加上组织的会员基数本来就小，整个组织的可持续发展受到制约。

为了克服上述种种弊端，于是很多MHOs便开始联合起来，组成全国或地区性的新联合体。非洲存在好几家这样的机构：比如Union des Mutuelles de Sante de Dakar（由30多家MHOs联合组建）、塞内加尔的Coordination Regionale des Mutuelles de Sante de Thies（包括39家MHOs联合会员机构）、马里的Union Technique de la Mutualite（UTM，由32家MHOs组成）和其他一些机构等。新的联合体在三方面发挥作用：①政治代表，代表所有会员机构的利益；②资金支持：通过保证金和再保险机制向会员提供资金保障；③经营管理的技术支持，为会员组

织提供一些诸如可行性分析、产品设计等方面的服务。

7.2.6 独立经营模式的特征分析

采用独立经营模式的机构主要是一些微型金融机构。独立经营小额保险的微型金融机构主要是一些资产规模较大、资本实力较强、拥有客户数量较多的机构。其经营特点:一是为客户提供的小额保险通常与具体的存款或贷款业务挂钩,是一种附带提供的金融服务,主要是为保障小额贷款的安全,降低由于借款人健康、意外伤害等方面的原因对贷款质量产生的不利影响,一定程度上也是为了满足客户对多种金融服务或产品的需求。二是它们提供的保险服务或产品通常具有强制性。

在印度、孟加拉国等南亚国家,微型金融机构在小额保险的发展进程中扮演着先驱者角色,其中较有代表性的有:一是孟加拉国乡村银行(Grameen Bank);二是印度的自雇妇女协会银行(Self-employed Women's Association Bank,简称SEWA银行)。

7.2.6.1 孟加拉国乡村银行(Grameen Bank)

乡村银行为其客户提供的小额保险服务主要是贷款保险的选择权。在孟加拉国,尽管借款人非常关注债务负担,但他们却不愿意在死亡时还有未清偿的债务,这种担心主要源于宗教和文化上对未还清债务者的制裁。为消除借款人的这种担心,乡村银行为客户提供了贷款保险选择权。孟加拉国乡村银行95%以上的借款人为女性客户,为减轻这些女性借款人的债务负担、防止她们在丈夫死亡后重新陷入贫困,银行将她们的丈夫也纳入到贷款保险方案中。如果借款人希望其丈夫也得到保险保障,她必须再额外缴纳贷款金额的7%存入贷款保险储蓄账户。在借款人的丈夫死亡时,她的所有贷款被免除,而且银行会将其支付的贷款金额的7%和累积利息归还到她的储蓄账户。在新的保险政策下,贷款保险对借款人或其丈夫不是强制性的,但如果女性借款人有特别企业贷款,夫妇二人都必须加入贷款保险计划。

7.2.6.2 印度的自雇妇女协会银行(SEWA银行)

该银行是印度历史最悠久的微型金融机构,由自雇妇女协会(SEWA)于1974年发起成立。SEWA银行致力于满足贫穷的自雇妇女对存款、贷款、保险等多种金融服务的需求,资产规模较大,而且实质上是一家合作银行,由3万多名妇女持有1 100万卢比的股份总额。

SEWA银行为客户提供的保险服务始于1992年。在早期阶段,SEWA银行侧重于拓展存款业务,也为存款客户提供保险服务。它通常会为其存款客户提供几种保险服务方案选择,具体保险服务方案的差异主要体现在客户所需存入的定期存款金额不同和保险保障范围不同上,综合性的保险方案对客户定期存款的金额要求更高。SEWA 银行只是相对独立的经营小额保险业务,其为客户提供的一些具体保险产品或服务,实际上是由印度国内的一些主流保险公司(主要集中在公共部门)承保的。这里,SEWA 银行实际上扮演保险中介的角色,包括为客户批量购买相应的保险产品、保留保单持有者的相关记录并协助他们处理索赔事宜等。

而对于一些涉及贫穷妇女范围较广的疾病包括妇科疾病和职业病等,现有的保险公司很少提供这方面的保险产品,SEWA 银行动用自有资金为客户提供保险服务。在为贫穷妇女提供女性特有的疾病和职业健康保险保障方面,SEWA 银行处于领先地位。SEWA 银行要求所有的借款人都必须购买保险。在相对独立经营小额保险业务方面,SEWA 银行与乡村银行的一个重要区别是,它不仅提供范围更加广泛的保险服务,而且动用银行的自有资产为客户提供保险保障,该部分自有资产并没有单独划入保险基金。SEWA 银行的经营模式现已被一些微型金融机构复制或推广运用。

7.2.6.3 其他微型金融机构

孟加拉国乡村银行和印度 SEWA 银行是微型金融机构相对独立提供保险服务的两个典型范例,还有一些微型金融机构针对所在国家或地区低收入客户的实际状况,在小额保险经营方面采取了创新性的策略。例如印度 BASIX,不仅与保险公司加强合作、鼓励客户购买人寿保险和意外伤害保险产品,而且该机构意识到农村地区的穷人客户面临的收益风险和价格风险会极大地影响他们的生产活动,积极发展能够保障客户收益风险的保险产品,并通过院外游说的方式倡议建立小额期货市场以降低农户的价格风险。

7.2.6.4 对独立经营模式的评价

(1)覆盖面较小,产品种类不一。独立经营模式中的保险机构,有的产品种类比较单一,比如孟加拉国的 Grameen 银行;而有的产品覆盖到组织成员生活的方方面面,种类较多,比如印度的 SEWA。然而,世界范围内,像前述两家小额保险运作比较成功的微型金融机构还较少,因此该模式的覆盖面还很有限。

(2)出于收入多样化与非营利性的目的,产品的保费费率较低。由于微型金融机构拥有客户资源和营销平台优势,能够运用交叉销售的方式推广小额保险产品,因而交易成本比专营小额保险的机构的要低;同时,一些微型金融机构比如 SEWA 提供小额保险的初衷是提高会员的福利水平,因此,整体上来说保费费率较低。

(3)保险经营机构能够主导产品设计,因而服务质量和客户满意度高。由于在独立经营模式中,小额保险经营机构能够主导小额保险的产品设计,提高服务水准,因而能更好地保障客户的利益。因而客户满意度是很高的。这反过来又增强客户对其忠诚度,在竞争日趋激烈的微型金融行业维持或逐步提高机构自身的市场份额,实现可持续发展。

(4)财务可持续性较弱。当小额保险日益受到公众的关注,不可避免地将有很多的 MFIs 尝试进入该领域。但是现状是很多这种 MFI 机构在运营自身的核心产品(贷款)方面,就已经存在着很多问题,只有较少一部分的 MFI 实现了财务可持续。而将存款产品加入到贷款中去后,实现赢利的机构少之又少:很多微型金融机构对强制性存款的依赖很大,但是运营情况却不太好,甚至是不合法的。一些微型金融机构实际上坦白:它们的贷款资产质量很差,因此他们提供储蓄性产品的初衷是为了提高流动性,以救活贷款资产;就算是一些规模比较大、比较有名的微型金融机构也承认提供储蓄产品的目的在于此。需要指出的是,很多 MFIs 想发展小额保险产品,它们的出发点与当时发展储蓄产品的想法如出一辙。这种策略给小额贷款和小额保险两个产业的发展都带来了额外的风险。

较多捐赠者,在对微型金融机构的运作和小额保险了解甚少的情况下,随意做出了捐赠资金支持微型金融机构提供保险产品的决定。前期,正是由于这些捐赠者的慷慨解囊,产生了很多运行糟糕的微型金融机构。我们将可以预测如果这些捐赠者再次针对小额保险进行捐赠,结果也不会很理想。

第 8 章　农户行为特征及金融需求特点

农户是农村经济运行的主体，也是农村金融服务所面对的主要客户对象，其经营行为本身既决定了农村经济发展的方式，也对农村金融的发展产生了重要的影响。伴随中国经济体制的转型，中国农户的行为也在发生着重大的变化，主要表现在其正在逐渐由原来以传统农业生产为主的“传统型”农户向兼业化、多种经营的“市场型”农户转变，在这个转变过程中，准确把握农户的行为特征，进而分析农户的金融需求特征，对于农村经济发展、农村金融发展都具有重要意义。

8.1　农户经济行为特征分析

8.1.1　农户经济行为研究的基本理论

8.1.1.1　行为研究:传统经济学与行为经济学

以新古典经济学为主的传统经济学理论假定人的行为是理性的、以追求自身效用最大化、利润最大化为目标，认为所有非理性的行为皆不存在。然而在现实生活中，人的行为所追求的远不仅限于此，他们还关注公平、互惠和社会地位等许多其他方面。传统主流经济学“经济人”的概念只是根据“经济人”的经济环境和条件提出来，而没有根据现实人的特点分析人的行为和动机。鉴于此，20 世纪 80 年代后，理查德・泰等人认为大多数人既非完全理性，也不是凡是皆从自私自利角度出发。以此为立论基础，专门研究人类非理性行为的行为经济学应运而生。

行为经济学的研究内容主要有 3 个方面:一是基于对精神心理因素的研究。二是拓宽了传统经济学的领域。传统经济学家一向认为人是理性的动物，倾向于追求最大收益或承担最小成本。行为学家则认为人类行为固然有其理性的一面，但也有其非理性的一面，非理性行为可以用科学方法加以研究。三是行为经济学认为，人类社会化的行为受复杂的社会关系制约，从而导致人的行为选择并非都是建立在理性思考的基础上，因此从纯理性角度研究人的行为是行不通的。

行为经济学的研究有以下特点:首先，由于经济学是关于理性选择的科学，所以它是认识人们理性选择行为的一种方法。尽管人们的有些行为是非理性的，但这并不能否定人的大多数行为是理性的。行为经济学关注到人的行为有非理性的一面。其次，行为经济学从行为性理学的角度分析人的决策问题，充分考虑了心理因素对决策的影响，其核心是人在面对未来的不确定性进行决策时是否总是理性的。由于人往往会出现系统性错误而偏离经济学的最优行为假定模式，因而结论是否定的。再次，行为经济学丰富了传统经济学分析问题的方式，增加了决策行为分析的变量，增加了决策行为分析的角度，即从行为到经济现象的角度。同时它更强调个体研究方法和实证研究方法。最后，行为经济学从人的角度来解释市场行为，充分考虑市场参与者的心理因素的作用，为人们理解决策行为提供了一个新的视角，使人们对决策行为的研究由"应该怎么做决策"转变到"实际是怎么做决策"的。

总之，传统经济学与新兴的行为经济学都为我们研究人的行为提供了理论与方法，在对农户的行为进行分析时可以借鉴与利用。

8.1.1.2　农户行为研究的基本理论

关于农户行为的研究是从研究农户经营行为开始的，而且与农户金融需求直接联系的也是其经营行为，因此关于农户行为研究的理论我们仅关注其经营行为理论。迄今为止国内外有关农户行为研究的经济理论大致可以分为3个学派：

1. 以俄罗斯A. 恰亚诺夫为代表的组织生产学派

以俄罗斯A. 恰亚诺夫为代表的组织生产学派主要是从社会学的角度观察农民的经济行为。恰亚诺夫认为，农户家庭经营在两个主要方面不同于资本主义企业：①农户经济发展依靠的是自身的劳动力，而不是雇佣劳动力，其家庭全年所投入的劳动，很难分计为一个个劳动单位的成本；②农场一年所生产的农产品，也很难像现金收入一样按单位计算，最重要的是它的产品主要是为满足家庭自己需求，而不是追求市场利润最大化。农户的劳动投入因为不以工资的形式表现，无法计算其费用，而投入与产出常常又是不可分割的整体，所以在追求最大化上农户选择了满足自家消费需求和劳动辛苦程度之间的平衡，而不是利润和成本之间的平衡。由此，农户经济本身形成了一个独特的体系，遵循着自身的逻辑和原则。

根据该学派的研究，农户分化的原因是农户周期性的劳动者与消费者比例的变化，而不是商品化带来的农民分化，农民对某项活动的劳动时间投入直到农户评价的边际非效用等于所获得商品的边际效用时才停止。该学派认为，俄罗斯农户经济的改造既不能走斯大林式的集体化道路，也不应走西方式自由市场的道路，而是应着眼于自发的组成小型合作社。

虽然恰亚诺夫的理论由于受到当时历史条件的限制而有许多不足，不能广泛用来研究现实的许多问题，但欠发达国家农户经济组织持续发展的事实使这一理论仍存在着很强的生命力(宋圭武,2002)。

在恰亚诺夫理论之后,美国经济学家J·斯科特(Scott)通过细致的案例考察进一步阐发和扩展了上述逻辑,并明确提出著名的"道义经济"命题。在斯科特看来,小农经济坚守的是"安全第一"的原则,具有强烈生存取向的农民宁可选择避免经济灾难,而不会冒险追求平均收益的最大化。

2. 以西奥金·舒尔茨为代表的理性小农学派

以舒尔茨为代表的理性小农学派沿用西方传统经济学关于对人的假设,认为在一个竞争的市场机制中,小农像任何资本主义企业家一样,都是"经济人",追求利润最大化。农户经济运行与资本主义经济运行并没有多少差别,农户经营中生产要素运行在生产分配上有明显的高效率。作为一种规律,在传统农业时期,农户使用的各种生产要素,投资收益率很少有明显的不平衡。在这样一种经济组织中,农户的行为完全是有理性的。在舒尔茨看来,传统农业中的农户并不愚昧,他们是理性的,对市场价格的变动也是迅速的。他们经过努力,已经使生产要素达到了最优配置,"没有一种生产要素仍未得到利用,在现有技术展开和其他可利用的要素为既定的条件下,每一块能对生产做出贡献的土地都得到了利用"(舒尔茨,1987)。因此,传统农业增长的停止,主要来自于传统边际投入下的收益递减,而非农户进取心的缺乏、努力不够以及自由和竞争不足的市场经济。该学派认为,改造传统农业所需要的是合理成本下的现代投入,一旦现代技术要素投入能保证利润在现有价格上的获得,农户会毫不犹豫地成为最大利润的追求者。因此,改造传统农业的方式不应选择削弱农户生产组织功能和自由市场体系,而应在现存组织和市场中确保合理成本下的现在生产要素的生产。

S·波普金(Popkin)更是直言,小农的农场完全可以用资本主义的公司来刻画,也就是说,小农无论是在市场领域还是在政治社会活动中,都更倾向于按理性的投资者的原则行事(1979)。由于以上两种观点十分接近,因此,人们将其概括为"舒尔茨-波普金命题"。这一命题实际上强调了,对于农户或者小农,重要的是为其提供所谓的"现代市场要素"和创造外部市场条件,至于小农如何行事,那是他们自己的事情。

该学派在其农户的经营行为的理性假说前提下,对于农户贫困的根源也做了分析。舒尔茨认为,对发展中国家的成就最好不要用初始条件的差异去解释,而要用政策的差异去解释。一国的贫困主要是因为其糟糕的国内政策所致;不是不良的外部条件所致。在《论农业中的经济学与政治学的冲突》一文中,舒尔茨认为,农业曾是糟糕经济学的最大牺牲品,工业化被推倒有损农业发展的地步,农业被榨取,农民对刺激的反应被忽视,土地每况愈下的经济重要性被置之度外。不恰当的经济分析造成了经济政策的失误，特别是扭曲了农业的刺激。运用该学派的这一判断似乎更能恰当的解释中国农村改革前后农业与农户经济增长实绩的变化。按照该理论的观点，经济制度变革的根本目标就是人力资本的增长。

3. 以黄宗智为代表的历史学派

黄宗智在综合分析了上述两个学派的研究结果后，认为农户家庭在边际报酬十分低下的情况下仍会继续投入劳动，可能是因为农户家庭没有边际报酬概念，或者农户家庭受耕地规模制约，家庭劳动剩余过多，由于缺乏很好的就业机会，劳动的机会成本几乎为零。黄宗智认为，革命前，中国的小农具有三种不同的面貌。“首先，是在一定程度上直接为自家消费而生产的单位，他在生产上所做的抉择，部分的取决于家庭的需要。”“其次，他也像一个追求利润的单位，因为在某种程度上他又为市场而生产，必须根据价格、供求和费用与收益来做出生产上的抉择。”“最后，可以把小农看做一个阶级社会和政权体系下的成员，其剩余被用来供应非农业部门的消费需要。”在此基础上，黄宗智对中国的华北平原与长江三角洲地区进行了深入细致的研究，得出了一些富有开创性的结论，如“过密性商品化”、“没有发展的增长”等，试图得出对中国小农经济更富解释力的理论框架。他认为20世纪80年代中国农村改革就是一种反过密化的过程，这种反过密化不是来自于个体农业生产和小商业，而是来自乡村工业和副业的发展，从而减少了堆积在农业生产上的劳动力人数，因此，中国农业仍然处于一种“没有发展的增长”中（黄宗智，2000）。

黄宗智对小农的综合分析建立在对小农的分层基础上，认为“一个经济地位上升的、雇佣长工以及生产有相当剩余的富农或经营式农场主，要比一个经济地位下降的、在饥饿边缘挣扎、付出高额地租和领取低报酬的佃、雇农，较为符合形式主义分析模式的形象，后者则更符合马克思主义的分析模式。而一个主要为自家消费而生产的自耕农，则接近于实体主义所描绘的小农”（黄宗智，2000）。

上述关于农户行为研究的不同观点，是不同学派在不同时期和不同的社会经济环境下，运用不同方法进行研究的结论，它反映了不同时期、不同社会经济条件下和不同类型的农户的行为特征。这些理论和观点拓展了农户行为的研究空间，为我们研究当代中国农户行为提供了理论基础。从中可以认识到，商品经济条件下的农户行为不同于自给自足条件下的农户行为；小规模经营条件下的农户行为不同于大规模条件下的现代农场主行为；发达国家的农户行为不同于发展中国家的农户行为；同一社会条件下不同时期的农户行为也不尽相同。在中国，由于农村资源要素结构的独特性，决定了中国农户行为的特殊性。从一般意义上看，任何农户都在追求着依据自身价值观而产生的“效用最大化”，而这里农户的价值观又与特定的因素有关，包括自然、经济、社会、文化等方面的综合。所以，不同的农户经营行为模式，都是特定要素环境下的产物，都表现出了一定的存在合理性。

8.1.2 中国农户经济行为分析

8.1.2.1 中国农户经济行为的理论阐释

就中国农户经济行为分析而言，无论是从“道义小农”视角，还是从“理性小农”视角来考察，得出的结论都难免过于简单。很显然，中国的绝大多数农户并不能够简单的依据他们是否会追求利润还是谋求生存来划分。因为基于不同的制度环境，从一个视角看过去，追求利润最大化是理性的行为；而从另一个视角看来，则追求生存或许是更富于理性的。

中国农户具有更为丰富的内涵，要解读中国的农户，黄宗智教授的“小农命题”将是重要的理论基础。作为农户行为研究的基本理论之一，长期以来，他的小农命题被研究中国农村经济与社会问题的学者奉为经典。其理论形成于《华北的小农经济与社会变迁》(2000)，成熟于《长江三角洲小农家庭与乡村发展》(2000)。

黄宗智小农命题的分析是从解读中国小农经济的“过密化”开始的，他指出，由于过密化源自一个农户家庭不能解雇多余的劳动力，因而中国的小农经济不会产生大量原本可以从小农家庭农场分离出来的“无产－雇佣”阶层。进一步地，既然多余的农村劳动力无法独立成为一个新的阶层，那么他们就必然会继续依附在小农经济之上。这种状况长期决定着中国农村经济的制度结构、演进走向以及总体绩效。

存在多余的劳动力无法转移出去，或者说，暂时离开农村小农家庭的劳动力对小农经济仍然心存眷顾，他们有时十分贫困甚至挣扎在生死线上，但就是因为无法割舍几亩田而不能成为真正意义上的雇佣劳动者。这种现象被黄宗智称为“半无产化”。在这种情况下，中国小农家庭的收入构成就包括家庭农场收入和非农雇佣收入。事实上，如果纵观中国历史会发现，黄宗智所提出的小农的半无产化概括了一个绵亘中国长期历史过程的传统。即使对于今天的中国农户，原有的逻辑仍在继续发展。正像费孝通先生早年所描述的情形，对于小农家庭而言，农业或者农业土地是一种生存保险，更是尊严的依托。因此农户或农民对土地的依赖，并不仅仅是出于经济收入的考虑。经济收益可以寻找替代物，但渗入农业和土地的其他传统、文化、尊严与情感，则难以割舍和替代。基于此可以发现，即使在外出务工已经成为农户收入的主要来源的今天，即便在许多地区农户的非农收入已经远远超过了农业收入，也依然改变不了它的补充角色。黄宗智把这种情形形象地概括为中国小农经济的“拐杖逻辑”。

循着这种“拐杖逻辑”可以进一步发现，改革以来中国农村的商品化与市场化对小农家庭的影响也不是质变性的。事实表明，副业和农业外就业并未从根本上改变农村的小农经济，反而在很大程度上支持了它。因为非农收入的增加在很大程度上增强了家庭农业经营的持续性和稳定性。由此可见，最近几个世纪以来，中国农村经济社会的基本结构虽有量的变动，但无明显的质的改变，中国农村社会长期维持着黄宗智意义上的小农格局（张杰，2005）。

8.1.2.2 中国农户经济行为的特征

基于上述认识，讨论中国农户的经济行为就不是一个"理性"与否的简单问题，事实上，农民表面的非理性恰恰是现实环境下的理性，解释农户行为特征，应综合考虑历史与现实的各种制约因素。

1978年，随着中国农村经济体制改革的启动，围绕着土地关系的调整，从1949年以后一直存在的集体统一经营的方式被根本打破，实现了农民对土地这种基本生产资料的使用权的占有，由此也形成了中国农村经济的基本经营形式为家庭经营。农户由集体统一经营中的决策执行者，向家庭经营中的决策主体的转变，加速了农村社会分化，农村社会的生存模式也由"总体性生存"转变成了"个体性生存"（何广文，2004a），农户重新成为生产经营活动中的主体，集体生产组织功能被农户取代。此时，农户由集体经济时代的单纯性消费组织（仅仅追求消费者效用最大化）转变为融消费和生产经营于一体的经济组织（同时追求消费者效用最大化与生产者利润最大化），农户作为农业经营的微观主体在农村经济活动中发挥着越来越重要的作用。

在农户家庭承包经营的制度背景下，中国农户经济行为的特征表现为：

（1）农户是生产与消费胶合的社会经济微观实体，尤其对于小规模农户而言，他们的活动通常集家庭生活、农业生产、非农业生产于一体，在众多约束条件下追求多重目标综合的利益最大化。

一方面农户作为消费者而言，其需要决策的是如何实现消费者效用的最大化。同时，农户作为生产者而言，其需要决策的是如何实现生产者利润的最大化。

①消费者效用最大化

假设农户的效用函数为 $U = U(x_1, x_2)$ ，在此仅考虑两种商品 x_1 ，x_2 ，价格分别为 p_1 ，p_2 ，农户的收入预算为 m ，则农户将在收入预算约束条件下追求效用最大化，即

$$\max U(x_1, x_2)$$
$$s.t.\ p_1 x_1 + p_2 x_2 = m$$

均衡条件是 $\frac{\partial U(x_1,x_2)/\partial x_1}{\partial U(x_1,x_2)/\partial x_2}=\frac{p_1}{p_2}$，即每种商品的边际效用与其价格成比例。

②生产者利润最大化

假设农户的生产函数为 $Y=f(x_1,x_2)$，产品价格为 P，两种投入 x_1 与 x_2 价格分别为 ω_1 和 ω_2，总成本为 C，则农户将在成本约束条件下追求利润最大化，即：

$$\max\left[Pf(x_1,x_2)-(\omega_1x_1+\omega_2x_2)\right]$$
$$s.t.\ \omega_1x_1+\omega_2x_2=C$$

均衡条件是 $\frac{\partial f(x_1,x_2)/\partial x_1}{\partial f(x_1,x_2)/\partial x_2}=\frac{\omega_1}{\omega_2}$，即产品的边际产出与投入要素价格成比例。

在此，由于农户的收入预算 m 和成本预算 C 的不同，其表现的经济行为也有所不同。

(2)在中国全面转向市场经济体制的宏观大背景下，农户经济保留了传统的小农经济小规模家庭生产经营的组织形式，但逐步改变了传统小农经济自给自足的自然经济属性。市场化程度是中国当代农户经济区别于传统农户经济的主要标志。

首先，就农业生产过程看，选种、育秧、耕田、插秧(播种)、施肥、管理、收割等生产环节，越来越多的部分农户是依赖市场，依赖于社会化服务；农户与外部的市场联系越来越广泛，并逐步形成了一个开放性的市场交换系统。其次，农户生产的产品自食自给的比重越来越低，出售给市场的比例越来越大，自给自足的封闭性格局已被完全打破。最后，中国农户的消费方式也越来越市场化、社会化。生产与消费是相辅相成的，生产的开放性也决定消费的开放性。这突出的表现在中国农户商品性、货币性消费比重已大大超过实物性、自给性消费的比重。

(3)从总体上来讲，中国农户经济行为呈现出多样化的特点。根据 2007 年中国农业发展报告户均数据来看，农户的就业渠道、产业活动、收入来源渠道已经变得复杂而多样。①从农户家庭人员就业渠道来看，农户家庭成员就业已经不再局限于农业生产，外出务工、从事农村工商业经营以及其他行业都成为其就业的选择。根据农村固定考察点的数据，2006 年，被调查农户中有农村劳动力 35 856 人，其中，到本乡镇以外就业时间累积超过 3 个月的劳动力有 8 459 人，占劳动力总数的 23.6%，比 2005 年提高 1.4 个百分点[1]。同样根据国家统计

[1] 根据 2007 年农村固定观察点数据，农业部农村经济研究中心，http//www.rcre.org.cn。

局的调查,2006年农村外出就业劳动力增加了634万人,乡镇企业就业人员增加了408万人,即使考虑就业人口自然增减的因素,从农业和农村中转移出去的农村劳动力也应该超过2亿人。②农户种养业以外的产业投工增加和外出就业增加,农户产业活动多样化。从全国的数据来看,农户家庭经营投工、家庭经营外生产投工和外出劳务投工分别占比56.15%、26.12%和17.73%,而在1998年,农户家庭经营投工占比还在70%以上。③农户家庭总收入来源渠道多样,且农户家庭经营收入所占比重不断下降。农户家庭总收入来源包括农户家庭经营收入、从集体得到的收入、从各种类型农村企业经营中得到的收入、外出劳务收入、利息、股息、红利收入等多种来源。其中,农户家庭经营收入所占比重已经下降至64.4%,而在1998年该比重为71.6%。

(4)农户经济行为从总体上变得复杂而多样,同时,不同农户间的经济行为也表现出较大的差别。

随着家庭承包经营的实施和经济体制改革的深入进行,中国农村经济取得了巨大发展,农民收入水平有了很大的提高,尤其是东部沿海地区农业实现了经营转型,已经由传统的小农经济向现代化农业转移(如山东潍坊的温室大棚蔬菜、烟台地区的水果种植等)。这些地区的农户已经距离恰亚诺夫意义上的"道义小农"较远,农户更着眼于为自己家庭利益的最大化而生产;同时种植业结构的调整,由传统的粮食作物的种植向经济作物的种植转变,农业生产走向集约化。东南沿海发达地区的农户更倾向于舒尔茨意义上的"理性小农"的特点。但是值得注意的是,虽然在这些地区由于市场化浪潮的影响,农户生产也更趋于理性,而且东部沿海发达的第二、三产业为农村剩余劳动力的转移创造了条件,但农业生产依然不同程度的具有黄宗智所言的农业生产的"过密化"。

相比之下,中国中西部地区的农村经济依然落后,这些地区的市场化程度较低,农村剩余劳动力压力较大,种植结构单一,基本上没有改变中国小规模农业经营的特点。农户在生产过程中更倾向于具有恰亚诺夫意义上的小农特点。同时由于巨大的人口压力和长期的贫困落后,这些地区开始大量输出劳务,一些地区如湖南、湖北、河南等地成为著名的劳务输出大省。这就验证了黄宗智"拐杖逻辑"的观点,农民要想维持整个家庭的运作,单靠农业不能维持生计,必须依靠非农收入。这些地区经济的发展明显不同于发达地区农业的特点,农村经济发展地域间的不平衡非常严重。

中国农户经济活动从总体上呈现出多样化特征,同时不同农户间的经济行为也变得复杂而多样,因此相应地,农户的金融需求也表现出一定的复杂性和多样性。

当代中国农户经济与传统中国农户经济的比较见表8-1。

表8-1　当代中国农户经济与传统中国农户经济的比较

	传统中国农户经济	当代中国农户经济
生产方式	封闭性内循环系统	开放性外循环系统
收入来源构成	农业单一化程度高	多元化
劳动配置方式	家庭内部自然分工	市场化导向的比较优势原则
生产的产品自给程度	高	越来越低
消费结构	单一化	多样化
消费依赖市场程度	低	越来越高

资料来源：曹阳，2007。

8.2　农户金融需求特点

8.2.1　农户金融需求研究综述

对农村金融问题研究的一个重要内容就是着眼于需求角度的研究。其中，农户作为农村金融最重要的需求主体，有关农户金融需求的文献十分丰富，研究的方法也大体类似，均是选取典型的或大规模或小规模样本进行专项调查研究，主要得到包括农户信贷需求状况、影响其信贷需求的因素、信贷供给主体服务特点等多方面的有益信息，也有的研究涉及农户储蓄、保险等金融需求内容。

如果追溯，这样的研究从20世纪90年代末期已经广泛开展，有来自官方的调查，如国家统计局进行了6万户农户调查，农业部有2.3万户农户的定点观察，中国人民银行与国家统计局合作进行2万农户的抽样调查等，也有来自非官方研究机构的调查，如世界银行、亚洲开发银行、中国社会科学院、中国农业大学等。

虽然不同的机构与研究者对农户金融需求进行了广泛的研究，但是从现有文献来看，相同点颇多，研究的结论也较为接近。从研究方法与思路来看，现有文献大多采取了类似的方法与步骤。即第一步，进行农户调查。具体调查的方式多种多样，有定点观察、座谈走访、问卷调查等，其中，问卷调查方式运用较多，如表8-2所示。第二步，对调查所获取的农户样本数据进行分析。在此，虽然不同的机构与研究者均是出于不同的研究视角进行的调查，但是所涉及的内容实际上大同小异，大体上均包括了诸如农户基本情况和农户借贷情况（有些也包括了农户储蓄、保险等)等内容。对样本的分析大多采取了统计分析的方法，有些也利用了一些计量分析模型，来进一步探究诸如影响农户信贷需求的因素、农户借贷与农户收入之间的关系等问题。第三步，根据分析的结果提出相应的结论。农户问卷调查情况比较见表 8-2。

表 8-2　农户问卷调查情况比较

	样本	抽样县		调查承担者
中国人民银行联合国家统计局	20 040 户	10 省	东部 4 000 户、中部 10 040 户、西部 6 000 户	国家统计局
国务院发展研究中心	1 962 户	29 省	东部 773 户、中部 483 户、西部 706 户	150 名大学生
亚洲开发银行	1 032 户	贵州	好、中、差各 2 县	当地农调队
中国农业大学(何广文主持)	300 多农户	浙江、宁夏	浙江 126 户、宁夏 165 户	课题组
中国社会科学院(张元红主持)	2 000 户	8 省	江苏、浙江、辽宁、湖北、江西、河北、宁夏、广西	研究人员

8.2.1.1　关于“农户的借贷意愿及借贷渠道选择”

大多数的研究均显示，农户有借贷的意愿。如中国人民银行农户借贷情况问卷调查分析小组(2009)2 万多户农户大样本的调查显示，46.1%的农户表示在生产、生活及其他活动过程中需要从银行、信用社或其他私人渠道借款。何广文、李莉莉(2005)分别对贵州铜仁地区 4 县(502 户)、6 县(720 户)的分析也得到相同的结论。这表明农户的贷款需求是普遍存在的。同时，相关的研究也指出，农户自我积累是其获得生产生活所需资金的基础，而对于扩大生产而言，负债经营也必不可少。从农户外源性融资渠道的选择来看，农户更倾向于从农村信用社和亲戚朋友处获得资金。如韩俊等(2007)对 29 省市 1 962 户农户进行调查显示，从农户意愿上，43%的农户最希望从农信社获得贷款，42.8%的农户最希望从亲友处获得贷款。虽然实际上从农村信用社等正规机构获得贷款的比例并不高。朱守银等(2003)对安徽亳州和阜阳两地的 217 户农户调查得出，在调查户发生的 524 笔借款中，来自农村信用社的仅占 16%，而民间借贷占 79%。

8.2.1.2　关于“农户借贷需求满足程度”

大多数的研究指出，正规金融机构对农户的贷款有一定的覆盖率，但是仍有较多农户没有从银行、农村信用社获得贷款的经历。比如中国人民银行农户借贷情况问卷调查分析小组(2009)的调查显示，2006 年期间从信用社、邮政储蓄银行或其他银行得到过贷款农户占全部样本的23.3%，这与调查显示的约55%的农户需要贷款相比，农户信贷需求满足情况不容乐观。北京大学中国经济研究中心宏观组(2007)关于农村信用社贷款覆盖率方面的调查，韩俊等(2007)对29个省市1 962户农户进行的调查，黎东升、史清华(2003)对湖北监利县178户农户的调查等，虽然具体占比有所不同，但结论类似。

与此相比较，也有研究中出现了一些不同的研究结论。汪三贵等(2001)在对中国贫困地区446个农户的金融需求进行调查后得出，31%的农户表示调查时已经获得正式贷款、36%的农户表示有能力得到贷款。只有占样本10%的农户有贷款需求但未获得贷款。何广文(2005)在贵州铜仁地区的调查得出，约有69%的农户曾经获得了农业银行或农村信用社的贷款，在信用社社员群体中获得贷款的比例更高，达到82%，这一比例远远高于其他研究者所提出的正规金融对农户提供信贷的比例。一个可能的解释是在该地区农村信用社小额贷款业务推广得非常好，农信社的社员覆盖率在该区域也很高(在该地区社员占样本的77%)。

8.2.1.3 关于现有贷款产品与农户需求的适用性

大多研究表明，得到或者有可能得到正规贷款的农户，其贷款额度是受到限制的。在何广文、李莉莉(2005)对贵州铜仁地区(四县)的502户农户金融需求分析中，对于被授予的贷款额度，56%的农户认为很难满足需要。农户期望的贷款额度远远超过实际得到的贷款额度。在对期望贷款额度的调查中，有超过60%的农户期望获得的贷款额度在10 000元以上(农村信用社提供的贷款90%以上是低于这一额度的)。韩俊等(2007)对29省市1 962户农户进行调查显示，农户所获得的信用社的授信额度平均值为9 817元，中位数为5 000元，这说明大部分的授信农户所获得信用额度在小额信贷的范围内。在所有回答“授信额度是否能满足需要”的农户中，近一半的农户认为不能满足。

贷款期限也不能很好地适应农户的信贷需求特点。北京大学中国经济研究中心宏观组(2007)关于借款期限的调查显示，期限为12个月及以下的短期借款和未定期限的借款占总借款的绝大多数，达到92%。与农信社贷款大多有规定期限相比，农户“其他”渠道贷款不定期限的占相当大比例。调查发现，亲戚朋友间的借贷很多不约定具体期限，有钱时再还。中国人民银行农户借贷情况问卷调查分析小组(2009)的研究指出，从总样本来看，75%的借款其期限在一年及一年期以内，这种借款期限的短期化不利于帮助农户形成长期生产能力。

现有贷款产品要求的保证方式主要是抵押或者担保，但农户恰恰缺乏足够的抵押担保能力，由此也造成农户从正规机构申请贷款的难度较大。

8.2.1.4 农户借贷资金用途的相关研究

农户借款资金的用途很大程度上影响着其贷款来源的途径。一般而言，农户的借贷可以分为生产性借贷和生活性借贷两种，但农户借款的用途越来越分散，呈现多样化特征。例如从中国人民银行农户借贷情况问卷调查分析小组(2009)的研究来看，农户借款用途的分布由大到小的排序分别为：生活支出（包括看病、红白喜事和建房）、种养业投入（包括购买农资、购买畜禽和购置农机）、其他（包括外出打工、归还其他借款等内容）、孩子学杂费和工商业。这反映了农户作为一个消费、生产于一体的经济单位的特点，农户的借款用途在生活、生产方面很难根本区分开来。而之所以生活支出占据比较重要地位，一个重要的原因是其中包含了建房，房产是农户所拥有的主要的财富，对于大多数农户，建房所需的资金相当一部分是来自外部借贷。韩俊等(2007)对209省市1 962户农户的调查，王丽萍、霍学喜、邓武红(2006)也有类似的结论。

对于资金的使用，农户似乎没有将用于生产的资金和用于生活的资金加以区分利用的意识，这是一种传统方式。但通过调查可以看出农户的贷款也具有一定的倾向性，即从农信社等正规金融机构申请的贷款主要应用于回报较高的生产性领域，而生活性贷款主要有其他渠道筹得。

8.2.1.5 关于农户的民间借贷

由于农户从正规渠道获得贷款的难度，民间渠道成为满足农户信贷需求的重要补充。民间借贷主要以亲朋之间的无息、无约定期限借款为主，有息借贷的比例有限，方便、及时是农户通过民间渠道有息借款的重要原因。这样的结论在几乎所有的研究中都能够得到。

8.2.1.6 影响农户信贷需求因素的相关研究

(1)从样本数据的统计分析来看，利率因素对农户信贷需求的影响不明显。如何广文、李莉莉(2005)对浙江省LX市、宁夏PL县的291户农户的调查显示，农信社对农户贷款的利率一般为年息6%～7%，在关于“农信社贷款利率为多高时将不再贷款”的调查中，几乎全部农户都表示可以接受现行的利率，甚至更高的利率。其在贵州铜仁地区的调查也得出了相似的结论。也有研究认为，农户在选择金融机构贷款的过程中考虑的是贷款的方便程度和安全性，而没有考虑到贷款的成本——利率因素，也很少对借款进行成本核算。他们最关心的是能够借到钱，其次才是借贷的成本。

也有一些研究显示，降低利率是农户迫切希望农信社改善服务的指标。

(2)从对样本数据的计量分析结果来看,影响农户信贷需求的因素主要来自于与农户经济状况相关的要素。一般而言,对农户信贷需求有着正向影响的因素包括农户生产经营规模、农户生产性支出、农户生活水平、农户现金支出、农户医疗卫生支出、家庭负债等。如汪三贵等(2001)、周小斌等(2004)、史清华等(2003)的研究。何广文、李莉莉(2005)对浙江、宁夏的样本数据以及对贵州铜仁 4 县的数据分析的结果还指出,农户以前曾经从信用社或银行获得过贷款的经历以及农户对于未来从农村信用社或银行等正规金融机构得到贷款的能力判断都对农户的信贷需求具有正向的影响。

8.2.2　农户金融需求的特点

已有的研究通过对农户金融需求的直接调查分析,可以刻画出农户金融需求的特点。其主要表现在:

8.2.2.1　农户金融需求的层次性

随着农村经济的发展以及农户经济行为的变化,带来了农户金融需求的变化。现阶段城乡经济二元化特征依然存在,同时农村部门中第二、第三产业也在快速增长,农业产业化、组织化程度在不断提高,农村劳动力外出务工、转移增多,这些都决定了农村、农业经济结构以及农户经济行为的变革。农户不同的经济行为带来了不同层次的金融需求,这里不仅包括存贷款服务需求,也还产生了包括结算、汇兑、金融咨询、租赁、信托、保险、信用卡等一系列的金融服务要求。在此我们关注的主要是农户的信贷需求。从信贷需求来看,中国农户的信贷需求具有鲜明的多层次性特征。如果我们将农户根据其经济活动内容与规模划分为贫困农户、一般种养业农户和市场型农户,那么不同农户的金融需求可以分为:生存性信贷需求、简单再生产信贷需求和扩大再生产信贷需求。对应于不同的金融需求,也需要不同的供给方式来满足(表 8-3)。

表 8-3　中国农户信贷需求主体的层次性、主要信贷需求特性与满足方式

信贷需求主体层次	主要信贷需求特征	可用以满足信贷需求的一些主要方式和手段*
贫困农户	生存性和简单再生产金融需求,如生活开支、小规模种养业生产贷款需求	民间小额贷款、小额信贷(包括商业性小额信贷)、政府扶贫资金、财政资金、政策金融

续表 8-3

信贷需求主体层次	主要信贷需求特征	可用以满足信贷需求的一些主要方式和手段*
一般种养殖业农户	简单再生产与部分扩大再生产金融需求，如小规模种养业生产贷款需求、生活开支	自有资金、民间小额贷款、合作金融机构小额信用贷款、少量商业性信贷
市场型农户	扩大再生产金融需求，如专业化规模化生产和工商业贷款需求	自有资金、商业性信贷

注：* 这里未列入商业信用。后者对所有市场主体都发挥作用。

资料来源：原始表格源自冯兴元、何梦笔和何广文，2004。在此基础上做了一些修改加工。

8.2.2.2 农户信贷需求总量大，单笔贷款额度小

中国农村金融市场的需求总量巨大，农村金融需求包括农户需求、农村中小企业需求和农村建设与开发需求，其中农户需求是主要方面。中国是一个农业大国，农户是生产的基本单位，农户的经营活动呈多样化的特点，除了农业生产之外，农户还从事非农活动和就业。中国农村经济中，农户是投资主体，占农业投资的很大比例。农户投资的来源除了自我积累以外就是依赖信贷资金。因此，中国农户对农业信贷的需求规模非常大。这从现有研究的调查结论中也可以获悉。

同时，由于中国农业是一家一户的小生产，农户非农活动和就业的规模也比较小，所以单个农户对信贷资金的需求并不大，主要用于农业产前、产中和产后的投入。非农活动主要是加工业和小商业，所需要的资金规模也比较小。

农户消费需求也是农村信贷的重要组成部分。农户消费信贷主要用于医疗、教育、建房、食品和日用品以及农村红白喜事，这部分的需求也呈单笔小、总额大的特征。

8.2.2.3 农户信贷需求弹性小

这是由农户的生产和生活特征决定的。中国人均耕地少，加上一家一户的小农耕作，农业商品化程度低，农业生产的一个重要功能是满足家庭对粮食的需求，因此，农产品生产的价格弹性不高，那么农业的投入弹性也就小，对信贷的需求弹性也就低。与中国农村情况类似的印度也是这样。Clive Bell、T. N. Srinivasan 和 Christopher Udry(1997)利用在印度旁遮普邦 1980—1981 年的调查数据研究发现，农村普遍存在着实际信贷的需求弹性非常低，农户对信贷的需求量对于利率的反应不明显。

8.2.2.4　用途多样化

农户信贷的用途呈多样化的特点，除了满足农业生产所需要的资金投入以外，农户的消费信贷需求也是非常重要的一个方面。由于资金的流动性和可转移性，家庭资金用于生产和消费的资金严格来说无法区分开来。家庭资金需求既包括了生产用途资金，又包括了诸如食品、教育、医疗、生活用品、建房以及紧急情况等在内的消费需求。农户对贷款的使用在家庭内部很难区分，以生产资金名义取得的贷款很可能被用于消费，或者贷款替代了原来用于生产的家庭资金，这样，家庭中的生产投入并没有改变，而用于消费的资金则增加了。农户贷款用途多样化给金融机构的经营是一种挑战，金融机构所提供的用于生产的贷款被用做或被转移到消费上，因此对贷款的审批就不能完全仅仅以所申请项目的可行性做依据了，还应该综合考虑农户的收入来源和经济状况。农户需要贷款用于多种用途，这是农村信贷资金的一个重要特征，也是农村金融机构在产品开发和设计过程中要考虑的一个重要因素。

8.2.2.5　来源广泛

尽管正规农村金融市场在农村地区很不发达，所提供的服务有限，但是农户资金借贷的来源却是广泛的。正规金融市场只满足了部分农户的需求，或满足了部分农户的资金需求，农户资金借贷中则更多的来自于非正规金融。大量研究发现，中国农村非正规借贷在农村金融市场中起着非常重要的作用，满足了农户的很大一部分的需求，成为农村金融市场最活跃的部分。

农村非正规借贷的特点是消费类借贷多，亲属和朋友间的无利息借款多，有息借贷多处于地下或半公开状态。同时，在一些发达地区非正规金融呈现出了一些其他特点，如由以本地区为主，开始向跨村、跨乡甚至跨省借贷转变；大额借贷比重不断增大，无息借贷比重逐渐降低；借款用途由消费性贷款向生产经营性贷款转变，即用于加工业、运输业和养殖业等能短期见效的项目增加，而用于传统粮食种植和婚丧嫁娶之类的生活贷款呈现递减趋势；借贷手续逐渐规范，纠纷逐渐减少，过去以口头信用约定为主，符合农民文化水平较低的现实，现在随着风险意识的加强，出现了以存单、债券、房地产等抵押、质押的情况；农村民间金融组织化程度明显加强。

8.2.2.6　农户的信贷需求对现行农村金融产品创新提出了更高的要求

现有研究表明，无论是从贷款的额度、期限或者保证方式，现行农村金融产品均距离农户期望有一定距离。农户实际能得到的来自正规金融机构的贷款额度远远低于农户信贷需求的预期，实际借款期限大大短于农户期望的借款期限。因此，从农业生产特点以及农户经营行为的特征出发，对农户的信贷供给，在额度与期限上应该更具灵活性。同时，针对农户缺乏抵押担保品的现状，如何创新信用保证方式应该成为正规金融机构业务创新的核心。对于农户而言，利率并不是其是否要借款的决定性因素。农户可接受的利率水平的范围较广。

第 9 章 中小企业融资分析

9.1 中小企业的界定

9.1.1 中小企业的界定方法[1]

世界各国对中小企业尚无统一的标准，界定中小企业主要有定性和定量两种方法：

9.1.1.1 定性界定(qualitative definition)

从企业的性质上对中小企业标准进行定义。例如，从企业管理模式上，认为"由一两个人掌握和决策的企业"为中小企业；从现代生产方式上来看，印度尼西亚规定全部以手工劳动方式的企业不属于中小企业；从雇用劳动关系角度看，对于无工资劳动者的经济组织即家庭企业，由于家庭活动与经济活动结合在一起，难以进行有效的成本核算和组织高效率的生产经营，因此，从严格意义上讲，这类经济组织不属于"企业"的范畴，当然也不能进入中小企业的行列。如德国、瑞典、意大利等国家将中小企业雇用劳动者标准的下限要求大于零；美国"小企业管理局"(SBA)将独立拥有和运行作为小企业标准之一，以避免有些由大企业控股或支配的企业也享受小企业的待遇。

英国博尔顿委员会认为，识别中小企业应根据 3 个方面的特征，包括独立所有、自主经营和较小的市场份额。①中小企业不受母公司控制。企业是独立的，其企主兼经理在进行重大决策时，不受外界控制。②中小企业是由一个或几个业主亲自管理，而不是由一个正式的机构来管理。③中小企业的市场占有率较小。这就意味着它对价格、数量或所处的环境具有较小的影响力，或者说没有力量施加影响。

---

〔1〕 资料来源：余惠芬："中小企业标准的理论分析"，《湖北大学学报》，2000 年第 4 期；林汉川、魏中奇："美、日、欧盟等中小企业最新界定标准比较及其启示"，《管理世界》，2002 年第 1 期；管晓永，"中小企业界定的理论标准与实践标准"，《经济学家》，2002 年第 4 期。

9.1.1.2 定量界定(quantitative definition)

也称为数量界定。“中小企业”一词的关键首先是“中小”,“中小”是规模(size)概念,企业的规模可以通过企业的生产要素和经营水平的状况反映出来。各世界各国的实践看,衡量企业规模的标准主要是企业雇用人数(employee)、企业资产(assets)和企业销售(经营)收入(turnover),这些都是数量定义。

(1)企业雇用人数标准。该标准较为清楚和简单,是其政府及相关部门首选的标准。标准中的企业雇用人数,指的是企业工资劳动者或全职劳动者(每周工作时间超过 35 小时),不包括企业所有者和其实际上在企业中工作的家人。也有些国家将“自我雇用”列入中小企业的范围。从各国的实际情况来看,仍缺乏统一的中小企业标准。

(2)企业资产额标准。企业资产量的多少,既能反映企业规模,也能反映企业运行的质量基础。这一指标多为金融部门所偏好。欧美和亚洲各国对中小企业资产量标准也是各不相同的。与雇佣人数标准相比,资产量比较难于计量和统计。原因在于:一方面,在中小企业特别是家庭背景的企业中,企业资产与家庭资产难以区分;另一方面,为了自己的利益,有些处在中小企业边缘的企业主就可能隐瞒自己的资产量,这在技术上是不困难的。在发展中国家,由于缺乏资本市场,评估企业资产有更大的难度。

(3)企业经营收入。企业经营收入包括企业销售收入和服务的收入。企业收入可以从一个角度反映企业活动的规模。但是,这是一个极易变动的量,不同的产品、不同的市场、不同的季节、通货膨胀的不同水平都可能对其产生很大影响。与资产量相比,经营收入的统计更容易因人为的原因增加难度和缺乏可信性,更何况不同产业特点,决定了经营收入上的巨大差异,使得这一标准缺乏可比性。因此,在会计、统计、税收制度较为健全的发达国家(如美国等)采用这一标准较易操作,发展中国家采用这一标准则有一定的难度。

(4)定量标准比较。上述 3 个标准中,有些国家单独使用其中之一标准,有些国家则复合使用其中的两个甚至 3 个,进行中小企业的界定(表 9-1)。

表 9-1 若干国家(地区)中小企业的划分标准

国家(地区)	企业类型	从业人数	营业金额/年	资产金额
美国	中小企业	<500		
英国	小企业	<200		
法国	中小企业	<500	<1 亿法郎	

续表 9-1

国家(地区)	企业类型	从业人数	营业金额/年	资产金额
德国	中小企业	<500	<1亿马克	
意大利	中小企业	<500		
澳大利亚	中小企业	<500		
加拿大	中小企业	<500	<0.2亿加元	
日本	中小企业	<500		<1亿日元
韩国	中小企业	<500		
中国香港	中小企业	<500		
中国台湾	中小企业	<500	<0.8亿新台币	<1.2亿新台币
新加坡	中小企业	<500		<0.12亿新元

资料来源:根据《欧洲中小企业调查》(荷兰 EIM 中小企业咨询研究院,江苏人民出版社,2001)、《中小企业融资》陈晓红、郭声琨,经济科学出版社,2001年11月)等整理。

更重要的是,无论采用何种定量标准都是有利有弊的,但在现实经济中广泛采用的中小企业标准以从业人数、营业金额和资产金额较多(表 9-2)。

表 9-2 不同中小企业界定标准的比较

选用标准	优点	缺点	采用率
从业人数	易于获得数据;易于比较;显示社会影响;不受物价波动影响	只考虑了一个生产要素;企业间缺乏相似性;可能低估小企业增长潜力	常用语经济统计和调查研究
产品产量	不受物价波动影响	限于生产产品相同企业间的比较;未考虑产品质量	极少采用
营业金额	数据随时可取;校正会计账目时影响小;企业愿意公开数据	不能对生产状况提供清晰的概念;只能在同行业的企业间比较;需要调整通胀的影响	较多采用
资产金额	数据易于获取	经常与生产能力不符;包含了非生产性投资;在企业间的比较中难以使用;可能低估小企业的作用	在许多有关企业发展的研究中采用

资料来源:广西中小企业信息网(http://smegx.gov.cn/gxsme)。

美国小企业管理局(SBA)确定500名员工和350万美元销售额作为大企业与中小企业的标准界限。美国小企业管理协会会长隆内克提出识别中小企业的标准为:①企业的出资人是个人或一个小群体,仅在个别情况下出资人超过 15 人;②除了销售活动,企业的各项经营活动均在本地进行;③与同行业最大企业比较,企业相对较小;④企业中员工数目少于 100 人。

2003 年 5 月 6 日,欧盟委员会通过了第 C(2003) 1422 号决议,对其沿用的中小企业定义进行修改。根据该决议,欧盟新的中小企业指雇员少于 250 人,年营业额不超过 5 000 万欧元(或者其资产负债表上的资产总额不超过 4 300 万欧元)的企业。欧盟中小企业包括微型企业、小型企业和中型企业三类,其划分标准见表 9-3。欧盟提出新的中小企业定义的意义在于:只有满足上述条件的企业才有资格享受成员国或者欧盟机构有关鼓励中小企业发展的各项优惠政策。欧盟新的中小企业定于 2005 年 1 月 1 日开始适用。

表 9-3　修订后的欧盟中小企业划分标准(2003)

企业类型	标准
微型企业	雇员少于 10 人,年营业额不超过 200 万欧元(或者其资产负债表上的资产总额不超过 200 万欧元)
小型企业	雇员超过 10 人但少于 50 人,年营业额不超过 1 000 万欧元(或者其资产负债总额表上的资产总额不超过 1 000 万欧元)
中型企业	雇员超过 50 人但少于 250 人,年营业额不超过 5 000 万欧元(或者其资产负债总额表上的资产总额不超过 4 300 万欧元)

资料来源:http://www.1128.org/node6/node22/200307/con21320.shtml。

从总体情况来看,世界上绝大部分国家采用的是定量标准,定量标准又可细分为"单一定量标准"与"复合定义标准",前者只采用一个指标(经常是人数),后者包括多个量化的参数,如除了雇员人数外还包括营业额等。

9.1.2　我国对中小企业的界定[1]

9.1.2.1　1988 年的划分标准

(1)法律文件。按照五部委联合发布的经企[1988]240 号文,《大中小型工业企业划分标准》的通知及 1992 年的补充标准。

(2)划分依据。主要按企业的生产能力划分,生产品种繁多,难以按生产能力划分的少数行业的企业,则可按国家资产(原值)划分。

[1] 资料来源:彭十一,"我国中小企业界定标准的历史回顾与评价",《商业时代》,2009 年第 32 期。

(3)划分类型。划分为特大型、大型(分为大一、大二两档)、中型(分为中一、中二两档)和小型共4个类型(即三类、六档)。其中的前四档合称为大中型企业,后二档(中二档和小型)合称为中小型企业。

(4)积极作用。首先,我国工业企业规模划分有了一个明确的、统一的概念和标准;其次,有助于加强国家对企业的管理和宏观指导,促进企业克服短期行为,增强企业发展的后劲;最后,促进企业组织结构调整,有利于各部门准确掌握企业情况。

(5)不足之处。主要不足在于:首先,该标准是典型的计划经济下的产物,忽视了市场变化对企业规模的影响;其次,划分的类别严格定量化,把企业捆得过死;再次,对企业从业人数和销售额并没有严格要求;最后,主要针对国有工业企业和集体企业划分企业的大小,其他经济类型企业没有统一、明确的划分标准。

9.1.2.2 2000年的划分标准

2000年9月初,国家经贸委正式发表的《关于鼓励和促进中小企业发展的若干政策意见》中规定,当前国家扶持的重点是“科技型、就业型、资源综合利用型、农副产品加工型、出口创汇型、社区服务型等中小企业”。

重点扶持的中小企业包括:①高科技型中小企业;②资源综合利用型和环保型中小企业;③农产品深加工型中小企业,尤其是乡镇企业;④吸纳城镇劳动力就业型中小企业;⑤出口创汇型中小企业;⑥地处西部、少数民族、边远地区的中小企业。

9.1.2.3 2002年的划分标准

(1)法律文件。2002年6月29日第九届全国人民代表大会常务委员会第二十八次会议通过的《中小企业促进法》。《中小企业促进法》已于2003年1月1日正式实施,它是我国社会主义市场经济法律体系中的一部重要法律。

(2)定性划分。《中小企业促进法》所称中小企业,是指在中华人民共和国境内依法设立的有利于满足社会需要,增加就业,符合国家产业政策,生产经营规模属于中小型的各种所有制和各种形式的企业。中小企业的具体标准由国务院另行规定。

(3)定量划分。2003年2月19日国家经贸委、国家计委、财政部、国家统计局按照《中小企业促进法》规定,研究制定了《中小企业标准暂行规定》。中小企业标准根据企业职工人数、销售额、资产总额等指标,结合行业特点制定。适用于工业,建筑业,交通运输和邮政业,批发和零售业,住宿和餐饮业(表9-4)。

表 9-4 《中小企业标准暂行规定》对中小企业的划分标准

行业	职工人数	销售额	资产总额	备注
工业	300～2 000	3 000 万～3 亿	4 000 万～4 亿	中型企业须同时满足三项指标下限，其余为小型企业
建筑业	600～2 000	3 000 万～3 亿	4 000 万～4 亿	
批发和零售业	100～200	33 000 万～3 亿		中型企业须同时满足两项指标下限，其余为小型企业
	100～150	1 000～1.5 亿		
交通运输和邮政业	500～3 000	3 000 万～3 亿		
	400～1 000	3 000 万～3 亿		
住宿和餐饮业	400～800	3 000 万～1.5 亿		

资料来源：根据《中小企业标准暂行规定》整理。

林汉川、魏中奇(2002)通过以上对美国、日本、欧盟和中国台湾省最新中小企业界定标准的比较，对我国制定中小企业界定标准提出了四点建议：

首先，界定标准要繁简适度。一方面，按大的行业分类制定标准后，一般不需要进行过度细分；另一方面，在中小企业内进行规模细分时，只需分出小型企业即可，没有必要再分出特小型企业、微型企业等亚类。最后，对界定标准的动态调整要避免过于频繁，以免给人以无所适从之感。

其次，界定标准要有灵活性。可从 3 个方面考虑：其一，经常雇员人数、资本额和营业额 3 项标准中符合其中两项便可界定为中小企业；其二，不同的部门，由于特殊的政策要求，可以适当调整对中小企业的界定标准（如劳动部门为扩大就业，可以放宽雇员人数标准）；其三，由于我国幅员辽阔，东西部地区发展差距较大，对不同地区执行界定标准时亦可辅之以一定百分比（如 10%）的调整空间。

再次，界定标准要具有动态性。随着各个国家或地区经济、社会的发展，企业平均资本额、营业额往往呈扩大趋势，平均雇员人数也呈现出先上升、然后趋于稳定（并且个别行业如高科技行业还有可能下降）的趋势，中小企业的界定标准应该随之做出动态调整。

最后，界定标准要考虑不同行业的不同特征。不同的行业由于资本有机构成不同，技术特征各异，因而界定标准也需分别规定。我国可采取“制造业、批发业、零售业、服务业和高新技术行业”的五分法对中小企业分行业界定，这样不仅符合不同行业的实际情况，也增加了政府政策的伸缩余地。

9.1.2.4 2011年以来中小企业划型标准

受2007年国际金融危机的影响，我国中小企业生产经营困难。为此，国务院发布的《国务院关于进一步促进中小企业发展的若干意见》(国发[2009]36号)(下称意见)，对中小企业的发展提出29条意见。涉及中小企业发展的环境、缓解融资困难、加大财税扶持力度、加快中小企业技术进步和结构调整、支持中小企业开拓市场、改进对中小企业的服务、提高中小企业经营管理水平和加强对中小企业工作的领导。

国发[2009]36号主要为促进中小企业的发展，中小企业的判定根据国经贸中小企[2003]143号《关于印发中小企业标准暂行规定的通知》从企业职工人数、销售额、资产总额等指标方面，结合行业特点区分，然而，一些新兴行业人很少但资金量很大，销售收入很高，2002年的中小企业标准面临巨大的挑战。

在这种背景下，有关部门着手研究中小企业划型标准修订工作，2009年12月30日，工业和信息化部中小企业司在北京召开了中小企业划型标准研讨会。会议强调，中小企业标准的修改要把握好5个原则：一是标准修改要力求覆盖所有行业和领域的中小企业。按照三定方案和国发36号文件的要求，要面向各个行业中小企业开展工作，不是单纯的工业领域。二是要细致划分，要明确微型企业标准。三是依据充分。四是要与现有标准进行衔接，并不是推翻重来，而是对现有的标准进一步修订完善。五是标准要简洁明了，从实际出发，易于操作。因此，由工业和信息化部与国家统计局牵头，财政部、国家发展改革委等部门参加，于2010年6月提出中小企业划型新方案：

(1)20 000万元以下的为中小微型企业。其中，营业收入500万元及以上的为中型企业，营业收入50万元及以上的为小型企业，营业收入50万元以下的为微型企业。

(2)工业。从业人员1 000人以下或营业收入40 000万元以下的为中小微型企业。其中，从业人员300人及以上，且营业收入2 000万元及以上的为中型企业；从业人员20人及以上，且营业收入300万元及以上的为小型企业；从业人员20人以下或营业收入300万元以下的为微型企业。

(3)建筑业。营业收入80 000万元以下或资产总额80 000万元以下的为中小微型企业。其中，营业收入6 000万元及以上，且资产总额5 000万元及以上的为中型企业；营业收入300万元及以上，且资产总额300万元及以上的为小型企业；

营业收入 300 万元以下或资产总额 300 万元以下的为微型企业。

(4)批发业。从业人员 200 人以下或营业收入 40 000 万元以下的为中小微型企业。其中,从业人员 20 人及以上,且营业收入 5 000 万元及以上的为中型企业;从业人员 5 人及以上,且营业收入 1 000 万元及以上的为小型企业;从业人员 5 人以下或营业收入 1 000 万元以下的为微型企业。

(5)零售业。从业人员 300 人以下或营业收入 20 000 万元以下的为中小微型企业。其中,从业人员 50 人及以上,且营业收入 500 万元及以上的为中型企业;从业人员 10 人及以上,且营业收入 100 万元及以上的为小型企业;从业人员 10 人以下或营业收入 100 万元以下的为微型企业。

(6)交通运输业。从业人员 1 000 人以下或营业收入 30 000 万元以下的为中小微型企业。其中,从业人员 300 人及以上,且营业收入 3 000 万元及以上的为中型企业;从业人员 20 人及以上,且营业收入 200 万元及以上的为小型企业;从业人员 20 人以下或营业收入 200 万元以下的为微型企业。

(7)仓储业。从业人员 200 人以下或营业收入 30 000 万元以下的为中小微型企业。其中,从业人员 100 人及以上,且营业收入 1 000 万元及以上的为中型企业;从业人员 20 人及以上,且营业收入 100 万元及以上的为小型企业;从业人员 20 人以下或营业收入 100 万元以下的为微型企业。

(8)邮政业。从业人员 1 000 人以下或营业收入 30 000 万元以下的为中小微型企业。其中,从业人员 300 人及以上,且营业收入 2 000 万元及以上的为中型企业;从业人员 20 人及以上,且营业收入 100 万元及以上的为小型企业;从业人员 20 人以下或营业收入 100 万元以下的为微型企业。

(9)住宿业。从业人员 300 人以下或营业收入 10 000 万元以下的为中小微型企业。其中,从业人员 100 人及以上,且营业收入 2 000 万元及以上的为中型企业;从业人员 10 人及以上,且营业收入 100 万元及以上的为小型企业;从业人员 10 人以下或营业收入 100 万元以下的为微型企业。

(10)餐饮业。从业人员 300 人以下或营业收入 10 000 万元以下的为中小微型企业。其中,从业人员 100 人及以上,且营业收入 2 000 万元及以上的为中型企业;从业人员 10 人及以上,且营业收入 100 万元及以上的为小型企业;从业人员 10 人以下或营业收入 100 万元以下的为微型企业。

(11)信息传输业。从业人员 2 000 人以下或营业收入 100 000 万元以下的为中小微型企业。其中,从业人员 100 人及以上,且营业收入 1 000 万元及以上的为中型企业;从业人员 10 人及以上,且营业收入 100 万元及以上的为小型企业;从业人员 10 人以下或营业收入 100 万元以下的为微型企业。

(12)软件和信息技术服务业。从业人员 300 人以下或营业收入 10 000 万元以下的为中小微型企业。其中,从业人员 100 人及以上,且营业收入 1 000 万元及以上的为中型企业;从业人员 10 人及以上,且营业收入 50 万元及以上的为小型企业;从业人员 10 人以下或营业收入 50 万元以下的为微型企业。

(13)房地产开发经营。营业收入 200 000 万元以下或资产总额 10 000 万元以下的为中小微型企业。其中,营业收入 1 000 万元及以上,且资产总额 5 000 万元及以上的为中型企业;营业收入 100 万元及以上,且资产总额 2 000 万元及以上的为小型企业;营业收入 100 万元以下或资产总额 2 000 万元以下的为微型企业。

(14)物业管理。从业人员 1 000 人以下或营业收入 5 000 万元以下的为中小微型企业。其中,从业人员 300 人及以上,且营业收入 1 000 万元及以上的为中型企业;从业人员 100 人及以上,且营业收入 500 万元及以上的为小型企业;从业人员 100 人以下或营业收入 500 万元以下的为微型企业。

(15)租赁和商务服务业。从业人员 300 人以下或资产总额 120 000 万元以下的为中小微型企业。其中,从业人员 100 人及以上,且资产总额 8 000 万元及以上的为中型企业;从业人员 10 人及以上,且资产总额 100 万元及以上的为小型企业;从业人员 10 人以下或资产总额 100 万元以下的为微型企业。

(16)其他未列明行业。从业人员 300 人以下的为中小微型企业。其中,从业人员 100 人及以上的为中型企业;从业人员 10 人及以上的为小型企业;从业人员 10 人以下的为微型企业。

9.2　中小企业融资现状

中小企业融资难是一个具有普遍意义的世界难题。无论是发达国家还是发展中国家,中小企业都面临着严峻的融资难题,成为中小企业发展过程中的主要困难之一。

9.2.1　发达国家中小企业融资的现状

世界各国和地区的发展经验表明,中小企业是国民经济不可缺少的重要组成部分。在社会经济发展中,中小企业具有许多大企业无法替代的重要功能和作用(表 9-5)。

表 9-5　世界主要国家和地区中小企业的地位(占比,%)

	企业数	就业人数	增加值
美国	99.2	60.0	45.0
加拿大	99.5	69.7	56.1
英国	99.1	46.0	42.0
法国	99.3	66.0	66.0
德国	99.5	68.0	52.4
意大利	99.8	78.2	68.0
日本	99.1	73.0	51.3
韩国	99.3	74.3	64.8
中国台湾	99.6	78.4	67.9
巴西	98.5	62.0	21.0
中国大陆	99.7	75.0	57.0

说明:各国数据的时间为 1996—1998 年,中国增加值的数据为 1999 年中小工业企业销售收入占全国工业总量比重。

资料来源:根据《PME et Developpement Local》(胡东升,2000)及其他资料整理,2001 年 7 月,CIECC。

然而,在市场经济环境下,中小企业实力单薄,更容易受到不利经营环境和市场波动的影响。由于自身实力弱、资金能力低、抗风险能力差等缺陷,创业一成长期中小企业的死亡率非常高。对美国中小企业生命周期的研究表明,在全部中小企业中,约有 68%的企业在第一个 5 年内倒闭,19%的企业可生存 6~10 年,只有 13%的企业寿命超过 10 年;在法国,新办企业第 5 年的成活率仅 41%(图 9-1)。因此,要促进中小企业稳定持续的发展,就必须使中小企业具有足够高的成长性。而中小企业创业的第一个 5 年是企业最困难、也是最需要扶持——特别是资金与税收扶持的阶段。

为了描述发达国家中小企业融资的现状,下文以美、英、德三国为例加以说明。

9.2.1.1　美国中小企业融资的现状[1]

截止 2002 年底,美国共有中小企业 2 140 多万家,占全美企业总数的 99%,中小企业就业人数占总就业人数的 60%,新增加的就业机会有 2/3 是由中小企业创造的,中小企业的产值占国内生产总值的 40%。尽管如此,美国政府对中小企业

〔1〕 资料来源:鲁阳,“美国中小企业融资结构与模式”,《产权导刊》,2004 年第 10 期。

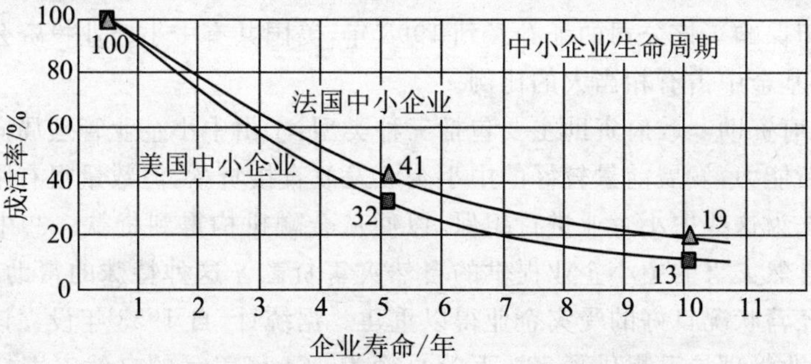

图 9-1 美国和法国中小企业的生命周期(成活率)

资料来源:根据《成长型中小企业发展报告》(国家经贸委联合课题组,2001 年 4 月)、胡东升(2000)等资料整理,CIECC,2001 年 7 月。

的政策性贷款数量很少,主要通过中小企业管理局制定宏观调控政策,引导民间资本向中小企业投资。

美国中小企业的融资方式主要有:①企业主自身的储蓄,占其投资的 45%左右;②企业主从亲朋中借款,占其投资总数的 13%左右;③从商业银行贷款;④金融投资公司,由美国中小企业管理局主导的中小企业投资公司和风险投资公司是中小企业筹集资金的一个重要来源,它与商业银行贷款一起约占 29%,但中小企业投资公司和风险投资公司投资的贷款利率要比银行贷款的利率更高;⑤政府资助,即主要由中小企业管理局向中小企业提供的数量很少的直接贷款,约占 1%;⑥证券融资,这部分资金只占 4%左右。

(1)商业银行贷款。美国中小企业管理局通过向中小企业提供担保使中小企业获得金融机构的贷款。当然,贷款利率会因为风险较大而比大企业贷款要高出 2~5 个百分点。在具体操作上,美国中小企业首先向中小企业管理局提出申请;中小企业管理局对担保对象规定一定的前提条件,对符合条件的中小企业提供担保;一旦担保成立,即中小企业管理局向金融机构承诺,当借款人逾期不能归还贷款时,保证支付不低于 90%的未偿还部分,但中小企业管理局提供的担保贷款不超过 75 万美元,担保部分不超过贷款总额的 90%。管理局担保的平均贷款额是 24 万美元,偿还期为 11 年。

(2)金融投资公司。这包括两种形式,即中小企业投资公司与风险投资公司。中小企业投资公司是为中小企业提供融资服务的创业投资公司。1958 年,美国在通过《小企业法案》后,由政府成立了中小企业管理局并规定由中小企业管理局审查和许可成立中小企业投资公司。它可从联邦政府获得很优惠的贷款支持,一般能得到不超过9000万美元的优惠融资。具体的融资形式可以是低息贷款,也可以是购买和担保购买该公司的证券。到1998年,美国共有中小企业投资公司300多家,在创业基金中占有相当大的比例。

(3)政府资助。政府资助主要包括三种类型:①由中小企业管理局向那些有较强技术创新能力,发展前景较好的中小企业发放直接贷款,但数量很有限。其具体操作是首先为这些中小企业进行担保,以便从金融机构得到贷款。②中小企业管理局向受自然灾害的中小企业提供的自然灾害贷款。这种特殊的帮助,其目的在于使那些经营状况良好的受灾企业得以重建。据统计,自1953年设立该项贷款以来,中小企业管理局已提供了114万笔总额为164亿美元的自然灾害贷款。③中小企业的创新研究资助。中小企业是美国一支重要的技术创新力量,在美国一半以上的创新是在小企业中实现的。

9.2.1.2 英国中小企业融资的现状[1]

英国中小企业也同样存在融资难题,为此,英国政府构建了多样化的融资体系:

(1)银行贷款。这是英国中小企业最主要的资金来源,其主要方式:一是透支,即企业可在现金账户上进行超额提取。该方式不需提供抵押,资金安排迅速,能在一定程度上解决企业对短期资金的需求。二是定期贷款,贷款条件(如抵押品、期限和利率)比较苛刻。由于中小企业的贷款规模较小,加之实力薄弱且风险较大,银行为中小企业提供定期贷款的积极性不高。鉴于此,政府通过提供中小企业贷款保证金计划等多种办法,着力推动定期贷款业务,收到一定成效,并成为中小企业主要的资金来源。

(2)政府扶持政策。英国政府通过一系列举措扶持中小企业:其一,金融扶持政策。推动"邮局职员年金财团"向中小企业提供研究开发资金贷款,为中小企业筹集外部贷款提供方便。其二,税收优惠政策。一是减免收入税,小企业投资者收入的60%可以免税,每年免税的最高额为4万英镑;二是豁免资本税,豁免幅度25%~100%;三是降低公司税,1983年将中小企业公司税率从38%降至30%,1999年进而降至20%,并将利润的纳税起点提高由4万英镑提高至5万英镑(税率下调至10%);四是削减印花税——从2%削减至1%,征税起点从2.5万英镑提高至3万英镑;五是取消投资收入税和国民保险附加税;六是对企业科研和开发投入实行税收减免,延长对企业生产性投资的税收减免期限。其三,设立创业基金

[1] 资料来源:林源,"欧盟发达国家中小企业融资体系及经验借鉴——以英、法、德、意为例",《开发研究》,2008年第6期。

向新建的高科技产业公司提供启动资助，设立企业基金向小企业提供财政援助。

(3)直接融资。英国中小企业通过直接融资的难度较大，股份筹款只占其全部资金来源的5%。近年来通过银行参股和资本市场推动直接融资，如国民巴克莱、西敏士等银行通过参股方式为中小企业提供资金；伦敦证交所开辟替代投资市场(Alternative Investment Market)为中小企业及高科技企业提供融资服务。

(4)风险投资基金。英国风险资金信托基金会募集资金投资于不上市的中小企业，但主要着眼于管理层收购。风险基金对中小企业创建初期的投入很少，仅为其5%，对企业扩大阶段的投入也只占29%。

(5)信用担保。威尔逊委员会1979年提出"小型企业信用担保计划"，旨在为具有市场潜力但缺乏足够抵押物的小型企业提供贷款担保，担保比例一般为70%，最高可达85%。贷款银行由商业银行及其他金融机构组成，其中，零售商业银行的贷款约占95%，其余贷款由小型银行、风险资本公司提供，期限为2～7年。

9.2.1.3　德国中小企业的融资现状

(1)金融扶持。二战后德国就开始组建复兴贷款银行(KFW)、储蓄银行、合作银行和大众银行等专门金融机构，为中小企业提供长期、稳定的融资服务。如复兴信贷银行主要从国际市场融资并以低息向中小企业发放贷款，其基金"马歇尔计划援助对等基金"是德国政府为中小企业提供金融扶持的重要资金来源之一。复兴信贷银行利用自己较高的信用等级从国际市场筹集资金并向中小企业发放贷款，排除了中小企业的融资瓶颈。另外，政府通常以净资产援助项目的形式向新创立的企业提供金融援助。

(2)贷款担保。德国的信贷担保机构由手工业和行业工会、储蓄银行、合作银行和大众银行联合成立。政府提供必要的基金设立担保银行，联邦各州也都有担保银行。担保机构通常为中小企业提供贷款总额60%的担保，最高可达80%，中小企业往往能够获得超过其正常贷款的数额。这既有利于中小企业扩大规模和新技术研发利用，也有利于促进风险项目的资金投入和落后地区的经济发展。

(3)政府资助。其一，财政补贴。德国政府与银行共同出资组建中小企业发展基金，通过对中小企业的直接投资和贷款项目的补贴，为其提供融资支持。中小企业发展基金根据不同的行业、不同地区和不同项目规定了贷款限额，额度为投资总额的5%～50%。凡符合政府补贴的中小企业，均可向当地财政局申请贷款，政府或委托咨询公司对其进行评估，投资计划一经评估通过即可获得资助。其二，税收优惠。政府实施减免税收等优惠政策，如对新建企业可消耗完的动产投资，免收

50%的所得税;对中小企业赢利用于再投资部分免交财产税;对在落后地区创立的中小企业,5年内免交营业税。

(4)科技扶持。一方面,重视科技创新。从20世纪70年代开始,政府先后制定了《首次革新资助计划》、《对中小企业科技政策的总构想》、《促进中小企业进行科学研究的新构想》,对中小企业高科技项目予以资金倾斜扶持,提高中小企业的核心竞争能力。此外,政府自1995年始实行资本参与计划,专项拨款加强联合研究,为高科技中小企业化解创业风险。另一方面,提供低息贷款。措施包括:鼓励企业自主开发项目,员工在250人以下的企业自行开发的项目可以获得占投资总额35%的低息贷款;人数在250人以上的可以获得投资总额25%的低息贷款。鼓励企业与科研机构联合开发项目,属于高科技项目和高效益联合开发项目,一般可申请到投资总额40%的低息贷款。

(5)直接融资。德国股票市场发展相对滞后,不具备如美国、日本这样比较发达的证券市场,投入中小企业的创业投资资金主要以回购风险投资所持有的股本和出售风险投资所投资的企业为主,上市交易为辅。1997年起,法兰克福证券交易所开设了新兴交易市场,专门为新建的企业和创新型中小企业的股票提供交易场所,帮助拓展直接融资渠道。

9.2.2 转轨国家中小企业融资难的现状[1]

前苏联及中东欧国家经济转型以来,各国中小企业发展迅猛,但中小企业在成为经济发展最有活力的经济主体的同时,却普遍因资金问题感到自身成长乏力,缺乏持续发展能力。

1. 融资约束是普遍存在的事实

Goskomstat(1997)对俄罗斯14个地区的4 339家小企业调查显示:有1/3的小企业得不到任何外部金融支持,在获得外部资金支持的企业中只有8.6%的小企业能够获得银行贷款和1.5%的小企业能够得到国家财政资金支持。Carmina cortés 和 Albin Berggren(1997)对越南752家中小企业进行调查,发现只有15%的中小企业曾获得过银行信用支持。Toland 等(1995)对捷克、匈牙利、波兰、斯洛伐克、斯洛文尼亚等经济转型国家800家私营中小企业调查,认为"流动性约束/资金缺乏问题是影响中小企业发展的最大问题"的,捷克的中小企业选择此项的占19%,匈牙利的中小企业选择此项的占23%,波兰的中小企业选择此项的占24%,

---

[1] 资料来源:杜炎,"经济转型国家中小企业融资特征研究",《商业时代》,2007年第13期。

斯洛伐克的中小企业选择此项的占23%，斯洛文尼亚的中小企业选择此项的占14%。这些来自不同渠道的调查数据充分说明了经济转型国家的大部分中小企业自身是急需资金支持的。

2. 融资约束是中小企业发展和成长的主要障碍

1994年欧洲企业研究基金会对捷克、匈牙利、波兰、斯洛伐克、斯洛文尼亚等东欧六国的一项调查显示，其中选择"流动性束缚/资金缺乏"成为"中小企业发展面临的主要问题"的约占到25%。这说明，在中东欧经济转型国家中小企业融资困难问题已成为抑制中小企业发展的重要问题之一。IMF 1999年对越南的中小企业负责人的调查其认为影响企业发展的关键问题时，53%的负责人选择"存在间接抵押制度，不能获得所需贷款"。因此根据IMF的调查结果，越南中小企业主对融资的关注超出了对企业发展其他方面的关注，资金短缺成为越南中小企业发展成败的重要问题。

3. 中小企业发展主要依赖于内源融资，外源融资效率低下

东欧等经济转型国家中小企业主要依靠内源融资。1999年，Leora F. Klapper、Victor SullaaVirginia Sarria-Allende利用AMADEUS数据库对东欧经济转型国家97 107家企业(其中小企业占82.1%)进行了财务分析，发现负债权益比和债务权益比在东欧15国的总体中值分别为1.08和0.98，其中这两个指标中值比率最低的为乌克兰，分别为0.3和0.28；最高的为爱沙尼亚，分别为2.57和1.99，同时在15国当中有6个国家的负债与权益比率和债务与权益比率中值要低于1。

俄罗斯和乌克兰的中小企业从外源融资渠道获得资金十分有限。Francesca Pissarides、等(2000)对俄罗斯随机抽取的216家中小企业的CEO进行了调研，发现外源融资对中小企业来说是一个严重的困难，其负债权益比率的平均值仅为0.3，这说明俄罗斯中小企业对外借贷率是非常低的，企业绝大部分资金来自内部筹集。Tetyana Shvydko(2001)利用乌克兰国家证券委员会提供的数据随机抽取了832家中小企业，并对其在1997年的负债与权益比率进行了统计分析，发现这一比率最大值为20.718 48，最小值为－115.130 6，均值为0.269 895 3。这说明乌克兰中小企业外源融资个体差异性较大，但总体水平仍然是比较低的。

4. 中小企业外源融资主要以短期性资金融通为主，长期资金缺乏。

东欧等经济转型国家的中小企业普遍很难获得银行信用支持，即使被支持也是给予中小企业短期性的小额贷款。Nagarajan和Meyer(1997)发现，罗马尼亚中央银行对信用支持额度一般安排在3 000美元到83 000美元之间，购买固定资产的贷款平均期限为1.8年，购买原材料的贷款平均期限为4个月左右。东欧15国的短期负债与总负债的比率基本为1，这说明东欧国家的中小企业对外的长期

负债很少或基本没有，这也就意味着这些国家的中小企业几乎不能从银行获得长期贷款或不能在本国债券或股票市场获得长期融资。

银行对中小企业的授信期限较短，这是俄罗斯和乌克兰中小企业融资的主要特征之一。俄罗斯对中小企业提供的贷款绝大部分是短期流动资金贷款，主要是解决中小企业日常营运性资金短缺。像俄罗斯银行安排卢布币种主导的贷款期限一般为几个月到1年之间，安排美元币种主导的贷款期限一般为1～3年。另外AMADEUS数据库中对俄罗斯和乌克兰中小企业的短期负债与总负债之比统计中值为1也充分证实了这一特征。

越南现在对中小企业的信用政策支持力度逐年加强，但在对中小企业的信贷规模和结构支持上仍然存在一定的局限，银行对中小企业的信贷主要以短期为主而非长期。Tran Kinh Khoi Nguyen 和 Neelakantan Ramachandran(2006)在越南随机调查了558家中小企业，发现这些企业的短期负债率平均为41.98%，短期银行负债率平均为15.56%，而长期债务率平均仅为1.93%。这说明在越南，从银行角度来说，放贷给中小企业的资金是以小于1年期限的短期资金为主。

9.2.3 中国中小企业融资现状

根据2009年12月24日《国务院关于促进中小企业发展情况的报告》，改革开放以来，特别是进入21世纪以来，中国中小企业不断发展壮大，已成为中国国民经济和社会发展的重要力量，在繁荣经济、增加就业、推动创新、改善民生等方面，发挥着越来越重要的作用。截至2009年9月底，全国工商登记企业1 030万户(不含3 130万个体工商户)，按现行中小企业划分标准测算，中小企业达1 023.1万户，超过企业总户数的99%，中小企业创造的最终产品和服务价值相当于国内生产总值的60%左右，缴税额为国家税收总额的50%左右，提供了近80%的城镇就业岗位。

然而，中国中小企业却面临着十分严峻的融资难题。林汉川等(2002)对湖北、广东中小企业的调查表明，中国中小企业固定资产投资主要来源于自有资金，超过半数的中小企业在固定资产投资时根本无法获得外源融资。2003年开始，中国人民银行和日本国际协力机构(JICA)联合开展了为期两年的项目研究，并出版了《中国中小企业金融制度报告》一书。该研究对中国中小企业融资状况进行了系统调查和分析，结果显示：

9.2.3.1 自有资本金和银行贷款是中国中小企业融资的主要渠道

企业的资金来源主要依靠自筹和银行贷款两种方式，这既说明资本性融资与债务性融资在中小企业融资中的重要性，又说明企业融资渠道过于单一。

从图 9-2 可以知道，随着企业的规范发展，向亲友借款在企业筹资方案中逐渐淡化，企业开始考虑引进外部企业或自然人作为战略投资者。但是，除银行贷款外，股票等其他融资方式所占筹资比重依然很小，在调研的样本企业融资结构中仍然是明显的弱项。具体来说，调研数据表明，在 2001—2003 年间，中小企业资金来源中自有资本金占比超过 45%，而银行贷款占比在 40%左右徘徊，其他融资方式（向其他企业借款、股票融资等）占比很低，尚不足以支持中小企业的发展。

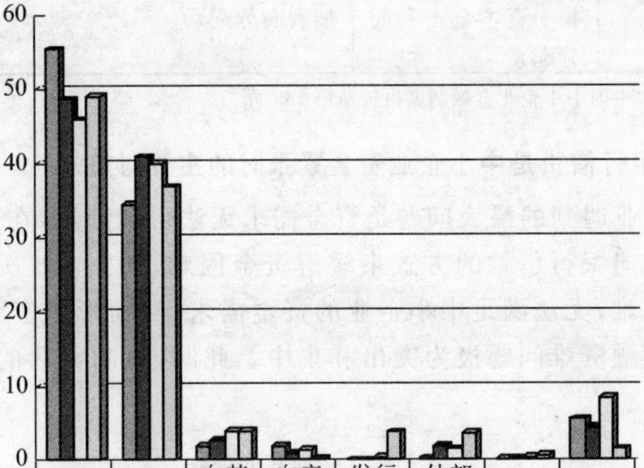

	自有资金	银行贷款	向其他企业借款	向亲友借款	发行股票或债务	外部企业或自筹	政府拨款	其他
2001	55.4	34.5	2	1.9	0	0.3	0.2	5.6
2002	48.7	40.9	2.7	0.9	0.1	1.9	0.3	4.5
2003	45.9	40	3.9	1.5	0.4	1.6	0.5	8.4
未来投资	49.1	36.9	4	0.3	3.8	3.7	0.7	1.6

图 9-2 中小企业筹资渠道的比较

9.2.3.2 不同发展阶段的中小企业对融资渠道的要求是不同的

在调查数据分析的基础上，表 9-6 总结了中小企业在不同的发展阶段上融资渠道的变化规律。从表 9-6 可以看出，从一般意义上来讲，中小企业在不同的发展阶段上其融资渠道是很不一样的。具体而言，在发展初期，在资本市场的融资主要是通过向亲友筹资的方式实现的，在货币市场上主要是以抵押担保来向银行贷款；在增长期和稳定扩大期内，资本市场上第一位的筹资方式仍然来自亲友认购，其次才是公开招股筹资和发行公司债券等现代方式，向金融机构的借贷则从有担保的融资发展为无担保融资。

表 9-6　中小企业各发展阶段的筹资渠道

发展阶段	打基础期	有机增长期	稳定扩大期
资本市场	非公开招股筹资（亲友认购）	非公开招股筹资（亲友认购）公开招股筹资公司债	非公开招股筹资（亲友认购）公司债
货币市场（担保）	有担保融资（担保物＋资本金＋利润分配）	有担保融资（担保物＋资本金＋增加利润分配）	无担保融资

资料来源：《中国中小企业金融制度报告》，第 139 页。

9.2.3.3　银行借贷是中小企业资金紧张时的主要对策

中小企业遇到的最大问题是资金需求无法得到满足，在这种情况下，中小企业主要采取向银行借款的方式来缓解资金困难，如图 9-3 所示。如果取得银行贷款较为困难，无法满足中小企业的资金需求，从而形成资金需求缺口，就会使得中小企业融资难问题极为突出和集中。此时，机制灵活的民间借贷成为银行贷款的补充。

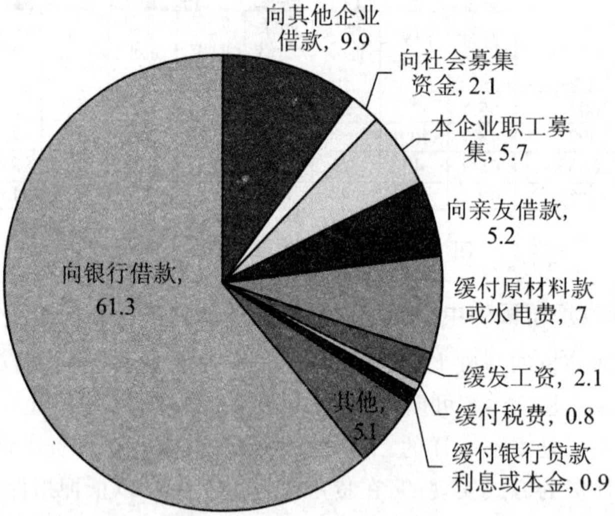

图 9-3　中小企业资金紧张时的融资渠道

9.3 中小企业融资缺口分析

9.3.1 麦克米伦缺口与中小企业融资[1]

9.3.1.1 麦克米伦缺口的提出

在一国金融体制中，中小企业融资困难并不是一个现在才有的问题，也不是一个我国独有的问题。其实，早在20世纪20—30年代，人们对于金融体系中存在着的对中小企业融资壁垒问题已有所认识。1929年，经济危机大爆发时，英国政府为制定摆脱危机的措施，指派以麦克米伦(Macmilla)爵士为首的"金融产业委员会"调查英国金融业和工商业。1931年，该委员会在提交的《麦克米伦报告》中指出，在英国金融制度中，中小企业在筹措必需的长期资金时，尽管有担保，但仍存在融资困难，建议政府采取一系列措施拯救危机。由此，人们将金融制度中存在的对中小企业融资壁垒的现象称为"麦克米伦缺口"。

9.3.1.2 麦克米伦缺口的实质

纪琼骁(2003)指出，"麦克米伦缺口"现象本质上是一种市场失灵，因为从"麦克米伦缺口"的外在表现、形成原因等来看，它符合上述"市场失灵"的特点：

第一，"麦克米伦缺口"是一种"帕累托改进"状态。在一个经济效率的市场条件下，资金的流动应该按照市场的需求来进行，市场能及时实现资金供给与需求的吻合。但是，在"麦克米伦缺口"现象中，中小企业作为资金的需求者因存在融资壁垒，资金的供给者没有将资金有效配置到资金需求者的手上，也就没有达到帕累托最优状态。因此，从"麦克米伦缺口"的外在表现来看，它是一种"市场失灵"。

第二，"麦克米伦缺口"形成的核心原因就是在金融制度中，市场的力量无法促使资金配置到中小企业，也就是说市场在这里无能为力。在市场经济条件下，金融机构作为经济主体追求的是自身利益的最大化，而中小企业由于财务及管理制度不健全，加之担保能力弱，抵押品品质不高，单笔借款数额较小，手续复杂，因而金融机构认为对中小企业贷款风险大，成本高，赢利少，一般金融机构不愿意向中小企业提供资金。另一方面，中小企业知名度不高，即使发行股票、债券也难以上市，通过金融市场融资也有较大障碍。这样，无论是直接融资还是间接融资，中小企业融资都存在壁垒，市场力量对中小企业融资没有起到有效作用。

---

〔1〕 资料来源：纪琼骁，"麦克米伦缺口与中小企业政策性融资"，《金融研究》，2003年第7期。

第三，在“麦克米伦缺口”现象中，市场力量之所以没有发挥有效作用，其深层次原因就在于存在大银行的垄断、银行对中小企业掌握的信息更不充分、与中小企业之间具有更多的信息不对称、更高的交易成本等。这些充分表明，“麦克米伦缺口”现象是一种市场失灵。

9.3.2 信贷约束与中小企业融资[1]

关于中小企业信贷配给问题的讨论也是中小企业融资理论的一个重要分支。有关信贷配给生成机制的理论解释很多，其中以 Stiglitz 等人以信贷市场信息不对称为基础所建立的理论模型最具影响力。Stiglitz 和 Weiss(1981)在关于信贷配给的经典文献中指出，信息不对称导致的逆向选择和道德风险是产生均衡信贷配给的基本原因。当面临对贷款的超额需求时，银行为了避免逆向选择，不会用提高利率的办法来出清市场，而是在一个低于竞争性均衡利率的水平上对贷款申请者实行配给。Whette(1983)的信贷配给模型拓展了 Stiglitz 等人的理论，在借款人风险中性的条件下，银行的抵押品要求也可能成为信贷配给的内生机制。Bester(1985,1987)进一步讨论了抵押品在信贷配给中的作用，认为抵押品可以和利率同时作为银行分离贷款项目风险类型的甄别机制，即银行可以通过企业对抵押品数量变动的反应的敏感程度来分离高风险和低风险的贷款项目。Williamson(1986)讨论了信贷配给过程中出现的监督成本问题，将银行期望收益与利率之间的非单调性变化归因于信息不对称。Schmidt-Mohr(1997)在对前人的研究进行归纳的基础上，建立了自己的信贷配给模型，他在信贷配给模型中放松了借贷双方的风险类型假设，内生化了利率、抵押品和贷款额，并分别建立了垄断及竞争两种信贷市场结构下的均衡解。

9.3.2.1 信贷缺口的存在性及其规模

一般认为，中小企业与银行之间信息不对称的问题更加严重，从而使得中小企业的信贷配给问题也更为显著，而中小企业的信贷缺口究竟有多大则成为经验分析所关注的问题。

Mallick 和 Chakraborty(2002)基于 NSSBF(National Survey of Small Business Finance)的有关数据对“受约束”中小企业信贷缺口的规模及影响因素进行了估算和实证检验。他们所谓的受约束企业不仅包括那些贷款申请被拒绝或不能获得足额贷款的企业，而且还包括那些由于担心遭拒而不去申贷的企业；信贷缺口则

---

〔1〕 资料来源：田晓霞，“小企业融资理论及实证研究综述”，《经济研究》，2004 年第 5 期。

是指企业期望得到的贷款与实际获得的贷款之间的差额。研究发现：受约束中小企业的信贷缺口以百分率表示平均为20%，同时，信贷缺口随着企业所属行业、年龄及组织形式的不同而表现出了相当大的差异。具体来看：①制造、批发和服务业企业的信贷缺口分别为50%、27%和23%，而公用事业、交通运输、保险、采掘和零售业企业则不存在明显的信贷缺口；②相比独资和合伙企业，公司制企业存在着更大的信贷缺口；③与企业特征类似，企业所有者特征如个人信用等，以及银企关系因素对于企业信贷缺口也具有相当的影响力。

然而，Cressy(1996)从金融资本与企业存活率之间的关系入手，对企业新建期是否存在信贷配给的问题进行了探讨，并给出了否定的答案。Cressy对信贷配给的定义为：如果企业的存活率依赖于企业资产，则存在资本约束和信贷配给。作者发现：①金融资本与企业存活率之间的关系是模糊的，人力资本才是企业存活率的"真实"决定因素；②有关提供融资的决策是需求推动型的，即假设银行资金供给富有弹性，由于那些拥有更高人力资本的企业更可能被银行所接受，所以企业将首先对融资进行自我选择(而不是被动地由银行来选择)，拥有较高人力资本的企业才会向银行提出申请。从这个意义上讲，企业新建期不存在信贷配给。据此，Cressy(1996)提出了与传统相背离的政策建议：如果银行对新建企业的贷款不能真正促其成活，同时企业缺少贷款也并不会加快其失败，则适宜的政府政策应使企业新建更难(但注意不是更少)。这样做的好处在于：一方面，年轻企业家将首先花时间在所需技能的提高上，而不是盲目地踏入自己并不熟悉的经营领地；另一方面，新建企业的存活率提高，从而可以为社会提供更多的长期工作机会，银行借款的坏账也会相应减少。

9.3.2.2　信贷约束下的关系型贷款

理论研究和经验证据均表明，信贷配给中的被拒绝者主要是中小企业。在这种情形下，关系型贷款作为解决中小企业融资问题的一种重要手段，引起了学者们的广泛重视。

Banerjee，BeSley 和 Guinnane(1994)认为，关系贷款使参与各方注重长期合作关系的建设与维持，在信贷市场上，借款者短视行为(拒绝还款)减少，他们受到来自关系贷款者长期的约束与激励。Boot(2000)列举了关系型融资的5种潜在收益：①关系型融资可以实现银企之间信息交换的帕累托改进；②关系型融资促使银企间长期、隐性合约的生成，弥补显性条约的缺陷；③关系型融资允许契约的扩展与调整以避免利益冲突；④关系型融资有利于银行对抵押资产进行监控；⑤如果关系期间足够长，银行可以将短期内不盈利的出资行为在长期内实现盈利，这是一种贷款的跨期平滑，使银行有可能向本无利可图的中小企业贷款。Boot(2000)认为，如果在某一时期的融资活动中，同时出现了以下 3 个特征，就可以说该活动属于关系型融资：一是企业业主的专有信息为金融中介机构所拥有，而普通公众无法获得这些信息；二是这些专有信息的来源建立在金融中介机构与同一客户的长期交易基础上；三是内部信息是关系型融资双方所特有的，对于局外人自始至终具有机密性。

青木昌彦(2001)认为，关系型融资是指初始融资者被预期在一系列法庭无法证实的事件状态下提供额外融资，而初始融资者预期到未来租金也愿意额外募集资金的融资方式。Berger 和 Udell(2002)进一步总结指出，为有效缓解金融交易中的信息问题，银行开发出基于不同种类信息的多种贷款技术，主要有四大类：

(1)财务报表型贷款(financial statements lending)。该类贷款的发放决策和贷款条件主要基于贷款申请者所提供的财务报表所反映的财务信息。它主要适用于信息透明度高的大企业和一些有较长历史的中型企业，中小企业大多难以满足这类贷款所需的信息条件。

(2)抵押担保型贷款，又称资产保证型贷款(asset-based lending)。这类贷款的决策主要取决于借款者所能提供的抵押品的数量和质量，而非其财务信息。即抵押和担保成为信用分析的某种替代机制。资产保证型贷款有很强的事后监控机能，可以降低道德风险的发生概率，被广泛应用于对中小企业的贷款中。其主要缺点是交易成本过高，手续烦琐，而且无法满足抵押和担保要求的中小企业将被拒之于银行门外。

(3)信用评分(credit scoring)技术。这是一项运用现代数理统计模型和信息技术对客户的信用记录进行计量分析从而做出决策的新技术。它具有成本低、效率高等特点，可以在较大程度上缓解信息问题，20 世纪 80 年代以来被美国金融机构运用于小额贷款的发放上。但由于该项技术较复杂，对信息系统和数据积累的要求较高，其应用范围受到限制。

(4)关系型贷款(relationship lending)。指银行的贷款决策主要基于通过长期和多种渠道的接触所积累的关于借款企业及其业主的相关信息而做出。这些信息除了通过办理企业的存贷款、结算和咨询业务而直接获得以外，还可以从企业的利益相关者(股东、债权人、员工、供应商和顾客等)以及企业所在的社区获得；它们不仅涉及企业的财务和经营状况，还包含了许多有关企业行为、信誉和业主个人品行的信息。关系型贷款的基本前提是，银行和企业之间必须保持长期、密切而且相对封闭的交易关系，即企业固定地与数量极少的(通常为一到两家)银行打交道。由于关系型贷款不拘泥于企业能否提供合格的财务信息和抵押品，因而最适合于中小企业。在美国，关系型贷款通常是以银行信贷额度的方式发放的。

Berger 和 Udell(2002)指出,以上 4 种贷款技术的应用取决于可能导致银行信贷配给和“过度信贷”(overl ending)的信息问题的种类。总的来看,前 3 种技术所涉及和生产的主要是易于编码、量化和传递的“硬信息”(hard information)。这些信息不具有人格化特征,基于这类信息的贷款属于市场交易型的贷款(transactions-based lending)。关系型贷款则有所不同,它所涉及的主要是难以量化和传递的“软信息”(soft information),具有强烈的人格化特征。这种软信息可视为银行生产的关于特定企业及其业主的专有知识(idiosyncratic knowledge)。根据交易成本理论,越是专门化的知识,其转换成本(或沉淀成本)越高,交易就越倾向于以长期关系的方式进行。因此,与市场交易型借贷相比,关系型借贷属于含有某种社会网络因素的准市场交易。

由此可见,因信息不对称导致的中小企业融资困难,其本质是金融交易中的市场失效。具有准市场交易特征的关系型借贷,实际上正是银行和企业为克服这种市场失效而共同构建的一种制度安排。因此,关系型贷款作为解决中小企业融资问题的一种重要手段,在发展中国家和发达国家均相当盛行。例如,Harhoff Krting(1998)的研究发现,德国中小企业大部分与一至两家银行建立了长期化的借贷关系,许多中小企业从一家银行所获得的贷款额占其贷款总额的2/3以上。该研究还发现,银企间借贷关系的持续时间(duration)与企业贷款的可得性(availability)变量之间正相关,与银行的抵押要求负相关;企业的贷款发放银行的数目与贷款可得性之间负相关,与抵押要求正相关;在筹资成本上,有银企相互信赖关系的企业贷款利率比没有这种关系的企业贷款利率平均低 0.48 个百分点,地处大都市的企业的贷款利率比地处郊区和农村的企业的贷款利率高 0.4 个百分点,因为与后者相比,金融机构稠密的前者的关系型借贷较少。其他国家的许多研究文献也证明,长期化和交易对象集中化的关系型借贷有助于改善中小企业贷款的可得性和贷款条件,能够较为有效地缓解中小企业的融资困难(Berger 和 Udell,1995;Angelini,Salvo 和 Ferri,1998)。

Peterson 和 Rajan(1994)最早使用 NSSBF(1987)有关数据就关系型贷款问题做了系统的经验检测,并对银企关系〔1〕、信贷可获得性的衡量方法等做了有益的探索,结果显示:良好的银企关系无论对于企业贷款成本,还是信贷可获得性都

〔1〕 作者用 3 个纬度的变量来衡量银企关系:①关系长度;②贷款行是否向企业提供贷款之外的服务,如支票或储蓄存款等;③企业借款的集中度,用贷款行的数目来表示。

会产生有利的影响，其中对信贷可获得性的影响较为显著[1]，对贷款成本的影响却并不显著。另外，企业所处地区的银行越集中，企业的信贷可获得性也会显著提高[2]。此外，银企长期合作关系的强化有利于降低中小企业贷款的利率，减少贷款的担保和抵押要求，降低对商业信用的依赖，缓和利率波动对中小企业贷款利率的影响等(Angelina，Salvo 和 Ferri，1998；Ferri 和 Messsori，2000)。Luc Laeven (2001)在对俄罗斯关系贷款者及关系银行内部结构进行实证研究后认为：关系型融资可以降低信用风险，使贷款风险从边界外进入边界内，从而保证贷款的有效实施。

关于银企关系对信贷可获得性的影响强过对贷款成本的影响，Peterson 和 Rajan(1994)的解释是：①如果信贷配给确实存在，企业投资的边际回报率要远高于信贷成本，因此，企业希望得到更多的贷款，而不是更便宜的贷款；②尽管银企关系能够降低贷款行的成本预期，但由此形成的垄断力量可能阻碍了这种成本的降低向企业的传递；③金融机构很难将银企关系所生成的“软”信息反映在贷款利率的相关规定中，换言之，贷款部门应用有关信息来决定是否发放贷款以及发放多少额度的贷款要远比决定贷款的成本容易。上述讨论的政策含义是：为了激励银行对中小企业提供贷款，须使银行对企业未来收益的索取权更加明确，如弱化银行持有企业权益的禁令等[3]。

需要注意的是，关系型贷款可能也会赋予贷款行某种市场力量，而这种力量对于中小企业是利还是弊存在着不同的观点。正面观点认为：这种力量使银行能够对中小企业实施隐性的长期合约，即企业短期只需支付补贴利率，其后再向银行补偿支付超出竞争水平的利率(Sharpe，1990)；并且随着这种力量的增强，即使那些信贷质量很低的中小企业也能够获得贷款(Petersen 和 Rajan，1995)。反面观点则认为，这种力量不仅可能引起交易成本和代理成本的提高，而且可能导致投资不

〔1〕 但也有的观点认为，如果银企之间建立了关系，银行向其提供贷款的可能性会增大，然而这种关系的长度并不重要(Cole，1998)。需要指出的是，除所使用的数据基础不同外，Cole(1998)与 Petersen 和 Rajan(1994)对信贷可获得性的衡量方法也有很大区别：Petersen 和 Rajan 采用间接衡量的方法，Cole 则使用直接衡量的方法，即贷款行拒绝或同意向企业提供贷款的可能性。

〔2〕 Petersen 和 Rajan(1995)认为，银行愿意向小企业提供贷款的一个原因是，这些企业的成长前景很好，银行期望在企业未来的利益分配当中占有一席之地。但这往往只是一种隐性的承诺，而信贷市场的集中度越高，这种承诺的可信度将越大，因为企业未来转向其他信贷来源的可能性越小(Petersen 和 Rajan，1995)。

〔3〕 需要指出的是，银企关系的价值在不同国家有不一样的表现，原因可能在于宏观经济环境因素，如银行体系的集中度、金融体系的脆弱性、破产规则以及其他影响银行收集和使用有关信息的因素等存在差异(Berger 和 Udell，1998)。

足的后果。

在国内，王霄和张捷(2003)在传统理论模型的基础上引入企业规模因素，并将其内生化，建立起以抵押品为主导的信贷配给机制，进而得出结论：在信贷配给中被剔除的主要是资产规模小于银行所要求的临界抵押品价值量的中小企业，从而为中小企业存在相对大企业更为严重的信贷缺口这一现象提供了又一种解释。

由此可知，尽管通常认为中小企业希望得到的贷款额度与实际得到的额度总是存在着一定的差距，即所谓的信贷配给缺口，而这种信贷缺口在不同行业、不同组织形式、不同特征所有者的中小企业当中表现又不尽相同。

9.4 中小企业融资难的原因

9.4.1 信息与中小企业融资难[1]

9.4.1.1 信息与非正规金融

大量的资料表明，在发展中国家和地区，非正规金融对于中小企业融资具有异常重要的作用，甚至在一些已经实现了金融自由化的国家和地区，非正规金融仍然不同程度地存在着。

Woodruff(2001)利用1994年和1998年的调查数据对墨西哥小企业在初创阶段和发展阶段融资状况的研究表明，“尽管正规(银行)信贷对于调查样本中最大的企业比较重要，但从总体来看，这些企业极少获得银行信贷；而非正规的金融借贷——从家庭成员或朋友处获得的借款、商业信用等——在墨西哥更为普遍。调查数据显示正规银行信贷很少，只有2.5%左右的被调查企业在创立阶段约3%的被调查企业在创立之后曾获得银行贷款。”Aliber(2002)对印度城市Nagpur和乌干达首都Kampala的调查研究发现，“非正规金融是非正规部门的企业主创办企业所需资金的主要来源，不论从哪个角度考察，都远远大于正规金融机构向其提供的金融支持。”根据Isaksson(2002)的研究，肯尼亚正规部门的小企业和非正规部门的企业向非正规金融的借款较多，尽管从借款规模来看，企业从非正规金融获得的融资额不是很大，但是从借款范围来看，对非正规金融的利用较多。Aryeetey(1998)发现，在加纳等非洲国家，虽然进行了旨在消除金融抑制的金融自由化改

〔1〕 资料来源：林毅夫、孙希芳，“信息、非正规金融与中小企业融资”，《经济研究》，2005年第6期。

革，但是中小企业的融资状况并没有得到改善，"在向银行申请贷款的中小企业中，只有一半申请者有机会被银行考虑；而在申请贷款的微型企业中，大约 2/3 的申请者可能被银行拒绝。"

Bose(1998)、Besey、Coate 和 Loury(1993)、Johnson(2001)、Schreiner(2000)、Aryeetey(1998)等研究了非正规金融市场的特征，主要包括：①非正规金融市场与正规金融相互分割；②其利率一般高于正规金融市场的利率[1]，并且在同一个地区，利率相对稳定；③一般不要求抵押品；④借款合约的执行主要不是依靠国家的法律体系，而是依靠当地的某种社会机制，非正规金融市场的履约率往往高于正规金融部门。非正规金融的形式多种多样，有民间自由借贷、各种 Rotating Savings and Credit Associations(ROSCAs)、各种基金会、私人钱庄、典当行等[2]。

在国内，张维迎(1994)、王信(1996)、隅谷三喜男等(1991)、周添城和林志诚(1999)等研究显示，对于作为中国台湾经济主体的中小企业来说，民间金融是一个无法替代的信用筹措来源，在 20 世纪 60—90 年代，以中小企业为主的中国台湾民营企业的区内借款来源于民间市场的比例高达 35%以上。另外，根据史晋川等(1998)、张军(1999)、史晋川和叶敏(2001)、Tsai(2001)、史晋川和朱康对(2002)、叶敏(2002)等的研究，民间金融在我国温州非常普遍，温州民营经济的融资特征是，在创业初期，以自有资金和民间融资为主；当企业具有一定的规模和实力以后，以自有资金和银行借贷为主，而民间融资仍是重要的外部资金来源。

总之，通过以上分析可以发现，在发展中国家或地区的中小企业融资结构中，正规金融所占比重很小，而内源融资和非正规金融是中小企业创立和成长的主要资金来源。由此可知，很多文献认为非正规金融存在的主要原因在于，这些国家或地区大都存在金融抑制政策，正规金融不能满足中小企业发展形成的融资需求，非正规金融应运而生。

9.4.1.2 信息不对称与中小企业融资

现代金融学证实，信息是贷款人是否愿意提供贷款的决定性因素之一，Jaffee 和 Russell(1976)、Stiglitz 和 Weiss(1981)对信用的信息理论进行了开创性的研究，指出由于信息不对称导致的逆向选择和道德风险导致了信贷配给的产生，中小

---

〔1〕 例如，根据周添城和林志诚(1999)，在中国台湾，民间利率一直都是银行利率的两倍，1964—1994年，民间利率(年息)为 20%～30%，而同时期的银行存款利率为 5%～14%。根据叶敏(2002)的分析，1988年之后温州民间借贷利率一直维持在月息 3 分左右。根据 Aryeetey(1998)，在非洲各国，不同形式的民间借贷的利率差别较大，其中 moneylenders 的贷款利率最高，而不同国家的 moneylenders 的贷款利率也相差很大，在加纳，月息在 8%左右，而在 Malawi，月息可达到 50%。

〔2〕 如温州的各种"会"：和会、轮会、摇会、抬会、转会等。

企业几乎在所有的信息甄别系统中均处于劣势，由此加剧了其融资难题。

然而，信息经济学中关于信贷市场特征的经典文献，如 Stiglitz 和 Weiss (1981)、Bester(1985)、Diamond(1984)、Milde 和 Riley(1988)等，一般都假定金融市场上的借款人是异质的，而贷款人是同质的，因此难以直接用来解释非正规金融的广泛存在性及其特征。因此，必须在信贷市场借款人异质的假设基础上引入贷款人异质的假定，考虑具有不同信息结构的贷款人的行为方式及其竞争关系，进而分析信贷市场的均衡。

为此，林毅夫、孙希芳(2005)构建了一个包括异质的中小企业借款者和异质的贷款者(具有不同信息结构的非正规金融和正规金融部门)的金融市场模型，证明非正规金融的存在能够改进整个信贷市场的资金配置效率。作者认为，虽然很多发展中国家或地区的金融抑制政策是造成非正规金融广泛存在的一个不可忽视的因素，但不是根本性的原因。不然，在那些实行了金融自由化的国家和地区，非正规金融就应该消失了，但事实并非如此。

林毅夫、孙希芳(2005)因此指出，信息不对称是金融交易的一个基本特征，而相对于大企业，中小企业信息更为不透明，缺乏企业财务报表等易于传递的“硬信息”(hard information)，这种矛盾使得中小企业的融资比大企业更为困难。中小企业融资中依赖的是“软信息”(soft information)，只有便于获取并处理“软信息”的金融交易主体才能克服中小企业融资中的信息不对称难题[1]。

林毅夫、孙希芳(2005)认为，各种形式的非正规金融都有自己特定的信息获取方式与合约实施机制，并且都具有一个共同的特征：贷方依靠资金供求双方的人缘、地缘关系或其他商业关系获取关于借方的信息，从而使得非正规金融在向信息不透明的中小企业提供融资中具有信息优势。而正规金融则在处理这种“软信息”方面处于劣势，因此其对中小企业的贷款大多要求抵押或担保以规避风险[2]，然而中小企业往往缺乏可抵押的资产。这正是非正规金融广泛存在的一个更为根本性的原因，同时金融市场分割、高利率、无抵押要求等特征也都根源于非正规金融存在的这种根本逻辑。换言之，非正规金融市场与正规金融市场之间并不是完全

---

〔1〕 Stein(2002)对“soft information”与“hard information”有详细阐释。

〔2〕 即使在金融体系高度发达的国家，尽管针对中小企业融资的各种各样的支持体系比较完善，非正规金融的空间较小，但内部融资仍然是大多数小企业的重要资金来源，正规金融的贡献有限。例如，根据 Berger 和 Udell(1998)，美国小企业的融资结构中，股本融资平均占 49.63%，债务融资平均为 50.37%，债务融资由金融机构的贷款(26.66%)和非金融机构、个人、政府的信用(23.71%)构成，而且规模越小的小企业其股权融资的比重越高。在小企业从金融机构获得的贷款中，有抵押的贷款占 91.94%；商业银行贷款在小企业融资结构中的比重为 18.75%，其中有抵押的贷款占 91.99%。

分割的，二者在争夺储蓄来源和客户方面相互竞争，但二者不同的信息结构导致二者运用不同的合约方式，服务对象有一定的差异，从而使得面对中小企业的金融市场在均衡时表现出一定的分割性质。也就是说，金融市场的分割及其他特征是非正规金融部门、正规金融部门、借款人三方各自优化行为的结果，而不是其行为选择的前提或原因。

9.4.1.3 企业异质性信息与中小企业融资〔1〕

中小企业异质性中小企业整体表现出很高的异质性(heterogeneity)，这种异质性来源于企业家人力资本的异质性。与两权分离的大型公众公司不同，中小企业两权合一，是以企业家为中心签约人的契约(杨其静，2005)。企业家才能难以观察和描述，更无法计量，其运行过程也非常难以监督，这决定了企业家是一种具有弱可交易性和资产专用性的异质人力资本。中小企业异质性产生的一个重要后果就是企业质量参差不齐，融资供给方对中小企业整体质量评价不高，而这是造成融资供给方与中小企业信息不对称程度更严重、影响融资可得性的重要因素(李志赟，2002)。

Berger(2003)指出，信贷市场上的信息分享(information sharing)或称信息交换(information exchange)是指银行或其他贷款者通过信息中介交换分享相关贷款申请人的信用信息。至少已有 129 个国家建立了信息分享机制(Djankov，Mcliesh 和 Shleifer，2007)，主要有管制交换机制(regulation-imposed exchange mechanism)和自发交换机制(voluntary exchange mechanism)两种模式。前者盛行于大陆法系国家，如法国及原法属殖民地国家，中央银行在建立信用制度方面起主导作用，通常由政府出资，中央银行主持，实施公众信用登记、强制报告制度，收集企业和个人的信用信息。后者主要在普通法系国家，如英美等国得到广泛运用，由市场产生解决信息问题的机制，在这种模式下，合作或私人性质的大型信用局或信息经纪人通过广泛社会征信，如从贷款人、法院、税务当局等多种渠道收集个人及企业信息，贷款人向信用局购买信息用于贷款决策。

关于信息分享的研究较早出现在产业组织理论的文献中，但研究对象为贸易市场的信息分享机制(Vives，1990；Doyle 和 Snyder，1999；Kuhn，2001)。从 20 世纪 90 年代起研究信贷市场信息分享机制的文献逐渐增多，基本上认同信息分享机制具有两大功能：信息甄别(information screening)和惩戒效应(disciplinary effect)。Pagano 和 Jappelli(1993)从个人消费信贷角度分析发现，通过信息分享

〔1〕 资料来源：唐建新等："中小企业异质性、信息分享及其融资问题研究"，《经济评论》，2010 年第 1 期。

机制的甄别功能可降低违约率。Padilla 和 Pagano(1997)认为引入信息分享机制可抑制银行对借款人的敲竹杠行为。Gehrig 和 Stenbacka(2007)提出贷款者可借助信息分享机制低成本获取信息,借此侵入并攫取其他贷款者的市场份额。此外,信息分享还可抑制企业过度负债(Ongena 和 Smith,1998)。信息分享是一种声誉机制,具有惩戒效应(Klein,1992)。Vercammen(1995)、Padilla 和 Pagano(2000)进一步发现,信息分享是否具有声誉效应与所分享信息的类型有关,借款人类型越不确定,信贷市场信息分享的声誉机制作用越强,所以应限制信息的收集和分享数量,确定黑白信息的保留年限。

关于银行贷款过程中信息分享的实证研究可分为四类:

(1)信息分享机制的市场绩效。Jappelli 和 Pagano(1999)对 49 个国家进行了问卷调查;Kallber 和 Udell(2003)以邓白氏(Dun 和 Bradstree,DB)商业信用支付指数为分析对象;Galindo 和 Miller(2001)运用投资对现金流的敏感性作为企业信贷约束替代变量;Brown、Jappelli 和 Pagano(2006)研究了东欧和前苏联共 24 个经济转型国家的信息分享机制对企业贷款可得性的影响;Jappelli 和 Pagano(2002)对欧美亚非地区 40 个国家的信息分享机制的绩效进行了实证检验;Djankov、Mcliesh 和 Shleifer(2007)运用 129 个国家历时 25 年的数据进行检验。上述研究从多角度支持了信息分享机制可增强贷款人甄别借款人的能力和提高贷款量,信息分享作为保护债权人的机制之一,是对法律机制的替代。

(2)影响信息分享机制产生和发展的因素。除了借贷双方的信息不对称是主要推动因素外,人口流动程度、信息技术革新(Pagano 和 Jappell,1993;Petersen 和 Rajan,2002)、市场分割(Jappelli 和 Pagano,1999)、法律对债权人的保护程度(Pinheiro 和 Cabra, 1999)均影响信息分享机制的发展。

(3)管制交换机制和自发交换机制的关系。Jappelli 和 Pagano(2002)发现,政府为增加银行业的竞争程度设立信用登记制度,或是将其作为信用局的替代,还有的国家为了增加信息分享行业的市场竞争程度,使该行业形成信用局和信用登记制度并存和互补的局面。

(4)信息分享机制的制度设计。这类研究主要集中在信息类型、信息保留年限、信息的提供与分享制度安排、信用局与信用登记制度的协调、数据保护等方面(Padilla 和 Pagano,2005)。中小企业的债务融资表现出规模小、频度高和更加依赖流动性强的短期贷款的特征(张捷,2003)。信息分享机制主要应用于零售金融业,信用信息的迅捷获取大大缩短了贷款人审核和发放贷款的时间周期,所以,信息分享机制在中小企业融资问题中具有很强的适用性。

9.4.2 企业生命周期与中小企业融资[1]

现代经济学对企业融资结构(即资本结构)的研究,始于莫迪利亚尼和米勒提出的 M-M 定理。该定理要解决的是企业的市场价值与融资结构的关系问题,研究在某些给定的条件下使企业价值最大化的最优融资结构。其后虽然有许多经济学家对 M-M 定理进行了修正和发展,引入了一些新的假设条件,提出了代理成本及其静态权衡(static trade-off)原理等理论,但并未放弃企业实现最优融资结构的均衡方法(Harris 和 Raviv,1991)。这些理论考察的企业价值和融资结构都是以有效率资本市场为前提,而能在有效率的公开资本市场上融资的一般都是大企业,因而这些理论并不适合对中小企业融资结构的分析。

20 世纪 80 年代以来,不对称信息理论在企业融资结构的研究中得到广泛应用,其中影响最大的理论是"融资顺序理论"(pecking order theory)。该理论认为各种融资方式的信息约束条件和向投资者传递的信号是不同的,由此产生的融资成本及其对企业市场价值的影响也存在差异,企业的融资决策是根据成本最小化的原则依次选择不同的融资方式,即首先选择无交易成本的内部融资;其次选择交易成本较低的债务融资;对于信息约束条件最严、并可能导致企业价值被低估的股权融资则被排在企业融资顺序的末位(Myers,1984)。

融资顺序理论强调信息对企业融资结构的影响,这比各种使用均衡方法寻求最优融资结构的主流理论有所进步。但该理论仍然是针对一般企业融资结构的探讨,并未涉及企业的规模和信用条件等影响因素。近期的研究发现,由信息不对称产生的交易成本对企业融资决策的影响在很大程度上与企业的规模相关,上述融资选择顺序在大企业中表现得并不明显,它更多地适用于信息不透明的中小企业的融资决策(Graham 和 Harvey,2001)。事实上,被修正后的融资顺序理论,常常被一些经济学家作为研究中小企业融资结构问题的理论框架(Holmes 和 Kent,1991;Ang,1991;Norton,1991)。不过,融资顺序理论存在一个重大缺陷:它属于解释在特定的制度约束条件下企业对增量资金的融资行为的理论,具有短期性,无法揭示在企业成长过程中资本结构的动态变化规律。

在这种情形下发展的企业金融成长周期理论部分地弥补了融资顺序理论的上述缺陷。金融成长周期理论认为,伴随着企业成长周期而发生的信息约束条件、企业规模和资金需求的变化,是影响企业融资结构变化的基本因素(Berger 和 Udell,1998)。Michaelas 等(1996)认为,企业在建立和成长时期多使用债务融资,

---

[1] 资料来源:张捷、王霄:"中小企业金融成长周期与融资结构变化",《世界经济》,2002 年第 9 期。

当企业逐渐成熟时，其对债务融资的依赖性将逐渐降低。Berger 和 Udell(1998)则指出，在企业创立初期，由于资产规模小、缺乏业务记录和财务审计，企业信息是封闭的，因而外源融资的获得性很低，企业不得不主要依赖内源融资；当企业进入成长阶段，追加扩张投资使企业的资金需求猛增，同时随着企业规模扩大，可用于抵押的资产增加，并有了初步的业务记录，信息透明度有所提高，于是企业开始更多地依赖金融中介的外源融资；在进入稳定增长的成熟阶段后，企业的业务记录和财务制度趋于完备，逐渐具备进入公开市场发行有价证券的条件。随着来自公开市场可持续融资渠道的打通，来自金融中介债务融资的比重下降，股权融资的比重上升，部分优秀的中小企业成长为大企业[1]。总之，金融成长周期模型从长期和动态的角度较好地解释了中小企业融资结构的变化规律。

Berger 和 Udell(1998)同时指出，上述增长周期理论只是对企业融资路径的一个一般性描述，它并不适用于所有的小企业，因为企业的规模、年龄和信息不透明程度等并不是完全相关的。经验检测结果也显示出与这种理论预期之间的差异，如 Fluck 等(1997)就发现，威斯康星州的企业在初创阶段其外源融资(债务融资)超出了内源融资，企业发展的前 7～8 年，外源融资在融资总额中所占比例逐渐下降，之后又趋于上升。这表明，随着时间的推移，企业对外源资金的使用并不是简单地由少至多，而是呈现出一种“U”形的发展态势。

不难发现，上述生命周期理论所指企业随发展阶段不同选择不同的融资渠道，与前面所讨论的融资次序理论有异曲同工之处，只是分析角度和方法略有差异(田晓霞，2004)。两种理论综合起来反映出：企业发展初期通常总是先使用内部资金，在内部资金不够且条件允许的情况下才会使用外部资金；即使在初始阶段就有外源融资渠道可供选择，企业往往也会先选用债务融资，再是权益融资；而权益融资中又以天使融资或风险投资为先，通过公开权益市场募集资金只在企业发展到相当程度时才具有可能性和合理性。

有趣的是，Fluck(2000)在最优金融合约的框架下采用博弈论的分析方法，提出了一种较为独特的生命周期形态。他认为，企业在发展初期将首先选择外部权益或可转债，然后是留存收益，最后是长期债务或外部权益。这种观点与上述融资次序理论和生命周期理论的主要差别在于企业初始融资选择的不同，它将外部权益融资作为企业发展初期的首要选择；而且，尽管模型主体以外部权益中的私人权益作为分析对象展开，并假设在下一阶段融资之前，这些掌握控制权的权益持有者

---

〔1〕 也有一些企业不会到达这一周期的终点，即始终不会利用 IPO 募集资金，如不追求高增长战略的企业、企业家的目标函数包括其他一些表现明显的考虑因素，如自己做老板的愿望非常强烈等。

不会离开企业。然而事实上，即使这些权益持有者通过IPO将其权益卖出，分散性外部权益的存在仍将有利于企业进一步的债务融资。这也就是说，公募不再只是企业发展到最后阶段才能使用的融资渠道。

国内关于中小企业融资结构方面的讨论较有代表性的有：林毅夫和李永军(2001)指出，企业仅仅靠内部积累难以满足全部资金需求，当内部资金不能满足需求时，就必须选择外部融资，而在信息不对称情况下，企业的融资选择与能否解决信息不对称问题息息相关。张杰(2000)指出，内源融资只适用于处在初创阶段的民营经济，当企业发展进入追求技术进步和资本密集阶段后就需要外源融资机制的接应，问题的关键在于如何在确立外源融资制度的同时不损害民营经济的内源融资机制。

实证研究方面，张捷(2002)采用631家中小企业数据，对中美两国中小企业融资结构进行对比，结果发现两国企业负债结构变化均符合融资成长周期规律，只是中国企业在所有周期的资产负债率均高于美国企业，在融资结构上与美国有一定的差异。陈晓红(2003)对582家中小企业的调查表明，中国中小企业的融资结构变化符合金融成长周期理论。但张杰等(2006)利用江苏小企业的样本数据与美国小企业数据进行对比，却发现美国小企业数据大致反映了小企业对外融资需求的生命周期规律，而中国样本小企业在不同成长阶段对不同融资渠道的需求有所差异。储小平(2004)和罗丹阳(2004)虽然没有专门验证融资周期理论对于中小企业的适用性，但也发现了中国私营企业在不同阶段所具有的不同融资规律。林丽琼(2009)通过对350家农村中小企业的统计分析，结果表明不同成长阶段的农村中小企业融资渠道选择有差异；农村中小企业融资次序为自有资金、非正规信贷融资、正规信贷融资依次递进；金融成长周期规律对中国农村中小企业仍具有较强的适用性。

9.4.3 信用担保与中小企业融资[1]

中小企业信用担保，亦即由信用担保机构与债权人约定以保证的方式为中小企业提供担保，当某中小企业不能按合同约定履行债务时，由信用担保机构进行代偿，即承担该中小企业的责任或履行债务。事实上，担保作为一项重要的融资条件，在间接融资中一直被广泛使用。美国将近70%的工商业贷款使用了担保(Berger等，1990)，约80%的小型企业贷款是通过担保获得的(Glassman等，

[1] 资料来源：马亚军，“西方融资担保理论综述”，《经济社会体制改革》，2005年第1期；王传东、王家传，“中小企业信用担保研究综述”，《金融教学与研究》，2006年第3期。

1982)；英国几乎85％的小型工商业贷款的担保—贷款比率(即担保额/贷款额)更是超过了100％(De Meza 等，1996)。但是，担保在实践上的大量使用在一开始并没有引起学者们的关注。早期文献对担保的探讨，基本上是在研究信贷配给问题时有所涉及，一直没有进行专门研究。随着1970—1980年西方国家的利率市场化进程的相继完成，严酷的银行竞争(主要是利率竞争)迫使银行在利率以外寻求新的竞争要素，担保等非利率因素被日益重视并广泛使用，从而为担保理论的研究提供了现实背景。到1976年，Barro 撇开信贷配给问题，集中研究了担保的经济功能、交易成本以及对利率和贷款规模的影响，从而首先确立了担保理论在金融经济学中的独立地位。

9.4.3.1　债务担保的理论依据

"担保为什么在债务合约中被广泛使用"一直是早期文献力求回答的问题。

Scott(1977)在首次从理论上对这一问题进行解释时提出并论证了担保(负债)增进股东财富或公司价值的理论。他的多期价值模型证明，追求最优决策的公司将会尽可能以担保负债融资；即使没有公司税，担保负债也将增进公司价值。Smith 和 Warneir(1979)对这一理论提出了批评。他们的理由是，尽管 Scott 的结论在其假设下是合理的，但却与经典的 Modiliani 定理相悖，这主要是因为 Scott 的"公司的净收益与担保负债水平无关"假设与个人理性的传统观念不一致造成的。对此，他们通过放松这一假设得出了与 Scott 截然相反的结论，即担保负债不会改变公司价值。

有趣的是，Scott(1979)非但没有接受他们的批评，却通过他的回应更加清晰地坚持了自己的观点。Scott 指出，Smith 和 Warneir 的结论只是在某些有限的情况下是合理的，两者的结论有差异主要是因为，Smith-Warner 在其分析中强调担保在负债融资时发生的交易成本，而自己却省略了。如果考虑交易成本，公司的最优决策将会是在担保引起的交易成本与公司破产可能性增加引起的担保债务价值增加之间的一种权衡。这样，那些破产可能性较高的公司将发现，担保在债务融资中所带来的收益更大；而那些破产可能性较低的公司将发现，担保在债务融资中所带来的收益更小了。当担保带来的收益依赖破产可能性的时候，交易成本将依赖公司所提供的担保资产的类型。因为不动产的交易成本较低，而应收账款的交易成本较高(因其更难追索)，所以，没有违约可能的公司将采用无担保而不是担保的形式来贷款，违约可能性高的公司将以不动产作抵押来贷款，而那些违约可能性较高的公司将以不动产和应收账款作抵押来贷款。

Schwarltz(1981)则关注贷款人可能通过债务担保转移财富的问题。如果公司提前制定破产条款，并严格执行担保债务的优先要求权，那么在公司破产时，担保债务的贷款人将首先获得担保品，其次是雇员、政府等参与方从担保资产以外的财产销售中得到补偿（如工资和税收），最后是那些优先要求权没有被保护的客户、供应商等参与方分配剩余资产（如果有的话）。在这种清算安排下，担保的保护作用使得公司资源被优先分配给了贷款人。这时，即使借款人的债务总成本保持不变，担保保护利益的转让将降低贷款人（受担保保护）提出的贷款利率而提高不受保护参与方的隐含利率。这样一来，担保债务的增加将引起贷款人以外的参与方的法律保护减少，而如果其他参与方没有对此做出反应，那么担保将可能导致其他参与方的财富向贷款人转移。

许多学者对中小企业信用担保可能造成的风险感到忧虑。米什金（1998）提出，政府担保是否会诱发另一种危机？林毅夫（2001）指出，除非贷款担保机构有动力和能力对使用担保的中小企业进行甄别和监督，否则，担保方案没有改变上述信息不对称问题的实质，仅仅是将风险从商业性金融机构转嫁到国家身上，其结果很可能造成损失或担保方案的失败。

9.4.3.2　中小企业信用担保的特殊性

长期以来，确定贷款利率和落实担保要求成为现代商业银行设计贷款契约的两个必备要件，而利率和担保在影响借款者行为选择方面可以发挥不同作用（Stiglitz，1981）。现代经济学和金融学关于利率问题的研究已相当深入，关于信用担保问题的研究则起步较晚。经济学和金融学理论界真正把信贷融资担保作为专门研究课题来考察是最近二三十年的事（梁鸿飞，2003）。学术界针对中小企业信用担保所表现出的特殊性进行了多角度的分析。

（1）市场失灵说。有学者认为资源配置功能的市场失灵促使政府成为中小企业融资担保的必然投资主体。一方面，由于中小企业与大企业相比在信贷市场上往往信用不足，如果仅靠市场看不见的手的自发作用，其结果必然造成资金配置的“马太效应”——大企业容易获得资金而发展得更快，中小企业难以获得资金而发展得更慢，从而使本已不公平的竞争态势进一步恶化。另一方面，若通过市场机制下的民间投资为中小企业融资进行担保，则由于风险较大也受到一定的限制（管晓永，2002）。这种市场资源配置功能的市场失灵必然要求政府看得见的手给予必要的干预，即通过政府投资为中小企业融资实施信用担保来弥补中小企业信用的不足，以实现资源的再配置，使之趋于合理和有效（Stiglitz，1997）。

（2）交易成本说。Barro（1976）较早地提出了关于信贷融资担保的交易成本理论。巴罗模型主要说明了担保在决定贷款市场利率中的作用。由于存在贷款违约的可能性以及与转移担保品所有权相关联的交易成本，在借款者的预期利率、实际利率和贷款者的预期利率之间就会出现差异。与 Barro 相反，Chan 和 Kanatas

(1985)的模型假定担保的交易成本由借款人承担。基于这一假定证明担保的交易成本将迫使借款人传递其真实信息,并导致拥有优质项目的借款人提供更多的担保;如果不存在交易成本,担保额在均衡水平将等于贷款额,否则,担保将是不足额的(即仅对部分贷款提供担保)。基于此,Chan 和 Kanatas 将担保的交易成本区分为必要的法律文书成本、维持担保资产价值的监督成本以及借款人在担保资产清算时支出的成本。Bester(1985)则强调担保的交易成本对不完全信息的作用。由于担保一般是有成本的,在完全信息条件下其使用是无效率的,但在不完全信息条件下,担保是市场对不完全信息做出的一种反应,其使用将降低道德风险等不完全信息问题。在公司清算时,担保资产还会涉及福利损失:一是由于信息不对称,具有专用性的担保资产的售价往往低于其实际价值;二是担保资产对企业家具有更高的内在价值,其让渡会造成福利损失。

(3)准公共产品说。有学者认为,中小企业在一国经济和社会发展中扮演着重要的角色,因此,扶持中小企业的发展对整个社会都具有很强的收益外在化效应,作为扶持中小企业发展措施的信用担保就自然具有准公共产品的性质。这种观点认为,信用担保的目的是改善中小企业的融资环境,增强中小企业的融资能力,这将有利于增加就业机会、增加税收和出口创汇。同时,担保产品具有以下特点:担保的收益与所承担的风险不对称;担保的风险是保险上的不可保风险;担保产品的外部效益的承受者是企业和政府。由此看见,担保产品是具有外部效益的混合产品。因此,中小企业信用担保作为一种准公共品,由于存在搭便车问题,生产者的成本得不到补偿,市场供给不足,低于最佳数量,将产生效率损失。因此应采取公共方式提供,以弥补因供应不足导致的效率损失(张胜利,2001)。

9.4.3.3 中小企业信用担保的风险管理

鉴于信用担保是担保机构的核心业务,开展企业信用评价,控制担保机构风险,对担保机构的正常运行有着重要意义,从一定程度上说,担保机构可以看成是一个专业的中小企业信用评级机构(梅强,2002)。

专门对中小企业进行信用评级是一个较新的课题。在国外,过去银行是利用分行与客户建立的关系架构来熟悉中小企业,再利用客户经理的主观经验,建立对中小企业的信用状况及借款条件分析。但到了20世纪90年代初,美国金融机构因合并和直接融资盛行而导致竞争结构发生变化,以致关系网络被打破,传统授信机制难以为继,促使银行将其在消费信贷信用风险管理方面的经验,应用于中小企业授信上,并在内部及外部信用信息的充分整合下,衍生出中小企业信用评级机制(Ely 和 Robinson,2001)。国外机构通过对中小企业信用评级机制调查,认为中小企业会计制度较不健全,财务状况不透明,故其财务变量可能失真。因此,信用评分中财务变量的权重不宜过高，且应搜集如负责人信用评级、银行信用往来记录、资本额与营业额成长及相关经营管理与企业展望等资料变量，并提高其权重，促使中小企业信用评级更趋实际与客观（Corporative Executive Board，2000）。范柏乃（2003）基于中小企业的发展特点遴选了28个评价指标，并运用隶属度分析、相关分析和鉴别力分析对评价指标进行实证筛选，进而建立了中小企业信用评价体系。何祖玉（2002）采用模糊数学中的综合判别方法，建立了定性分析与定量分析方法相结合的信用担保风险综合评审模型。关伟（2004）运用灰色聚类评估法对中小企业的信用状况进行了评估。

风险的分散和内控机制也是一个重要的方面。罗昕（2003）初步分析了市场准入制度、资本管理制度、风险管理制度、政府监管制度，同时指出建立贷款银行、受保企业与担保机构共担风险的机制，除了确定适当的担保比例，还要强化中小企业的风险责任，如强制要求业主或法人代表以个人财产提供反担保措施（谭中明，2002）。中国信用再担保制度课题组（2003）首创了再担保的概念，并建议设立中国信用再担保股份有限公司，作为中国唯一的一家全国性再担保机构，以再担保方式支持各地担保机构，发挥其在促进中小企业发展中的重要作用。陈国伟（2002）把再担保看成是一种市场行为，所有担保机构均可以经营再担保业务，所有从事再担保业务的机构均可以称为再担保机构，但现在由于不具备从事再担保业务的条件，因此开展再担保为时过早。

9.4.3.4 中小企业信用担保的合约设计

担保与贷款利率、规模、期限的组合形成了债务合约结构。银行通过这些合约要素对借款人进行筛选或配给。作为最重要的非利率因素，担保与其他要素相互影响、相互制约，从而共同构成了担保的债务合约结构理论。

(1)贷款利率。风险和利率是银行在发放贷款时首要关心的两件事。贷款的担保程度直接影响着风险的大小，风险的高低又影响了利率的高低，而风险水平又决定着借款人提供担保的多少。因此，以风险为纽带，担保和利率相互作用、相互制约。Barro(1976)首次正式分析了担保对利率的影响。由于存在违约的可能和担保的交易成本，名义利率、借款人的期望利率以及贷款人的期望利率之间将会有差异。在信贷市场竞争情况下，如果保持贷款人的期望收益不变，名义利率、借款人的期望利率都将随着担保均值（以贷款额/担保额表示）的增加而增加。Chan 和 Kanatas(1985)则强调担保和利率之间的交换关系。由于担保价值比项目收益更能被客观识别，利率将随着借款人提供担保水平的提高而降低，这等于用担保换来了低利率，借款人的期望收益将因此而增加。在他们模型的均衡状态，如不考虑担保的交易成本，借款人关于利率的边际担保价值总是低于银行在零利润情况下愿意以担保交换利率时所要求的利率水平。这时，最优契约将要求贷款被全额担保；而在考虑交易成本的情况下，则要求部分担保。如果贷款被完全担保，由于此时的贷款没有风险，贷款利率将等于政府债券利率(Stiglitz 和 Weiss,1992)。

Besanko 和 Thakor(1987)明确地指出，担保和利率之间具有相反关系。如果银行能够设计一个利率和担保要求具有相反方向的信贷合约，低风险的借款人选择低利率、高担保合约，而高风险的借款人选择高利率、低担保合约。这时借款人将会根据风险被分离开来。对担保与利率所具有的反向关系，Boot、Thakor 和 Udell(1991)给予了解释。由于担保的使用增加了借款人违约(项目失败)的损失，这促使借款人花费更多的努力以最小化这一损失；而较高的利率减少了借款人在项目成功时的盈余，这将导致借款人的努力水平下降。因此，在担保和利率的不同激励下，借款人对自己不同努力水平的选择使得二者具有反向关系。

(2)贷款规模与期限。贷款规模作为信贷合约的另一重要要素。Barro(1976)的模型表明，借款人获得贷款的规模区间由担保、担保的交易成本和利率决定；与担保的均值(Barro 假定担保是随机变量)成正比，与担保交易成本及贷款利率成反比。Jackson 和 Kronman(1979)则强调了担保与贷款规模的相互影响。由于贷款规模的提高降低了单位贷款的监督和管理费用，使用担保将增加贷款人的期望收益。因此，在其他因素不变的时，规模较大的贷款将比规模较小的贷款更经常地使用担保。另一方面，贷款规模的增加又同时提升了借款人的负债水平，进而增加了其破产的可能，因此，贷款规模反过来将要求增加对担保的使用。

在实证研究方面，Leeth 和 Scott(1989)对美国 1000 家小公司 1981 年和 1982 年贷款情况的实证研究表明，贷款规模与担保的使用显著正相关；每增加 1 万美元贷款，使用担保的可能性增加 0.3%(1981 年)、1.4%(1982 年)。但是，上述主张担保与贷款规模正相关理论的局限性在于没有考虑到道德风险和借款人努力在契约中的作用，而且适用于对小公司的解释。基于此，Boot、Thakor 和 Udell(1991)的模型在考察担保与贷款规模的关系时考虑了这两种作用的影响，结果表明：贷款规模越大(从而项目规模越大)，借款人在项目成功情况下的净支付将会越大。如果其他情况不变，借款人努力的边际收益将在较大贷款规模下更高，进而其道德风险降低，贷款人的担保要求下降。这一相反结论被他们对来自 1977—1988 年美国大银行的数据(以大公司样本为主)的实证结果证实。

Jackson 和 Kronman(1979)、Schwartz(1981)最早解释了贷款期限的不同对担保选择的影响。如果贷款人缩短贷款期限，将加大借款人用高风险项目替代低风险项目的难度，其通过资产替代进行财富转移的动机也将大大减弱。但由于长期贷款的期限较长，借款人的这一机会主义行为却难以防范，有效的办法是贷款人在合约中使用担保要求。因此，贷款的期限越长，越可能使用担保。Leeth 和 Scott(1989)认为，由于长期贷款比短期贷款的违约风险更大，因而将被更经常地使用。他们对小公司的实证结果支持了二者之间正相关的假设。但 Boot、Thakor 和 Udell(1991)在强调贷款人的担保清算成本时却得出了相反的结论，因为公司的破产清算只能进行一次，而贷款人在清算时获得担保品的成本又是固定的，因而贷款的期限越长，贷款人的这一成本将越小，担保在期限较长的贷款上使用得将越少。Stulz 和 Johnson(1985)更明确地提出，贷款的担保价值是期限的减函数，企业应更经常地为短期债务进行担保。担保与贷款期限的这一反向关系为 Boot、Thakor 和 Udell(1991)对大公司的经验研究所支持。担保与贷款期限(及贷款规模)理论之所以出现截然相反的结论，是由两类理论的解释角度或者模型所强调的影响担保和贷款期限的因素不同所造成的。

9.4.3.5 抵押、信用担保与信息分享作用机理比较

唐建新等(2010)分析了信息分享机制缓解信息不对称问题的机理，其建立的理论模型表明，信息分享机制通过信息甄别消除逆向选择、降低信息搜寻成本和增加贷款市场竞争程度，从而提高了中小企业贷款的可得性，但这些作用的发挥依赖于中小企业异质性特征。与此同时，作者还对信息分享、抵押、信用担保作用机理做了比较：

(1)抵押的作用机理。在向信息不透明的中小企业提供贷款时，金融机构可从企业所提供的抵押品中获得关于企业未来偿还能力的信息和保证，从而做出贷款决策，也就是说，抵押品是银行分离贷款项目风险类型的信息甄别机制，可将抵押品视作某种信号传递手段(Bester,1987)。同时，抵押品提高了借款人选择败德行为的机会成本，所以还具有事后监督功能。抵押虽然能较为有效地缓解信息不对称问题，但在中小企业融资中它的局限性同样明显。抵押是建立在企业所拥有的资产基础上的，但由于中小企业资本弱化的经营模式和固定资产比率低的财务特征，其所能用于抵押的实物资产与大企业相比显得匮乏。而且，抵押贷款必须对抵押品进行价值评估、产权登记和法律公证，耗费时间长，与凭经济灵活性生存的中小企业的融资需求形成矛盾。担保是由信用担保机构与债权人约定以保证的方式为债权人提供担保。当被担保人不能按合同约定履行债务时，由担保人进行代偿，是一种信誉证明和资产责任结合在一起的金融中介行为(陈乃醒,2001)。

(2)信用担保的作用机理。信用担保机制下，信用担保机构作为第三方信用参与银行与企业之间的交易，转移银行所面临的信贷风险和改变企业所面临的贷款条件(利率和抵押要求)，促使贷款交易能够顺利实现。然而，必须看到，信用担保在运行过程中并没有摆脱金融市场的各种内在矛盾，最突出的仍是受困于信息不

对称(张捷,2003)。信用担保作为保证债权实现的行为,实际上只是一种风险转移行为,它意味着信息不对称产生的风险由信贷市场转移到了信用担保市场。信息不对称问题在担保市场上比在信贷市场上更为复杂,除了银行与借款人之间存在信息不对称以外,它还反映为担保人与被担保人之间、担保机构与银行之间的信息不对称,尤其是担保人与被担保人之间的信息不对称会对担保人的决策造成不利影响。而且,单纯的风险转移反而导致借款人、甚至贷款人机会主义行为的产生。因此,由信息不对称所产生的逆向选择和道德风险等问题在信用担保市场上不仅依然存在,而且可能更加严重。所以,在实务中不少信用担保机构要求中小企业主用家庭全部资产做反担保并承担永久追偿责任。可见,无论抵押还是担保均是间接的信息甄别机制。

(3)信息分享作用机理。相比之下,信息分享机制多渠道收集信息,也称为第三方信用信息(the third party information)(唐建新、陈冬,2007)。建立在互惠基础上的信息分享直接使贷款申请人类型得到彰显,并由于声誉机制的惩戒效应减少道德风险,因而这是一种使信息不对称问题最小化的制度安排(Galindo 和 Miller,2001)。基于信息分享机制的中小企业贷款决策,也由于交易成本下降和规模不经济的消除,解决了贷款发放与中小企业融资需求特征的矛盾。因此,进一步讲,若要真正解决信用市场上的信任问题,建立守信社会,正本清源,不能单纯依靠抵押品的信号和信用担保的风险转移,而要依靠信息分享机制的直接甄别和惩戒功能。

9.5 中小企业融资难的对策〔1〕

根据关于中小企业融资难原因的分析,为解决中小企业融资难题,提出的治理对策包括:在间接融资渠道上发展非国有中小银行、民间金融,在直接融资渠道上发展高科技中小企业的风险投资、二板市场等以及其他的融资手段如融资租赁、贸易融资等〔2〕。

〔1〕 资料来源:王俊,《中小企业融资:理论与实证研究》,厦门大学博士学位论文,2004年;申义、糜仲春:"中小企业融资相关问题研究综述",《西北农林科技大学学报》,2007年第1期;由丽丹:"中小企业融资理论研究综述",《山东工商学院学报》,2005年第10期。

〔2〕 林毅夫、李永军(2001)对已提出的中小企业融资难治理对策进行了归纳,主要包括:(1)在商业银行中设立专门的中小企业贷款部门,督促它们增加对中小企业的贷款,或者允许银行在向中小企业贷款时收取更高的利息,使大银行更多地向中小企业贷款;(2)发展面向中小企业的资本市场,如"二板市场";(3)在政府参与下,设立中小企业贷款担保机构;(4)由政府或其他组织建立专门的中小企业融资机构、民营金融机构等;(5)建立中小企业商业信誉评估系统,推进信息的收集和分享。

9.5.1 开展关系型贷款

研究证实,开展关系型贷款是解决中小企业融资难的有效方法。银行的贷款决策主要基于长期、多渠道与申请贷款企业的接触而积累下来的关于该企业及其业主的相关信息(Berger 和 Udell,2002)。在关系型贷款技术中,那种不易规范化、个性化特点明显的信息称为“软信息”,以财务信息为主的规范化信息称为“硬信息”。长期紧密的“关系”可以帮助银行了解企业,企业也从这种“关系”中受益。HARHOFF 和 KORTING(1998)对德国 1 127 家企业的调查发现,有银企相互信赖关系的企业贷款利率比没有这种关系的企业贷款利率平均低 0.48%。

关于中小企业如何与银行建立关系,Greenbaum 和 Thakor(1993)认为,当小企业无法从银行获得正式的贷款承诺或无条件承诺的贷款合同时,企业就会寻求变通的方法。一个方法是寻求市场机制,通过购买长期的含有佣金的隐含性合同,与银行建立紧密关系。随着关系时间的延长,银行能更好地监督企业。较强的“关系”可以使小企业获得较低的贷款利率,减少小企业贷款抵押物的数量,增加银行信贷的数量。Robert 和 De Young(1999)表明来自关系贷款的利润更为稳定,因为结束这种关系,企业需要付出较高的转换成本和信息成本。Grace O. Kim(2001)建立的银行关系投资模型,论述了小企业对银行进行关系投资的价值及其在获取银行信贷中的作用。

魏开文(2000)认为,中国市场型的银行和中小企业关系的模式应该是一种契约型的主办银行关系。这种关系模式是建立在市场经济基础上的,用市场经济的一般规则来规范银行和中小企业的行为,并体现契约型的信用关系。张捷(2002)围绕融资中的信息种类与银行组织结构的关系,分析了银企之间的关系型借贷对于中小企业融资的作用,并通过一个权衡信息成本与代理成本以寻求最优贷款决策位置的组织理论模型,证明了关系型贷款上的小银行优势。周好文、李辉(2004)对广东省 83 家中小企业的调查也发现,与银行保持关系的时间越长,利率也越为优惠。

张捷(2003)认为,关系型贷款的基本前提是银行和企业之间必须保持长期、紧密相对封闭的交易关系,即企业固定地与数量极少的(通常一到两家)银行打交道。由于关系型贷款不拘泥于企业能否提供合格的财务信息和抵押品,因而最适合资产抵押品较少的中小企业。也就是说,中小银行在收集和处理公开硬信息(如企业财务数据、信用编码等)处于劣势,但由于其地域性特点,它们通过与中小企业保持长期密切的近距离接触而获得各种非公开的关联信息,具有向信息不透明的中小企业发放关系型贷款优势。同时,与客观的、易于传递和统计处理的硬信息相比,关系型借贷需要的软信息对象是特定的，具有模糊性和人格化特征，难以用书面报表的形式进行统计，因此很难在组织结构复杂的大银行内部传递。由于软信息传递存在成本问题，会在银行内部产生代理问题。因此，与大银行相比，小银行科层结构简单，代理链条短，代理成本也相应地就低。

9.5.2 发展中小金融机构

Nakamura(1993)认为，在小企业贷款上，小银行比大银行有信息生产优势，小银行可以很好地解决信息不对称问题，并且在信息生产方面的比较优势，对小的、且依靠一家银行提供服务的企业来说特别强。Berger 等(1995)也认为小银行更适合小企业贷款。Strahan 和 Weston(1996)考察了银行业规模分布对小企业贷款的潜在影响。小企业贷款与银行规模之间存在很强的负相关关系，大银行通常倾向于给大企业提供贷款，而不愿为小企业贷款。由于大小银行在组织和经营上的不同，使得它们在小企业贷款审批决策过程中存在差异，大银行的决策多依赖于正规财务数据，而小银行则多依赖于“关系”变量。BERGER, ALLEN N, MILLE(2005)证实，大型金融机构由于专业人员多、技术力量雄厚，便于收集处理“硬信息”。而中小金融机构具有地域上的优势，与申请贷款的中小企业长期接触，容易积累“软信息”。尽管大型金融机构可利用其分支机构获得这种信息获取上的优势，但由于决策层级较高，存在信息传递链，容易导致信息失真。

樊纲(1999)通过银行对中小企业借贷问题的分析，认为其原因在于政府没有采取发展非国有银行的政策。所以，作者提出要积极地发展非国有银行，同时为避“市场选择”扭曲，认为应对非国有银行的存款人提供与国家银行同等的社会担保。

陈晓红(2000)指出，由于大部分的中小企业自身素质差、财力物力有限、设备落后陈旧及生产的都是属于卖方市场的终端产品，而非生产与大企业相配套的中间产品和服务，经营效益随着买方市场的形成和竞争的加剧而变得较差。基于风险和利润的考虑，国有商业银行信贷资金大量向大企业集团倾斜，使中小企业信贷资金严重不足，为此应从3个方面解决中小企业的融资问题：第一，重构商业银行与中小企业的关系，建立中小企业的主办银行制；第二，建立政策性中小银行；第三，大力发展非国有商业性中小银行。

林毅夫、李永军(2001)认为，在间接融资中，大企业在经营活动的透明性、抵押及贷款规模效应等方面原因，大型金融机构更偏好对大企业的贷款。而与大型金融机构所不同的是，中小金融机构比较愿意为中小企业贷款，这主要得力于信息方面的优势：其一，中小金融机构和中小企业一般为地方性的，通过长期合作容易解决它们之间信息不对称问题(“长期互动”假说)；其二，对于合作组织中的中小企业即便没有中小金融机构的监督，它们之间为了共同的利益也容易互相监督，这种监督更有效（“共同监督”假说）。相反，大企业不具有这些方面的信息优势，就较少为中小企业贷款。所以作者认为在中国理想的中小企业融资体系应该由商业性中小银行和合作性贷款金融机构组成。而要发展这些中小金融机构，就要清除一些主要的障碍，包括解决国有企业和国有商业银行的经营困难，实现充分竞争的中小企业贷款金融市场以及完善的法规和监管体系。

杨思群(2002)提出的思路是：从长期看，为保障信贷资产的安全稳定运行，银行必须提高信息的分析能力和信贷担保技术；对于中小企业和银行之间的非长期关系上，建立中小企业的主办银行制；在支付体系上，中小企业存在“多头开户”现象，这不利于银行对中小企业的运营情况和信用状况的了解，所以要减少这种现象并提高银行小额支付体系的效率；在中小金融机构上，片面强调国有化和国有控股，使中小金融机构存在着公司治理结构不良、预算约束不强等体制方面的弊端，为克服这一弊端，需按市场化的准则设立和监管中小企业，同时鼓励中小金融机构在整合过程中进行市场化的兼并和重组。

李志赟(2002)建立了一个分析中小企业融资问题的理论模型，提出中小企业融资难的根本原因是由于存在“相对资本富裕”，即在正常的生产和融资情况下，生产部门的资金大于社会的资本禀赋，受经济中的摩擦因素影响，资金从所有者向使用者的转移难以实现，从而出现闲置的社会资本。处于转型期的中国，由于没有成熟的金融体系，资本市场不健全，银行业大多为国家所有并高度集中，所以在信贷支持上就容易出现所有制歧视问题；同时，市场体系的不成熟，经济中存在严重的信息不对称，在这种情况下，银行偏好向获取信息成本低、交易费用少的国有大企业贷款，而中小企业则会遭遇信贷配给，使社会出现闲置资本和融资渠道不畅的现象。作者认为，解决中小企业融资问题需要发展中小银行：从短期来讲，建立和发展中小企业贷款担保机构，应该是一个改善中小企业融资环境的成本较低的办法；而从长期来讲，放松银行业的准入限制，发展地方中小银行，完善城市和农村信用合作社，建立一个以中小金融机构为主体的金融体系，是解决中小企业融资问题的根本办法〔1〕。

由此可见，中小企业银行融资难的原因有多方面，但我国中小银行欠缺是一个最重要的原因。在中小企业贷款难的解决对策上是主张发展中小银行，其中银企关系模式的选择无论是主张中小企业的主办银行制还是关系型借贷模式，实质上是异曲同工。

---

〔1〕 张捷、梁笛(2003)等提出应发挥小银行在县域经济发展中的融资主导作用。

9.5.3 完善中小企业融资担保体系

中小企业融资难是一个世界性难题，建立中小企业信用担保体系是世界各国扶持中小企业发展的通行做法。在申请贷款的过程中，担保机构根据企业情况决定是否进行担保，银行根据企业情况及担保情况决定是否发放贷款。担保机构与银行互相合作，共担风险。事实上，担保机构不仅可帮助中小企业进入信贷市场，还可利用其地域优势以及与中小企业长期的接触，发挥与中小金融机构类似的信息优势，解决信息不对称问题，把银行对申请贷款企业的审查一定程度上转化为银行对担保机构的审查。担保机构与银行承担的风险有相似性。在对担保机构参与的中小企业融资进行数理分析后发现，企业不提供抵押品的情况下，同样会产生道德风险(付俊文、赵红，2004)。

担保机构与银行可接受的抵押品并不相同，深圳中科智担保有限公司在实际反担保操作中，往往采用企业法人代表的个人连带担保，企业产权过户等方式(陈晓红等，2002)。尤其是企业产权过户，由于法律限制，银行无法采取该措施。但该方法却可以在企业提供较少抵押品的情况下有效防止道德风险。国内多项调查发现，中国的担保机构普遍存在规模较小、与银行合作不畅等问题(陈莹，王利刚，2004；周新玲，2005)。为发展中国担保机构，陈晓红、张卓琳(2005)提出了构建以互助性担保机构为主体、政策性担保机构和商业性担保机构为补充的中小企业信用担保机构框架体系。在该体系中，政策性担保机构负责为中小企业信用进行再担保。互助性担保机构是向企业提供担保服务的主体。该机构中的最高权力机构是担保联盟管理委员会，由企业、政府、银行代表组成。商业性担保机构作为该体系的补充。这样的担保体系不仅解决了再担保问题，也便于银行与担保机构相互合作、共担风险。

对于中国建立什么样的担保体系，学术界的观点大体可以归纳为三大类型：以政策性担保为主导、以商业性担保为主导与以互助性担保为主导：

汪玲(2005)提出，由国家财政出资，组建国家级中小企业信用担保总公司，各省和市级财政出资同时吸收当地其他成分资金组建中小企业信用担保省级公司和市级公司。早在1999年，原国家经贸委发布的《关于建立中小企业信用担保体系试点的指导意见》中就提出，按照“支持发展与防范风险相结合的原则，政府扶持与市场化操作相结合的原则，开展担保与提高信用相结合的原则”，建立“一体两翼”的中小企业信用担保体系：“一体”指试点模式的主体，即政府试点设立的专业担保机构；“两翼”指在城乡社区中以中小企业为服务对象的互助担保机构与商业担保机构。然而，在实践中有逐渐偏向以商业性担保为主导的倾向。

主张以商业性担保为主导的学者认为:一是政府出资组建的担保机构先天带有种种弊端。政策性担保作为行政的产物,它与市场的隔阂是多方面的;二是从资金来源、服务重点、经济性质等方面存在的差异来看,商业性担保机构为中小企业间接融资提供信用担保,比政策性担保机构具有更大的优势。因此,商业性担保为主体的信用担保体系应成为我国中小企业信用担保体系的组织取向(葛丰,2002;王素莲,2005)。

苏旺胜(2003)则提出以互助性担保机构为主体的观点。互助性担保机构服务企业范围广,基金来源广泛,获取会员信息的成本低、担保费用低、贷款利率低。同时,互助性担保机构可以有效地运用各种正式和非正式手段对会员的无形资产进行控制,为会员提供担保和服务也更为积极。因此,应以互助性担保机构为主体,政策性担保机构和商业性担保机构为补充,以地市级、省级与全国三级再担保机构为支撑,建立我国的信用担保体系。

9.5.4 科学评估中小企业贷款风险

银行在接到贷款申请后,会评估贷款风险,估计风险收益,以决定是否进行贷款。但由于信息不对称,银行难以准确评估中小企业贷款风险。有许多模型用于对大型企业贷款违约可能性的定量评估。使用定量模型需要从企业获得必要信息。随着技术进步,从中小企业难以获取信息的情况似乎有所改观。传统观念认为,关系型贷款中用于评估贷款风险的"软信息"不易传播,因此,借贷双方的空间距离不会太大。Petersen 和 Rajan(2002)利用美国全国小企业金融调查的数据分析发现,从 1973—1993 年间,较晚开始借贷关系的银行企业空间距离较大,双方的沟通方式也逐渐由面对面的个人化沟通转变为信件、电话等的非个人化沟通。作者认为,信息技术(包括信用评分等现代化评估技术)的广泛使用,一定程度上便利了信息的传播,缓解了信息不对称情况。

信用评分技术是一种用来预测贷款申请者有多大程度破产或违约的统计技术(Mester 和 Loretta,1997)。美国的一项调查显示,大约 63%的最大的银行在对中小企业的贷款中使用信用评分技术,在使用该技术的银行中,低于 10 万美元的贷款决策很大程度受到评分结果的影响(Scott Frame,Aruna Srinivasan 和 Lynn Woosley,2001)。日本也开发了专门针对中小企业贷款审批的模型(辛飞,孙永广,邓晶,2005)。有的银行把中小企业非定量化信息进行定量化,然后进行评分;有的开发线性模型,便于客户理解;还有一家银行利用经验丰富的调查员通过实地调查,根据调查者的反应,依据标准计分手册打分,完成对贷款风险的评估。针对中小企业的贷款风险评估技术,不仅要求可以利用非定量数据进行评估,而且要求自动化程度较高,评估成本低。

9.5.5　发展中小企业股权融资市场

股权融资是多方面的,不仅包括股票上市,也包括风险投资等方式。中小企业可以使用的股权融资方式大致有三种:天使投资、风险投资和中小企业板融资。这三种方式特点各不相同,在中小企业的不同发展阶段发挥作用(陈晓红,2000)。在企业发展的种子期和初创期(0～2年),主要是天使投资发挥作用。投资主体一般是拥有较多闲置资金的个人。

从早期创业期到成熟期(2～5年),则主要是风险投资发挥作用。风险投资可来源于专门的风险资本基金,也可以来源于其他有战略利益的公司。例如,Intel公司就设立自己的风险投资基金,投资相应的高科技企业,获得财务收益的同时达到本公司的战略目的。此外,国有投资公司以及国家设立的中小企业发展基金也可以是风险投资主体。信息产业部以风险投资的方式注资中星微电子有限公司就是一个政府进行风险投资的典型案例。

无论是天使投资还是风险投资都需要两个基本条件。一是有中介方介绍投资项目,为企业与投资方牵线搭桥。另外是具备比较成熟的股权转让市场,便于风险投资的退出。尽管有的风险投资具有本企业战略目的,但一般天使投资和风险投资都是为了获得股权转让时的价差。因此,如果不具备成熟的股权转让市场,投资者将难以实现其投资收益。

第三种股权融资的方式是上市。中国中小企业板于2004年6月25日开板。从最初的8支股票,截止2010年3月底,共有383家中小企业上市发行股票。此外,国内还有许多企业在美国NASDAQ、香港联交所创业板上市。但上市对绝大多数中小企业而言可望而不可及。因此,上市可以作为中小企业的融资渠道之一,但却难以成为解决融资难的有效办法。

9.5.6　实践中的中小企业融资新途径

9.5.6.1　中小企业供应链融资[1]

"供应链金融"(supply chain finance,SCF)是商业银行信贷业务的一个专业领域,也是企业尤其是中小企业的一种融资渠道,是指银行向客户(核心企业)提供融资和其他结算、理财服务,同时向这些客户的供应商提供贷款及时收达的便利,或

[1] 资料来源:覃宇环,"中小企业融资新途径—供应链金融",《生产力研究》,2009年第16期。

者向其分销商提供预付款代付及存活融资服务。即银行围绕核心企业,管理上下游中小企业的资金流和物流,变把握单个企业的不可控风险为供应链企业整体的可控风险,通过立体获取各类信息,将风险控制在最低的金融服务,就是供应链金融。简单地说,就是银行将核心企业和上下游企业联系在一起提供灵活运用的金融产品和服务的一种融资模式。

供应链金融并非某一单一的业务或产品,它改变了过去银行等金融机构对单一企业主体的授信模式,而是围绕某"1"家核心企业,从原材料采购,到制成中间产品及最终产品,最后由销售网络把产品送到消费者手中这一供应链链条,将供应商、制造商、分销商、零售商直到最终用户连成一个整体,全方位地为链条上的"N"个企业提供融资服务,通过相关企业的职能分工与合作,实现整个供应链的不断增值。因此,它也被称为"1+N"模式[1]。

一般来说,一个特定商品的供应链从原材料采购,到制成中间及最终产品,最后由销售网络把产品送到消费者手中,将供应商、制造商、分销商、零售商、直到最终用户连成一个整体。在这个供应链中,竞争力较强、规模较大的核心企业因其强势地位,往往在交货、价格、账期等贸易条件方面对上下游配套企业要求苛刻,从而给这些企业造成了巨大的压力。而上下游配套企业恰恰大多是中小企业,难以从银行融资,结果最后造成资金链十分紧张,整个供应链出现失衡。"供应链金融"最大的特点就是在供应链中寻找出一个大的核心企业,以核心企业为出发点,为供应链提供金融支持。一方面,将资金有效注入处于相对弱势的上下游配套中小企业,解决中小企业融资难和供应链失衡的问题;另一方面,将银行信用融入上下游企业的购销行为,增强其商业信用,促进中小企业与核心企业建立长期战略协同关系,提升供应链的竞争能力。在"供应链金融"的融资模式下,处在供应链上的企业一旦获得银行的支持,资金这一"脐血"注入配套企业,也就等于进入了供应链,从而可以激活整个"链条"的运转;而且借助银行信用的支持,还为中小企业赢得了更多的商机(深圳发展银行和中欧国际工商学院 "供应链金融"课题组,2008)。

从理论上看,供应链金融的融资优势十分明显:

(1)为银行向中小企业融资的理念和技术瓶颈提供了解决方案——以交易流程管理控制信贷风险。在供应链金融中,对中小企业融资风险的认识和控制则换

[1] 《欧洲货币》杂志将供应链金融形容为近年来"银行交易性业务中最热门的话题"。一项调查显示,供应链融资是国际性银行 2007 年度流动资金贷款领域最重要的业务增长点。在肇始于次贷问题的金融危机中,供应链金融在西方银行业的信贷紧缩大背景下一枝独秀,高速增长的态势依然。参见深圳发展银行、中欧国际工商学院"供应链金融"课题组,《供应链金融:新经济下的新金融》,上海远东出版社,2009。

了一个新的视角(吴敬琏,2009)。以往银行对风险的评判,主要是把单个企业作为主体,关注的也是静态的财务数据,而中小企业往往财务信息的透明度比较低,财务指标难以符合评判标准,可抵押资产少,因此很难从银行融资。但是在供应链金融中,由于银行更关注的是整个供应链交易的风险,在考察授信企业资信的同时更强调整条供应链的稳定性、贸易背景的真实性以及授信企业交易对手的资信和实力。因此,对风险的评估不再只是对企业主体进行评估,而是更多地对交易流程进行评估。对于银行而言,供应链整体信用要比产业链上单个企业信用要强。

(2)依托核心企业的信息资源,一定程度上解决银行和中小企业信息不对称问题。首先,在供应链金融模式下,银行将核心大企业与上下游中小企业的信用进行捆绑,核心大企业常常对中小企业的贷款负有连带责任,这种约束机制在一定程度降低企业的逆向选择和道德风险;其次,供应链融资安排贯穿了企业贷款事前、事中和事后的3个监督阶段,要求企业必须将其资金流、物流置于银行和物流企业的监控之下,使银行能深入了解企业的经营情况和发展前景,全面、及时地掌握借款人经营状况的变化,从而客观准确地判断企业的信用水平,避免因信息不对称导致错误的信贷决策;最后,第三方物流企业的加入也可以较好地缓解这一信息不对称的矛盾。物流企业对中小企业库存物品的规格型号、质量、原价和净值、承销商等情况都非常了解,能够更好地掌握客户信息,降低信息不对称产生的风险。

(3)有效盘活中小企业动产,解决抵押不足的问题(鲍旭红,2009)。大量中小企业由于自身资本实力弱,能够提供的不动产抵押产品较少甚至没有,多数中小企业的资产主要为动产,不动产中存货占比最大。供应链金融淡化了传统的担保、房地产抵押等要求,它的业务产品可以分为预付、存货、应收三大类,而中小企业的资产无非都是这3种状态。其中,存货类资产是中小企业最大的一块可以用来融资的资产。2007年3月通过的《物权法》把存货和应收账款纳入可担保范畴,为中小企业动产抵押提供了法律保障。

(4)借助于核心企业的信用"外溢",解决中小企业信用担保问题。供应链条上下游中小企业,借助于同一链条上的"核心企业"的良好信誉,解决信用担保问题。由于与核心企业长期的合作关系,为中小企业赢得核心企业的信誉"外溢",这种溢价作用有助于消除银行对中小企业的信用歧视。

根据深圳发展银行的披露,截至2007年12月末,深圳发展银行存量贸易融资客户将近3 000家,客户增幅同比达52.2%;贸易融资表内外授信余额近800亿元,同比增幅38.92%,占全行公司业务授信的比例较年初提高4.66个百分点;贸易融资不良率被很好地控制在1%以下,迄今没有实际损失。2008年下半年开始,因为严峻的经济形势带来企业经营环境及业绩的不断恶化,无论是西方国家还是我国，商业银行都在实行信贷紧缩，但供应链融资在这一背景下却呈现出逆势而上的态势。根据2009年一季度数据，六家上市银行（工行、交行、招行、兴业、浦发和民生）一季度新增贴现4558.25亿元，较去年底增长66.4%，充分显示出中小企业对贸易融资的青睐及商业银行对供应链结算和融资问题的重视[1]。

9.5.6.2 中小企业集合债融资

企业集合债券是通过牵头人组织，以多个企业所构成的集合为发债主体，发行企业各自确定债券发行额度分别负债，采用集统一的债券名称，统收统付，以发行额度向投资人发行的约定到期还本付息的一种企业债券形式。它是以证券机构作为承销商，由担保机构，评级机构、会计师事务所、律师事务所等中介机构参与，由上述中介机构针对拟发行人做尽职调查，并出具《审计报告》、《法律意见书》、《本期债券及发行主体评级报告》（资本市场上的评级）、《反担保协议》、《募集说明书》等。

中小企业集合债指的就是一种通过一个带头的组织，带领多个企业所构成的一个集合体为发债主体，发行企业各自确定债券发行额度分别负债，采用统一的债券名称，统收统付，以发行额度向投资人发行的约定到期还本付息的一种企业债券形式。这种"捆绑发债"行为，不仅能解决中小企业的资信评级低，融资成本高等难题，还开创了中小企业新的融资模式和中长期融资工具，解决了中小企业多年来短贷长用的问题，降低了融资成本。

集合债有六大优点：①拓宽资本市场融资渠道，提供除贷款、上市等传统融资方式之外新的融资途径，分散企业单一融资渠道财务风险；②集合债发行期限长（一般3～6年），采用固定利率方式，一年支付一次债券利息，到期还本付息，解决了广大中小企业"短贷长用"的问题；③由于采用统一组织的形式，有效降低企业融资成本，尤其对于融资规模较大的企业更加明显[2]；④融资程序便捷，简化债券的审批、发行手续；⑤募集资金投向较为自由，募集资金可用于固定资产投资、收购产权（股权）、调整债务结构、补充营运资金；⑥有效地为发行人树立资本市场上的信用形象，为企业发展的后续融资奠定基础，同时可以得到政府相关政策支持。

按照中国集合债对于中小企业的基本标准，参与发行企业集合债券的单个主体必须同时满足6项条件：①企业的净资产不低于人民币6 000万元；②最近三年平均可分配利润（净利润）足以支付企业债券一年的利息；③筹集资金的投向符合

---

〔1〕 资料来源：http://baike.baidu.com/view/1318032.htm? fr=ala0_1。

〔2〕 与银行贷款相比，比如贷款1亿元，如果采用债券融资，其资金成本要比同期银行贷款每年节约35%左右；与股权融资（上市）相比，发行企业债券不会影响到企业所有权结构，不会摊薄每股收益，而且综合成本低于上市。见 http://xindai.edai.com/jigou/2009/0610/1980.html。

国家产业政策和行业发展方向，所需相关手续齐全；④其他债务未处于违约或者延迟支付本息的状态；⑤最近 3 年没有重大违法违规行为；⑥发债企业需提供具有证券从业资格的会计师事务所审计的最近 3 年(联审)的财务报告。

截至 2009 年底，中国有 3 个地区发行了 3 支中小企业集合债，见表 9-7。

表 9-7 中国中小企业集合债发行情况

债券名称	发行总额(亿元)	企业数量(家)	债券期限(年)	年票面利率(%)
07 深中小债	10	20	5	5.7
07 中关村债	3.05	4	3	6.68
09 大连中小债	5.15	8	3+3	6.53

此外，实践中还探索了集群担保融资、团体贷款、通过股权联结建立内部资本市场等新型中小企业融资方式(王峰娟、安国俊，2009)。

总体上看，中小企业融资问题是世界性难题，中国政府对此问题也十分重视，在促进中小企业发展和融资方面出台了一系列政策措施。表 9-8 概括了 1999—2009 年中国政府在促进中小企业发展、改善中小企业融资环境方面出台的主要政策措施。可见，中国政府对中小企业的发展是相当重视的，这些政策措施已经成为中国中小企业获得进一步发展的基本前提，也为中小企业金融服务公司的建立和发展奠定了基础。

表 9-8 1999—2009 年中国实施的关于中小企业融资的相关政策

发布或施行时间	发布单位	政策名称	宗旨及主要内容
1999.11.17	中国人民银行	《关于加强和改进对小企业金融服务的指导意见》	切实加强和改善对小企业的金融服务，积极支持小企业健康发展
1999.05.21	国家科学技术委员会	《关于科技型中小企业技术创新基金的暂行规定》	为了扶持、促进科技型中小企业技术创新，经国务院批准，设立用于支持科技型中小企业技术创新项目的政府专项基金。为了加强创新基金管理，提高创新基金使用效益

续表 9-8

发布或施行时间	发布单位	政策名称	宗旨及主要内容
2000.07.06	国家经贸委	《关于鼓励和促进中小企业发展的若干政策意见》	切实加大对中小企业特别是高新技术类中小企业扶持力度，促进中小企业健康发展，包括大力推进结构调整；鼓励技术创新；加大财税政策的扶持力度；积极拓宽融资渠道；加快建立信用担保体系；健全社会化服务体系；创造公平竞争的外部环境等 7 个方面
2001.03.05	国家经贸委	《国家经济贸易委员会关于建立全国中小企业信用担保体系有关问题的通知》	加快建立中小企业信用担保体系
2001.03.26	财政部	《中小企业融资担保机构风险管理暂行办法》	规范和加强中小企业融资担保机构管理，防范和控制担保风险，促进中小企业融资担保工作稳妥地开展
2001.04.05	国家税务总局	《国家税务总局关于中小企业信用担保、再担保机构免征营业税的通知》	鼓励和促进中小企业发展
2001.04.20	国家经贸委、中国人民银行等	关于印发《下岗失业人员小额担保贷款管理办法》的通知	引导中小企业增强信用观念，提高中小企业的整体素质和综合竞争力，改善中小企业信用状况
2002.08.01	中国人民银行	《中国人民银行关于进一步加强对市场、有效益、有信用中小企业信贷支持的指导意见》	加强对中小企业信贷支持
2003.01.01	全国人大	《中华人民共和国中小企业促进法》	改善中小企业经营环境，促进中小企业健康发展，包括总则、资金支持、创业扶持、技术创新、市场开拓和社会服务等六章内容

续表 9-8

发布或施行时间	发布单位	政策名称	宗旨及主要内容
2005.02.19	国务院	《国务院关于鼓励支持和引导个体私营等非公有制经济发展的若干意见》	鼓励支持和引导个体私营等非公有制经济发展，包括七个方面的内容：放宽非公有制经济市场准入；加大对非公有制经济的财税金融支持；完善对非公有制经济的社会服务；维护非公有制企业和职工的合法权益
2005.07.25	中国银监会	《银行开展小企业贷款业务指导意见》	促进和指导各银行不断改善对小企业的金融服务，逐步调整和优化信贷资产结构
2006.01.20	中国银监会	《农村信用社小企业信用贷款和联保贷款指引》	为有效解决农村信用社服务区域内涉农小企业贷款难问题，促进农村经济金融事业和谐健康发展，完善农村信用社信贷结构，进一步规范对小企业信贷业务的管理，加强对小企业贷款业务的风险控制，依据有关法律法规制定本指引
2006.10.08	中国银监会	《商业银行小企业授信工作尽职指引(试行)》	为进一步完善商业银行小企业授信工作机制，规范小企业授信管理，明确授信工作尽职要求，促进小企业授信业务可持续发展，中国银监会随后发布了《商业银行小企业授信工作尽职指引(试行)》
2009.09.19	国务院	《国务院关于进一步促进中小企业发展的若干意见》	在全球金融危机的冲击下我国中小企业面临巨大的困难，为此提出了包括全面落实支持小企业发展的金融政策、加强和改善对中小企业的金融服务、进一步拓宽中小企业融资渠道、完善中小企业信用担保体系、发挥信用信息服务在中小企业融资中的作用等29条政策意见

第10章　政府与农村金融市场

在农村金融市场上，一方面较高的风险和交易成本导致了信贷资源使用成本相对高昂；另一方面小农经济和农业的弱质性又限制了利率的上升。加上农村金融市场的不完善，使得在农村部门如何配置信贷资源成为了一个难点。那么，如何通过价格机制将信贷资源引入农业？如何克服农村信贷市场上的信息、抵押和基础设施的约束以促进信用关系的形成？在解决这些金融市场中的问题时，政府的作用如何，通过什么方式来克服资源配置过程中的市场失灵，以促进农村经济的发展，则是本章的主要目的。

10.1　农村金融中的市场失灵

10.1.1　市场失灵的含义

新古典经济学认为，在现代经济市场的基本结构中，市场机制和原则是构成社会经济资源分配和经济运行协调的基础，但市场机制本身不能解决经济社会中所有的问题。市场机制产生许多失效的现象，即所谓的“市场失灵”。农村金融的市场失灵是指市场机制不能有效解决农村金融资源配置、提供符合农村经济社会发展所需的金融产品或服务的现象。

10.1.2　市场失灵在农村金融中的表现

市场失灵是农村金融市场的常态，它既是一切政策制定的基础，也是分析农村金融市场的出发点。我国农村金融存在的市场失灵主要表现在如下几个方面(潘理权，2008)。

10.1.2.1　农村金融的高风险导致资金流出农村地区

作为现代企业的商业银行，是以追求效率和利润作为终极目标。而农村金融的高风险却阻碍了农村资金在广大农村地区的运用，在追求效率的利益机制的驱动下资金常常向经济发达地区和效益高的部门集中。这种高风险包括：一是农业生产易受各种自然灾害的影响，呈现出明显的不稳定性；二是受农业生产周期影响，货币资金较低的周转速度；三是农业生产较低的技术水平和不健全的基础设施为农业生产带来的低生产率。这与商业银行运作所追求的“安全性、流动性、营利性”目标是有矛盾的。规避风险的结果就是大量资金从农村地区流出。

10.1.2.2　抵押、担保品的缺失

在信贷市场上，能为借贷双方规避这些风险的主要途径便是借款者所提供的抵押、担保品，但由于农户、农村中小企业这些群体中的大多数无法提供有效的抵押、担保品，这就造成了通常意义上的商业性金融服务的市场失灵。

10.1.2.3　农村金融市场的信息不对称导致的信用风险

相对于城市金融，农村金融是一个高度分散的市场。农村人口密度低、农户规模小、农户收入水平低、农户的生产经营活动分散在广大的地域范围内，加之相对于工商企业而言，缺乏健全的财务报表和数据资料，使得放贷人获取贷款人的财务信息和贷款使用信息很困难，获取信息采集和核实的成本也相当高。使得农贷的整个申请使用过程中的道德风险和逆向选择问题突出，容易产生信用风险。而较高的信用风险又会制约放贷人的放贷额度，限制了放贷规模，在一些发展中国家出现的信贷配给就是其体现。

10.1.2.4　严格的市场准入导致的金融垄断

在现代经济学中，“帕累托最优”是在完全竞争的假设前提下实现的。而对于绝大部分发展中国家的农村金融市场，由于严格的市场准入条件和管制利率造成的事实上的垄断使得资源有效配置的条件缺失，造成农村金融组织之间无法形成有效的竞争。以我国农村信用社为例，由于信用社经营活动的人为地域划分，缺乏必要的竞争，导致其缺少改革和创新的内在动力，不能达到资源有效配置的目标。

10.1.2.5　农村金融的外部性制约了农村金融市场的发展

外部性是指市场经济中某一个体的经济行为对外部世界带来的正面或负面的影响，正外部性不能得到有效补偿、负外部性不能得到及时惩戒，都会使社会资源的配置不能达到最优配置。在金融市场上，放贷者总是不愿意向从未接受过信贷的农户和企业提供信贷，其中最关键的问题便是“拓荒成本”和外部性。贷款给“尚未银行化的顾客”，不仅要承担较大的风险，而且要支付较多的费用，而由此带来的正外部性却很难得到补偿。而后进入的竞争者却不必付出“拓荒成本”，又可以使违约者从新的途径获得贷款，从而使负外部性得不到惩戒。这些后果都导致金融机构不愿扩展金融的服务边界。

10.2 市场失灵与政府作用

10.2.1 农村金融理论中的政府作用

从农村金融理论的发展看,强调政府作用的传统发展经济学逐渐被以强调市场力量的新古典发展经济学所取代。在20世纪80年代以前,农业信贷补贴论一直是农村金融理论界的主流;20世纪80年代,农村金融市场理论逐渐替代了农业信贷补贴论;20世纪90年代后,不完全市场竞争理论又占了主流。纵观农村金融发展理论,在界定政府的作用上,相对应3种不同的主张:干预主义、自由主义和适度干预主义(陈军,2008)。

10.2.1.1 干预主义学派

该学派认为:由于市场失灵,大部分穷人被排除在正规金融服务之外,因此政府在扩展农村金融服务边界中负有主要责任,包括建立政府所有的各种组织。尽管他们也承认政府失败,但在干预的社会福利大于社会成本的情况下,政府的介入是值得的。

政府干预主张源于信贷补贴理论。20世纪80年代以前,农业信贷补贴论是处于主导地位的农村金融理论。该理论的假设前提是:农村居民,特别是贫困阶层没有储蓄能力,农村面临的是自身资金不足的问题。农业的产业特性,使其不可能成为以利润为目标的商业银行的融资对象。由此得出的结论是:为促进农业生产和缓解农村贫困,有必要从农村外部诸如政策性资金,并建立非营利性的专业金融机构来进行资金分配,以贫困阶层为目标的专项贷款兴盛一时。在该理论的指导下,发展中国家普遍实行了相应的农村金融政策,扩大了向农村部门的融资。如在20世纪70年代,亚洲各国政府通过设立各种专门的农业金融机构,将资金注入农村,以更多满足农村内部资金的需求,在一定程度上促进了农业生产的发展。但事实表明,该理论在指导实践过程中是不成功的(杜为公,2009)。

其不成功体现在以下几方面:

一是政府支持的不具有多少经营责任的农村信贷机构缺少有效监督借款者投资和偿债行为的动力。衡量这些金融机构业绩的指标造成了借款者故意拖欠贷款,农村金融机构管理中的低效率和低能力也进一步恶化了高拖欠率。大多数带补贴的农村信贷体系中拖欠率都很高,但并不能只归结于农业生产所具有的高风险。

二是由于农业信贷补贴政策的存在,使信贷机构拥有持续获得廉价资金的预期以及利率上限的规定，因而无法动员农村储蓄以建立自己的资金来源，从而不能成为可持续发展的金融中介。使得农业信贷补贴政策的代价很高，但收效甚微。

三是补贴信贷并未抵达目标人群。当较低的利率上限使得农村贷款机构无法补偿由于贷款给小农户造成的高交易成本时，官方信贷的分配就会被集中转移到使用大笔贷款的较富有的农民身上。低息贷款的补贴偏离于农村穷人，使其不能成为低息贷款的主要受益人。

总的来说，该理论对发展中国家的经济有过一定的指导作用，但由于其理论前提假设和现实偏离较大，导致许多国家在依据该理论实行相应的农村金融政策时，不可避免陷入困境。

10.2.1.2　自由主义学派

该学派认为，政府所能做的就是保持宏观经济稳定，而让非政府组织和私人部门去促进金融的发展。在农村金融部门，政府涉足越多，越是不利于农村金融市场的发展。

其主张主要源于农村金融市场理论。在发展经济学领域，尤其是在如何促进欠发达国家农村地区的经济和金融发展的理论研究上，该理论极力推崇市场机制，极力反对政府政策性金融对市场的扭曲，特别强调利率市场化。他们反对政府直接介入的主张主要有以下几点：

(1)信贷作为一种补贴而非资源分配的手段是极其错误的。反对对发展金融机构进行任何形式的补贴，补贴不仅扭曲了资源配置，还会产生负激励——在弱化金融纪律的同时，还将使发展机构陷于补贴依赖，使金融组织长期无法持续和自立。这便是“零补贴”的政策主张。

(2)政府支持的、不具备多少经营责任的农村信贷机构缺少有效的监督和偿债行为的动力，会造成借款者的故意拖欠。发展金融机构的激励机制欠缺，导致政府的外援资本因寻租活动的侵蚀并未带来社会福利的增加，反而造成大量财政负担和机会成本的损失。

(3)政府建立专门机构的有效性，反对对特定部门、经济活动或社会群体进行目标信贷，穷人和低收入阶层并没得到补贴贷款，而补贴的利益却被农村地区少数富裕群体所占据。其中，廉价信贷便是罪魁祸首，因为廉价刺激了需求，进而政府配给难以避免。

(4)农村金融资金的缺乏并不是由于农民没有储蓄能力，而是农村金融体系中不合理的金融制度安排，如政府管制、利率控制等，从而抑制了金融的发展。因此要充分发挥金融市场的作用，减少政府的干预，实现利率市场化和农村资金供求的平衡。

总之,该学派偏爱市场,反对寻租活动在公共部门蔓延,认为若无政府的干预,私人部门或非正规金融会更有效率并能以更低的价格提供金融服务。问题是:自由化的利率可能会减少对信贷的总需求,但仅仅因为对市场功能的强调,也就是利率自由化和消除政府的干预就能使小农户充分地得到正式金融市场的贷款?高成本和缺少担保品仍然会使小农户不能借到所需要的全部资金。

10.2.1.3 适度干预主义学派

这是以不完全竞争理论为依托的政策主张。本学派企图寻找第三条道路。他们认为,政府一方面应创造一个有利于宏观经济和制度环境,让市场在竞争中配置资源;另一方面,还应注意包括农村金融监管和法律制度在内的农村金融基础设施建设;同时,对于农村金融机构的新建成本、能力建设、教育培训、穷人高风险信贷、科研开发费用,政府要提供非重复性的智能补贴。这样,农村金融机构在降低风险和成本的基础上将会达到追求自身经济效益和服务具有社会福利效应的低收入阶层的双底线均衡局面。20 世纪 90 年代以来,适度干预逐渐成了农村金融的主要政见。

按照该理论的基本分析框架和逻辑,发展中国家的金融市场是一个不完全竞争的市场,贷款方(金融机构)无法对借款人的情况充分掌握,完全依靠市场机制无法培育出社会所需的金融市场。为弥补市场失效部分,有必要采用一些非市场要素。政府应成为市场的有益补充,比如适当介入金融市场和借款人的组织化等。政府对农村金融市场的监管应当采取间接的调控机制,依据一定的原则确立监管的范围和标准。

与农业信贷补贴论的观点不同,该理论认可政府在农村金融市场中的行为职能为(杜为公,2009):

(1)创造一个稳定的低通货膨胀的宏观经济环境,为农村金融市场发展创造条件;

(2)在农村金融市场得到一定程度的发育以前,不宜过早地实现利率自由化,政府应运用一定的特殊政策手段将实际利率保持在正数以内,同时控制存贷款利率的增长;

(3)实施一定的特殊政策,如提高农村金融市场的准入门槛、限制新参与者等保护措施;

(4)在不损害银行最基本利润的前提下,向特定部门的低息融资等政策性金融是有效的;

(5)鼓励贷款方与农户之间融资与肥料、农产品等实物买卖相结合的方式,确保贷款的回收;

(6)利用担保融资、使用权设定担保以及互助储金会等办法来改善信息的不对称;

(7)强调借款人的组织化等非市场要素组织形式,以克服农村金融市场中的不完全信息问题;

(8)适当介入非正规金融市场以改善该市场一般效率较低的问题。

虽然不完全竞争市场论在运用信息经济学分析工具分析农村金融市场,更加贴近现实和有一定价值,但它隐含的逻辑是:作为"市场缺陷"的市场的不完全信息可以通过政府干预来解决。

尽管各个学派在政策主张上各不相同,但不争的事实是,政府应当在农村金融中起一定的作用,只是政府到底应该起什么作用各方难以达成共识。正如斯蒂格里斯所言:"关于政府在金融市场发展中起什么作用,是世界范围内经济学家长期争论、悬而未决的问题之一"。原因有三:①农村金融的复杂性;②政府在农村金融中的政策与各自国情密切相关,缺乏普遍性;③如何界定政府的作用至关重要。

10.2.2 政府在农村金融市场中的作用

政府在农村金融中的定位和作用,是农村金融理论研究及政策实施中的难点,如何更好地发挥市场机制的作用,同时又尽可能通过政策的实施以避免市场失灵,如何寻找两者之间的平衡点,是政府制定并实施农村金融政策的关键。根据世界银行《农村金融问题、设计和最佳做法》中的观点,要建立有效运作的农村金融市场,政府需要以下方面做出努力:创造一个良好的政策环境并完善农村金融市场的法律和监管框架,此外在某些情况下还需要政府进行直接干预,以避免市场失灵,但政府不能干预过度(焦瑾璞,2007)。

10.2.2.1 创造良好的外部政策环境

随着现代经济、社会的快速发展,农业与农村受到整体经济、社会环境及其他产业部门的影响越来越大,之间的联系也越来越紧密。自然农业与农村金融政策受到宏观、金融政策环境及农业部门自身政策的诸多影响。

良好的政策环境包括持续稳定的宏观经济、重视农村经济、社会发展的政策导向,以及运作良好的整体金融市场。

首先,要通过审慎的则政和货币政策减少宏观经济波动。宏观经济和农村金融体系是相互影响、相互作用的。一方面,宏观经济的波动会影响农村金融市场的稳定;另一方面,农村金融市场运行效率低下也会影响到宏观经济的其他部门。农村金融市场的发展需要一个良好的环境,因此,政府有必要建立稳定的宏观经济环境,去除对农业和农村部门的政策性歧视,并且建立一个完整高效的金融市场,以提高农村金融服务的效率和降低农村金融的风险。

其次，要改变对农业和农村发展的歧视性政策。受到二元经济结构的影响，发展中国家的农业部门常常被直接或间接地征收高额税收，以此支持工业部门的发展，这种歧视性政策致使农村地区“系统性负投资”的持续存在，从而造成农村金融服务的不完善与正规农村金融市场的效率低下。等经济发展到一定阶段之后，为了弥补农业及农村经济部门的损失，政府对其采取信贷补贴、利率等政策予以补偿。这些项目通常都是由国有专业农业信贷机构执行。然而，这种“补偿”在不好的政策环境中是难以发挥作用的。

再次，需要完善农村金融的法律和监管框架。对于农村金融市场来说，一个稳健的法律和监管框架对于降低风险和建立信心是十分重要的。政府应该通过法律、监管和制度上的改革，对建立高效的农村金融市场予以支持。例如，因为“信息不对称”、“缺乏有效的抵押担保品”、“金融机构高经营成本”等因素的存在，致使金融机构在经营涉农业务时容易出现成本、风险、收益不对称的局面，而抵押担保则是防范金融风险的有效手段。这就需要建立和完善抵押物担保物权，需要通过法律保证对抵押物担保物权的执行。此外，也需要在政策上加以变化，比如一定程度上放宽对担保和无担保贷款的法律限制。

最后，必须要优化、深化农村金融市场并促进其可持续发展。一个完善、高效的农村金融市场对于保障农户和农村中小企业融资的可得性、便利性，保障金融机构的安全性、流动性与营利性，降低农村金融市场的风险，都是很重要的。

10.2.2.2 政府的适当干预

政府的适当干预是指在充分发挥市场机制作用的前提下，通过目标贷款、信贷补贴、利率改革政策、对农村金融机构适当援助(包括政策和资金上的支持)等手段来直接使用公共资金，以完善农村金融市场的服务。

对农村金融的干预应该始终以完善或促进市场运行为前提，政府不能代替市场发挥作用。只有以有效的方式解决商业性金融服务的市场失灵或减少贫困的情况下，政府对农村金融市场的干预才是合理的，并且干预的预期收益必须大于干预的成本。

干预政策主要取决于干预的目标(纠正市场失灵或减少贫困)，此外，还取决于目标客户群的特征、经济和社会发展环境、目标群体的社会资本和农村金融市场的现状。例如信贷补贴政策可能在市场更开放、生产力水平高的农业部门和涉农企业目标群体更有效。而原本针对较为贫困群体提供的补贴性或低利性贷款，由于制度设计和执行上的失误使“寻租”成为可能，因此往往偏离了政策目标，此时，微型金融服务往往更有效。这已为国内外农村金融发展的实践所证明。

政府在农村金融中发挥作用主要是通过政策性金融机构和农村金融政策来完成。随后两节便是分别从这两个方面予以展开。

10.3 政策性金融机构

农业由于收入的不确定性，投资的长期性和低收益性，使得它难以成为以利润最大化为目标的商业性金融的融资对象。但农业产业较强的外部性又要求政府建立非营利性或低营利性的专门机构提供政策性金融，支持农业综合发展，以解决农业和农村金融市场失灵问题。

10.3.1 政策金融机构设立的理论依据

一般来说，发展中国家金融部门中介市场机制的局限性使得市场机制从社会整体的角度看，都不能有效地配置资源（瞿强，2000）。主要体现在以下几点：

(1)在发展中国家的金融市场中，少数金融机构处于垄断支配地位，获取超额利润，而与此相对应的成本则被转嫁给了提供资金来源的存款者和使用资金的企业。与竞争性市场相比，垄断性市场是缺乏效率的。

(2)市场机制的趋利性往往使金融机构选择投资风险较小、投资回收期较短、较高微观效益的项目，而对投资巨大、周期较长、风险较大的项目，则不予选择或选择滞后，造成社会经济发展的不平衡和资源的浪费。

(3)发展中国家企业的信息公开程度低，会计原则、法规法制不健全，缺乏作为金融交易前提的基本制度，从而使发展中国家的金融体系的资金分配面临很大的难题。

为了克服上述金融部门中市场机制的局限，很多发展中国家采取以下措施：

为了克服垄断性的金融市场结构，各国常设立政策金融机构。其目的在于绕过垄断型的市场结构，为潜在的资金需求者提供资金供应渠道，从而提高市场结构中的竞争程度。只要通过政策金融设定合适的利率，提供较为充足的资金，它就有可能成为促进市场竞争的有效手段。

利用金融机构“有偿借贷”原则，通过政策金融机构发放的优惠贷款，既可以弥补财政资源配置不足，又可以提高资金的使用效率。

在信息不对称导致对中小企业等部门资金供应过小时，可将金融机构的信息收集成本交给“公共部门”来做，或者有公共机关来分担投资风险。政策金融机构就是这种类型的机构。由政府出面设立开发金融机构不失为一种有效的手段。另外，可以通过促进公开上市的方法提高公开信息的生产能力。

10.3.2 农村政策金融机构的作用

农村政策金融机构的作用主要体现在以下两方面：一是弥补金融资源配置中的市场失灵；二是作为国家主导型经济发展战略的工具。

10.3.2.1 弥补金融资源配置中的市场失灵

对于金融资源配置中市场失灵的问题，就需要政府通过构建政策性金融机制来校正，以实现社会及原配置的经济有效性和社会合理性的有机统一。这就界定了农村政策金融机构的功能在于使更多的农村居民通过农村金融市场的发展能分享改革和经济增长的成果，提高农村社会的整体福利水平。这也是政策性金融机构存在的经济学理论基础。

在信息不对称比较严重的金融市场上，资金需求很难得到完全满足，为了减少信息的不对称性，应该尽量将借款人的信息传达给贷款人。然而在现实经济中，由于各金融机构的规模、经验不同，审查能力，即信息生产能力也存在着很大差别。如果信息能力弱的金融机构能够利用审查能力强的金融机构的信息，市场上信息不对称的平均水平就可能降低。因信息不对称而引起的金融市场的"信贷配给"现象在发展中国家尤为严重，从而为政府介入金融市场提供了理论依据。而政策金融机构正是这种介入的主要形式之一。

与信息问题相联系的政策金融机构的作用，可以从两个方面来看：①政策金融机构作为政策性资金的供给和信用保证机构而发挥的作用。即当市场上存在"信贷配给"时，政策性资金可以对整个金融市场不足部分发挥补充作用。同时，由于政策金融机构的融资有时具有产业调整和企业救济的作用，因而在金融市场上，也是一种政府提供的信用保证。②政策金融机构由于有以下理由，与其他金融机构相比，往往在信息生产方面具有优势。在政策信息具有非常重要意义的发展中国家，政策金融机构对于政策信息经常处于垄断地位。也就是说政策金融机构具有将政府的政策意图、产业政策方向向市场传达的中介职能。民间金融机构通过观察政策金融机构的行动，作为自己决策的参考，节约审查成本。此外，发展中国家的金融市场发展的历史较短，金融机构的审查能力积累不足，信息流通渠道不畅，经济、金融市场上经常出现寡头垄断，而且企业的自有资金比例高，实行家族经营，很容易出现信息的内部化问题。在这种情况下，具有一定规模、审查能力相对较高而且与特定利益集团无关的政策金融机构的贷款活动，其信息的"溢出效应"则更为重要。

10.3.2.2 作为国家主导型经济发展战略的工具

发展中国家和后发展国家由于市场发展不健全，在技术转移过程中信息和长期资本的短缺，为了实现以国家为主导的经济发展赶超战略，必须由国家在一定程度上集中分配资源。而政策金融正是为此而采用的一个重要工具。

后发展国家在经济发展初期大多面临着两个主要障碍：一是市场发育不足，机能不够健全（而不是市场充分发育以后出现的所谓"市场失败"）；另一个是经济长期发展的信息和长期资金严重不足，基础设施和基础产业不够健全。要解决这两个问题，单靠市场本身的力量是有限的，政府应酌情介入市场，手段之一就是通过政策金融机构。

10.3.3　有些农村信贷需求需要政策金融机构来满足

农村金融市场的金融服务是多种多样的，但这些需求的产生主体不外乎农户、农村企业和政府。从信贷需求角度来看，中国农户和农村企业这两类需求主体的信贷能力具有鲜明的层次性特征，而不同的需求主体的信贷需求特征、承贷能力和满足信贷需求的手段都是不同的。

表 10-1　信贷需求主体及其需求特征

<table>
<tr><th colspan="3">信贷需求主体层次</th><th>主要信贷需求特征</th><th>满足信贷需求的主要方式和手段</th></tr>
<tr><td rowspan="3">农户</td><td colspan="2">贫困农户</td><td>生活开支、小规模种养生产贷款需求</td><td>民间小额贷款、小额信贷、政府扶贫资金、财政资金、政策金融</td></tr>
<tr><td rowspan="2">普通农户</td><td>一般种养业农户</td><td>生活开支、小规模种养生产贷款需求</td><td>自有资金、民间小额贷款、合作金融机构小额信用贷款、少量商业性信贷</td></tr>
<tr><td>市场型农户</td><td>专业化规模化生产和工商业贷款需求</td><td>自有资金、商业性贷款</td></tr>
<tr><td rowspan="4">企业</td><td colspan="2">微小型企业</td><td>启动市场、扩大规模</td><td>自有资金、民间金融、风险投资、商业性信贷、政策金融</td></tr>
<tr><td colspan="2">有一定规模企业</td><td>面向市场的资源利用型生产贷款需求</td><td>自有资金、商业性信贷</td></tr>
<tr><td rowspan="2">龙头企业</td><td>发育初期龙头企业</td><td>专业化技能型生产规模扩张贷款需求</td><td>商业性信贷、政府资金、风险投资、政策金融</td></tr>
<tr><td>成熟型龙头企业</td><td>专业化技能型规模化生产贷款需求</td><td>商业性信贷</td></tr>
<tr><td colspan="3">农村基层政府</td><td>满足基本建设资金需要、提供金融公共产品</td><td>财政预算、政策金融</td></tr>
</table>

资料来源：根据何梦笔、冯兴元、何广文（2002）"试论中国农村金融组织机构多元化"整理。

从表10-1中看出，需要政策金融满足的弱势群体的贷款需求主要有三类：农村贫困户的贷款需求、农村微型和小型企业贷款需求、发育初期的龙头企业的贷款需求。需要政府把金融服务作为公共金融产品来提供的领域，主要是包括为保障农户收入稳定及增长、促进农村基础设施建设改善、维护农村社会稳定、保障粮食安全、推进农业战略性结构调整、促进农业科技推广和农村企业产品升级换代、推进农村工业化和乡村城市化而产生的金融需求。

总之，农村政策金融应当定位于修正“市场失灵”，满足那些不能通过金融市场的竞争性金融行为满足的金融需求。一是这些需求产生于非营利性的公共部门领域；二是这些需求属于非市场性的有效需求，无法通过商业金融行为来满足。由此也决定了农村政策金融机构存在的前提有二：一是提供基本的公共金融产品；二是保护弱势群体的需要。这也是农村发展银行存在的外在约束条件（何广文，2005）。

10.3.4 政策金融机构：经验与教训

“政策金融”着眼于对“市场失败”的补充作用，更强调金融体系的政策性、优惠性和最终需要者的特殊性。在20世纪60～70年代，政策金融机构无论是在发展中国家还是在发达国家都被当成一个能够促进经济发展的工具而得到比较广泛的应用。

发展中国家政府介入金融市场主要是为了解决经济发展初期所面临的各种具体困难，但政府成功的政策金融机构应当具备什么条件呢？如何以及在何种条件下才能发挥积极作用呢？

10.3.4.1 尊重市场是政策金融机构的原则

政策金融是政府干预金融市场的典型代表之一，而成功的干预又要求在干预过程中要尊重市场。可以体现在以下两个方面：

一是政策金融是解决市场失灵的，因而政策金融的业务领域应严格限制在商业金融难以涉及的基础设施、基础产业和重点产业上，凡是商业金融能够并且愿意进入的领域，政策金融机构都应及时退出。

二是政策金融机构本身也应尽量按照市场原理来经营。要尽量避免政治因素的任意干扰，防止寻租活动和贪污现象。要建立严格的贷款监督评估体制，以防止道德风险，确保资金的良性循环。政府的作用是通过各种手段为政策金融机构提供稳定、廉价的资金来源，以及为政策金融的顺利实施提供各种政策和制度支持。

10.3.4.2 宏观经济的稳定和明确的政策目标是保证政策金融机构作用的必备条件

只有在稳定的宏观经济条件下，政府财政才能为政策金融机构提供充足的资金。也容易说服各利益方接受政策金融介入金融市场的补充作用,从而形成良好的运作机制。反之,如果宏观经济不稳定,通货膨胀居高不下,基于低利率的政策金融体系的设计,不仅在政治上难以被接受,而且从经济上也会出现设计目标相违背的局面,从而影响政策金融机构目标的实现。

明确的政策目标在政策金融机构运作过程中也是至关重要的。政策目标不仅要与整个国家的经济、社会开发计划相协调,而且在指标设计上要尽可能明确、效果便于测算。另外,在政策的实施过程中会有多种政策工具可供选择,在选择过程中要充分考虑各种工具的利害得失,要考虑政策之间的协调性。

10.3.4.3 合理的制度设计是保证政策金融机构作用的重要保证

在发展中国家政府中,直接负责相关经济开发政策的政府机构,实施政策金融的政府或民间金融部门,财政部门和中央银行之间,应该建立一套有效的制度,以确保在政策的制定、实施、评价的过程中,能够相互配合、充分协调。政策金融体系内部各金融机构之间,也应该有较明确的分工。

另外,有效监管制度的建立也是保证资金使用效率的重要保证。严格的审批制度、贷款目标的限定、贷款项目的过程监控以及贷款的评估都应该建立严格和易于操作的规范,以保证政策金融机构政策目标的实现。

案例 10-1 美国的农业政策金融机构

美国的农业政策金融机构包括农民家计局、商品信贷公司、小企业管理局、农村电气化管理局。主要目的是为稳定国内商品流通领域的农产品价格,借以控制生产,保障农民利益,同时办理具有社会公益性质的农业项目的投资,比如土壤改良、兴修水利、基础设施建设、灾害补贴、小企业发展、农村通信等。各政策金融机构的分工如下:农民家计局的贷款计划总的可概括为农民家计、农村住房、社区设施和乡村工商企业等四项。农民家计方面主要由农场经营贷款、农场产权贷款、紧急贷款以及土壤和水利贷款等;农村电气化管理局的主要职责是对农村电业合作社和农场等借款人发放贷款从而提高农村电气化水平。主要是为改善农村公共设施和环境而设立的,对农村非营利的电业合作组织和农场发放贷款,用于架设电线、组建农村电网、购买有关设备等;商品信贷公司是为了应对自然灾害和农业危机,对农场因自然灾害造成的减产给予补贴,与农业生产保险相类似,其主要功能是管理实施价格和收入支持计划,进行价格支持,控制农业生产,避免农业的生产波动给农业生产者带来的影响,保护广大消费者的利益;小企业管理局主要为不能从其他正常渠道获得充足资金的小企业提供融资帮助,对所从事的农副产品加工储藏以及为农场提供服务的企业经营进行扶持。

案例 10-2　日本的农业政策金融机构

在日本,从事农林渔业的生产的主要是个体农户,他们所需要的资金数量较少并且比较分散。农林渔业本身又具有生产周期长、季节性强、受自然灾害威胁大的特点。因此一般金融机构不太愿意为农林渔业提供贷款。为此日本政府建立了专门的农林渔业金融机构即农林渔业金融公库(简称"农林公库")。它是日木唯一一家支持农、林、渔业发展的农业政策性金融机构。其设立的目的是"全方位改善农业生产条件,提高农、林、渔业生产力,推进农业现代化"。

农林公库主要负责对农林渔业生产者为了维持和提高生产能力所需的长期资金提供贷款,它的贷款期限长、利率低,是农协金融系统和商业银行贷款的补充,也是那些不能在合作金融和商业金融获得贷款者的最后依靠。

日本的农林渔业金融公库由日本大藏省(财政部)管理,它与财政关系密切。资金来源有资本金和借款等,但主要来源一直是以邮政储蓄吸收的居民储蓄为主,这些资金通过大藏省资金运用部通过"财政投融资"计划分配给日本农林渔业金融公库。

农林渔业金融公库在资金运用中,主要贷款范围包括四个方面:一是农业贷款业务,占贷款的 60.3%,用于改善农业用地,购买农用机具,栽培果树等;二是林业贷款业务,占贷款的 24.7%,用于植树造林、建设和改造林中道路等;三是渔业信贷业务,占贷款的 4.9%,用于渔船的建造、渔机具的购置等;四是加工和流通信贷业务,占贷款的 10.1%,用于建造农林水产品的加工设施、完备批发市场等。

10.4　农村金融政策

政府在农村金融中发挥作用主要是通过政策性金融机构和农村金融政策来完成。

政府除了在上一节主要论述的通过政策性金融机构发挥作用以外,还有一个更宽泛和更有效的手段,即通过农村金融政策来引导资金流向以促进农村经济的发展。一国政府农村金融政策是否符合本国农村经济发展水平的需要以及能否得到有效贯彻实施,直接影响一国经济发展水平和整个社会的稳定与进步,这已为各国的发展实践所证明。

10.4.1　农村金融政策概述

农业生产的特点和与此相关的农村经济特征，使得单单依靠市场上的经济手段来调节农业生产经营活动必然会带来社会福利的下降与效率的损失，单单依靠市场机制是不能有效解决这些问题的，需要国家在市场配置资源的基础上采用一定的政策手段加以调节（如政府制定的法律、法规制度、给与相关经济活动主体以补贴或政策性贷款、利率政策的实施，等等），以及其他社会经济部门的扶植与援助（如银行、信用社给与农业和农民的贷款）。只有这样才能保证农业的发展与农村居民生活水平的提高。

10.4.1.1　农村金融政策的含义

所谓农村金融政策，主要是一个国家的政府为达到促进农村经济发展、提高农民收入、改善农村金融服务的目标，针对各个不同时期而制定的行动准则，包括政策目标、政策服务对象、政策实施主体、政策实施工具、政策实施效果，等等。国家或地区的经济发展水平在不同时期甚至是同一时期的不同阶段都有着较大的区别，这也就决定了不同时间、不同地点实施的农村金融政策有着较大的区别，侧重点也会有所差异。

10.4.1.2　农村金融政策的作用

与一般金融政策相比，农村金融政策的实施具备以下特有的作用：

1. 利用金融产品，贯彻实施国家农业和农村经济发展政策

与其他产业相比，农业在市场竞争中通常处于劣势，成为难以吸引投资的产业。如果由市场机制自发调节，社会资源在农业和其他各产业之间的配置就会发生严重偏差，甚至会导致严重的结构失衡和社会动乱。因此，政府必须要进行干预和调控，以确保农业与其他国民经济各产业均衡发展。

农村金融政策按照政府政策导向行事和以社会经济效益为目标的行为特征，体现在其投融资活动中：如特定和专门化的资金投向，高风险低收益的贷款。农村金融政策配合政府各个时期农业政策目标和意图，对支持、保护农业发展，促进工农业协调发展和贫困地区人口脱贫致富，稳定农产品市场和农民收入、增强农业后劲等方面发挥了巨大作用，在农业、农村及全社会产生了广泛影响。

为了促进农村经济的发展、调整农村产业结构，政府常会利用低息贷款和补贴等金融产品，使农业生产和农村经济按国家制订的政策方向发展。例如日本，为推进农业机械化，从 20 世纪 60 年代开始，农林渔业金融公库对农民购买大型农业机械给予财政补贴；70 年代，为了解决大米过剩问题，减少水稻生产，对水田改旱地

的农民给予补助。美国政府为了合理利用农业生产资源，农民家计局对农场主发放兴修水利和土地改良贷款，期限可达40年之久。再比如德国政府为了发展农村经济，由德国农村地产抵押银行实施了4个特别信贷项目，即种养业特别信贷项目、青年农民特别信贷项目、村镇整治特别信贷项目及区域结构调整特别信贷项目，从而有力地支持了德国农业和农村经济的发展。

2. 农村金融政策的功能在于修正“市场失灵”，弥补市场机制缺陷

居民通过农村金融市场的发展能分享改革和经济增长的成果，提高农村社会的整体福利水平。这也是农村金融政策实施的经济学理论基础。

不能通过金融市场的竞争性金融行为满足的金融需求，一是这些需求产生于非营利性的公共部门领域；二是这些需求属于非新古典经济学认为，在现代市场经济的基本结构中，市场机制和原则是构成社会经济资源配置和经济运行协调的基础，但市场机制本身有其作用的边界，不能解决经济社会中的所有问题。市场机制产生许多失效的现象，即所谓的“市场失灵”。

农村金融市场是农村市场经济资源配置的主要途径，它在调节金融资源的配置中，由于农村金融市场的不充分竞争和金融机构本身的特性，导致不能有效地配置农村金融资源，也存在着“农村金融市场失灵”。这就需要政府通过实施农村金融政策来校正，以实现农村社会资源配置的经济有效性和社会合理性的有机整合。由此，也就界定了农村政策金融的功能在于修正“市场失灵”，是要满足那些不能通过金融市场的竞争性金融行为而满足的农村金融需求，目的在于使更多的农村市场性的有效需求，无法通过商业金融行为来满足。由此也决定了农业政策金融机构存在的前提有二：一是提供基本的公共金融产品；二是保护弱势群体的需要（何广文，2004）。农业是个弱质产业，又是个低利润产业，在市场经济条件下，它不但不能吸引投资，而且还会产生资金漏出。但它所提供的产品关系国计民生，关系人类赖以生存的自然生态环境，因此需要特别加以支持和保护。

在金融领域，支持和保护农业和农村经济发展的过程，就是农村金融政策填补商业性金融按市场原则配置资源后所形成的资本市场空缺的过程。在这方面，农村政策金融的作用较为明显，如农业政策性金融在农业领域的信贷活动，就是根据政府不同时期农业政策目标的侧重点，达到扶持和保护农业发展的目的。各国农业政策性金融机构在兴修水利、整治土地、加速农业机械化、促进农业增产和农业结构调整、稳定农产品价格、提高农民收入、加强人力资本投资等方面都发挥了重要作用。

3. 引导其他途径的资金流向农业和农村

倡导性职能是指农村金融政策通过直接或间接的资金投放，吸引民间资金（包

括金融机构及个人资金)从事符合农业政策意图的贷款和投资,从而对政策扶持项目的投资形成一种乘数效应,以推动更多的资金投入农业及农村经济领域。农村金融政策在这一投资形成过程中发挥的是首倡、引导和示范的功能,故称倡导性职能或诱导性职能。

一般说来,农业投资风险大、周期长、利润低,特别是农业基础设施建设、土地开发、改良与整治及其他公共设施建设需要的资金量大,投资回收期长,一般金融机构不愿投资,而农村微观经济主体又无力投资,这时通过政策性农村金融机构率先对这些项目进行投资,则改善了该项目的投资环境,降低了该项目的投资风险,从而增强了其他金融机构、经济组织和个人的投资信心。而一旦这些项目的投资高涨起来,满足所需要的资金投入量从而达到既定的农村经济政策目标后,农业政策性金融机构就逐渐减少其投资份额,把投资领域让给商业金融机构和其他经济组织及个人,转向新的需要开发的项目,开始下一轮政府资金对民间资金的诱导循环。

4. 帮助贫困地区和低收入的农民解决资金短缺问题

在现实经济运行中,穷人们为了开发农业活动、发展小型企业、应付紧急情况或者为将来做准备,也需要一系列小额金融服务,尤其是储蓄存款便利、信贷和保险等。

一般金融机构贷款,首先考虑贷款的安全性,因此贫困地区和低收入的农民很难得到贷款,这就需要政府的金融机构予以解决。20世纪70年代中期,印度政府建立地区农村银行,专门为边远地区小农、小手工业者提供低息贷款。地区农村银行为贫困地区的小农提供的贷款为其贷款总额的90%以上。美国农民家计局为农业工人低收入的农民提供利率为1%的建房贷款。

5. 救济因灾害而造成的损失

如美国的商品信贷公司的灾害补贴,对农场因受水、旱等自然灾害,减产由商品信贷公司给予补贴,类似生产保险。日本的农林渔业金融公库对遭受暴风雨、地震、干旱、冰雹等灾害的农业经营者所必要的经营资金给予低利率中期贷款。

10.4.1.3　农村金融政策工具

进入20世纪90年代以后,随着农村金融实践的不断发展,人们逐渐认识到市场机制并不是万能的:没有充分的信息,金融市场就不能有效运行。搭便车、道德风险、逆向选择等与信息有关的外部性和激励问题导致了金融市场失灵,此时通过制定并实施政策就显得必要。而所谓政府的干预主要是通过金融政策工具来实现的。金融产品与服务种类众多,涉及农村金融的政策工具较为常见的包括以下几种。

1. 减免税收

因农业生产的弱质性、信息不透明的程度更为突出与农村金融服务管理成本较高，因此金融服务机构在提供涉农金融服务时，往往会出现成本、风险、收益不对称的局面。为了对金融服务机构进行补偿、引导商业金融资金的流向，政府一般会对涉农金融服务机构采取一定的激励政策，而减免税收时其中较为常见的一种政策工具。如美国政府对几家农业政策性银行在经营过程中有免除联邦所得税、免除债券利息的地方所得税等优惠，法国农业信贷银行也被政府准许实行税收减免政策，泰国政府明确规定农业合作银行不上缴税款。

2. 资金直接投入

即使不考虑农业的弱质性，农业生产较长的生产周期也往往使商业金融服务望而却步，考虑到农业生产的基础地位，此时最佳的解决途径就是政府进行拨款组建政策性金融机构为之提供金融服务，如日本农业所需长期资金，主要来源于日本政府的有偿拨付，其农林渔业金融公库是由财政投资创建的，美国的几家农业银行在创建之初也都由政府拨款经营。

此外，政策性金融机构设立的另一初衷就是涉农领域大部分产品具有公共产品的性质，非竞争性和非排他性使得“公地悲剧”在农业及农村领域较为突出。在农业及农村经济发展过程中，当某些产品通过市场途径不能得到有效提供时，政府就直接发放贷款，把经济资源引向特定的用途。如美国政府按较低的利率，通过政策性金融机构发放一些长期贷款。日本政府通过国家的金融机构直接发放财政资金贷款，主要用于公共产品性质的农业基本建设、救灾以及开垦等方面。

政府进行资金注入的另一有效途径就是发放农业信贷。随着农业现代化的快速发展，所需资金越来越多，而农民自有资金远远无法满足需要，因而国家发放的农业信贷则成为农业现代化和农村经济所需资金的主要来源。如美国和欧洲有些国家，为了争夺农产品的世界市场，在财政信贷，给了农业很大支援，比如农民买拖拉机，一半由国家补贴，一半由银行给以长期低息贷款，一般以 15 年为期。

3. 信贷补贴

当政府财力难以满足农业及农村经济现代化进程对信贷资金的需求时，政府除了直接贷款外，鼓励其他金融机构以“低于金融市场均衡利率向农户及农村中小企业提供各种低息贷款其利差由政府补贴”也是有效的途径之一。这样政府只要补贴一定额度、一定期限的利息，就能引导商业资金流向，兼顾各方利益，起到了宏观管理的作用。而且由于资金以商业化的方式运作，从而也保证了资金的安全性与使用效益。

如法国金融市场利率一般为 12%～16%，而农业贷款优惠利率只有 4%～

10%，其利差由政府拨款进行补贴，1984 年法国对农业固定投资的贷款贴息额就达 64.4 亿法郎，政府向农民提供的优惠贷款，成为农业现代化的一个重要资金来源（包括购置农机和土地）。日本对一些专项农业贷款甚至以法律形式加以确定，由农协发放本金，而由政府财政给予贴息。

4. 信用担保

所谓信用担保，又被称为信用保证，信用担保是融资者购买的、作为部分担保品替代的，担保者承诺当借款者违约时，愿意支付部分或全部贷款的一种金融产品。其对象特点是融资者具有支付能力，但是不提供信用担保就无法获得银行贷款，也就是说，融资者具有信用能力，但是缺乏抵押品和可信的信用记录。是由专门机构面向社会提供的制度化的保证。

在这方面，较为典型且运作较为成功的国家是日本。日本政府于 1961 年专门建立了“农业信用基金协会”，通过债务担保的形式，引导商业资金投入农业。对于农业及农村经济风险所致的贷款损失，当贷款发生拖欠不能如期偿还时，由政府支付本金和利息给提供贷款的银行。信用担保产品将贷款风险在政府与金融机构之间进行分摊。通过对农民和农村中小企业的担保，使农协资金顺利流向农村。

5. 有差别的存款准备金制度

商业银行的存款派生能力使得存款准备金的差别将直接影响金融机构放贷能力的大小，从而影响其效益，这也是对涉农金融服务机构的一种政策扶持，以达到引导资金流向的目的。美国、英国、日本等国中央银行对各金融机构实行的都是差别准备金制度，农村金融机构上缴的存款准备金比例明显低于城市商业银行。泰国为鼓励金融机构扩大对农业、农村的投入，中央银行甚至规定对农业合作银行实行不上缴存款准备金的政策。

总之，每个国家的金融发展程度千差万别，自然所能提供的金融产品与服务也会有较大差异，比如市场经济较为发达的美国，凭借其成熟的金融市场与强劲的金融创新能力，有期权、期货、农业巨灾风险证券等许多金融衍生产品在为农村金融服务。而且在具体实施政策工具时因各国的经济、社会情况不同也会有所差异，为了达到好的效果，往往是若干种政策工具混合使用。

以上所介绍的只是几种较为典型的农村金融政策工具，从这几种简单的政策工具上可得出一个基本的结论，那就是无论何种政策工具的实施都是为达到降低农业及农村经济的风险从而达到促进农村经济发展、农民收入提高的目的，这一点是毋庸置疑的。

10.4.2 农业信贷补贴政策

20世纪80年代以前,农业信贷补贴理论一直是农村金融理论界的主流学说。受此学说的影响,各国纷纷采取农业和农村信贷补贴政策:市场经济发达国家补贴农业以支持农业部门和中小企业的发展,而发展中国家更多的是为了消除贫困。客观的评价,信贷补贴政策的确起到了一定的效果,但因其本身固有的弊病,所以80年代以后信贷补贴理论逐渐为农村金融市场和不完全竞争市场理论所取代。而信贷补贴政策除了针对特殊目的的贷款之外(例如扶贫贷款),也逐渐淡出历史舞台。

10.4.2.1 信贷补贴政策的种类

根据信贷补贴目的的不同,信贷补贴政策可分为以下两种:支持农业产业与农村经济发展的信贷补贴政策和扶贫信贷补贴政策。

1. 支持农业产业与农村经济发展的信贷补贴政策

此种政策实施的目的主要是考虑到农业在国民经济中的重要地位及农业生产的外部性、弱质性,为了促使农业与国民经济其他部门之间协调发展,为了发展农村地区经济以及提高农民收入,因此需要对其补贴。除此之外,发达国家或农产品出口大国为了使本国的农产品尽快占领国际市场,也会采取贴息、出口信贷等方式对农业部门进行补贴。

二战之后,德国联邦银行一直实行高利率和利率自由化政策,信贷市场利率一直居高不下,这对于生产高度社会化和市场化的德国农业和农村企业非常不利,特别是对于战后百废待兴的德国经济来说尤为不利。因而从1954年开始,德国联邦政府对农村信贷实行信贷补贴政策,如表10-2所示。

表10-2 德国农业信贷补贴概况

补贴范围	包括农村中小型企业的增资扩股、内陆水域治理、互助组织、牛奶加工作坊、土地规整、新企业诞生、新农民的培育等
补贴方式	①限制农村贷款特别是农村种养业贷款的最高利率上限;②降低贷款利息率;③由政策性金融机构(如德国复兴信贷开发银行,简称KFW;德国均衡银行,简称DtA;德国农业地产抵押银行)直接安排低息贷款
补贴期限	承受补贴的贷款项目,其期限原则上不短于8年,短于4年的项目一般不予以补贴
资金来源	根据项目来源或性质而定,分别来自联邦政府财政和州政府财政,或是联邦政府和州政府根据项目运作情况承担相应信贷补贴的比例

资料来源:何广文.德国金融制度研究[M].北京:中国劳动社会保障出版社,2000(9).

法国对符合政策要求及国家农业发展规划的贷款项目，同样实行低息优惠政策。政府向农业经营者直接发放贴息贷款，鼓励农业经营者积极向农业投资，而优惠贷款利息与金融市场利率差额部分由政府补贴。农业信贷互助银行是法国唯一一家享受政府贴息的银行。其主要实施内容如表 10-3 所示。

表 10-3　法国农业信贷补贴概况

补贴范围	在放款用途上，主要用于生产开支和生产设备投资，在行业上主要是对各种农业合作组织、农村市镇小手工业等放款及住房放款
发放方式	贴息放款的用途、期限和数量均由农业部按信贷原则确定，具体放款办法则由银行根据农业部制定的基本原则和该行放款章程确定。每年的放款指标由总行逐级分配给省行及基层行，至于贷给谁、贷多少、贷款期限长短、贴息期限长短、贴息幅度大小，则由经办行自主确定
资金来源	贴息资金，一直固定由农业部从政府年度预算中统一支付给农业信贷互助银行

资料来源：阎永夫，任红．财政金融政策扶持三农的中外对比研究[J]．金融理论与实践，2003(1)．

需要注意的是，贴息贷款并非整个贷款期限内享受贴息，而只是在一定贷款期限内享受贴息。比如，在法国购买土地的贴息放款，对年轻农民的贷款期限最长为 25 年，享受贴息期限 10 年，对一般农户贷款期限最长为 20 年，享受贴息期限 7 年；对扩大经营的农场主贷款期限最长为 20 年，享受贴息期限只有 5 年。

2．扶贫贴息贷款

扶贫贴息贷款是一种政策性贷款，是国家支持扶贫的一个很重要的手段。所谓扶贫贴息贷款实际上就是通过信贷方式对贫困地区农民的一种扶持，目的是通过增强贫困地区农户信贷的可得性，增强农民的发展能力、提高农户的收入。与财政扶贫资金(如财政拨款、灾害救济及最低生活保障等)，扶贫贷款讲求的是金融运作方式，谋求信贷资金的可持续性，资金的使用同样要求控制信贷风险，保障贷款本息的回收。之所以将扶贫贴息贷款按照商业金融模式运作，主要是在总结国内外信贷补贴贷款经验教训的基础上，提高资金的使用效率。

如中国在 2001 年 6 月 11 日颁布实施的《扶贫贴息贷款管理实施办法》指出，扶贫贴息贷款主要用于国家扶贫开发重点县，支持能够带动低收入贫困人口增加收入的种养业、劳动密集型企业、农产品加工企业和市场流通企业，以及基础设施建设项目。扶贫贴息贷款的发放主体为中国农业银行，实行指导性计划管理，由中国农业银行按照"放得出、收得回、有效益"的原则自主发放。扶贫贴息贷款的期限以一年为主，最长不超过 3 年。扶贫贴息贷款统一执行年利率为 3％的优惠利率，而同期正规金融机构贷款年基准利率为 5.31％，扶贫贴息贷款优惠利率与中国人民银行公布的同期同档次贷款利率之间的利差，由财政进行贴息。

10.4.2.2 对于信贷补贴政策的评价

信贷补贴政策在一定程度上减轻了借款者的利息负担，很受农业经营者的欢迎。此外，也增强了农业信贷互助银行的竞争能力，扩大了信贷业务，提高了收益。上述实践在一定程度上促进了农业生产增长、扩大了向农村部门的融资，发达国家农业生产、农村经济的快速发展也证明了信贷补贴的积极作用。另外，信贷补贴政策对于贫困问题的解决也起到了一定的作用，这是其效果好的方面。

但是，由于制度设计本身存在问题、政府所有的农村金融机构缺乏经营管理自主权以及操作程序不健全、缺乏有效监管，致使给某些非贫困群体造成了寻租的机会，所以政策的执行效果往往偏离了设定目标。加之信贷资金在运作上的问题，使得贷款群体误认为其是财政拨款，从而导致金融机构在财务业绩方面表现较差，很多形成了不良贷款。信贷补贴政策不仅产生了巨大的经济成本对宏观经济的稳定造成了不利的影响，还妨碍了农村金融市场的有效运作与完善：

第一，按照通常的观点，无论是当时的理论界还是金融工作者通常认为农村社区由于贫困而无力储蓄，因此融资工作的重点主要在于提供信贷。这种认识上的误区致使对农村地区提供的储蓄服务不够而且也忽视了其自身的储蓄能力。

第二，对利差的补贴往往使人们误认为农村金融机构带有福利救济的性质，而不是严格意义上的金融机构。这种想法导致了农村金融机构不良贷款异常严重，而且久之还形成了欠贷不还的恶性信用文化。以低息贷款的方式进行补贴以及不良信用文化往往将真正贫困的农民排除在外，更加减少了他们获得贷款的机会。

第三，传统方法侧重于农业生产方面的贷款，而忽视了对农村中小企业的融资服务，同时也丧失了分散风险和实现利润增长的机会。

第四，对农民借贷成本认识不清，忽视了利率只占农民借款成本的一部分。具有讽刺意味的是，低利率并没有给农村的借款人带来多少收益，因为对他们来说，利率只占其借款成本的一小部分。世界银行的一份研究报告指出，在印度的两个国营金融机构占主体且较为贫困的邦中，由借款人为了得到贷款而行贿官员、信贷人员的资金竟占到借款额度的8%～42%。

第五，国有农村金融机构制度设计的不当及经营管理不善，往往给市场形成一种错觉：农村金融利润低下而风险较高。同时，它们使用低成本贷款资金，导致了不公平竞争与对农村金融市场的垄断。同时，政府为了限制高利贷，通常对农村金融市场设置了很高的准入门槛，这些阻碍了以利润为导向的私人金融中介为农村提供金融服务，具有挤出效应。

发展经济学的学者指出，选择性的信贷政策造成了稀缺资源的低效配置和金融机构的低效运行。有理论研究认为，政府以特定目标信贷的方式对金融市场大加干预，是基于对农村社区面临困境的严重错误认识——只考虑到农村金融供给不足的表象而没有了解其真正原因。因而导致了储蓄动员不力、过分依赖外部资金、资金回收率低下、偏好向中上层融资等一系列的问题，不仅没有实现增加农村经济的发展、农民收入的增加和减少贫困的目标，在某些情况下，反而使农村地区的问题趋于恶化。也有研究认为世界市场的整体环境不佳，各国的粮食价格补贴政策、粮食进口补贴、农产品价格控制、汇率扭曲等因素，再加上缺乏农村基础设施投资、政策法律缺位等这些最终导致了该理论实践的失败(焦瑾璞，2007)。

总之，就构建一个有效率的自立的金融体系来说，农业融资理论及其实行效果是失败的。从20世纪80年代开始，这种传统的直接农业信贷支持就逐渐为农村金融市场理论与不完全竞争市场论所替代。在实践上，到本世纪初，多数国家政府已大幅度地削减了信贷补贴方面的支出。

10.4.3 农村利率政策

根据麦金农和肖的"金融抑制论"的观点，发展中国家大多采用各种手段对农村金融以至于整个金融体系进行抑制，从而造成金融市场的扭曲，如对农业生产贷款设定较低的利率或设置存款的利率下限与贷款的利率上限等，从而使得利率无法反映市场的均衡水平。随着抑制性利率政策对农户和农村经济的消极作用日益显现，一些发展中国家纷纷进行利率自由化改革，以使市场机制在金融资源配置中发挥更大的作用。

随着信贷补贴理论的逐渐淡出，受到金融深化理论的影响，农村金融市场理论逐渐替代了农业信贷补贴论，这是国外农村金融理论和实践的重大范式转换。而其主要观点之一便是实施利率自由化：为了实现储蓄动员、平衡资金供求，利率必须由市场决定，实际存款利率不能成为负数。这一观点反映到农村金融当中，便是实施利率市场化的政策。

10.4.3.1 农村利率水平的影响因素

发展中国家为了促进工业的发展，大多采用各种手段对农村金融以至于整个金融体系进行抑制。对于农村金融市场而言，存在着两种不同的金融抑制手段：价格性的金融抑制和结构性的金融抑制。其中价格性的抑制主要就是指农村金融市场中的利率管制。而结构性的管制主要是政府运用各种强制性的行政手段，限制农村金融机构之间的竞争，扶植带有国家性质的农村金融机构，而给予非国家的农村金融机构以歧视性待遇，甚至不允许民间非正式的金融机构以合法的方式存在，同时对农村金融机构的金融产品和业务进行限制。

不管是价格性管制还是结构性管制,都会带来消极的后果。从一定意义上说,存、贷款利率的限制扭曲了金融市场中的价格信号,经济中的资金稀缺状况得不到准确的反映,这使得金融体系中的资源配置效率下降,金融中介的作用被削弱,经济中资本化程度降低。结构性金融抑制手段则阻碍了各类金融机构资产组合的多样化,破坏了各类金融机构的风险分散机制,也不利于金融市场内部的竞争机制发挥作用,影响了金融体系的总体效率,其结果必将是市场难以形成均衡的利率水平,在这种意义上,其与价格管制的效果是一样的。

农村金融市场中利率水平的决定,主要受以下几个因素的影响(表 10-4)。

表 10-4　农村金融市场上影响利率水平的因素

影响因素	内　容
需求状况	农村经济主体(包括农户、农村中小企业及其他农村经济组织)的对融资额度与期限的需求情况与紧迫程度
供给状况	在考虑成本、收益的前提下,各种正规和非正规金融机构在农村金融市场上提供产品及服务的种类、便利程度
市场竞争状况	市场竞争较为充分的地方,容易形成均衡的利率水平
市场分割状况	市场分割越严重,市场中的利率水平越偏离均衡值:在大部分的区域内,往往只存在一个正式的金融机构,农户或农村中小企业在借贷时不可能花费大量的交易成本在不同的金融机构之间进行选择,各个市场分割严重
市场风险结构	农业的弱质性、信息透明度较差、缺乏有效额抵押担保品、管理与监管成本很高等因素决定了金融机构在农村市场上面临的风险较大
政府管制状况	政府对存贷款利率的管制水平,管制越多,利率扭曲越大

以上这些因素并非单独起作用,往往是综合在一起共同对农村金融市场产生影响。根据这些因素来分析农村金融市场会发现,其利率水平在很大程度上是偏离均衡水平的,而且农村正规金融与非正规金融之间的利差,会对农户的借贷行为和资金的流向产生影响。

农村金融中的利率决定是非常复杂的问题。要使农村中的利率水平接近于均衡的市场利率水平,以下几个问题的解决就显得尤为必要:首先,国家应逐步取消对利率的管制,利率的市场化和自由化应逐渐有步骤地实施;其次,放开市场准入的门槛,鼓励农村金融市场中主体的竞争,鼓励引导多种性质市场主体为农村提供融资服务,以逐步取消对农村金融市场的垄断;再次,对一些经营状况良好的非正式金融组织,应逐步将其合法化和规范化,以形成农村金融体系的良性竞争局面,这对农村金融市场利率的合理估值也会起到一定的作用,同时将减少高利贷对农村金融市场的扭曲(王曙光,2006)。

10.4.3.2　部分国家的利率政策

为了扶持农业与农村经济的发展,提高农民收入,许多发展中国家往往实施了低利率政策。由于低利率政策的实施效果并不令人满意加之受到金融深化理论的重要影响,发展中国家纷纷认识到要提高农村金融市场的配置效率,除了要对其落后的金融机构进行改革和调整外,很关键的一点就是实施利率的市场化改革,以充分发挥市场机制的作用,从而促进农村经济的发展。

1. 发展中国家实施的低利率或负利率政策

尽管发展中国家虽然存在各种正规农村金融机构,但由于各种原因,农村金融市场的实际利率远低于市场均衡利率,不少甚至为负数。在 20 世纪 70 年代的大部分时期,不少发展中国家正规农村信贷的实际利率为负数。

如巴西农业贷款的实际利率在 20 世纪 70 年代一直为负数,给小规模农户提供比商业贷款利率(17%)更低的低利率(2%或 6%),分期付款的话还可以免除 30%的本金。如果到期不能按时归还,可以向农业部门进行解释或延长还贷时间。菲律宾政府在同期也一直采取补贴性农业信贷政策,实际利率为负数;牙买加 1972—1978 年实际利率为－8%～－40%,虽然因有大量外部资金注入,农业信贷总量保持了一定增长,但还是带来了许多消极的后果,例如,当时该国农业信贷形成大面积不良贷款,有的项目的坏账比率甚至高达 95.6%。

低利率政策对金融体系的发展造成了阻碍:首先,在高经营成本和高贷款风险下,低利率加剧了农村金融机构的经营亏损。第二,贷款低利率导致机构和员工的费用开支不足,增加了不良贷款的发生。第三,农村地区贷款的高交易成本和高风险,再加上低利率政策,致使金融机构不愿意在农村地区发放贷款。此外,低贷款利率还加剧了农村金融机构由于产权不明、管理不善而已经十分严重的道德风险,国有农村金融机构很容易将管理原因造成的不良贷款和经营亏损归因于推行低利率政策的结果。

部分低利率的优惠贷款被少数人利用,产生寻租和腐败。例如,菲律宾 20 世纪 70 年代所采取的低利率信贷政策的执行效果是:68%的补贴贷款流入高收入农民手中,只有 30%的补贴贷款为低收入农民所获得,收入分配进一步恶化,政策执行的实际效果适得其反。因为低收入农民获得贷款的机会远远小于高收入农民。

低利率政策除了对农村金融造成严重影响外,对整个农村地区的储蓄、投资、生产，甚至整个农村地区的经济稳定都产生了严重阻碍，因本书主要讨论农村金融问题，限于篇幅，对于这些问题在此不再阐述。

2. 部分国家实施的利率市场化改革

按照金融深化理论，利率是资金的价格，市场化的利率能够反映信贷资金的稀缺程度和持有资金的机会成本。在农村金融市场，政府的作用主要是制定公平竞争的游戏规则，并维护公平竞争，营造一个好的市场环境。加之随着抑制性利率政策对农村经济和金融体系的消极作用日益为一些发展中国家和地区所认识，因此，一些国家和地区纷纷进行利率改革。

韩国在 1965 年以前，正规农村金融市场的农业贷款利率为 8%～15%，储蓄存款利率为 9%～15%，实际利率为负，很多金融机构因无利可图，纷纷撤离农村市场，农户及农村中小企业融资难现象较为严重。为改变这种对农村利率的扭曲，当年 9 月韩国进行利率改革，正规贷款的利率大幅增加，实际利率为正，而且还允许名义利率随通货膨胀率而上下浮动。

自 1980 年，菲律宾开始进行利率改革，取消农村贷款和存款利率上限，用统一的市场再贴现率取代了选择性的低利率补贴信贷政策，并大力发展农村金融体系。为了让利率机制发挥作用，菲律宾政府还建立了农业综合信贷基金，为向农业项目贷款的银行提供违约拖欠风险担保，最高可达 85%。

利率市场化政策的实施，调动了商业金融向农业及农村经济组织贷款的积极性，保证了农业信贷的投入；同时，建立在市场利率调节基础上的农村信贷政策促进了金融资源的有效配置，有效地促进了农村金融体系和经济的发展。

3. 部分国家利率改革实践的启示

通过对部分国家利率政策和利率改革的实践分析，可以看出，抑制性利率（低利率）政策很容易造成农村金融市场的扭曲，从根本上说是不利于农村经济发展的，往往与政策实施的初衷相违背。而积极推进利率改革，取消对存贷款利率形成上下限的限制，逐步改变利率形成机制，以市场利率取代管制利率，才能改善资源配置效率，促进农村经济发展。

值得注意的是，因为农村金融市场相对于城市来讲更为欠缺，而且国际农村金融改革的实践也证明，单一的利率改革虽然对理顺金融市场的扭曲程度能够起到一定的作用，但是单一的利率市场化改革是不够的。在进行利率改革的同时，农村金融体系的健全与完善也是必需的。如建立多种形式的农村信用担保机构，以非银行类金融机构中介的形式缓解信息不对称的程度，也有利于金融机构风险的分散。这种以市场机制为基础的运作方式更加有利于鼓励银行和其他金融机构向农业投资。

10.4.3.3　中国的农村利率政策

长期以来，中国农村金融改革的注意力就集中在政府补贴上，按照传统思维，认为粮食重要、农业重要、越重要越有优惠，所以对农业、农村、农民的贷款利率往往制定得比较低。

20 世纪 90 年代中期以前，农户、农村企业、农村开发性项目贷款利率一般要比普通工商业贷款利率低 0.5%～2%；在改革开放初期至 20 世纪 90 年代中期，中国人民银行一直上调存贷款利率水平，但总是在工商业贷款利率提高并执行一段时期以后，才提高农业贷款利率，农业贷款利率的上调一般要滞后于工商业贷款利率半年至一年时间。20 世纪 90 年代中期以后，尽管逐渐取消了农村优惠利率贷款政策，但仍然要求中国农业银行对贫困农户和贫困地区的农村企业发放低息贷款，财政对农业银行给予贴息。

低利率、强调信贷补贴的农村金融政策所带来的后果是，一方面农村金融机构积累了大量的不良资产；另一方面农村金融需求得不到满足，特别是贴息贷款不能有效地到达贫困者手中，并且回收率较低，扶贫贴息贷款还贷率仅为 30%左右。中国农村金融已有的经验表明，仅仅靠补贴是解决不了农村金融问题的。20 世纪 90 年代农村金融机构实行商业化改革后，农村利率结构的扭曲是造成农村地区信贷资金外流的最主要原因。

1. 中国农村金融的利率市场化改革

随着农村金融市场理论和不完全竞争市场理论日益受到重视。在实践中，农村利率市场化改革和小额信贷试验正在进行。存款利率期限结构上不再严重偏向于定期储蓄存款，活期和定期储蓄间的利差不断缩小，有利于维护存款者尤其是活期存款者的利益。贷款利率方面，法定基准利率和扶贫贴息贷款之间的利差已由 1989 年的 7.2 个百分点缩小为 2002 年的不到 3 个百分点，1998 年还取消了农产品贷款优惠利率。而一年期存、贷款之间利差的扩大，也为农村金融机构提供了更大的盈利空间。

与此同时，中国人民银行也有步骤地放松了对利率的直接管制，并首先在农村推行利率市场化改革。改革的重心是不断扩大利率浮动区间，从而使农村金融机构享有越来越大的自主制定利率水平的权限(表 10-5)。

表 10-5　中国放松利率管制的过程

时间		措施
1996	6 月 1 日	放开了银行间同业拆借利率，实现由拆借双方根据市场资金供求自主确定拆借利率，标志着中国利率市场化的开始
1997	6 月	银行间债券市场正式启动，放开了债券市场债券回购和现券交易利率

续表 10-5

时间		措施
1998	3 月	改革再贴现利率及贴现利率生成机制，放开了贴现和转贴现利率
	9 月	放开了政策性银行金融债券市场化发行利率
	—	允许金融机构对小企业的贷款利率浮动幅度由 10%扩大到 20%
	—	允许农村信用社贷款利率最高上浮幅度由 40%扩大到 50%
1999	9 月	成功实现国债在银行间债券市场利率招标发行
	10 月	对保险公司大额定期存款实行协议利率，对保险公司 3 000 万元以上、5 年以上大额定期存款，实行保险公司与商业银行双方协商利率的办法
	—	允许县以下金融机构贷款利率最高可上浮 30%，将对小企业贷款利率的最高可上浮 30%的规定扩大到所有中型企业
2000	9 月 21 日	实行外汇利率管理体制改革，放开了外币贷款利率，允许 300 万美元以上的大额外币存款利率由金融机构与客户协商确定
2001	12 月	人民银行开始在浙江瑞安、苍南，黑龙江甘南，吉林白城地区的通榆、洮南，福建连江、泉州，内蒙古扎兰屯等 8 个地区的非城关、非城镇的营业网点实行利率市场化试点；允许贷款利率浮动幅度由 50%扩大到 100%，存款利率最高可上浮 50%
2002	3 月	将境内外资金融机构对中国居民的小额外币存款纳入人民银行现行小额外币存款利率管理范围，实现中外资金融机构在外币利率政策上的公平待遇
	9 月	农村信用社利率浮动试点范围进一步扩大
2003	—	全国所有省(市)都选定了 1～2 个县(市)参与利率市场化试点
2004	1 月 1 日	进一步扩大金融机构贷款利率浮动区间。其中，商业银行、城市信用社贷款利率的浮动区间上限扩大到贷款基准利率的 1.7 倍，下限为 0.9 倍；农村信用社贷款利率的浮动区间上限扩大到贷款基准利率的 2 倍，下限为 0.9 倍
	3 月 25 日	实行再贷款浮息制度，完善中央银行利率形成机制，理顺中央银行和借款人之间的资金利率关系，逐步提高中央银行引导市场利率的能力
	4 月 25 日	实行差别存款准备金制度，抑制资本充足率低且资产质量差的金融机构盲目扩张贷款，防止金融宏观调控中出现“一刀切”，为完善货币政策传导机制、提高货币政策有效性奠定基础
	10 月 29 日	进一步放宽金融机构贷款利率浮动区间，同时允许存款利率下浮。金融机构(不含城乡信用社)的贷款利率原则上不再设定上限，贷款利率下限仍为基准利率的 0.9 倍。对金融竞争环境尚不完善的城乡信用社贷款利率仍实行上限管理，最高上浮系数为贷款基准利率的 2.3 倍。所有存款类金融机构对其吸收的人民币存款利率，可在不超过各档次存款基准利率的范围内浮动(表 5-4)。存款利率不能上浮

续表 10-5

时间		措施
2005	3月17日	放开金融机构同业存款利率，修改和完善人民币存、贷款计息和结息规则，允许金融机构自行确定除活期和定期整存整取存款外的其他存款种类的计息和结息规则
	5月	中国人民银行宣布全国银行间债券市场债券远期交易管理规定，债券远期交易正式登陆全国银行间债券市场
	7月21日	中国实行以市场供求为基础的、参考一篮子、有管理浮动汇率以后，我国利率市场化改革又注入了新的内容
	—	调整住房贷款利率优惠政策，将住房贷款优惠利率回归到同期贷款利率水平，实行下限管理，下限利率水平为相应期限档次贷款基准利率的0.19倍，利率向上浮动不受限制
2006	2月	中国人民银行发布了《中国人民银行关于开展人民币利率互换交易试点有关事宜的通知》，明确了开展人民币利率互换交易试点的有关事项，国家开发银行与中国光大银行完成首笔人民币利率互换交易。人民币利率衍生工具在中国金融市场正式登场
	9月6日	央行决定建立报价制的中国货币市场基准利率Shibor
2007	1月	中国货币市场基准利率Shibor开始正式投入运行
2008	7月	《2008年深化经济体制改革工作的意见》中明确指出，要建立健全主要由市场供求决定的利率形成机制。提出由人民银行和法制办负责制定出台存款保险条例
	10月	中国人民银行再次扩大金融机构贷款利率浮动区间，宣布房贷利率下限水平可扩大为基准利率的0.7倍，在过去最高可享受0.85倍优惠贷款利率的基础上有所增加，提高了贷款利率市场化程度
2009	—	《中国银行业监督管理委员会关于进一步加强信贷结构调整促进国民经济平稳较快发展的指导意见》中提出落实好房地产信贷政策，稳步推进利率市场化和人民币汇率形成机制改革。积极推动利率市场化改革，丰富利率风险管理工具
2010	3月	股指期货推出为我国股票市场规避系统性，同时"两会"期间委员提出推出在交易所内交易的利率期货进一步促进我国金融市场的功能完善、体系完善和稳健发展。利率市场化进程的加快为恢复国债期货提供了现实依据

2. 对中国农村金融利率市场化改革的评价

就农村利率市场化改革来看，试点情况表明，利率市场化以农村信用社存款和贷款利率水平的双双提高为特点，试点信用社的存款和贷款都有相当幅度的增加，支持了当地经济发展和社会进步，农信社也获得了一定的经济效益。

但正如在前面回顾农村金融市场论所指出的，农村利率市场化也不是万能的，贷款利率的上浮还远不足以抵补农村金融机构的经营风险和资金成本，也不能使它们获得足够的发展空间，农村金融市场的扭曲依然存在。

(1)尽管农村正规金融市场上实际贷款利率在不断提高，但由于资金、经营成本以及贷款损失较高，所以利润空间较小。据有关学者测算，沿海发达地区的农村信用社平均要有8.8%以上的贷款利率才能补偿运作成本，绝大多数中部地区农信社要有11.5%的利率水平，而西部贫困地区的信用社则需要收取16%的贷款利率。考虑到农信社还需要弥补历年累积的经营亏损、坏账损失，要向社员分配红利，并提取一定的发展基金，故实际利率应高于上述测算值(徐忠、程恩江，2004)。加之农户贷款金额小、风险大，相应的贷款成本也高，因此这个浮动范围还不足以使商业性机构获得合理的资产和资本金回报来弥补其成本和风险。

(2)利率的扭曲挤出了其他金融机构，形成了农村金融市场的垄断。1998—2002年，人民银行给农信社的再贷款利率就比给其他金融机构的利率低一个百分点，这种补贴性优惠再贷款连同批准给农信社的比其他金融机构大得多的利率上浮幅度，使其他金融机构无法在农村市场立足。建立在垄断基础上的自由价格决定权带来的是效率与社会福利的极大损失。20世纪90年代中期开始，随着商业银行从农村地区的撤退，农村信用社逐渐垄断了农村地区的信贷资金供应。面对这样的市场结构，农村信用社并没有太大的差别定价的压力和动力。比如一些农村信用社反映，如果实施差别定价，为防止信贷员寻租贷款定价权，必须建立利率管理的制约机制，增大管理成本。因此，根据客户的承受能力，尽可能高的确定统一的执行利率，不失为一种增加收入、节约成本的做法。

(3)打破农村金融市场垄断是推进利率市场化的前提。单一地推进利率市场化并不能解决农村金融市场的问题。利率市场化必须具备诸多前提条件，尤其是宏观经济的稳定、对金融机构实施充分和审慎的监管。简单提高利率水平会引发逆向选择和道德风险从而加剧农村金融机构的资产质量恶化。在中国由于农村金融市场中农村信用社处于垄断地位，简单放开利率管制，还可能会出现农村信用社将其经营的低效率通过高利率转嫁给农户，因此打破农村金融市场垄断与利率市场化改革是解决农村金融市场问题不可缺少的两项改革。

参考文献

[1] 阿马蒂亚·森.以自由看待发展.任赜,于真,译.北京:中国人民大学出版社,2002.
[2] 爱德华·肖.经济发展中的金融深化.上海:上海三联书店,1988.
[3] 卞志村、毛泽盛.农村金融发展的范式转变及对新农村建设的启示.经济社会体制比较,2005(3).
[4] 陈军,曹远征.农村金融深化与发展评析.北京:中国人民大学出版社,2008:106.
[5] 杜晓山,刘文璞,等.小额信贷原理及运作.上海:上海财经大学出版社,2001.
[6] 弗兰克·艾利思.农民经济学——农民家庭农业和农业发展.上海:(胡景北译)上海人民出版社,2006.
[7] 冯兴元,何梦笔(德),何广文.试论中国农村金融的多元化——一种局部知识范式.中国农村观察,2004(5):17-29.
[8] 何安耐,胡必亮.农村金融与发展.北京:经济科学出版社,2000.
[9] 何广文,李莉莉.正规金融机构小额信贷运行机制及其绩效评价.北京:中国财政经济出版社,2005.
[10] 何广文.合作金融发展模式及运行机制研究.北京:中国金融出版社,2001.
[11] 何广文,等.中国农村金融发展与制度变迁.北京:中国财政经济出版社,2005.
[12] 何广文,李树生.中国农村金融创新研究.北京:中国金融出版社,2008.
[13] 何广文.从农村居民资金借贷行为看农村金融抑制与金融深化.中国农村经济,1999(10).
[14] 何广文,等.农户信贷、农村中小企业融资与农村金融市场.北京:中国财政经济出版社,2005.
[15] 何广文,李树生,等.农村金融学.北京:中国金融出版社,2008.
[16] 马克.施莱内尔、雅各布.雅荣.度量发展金融机构的补贴.(参考世界银行发展方向研究报告).北京:中国财政经济出版社,2005:1.
[17] 杜为公,祁华清,王正喜.西方农业经济学研究.武汉:湖北人民出版社,2009.
[18] 金雪军.从温州看民间金融与主体金融的关系.杭州金融研修学院学报,2001(03):8-11.
[19] 焦瑾璞,杨骏.小额信贷和农村金融.北京:中国金融出版社,2006.
[20] 焦瑾璞.农村金融体制和政府扶持政策国际比较.北京:中国财政经济出版

社,2007.
[21] 马九杰.农村金融风险管理与信贷约束问题研究.北京:中国经济出版社,2004.
[22] 马忠富.中国农村合作金融发展研究.北京:中国金融出版社,2001.
[23] 史福厚.现代西方金融发展理论的演进及启示.金融研究,2006(5).
[24] 王曙光.农村金融与新农村建设.北京:华夏出版社,2006.
[25] 姚耀军.农村金融理论的演变及其在中国的实践.金融教学与研究,2005(5).
[26] 俞建拖,刘民权,徐忠.互助会与农村居民消费研究:一个实证分析.中国金融,2005(1).
[27] 黄宗智.华北的小农经济与社会变迁.中华书局,2000.
[28] 西奥多·W. 舒尔茨.改造传统农业.梁小民译.北京:商务印书馆,2003.
[29] 汪小亚.农村金融体制改革研究.北京:中国金融出版社,2009.
[30] 中国人民银行农户借贷情况问卷调查分析小组.农户借贷情况问卷调查分析报告.北京:经济科学出版社,2009.
[31] 黄有光,唐翔译.社会福祉与经济政策.北京:北京大学出版社,2005.
[32] 姚明霞.福利经济学.北京:经济日报出版社,2005(55)
[33] 纪琼骁.麦克米伦缺口与中小企业政策性融资.金融研究.2003(7).
[34] 李扬,杨思群.中小企业融资与银行.上海:上海财经大学出版社,2001.
[35] 李志赟.银行结构与中小企业融资.经济研究.2002(6).
[36] 梁小红."非正规金融与越南中小企业融资".福建广播电视大学学报.2005(5).
[37] 林汉川,管鸿禧.中小企业财务融资现状与对策探析——湖北、广东中小企业问卷调查报告.数量经济技术经济研究.2002(2).
[38] 林毅夫,李永军.中小金融机构发展与中小企业融资.经济研究,2001(1).
[39] 林毅夫,孙希芳.信息、非正规金融与中小企业融资.经济研究,2005(6).
[40] 罗丹阳,宋建江.私营企业成长与融资结构选择.金融研究.2004(10).
[41] 欧阳凌,欧阳令南.中小企业融资瓶颈研究:一个基于产权理论和信息不对称的分析框架.数量经济技术经济研究,2004(4).
[42] 青木昌彦,周黎安译.比较制度分析.上海:上海远东出版社,2001.
[43] 史晋川,叶敏.制度扭曲环境中的金融安排:温州案例.经济理论与经济管理.2001(1).
[44] 田晓霞.小企业融资理论及实证研究综述.经济研究,2004(5).
[45] 王霄,张捷.银行信贷配给与中小企业贷款:一个内生化抵押品和企业规模的理论模型.经济研究,2003(7).

[46] 张杰. 中国农村金融制度：结构、变迁与政策. 北京：中国人民大学出版社，2003.

[47] 张杰. 农户、国家与中国农贷制度：一个长期视角. 货币金融评论，2004(6).

[48] 张杰. 民营经济的金融困境与融资次序. 经济研究，2000(4).

[49] 张捷. 中小企业的关系型借贷与银行组织结构. 经济研究. 2002(6).

[50] 张捷. 结构转换期的中小企业金融研究——理论、实证与国际比较. 北京：经济科学出版社，2003.

[51] 张军. 改革后中国农村的非正规金融部门：温州案例. 中国社会科学季刊(香港)，1997 秋季卷.

[52] 周立. 农村金融市场四大问题及其演化逻辑. 财贸经济，2007(02).

[53] 李茜，谷洪波. 中国农村非正规金融组织的绩效分析与政策规范. 经济与管理，2010(01).

[54] 孟春. 中国农业保险试点模式研究. 北京：中国经济出版社，2006.

[55] 庹国柱，李军. 农业保险. 北京：中国人民大学出版社，2005.

[56] 庹国柱，王德宝. 中国农业巨灾风险损失补偿机制研究. 农村金融，2010(6).

[57] 魏华林，吴韧强. 天气指数保险与农业保险可持续发展. 财贸经济，2010(3).

[58] 于宁宁，陈盛伟. 天气指数保险国内外研究综述. 山东农业大学学报(社会科学版)，2009.

[59] [日]長谷部 正、吉井 邦恒，農業共済の経済分析. 農林統計協会出版，2001.

[60] Dale W. Adams and Douglas H. Graham (1981). A critique of traditional agricultural credit projects and policies. the Ohio State University, Columbus, OH 43210, USA.

[61] Braverman, Avishay, and Monika Huppi (1991). Improving Rural Finance in Developing Countries. Finance and Development, 28(1): 42-44.

[62] Graham H. Douglas and Carlos E. Cuevas (1984). Lending costs and rural development in an LDC setting: is cheap credit really cheap?. Saving and Development, 8 (2):105-115.

[63] Claudio Gonzalez-Vega (1983). Arguments for Interest Rate Reform in Rural Financial Markets in Developing Countries. Their Use and Abuse. Edited by J. D. Von Pischke, Dale W Adams, and Gordon Donald. Baltimore: The Johns Hopkins University Press, 365-372.

[64] Geetha Nagarajan, Richard L. Meyer. 2005. RURAL FINANCE: RECENT ADVANCES AND EMERGING LESSONS, DEBATES, AND

OPPORTUNITIES.

[65] Hellman, T., Murdock, K. and Stiglitz, J. 1997. Financial restraint: Towards a new paradigm, Aoki, Masahiko *etal.* (eds.) The Role of Government in East Asian Economic Development: Comparative Institutional Analysis. Oxford: Clarendon.

[66] Helms, Brigit. 2006. Access for All: Building Inclusive Financial Systems, The World Bank.

[67] Marguerite Robinson (1995). The Paradigm Shift in Microfinance: A Perspective from HIID. Institute for International Development Discussion Paper No. 510.

[68] Marguerite Robinson 2001. The Microfinance Revolution: Sustainable finance for the poor, Washington, DC: The World Bank, 2001.

[69] Stiglitz, Joseph E., and Andrew Weiss. 1981. Credit rationing in markets with imperfect information, The American Economic Review, 71, 393-410.

[70] Christen, R. P., Rhyne, R. C. Vogel, and C. McKean. 1995. "Maximizing the outreach of microenterprise finance: An analysis of successful microfinance programs", Program and Operations Assessment Report, No. 10, Washington, D. C. U. S. Agency for International Development.

[71] Geetha Nagarajan, Richard L. Meyer, "Rural finance: recent advances and emerging lessons, debates, and opportunities", 2005.

[72] Zeller, M., and Meyer, R. L. 2002. The triangle of microfinance: Financial sustainability, outreach, and impact. Book published by IPPRI/John Hopkins Univ, Dec. 2002.

[73] Manfred Zeller. "Models of rural financial institutions", USAID working paper, "Paving the way forward for rural finance: An international conference on best practices", 1996.

[74] Mark Schreiner, "Aspects of outreach: A Framework for the discussion of the social benefits of microfinance", Working Paper, June 1999.

[75] Vogel, R. C. and D. W. Adams. (1997). Old and New Paradigms in Development Finance. Savings and Development, 22(4): 361-82.

[76] Yaron Jacob. What Makes Rural Finance Insti-tutions Successful. World Bank Research Observer, 1994, 9(9): 49-70.

[77] Yaron, Jacob. Assessing Development Finance Institutions: A Public

Interest Analysis. Discussion Paper No. 174, Washington, D. C. : World Bank, 1992b.

[78] Yaron, Jacob. Successful Rural Finance Institutions. Discussion Paper No. 150, Washington, D. C. : World Bank, 1992a.

[79] Yaron Jacob, McDonald Benjamin, and Gerda Piprek. Rural Finance: Issues, Design, and Best Practices. Environmentally Sustainable Development Studies and Monographs Series No. 14, Wash. , D. C. : World Bank, 1997.

[80] Hoff K. & Stiglitz E. Intruduction: Imperfect Information and Rural Credit Markets Puzzles and Policy Perspectives. World Bank Economic Review, 1990: 235-250.

[81] CGAP Working Group on Micro-insurance. Performance Indicators for Micro-insurance Practitioners. Luxembourg: BRS, 2006.

[82] Cohen M, Sebstad J. Reducing Vulnerability: the demand for Micro-insurance. Journal of International Development, 2005, vol. 17: 397-474

[83] Jim Roth, Michael J. McCord, Dominic Liber. The Landscape of Micro-insurance in the World's 100 Poorest Countries. Appleton: The Micro-insurance Centre, 2007, 1-48.

[84] Morduch J. Micro-insurance: the next revolution?. New York: Oxford University Press, 2004.

[85] Djankov, Simeon, Caralee McLeish, and Andrei Shleifer. 2007. Private Credit in 129 Countries. Journal of Financial Economics, 84(2): 299-329.

[86] Modigliani F, Miller M. 1963. Corporation Income Taxes and the Cost of Capital: A Correction, American Economic Review, 53: 433-443.

[87] Modigliani, F. and Miller, M. , 1958. The Cost of Capital, Corporate Finance and the Theory of Investment, American Economic Review, 48: 261-197.

[88] Modigliani, F. and Miller, M. 1963. Corporation Income Taxes and the Cost of Capital: A Correction, American Economic Review, 53: 433-443.

[89] Rosenberg, Richard, Robert Peck Christen, and Brigit Helms. Format for Appraisal of Micro-finance Institutions. Consultative Group to Assit the Poorest Technical Tools Series 4. World Bank, Washingtion, D. C. Processed, 1997.